북한학의 새로운 시각: 열 가지 질문과 대답

이 책은 경남대학교 극동문제연구소와 북한대학원대학교의 연구비 지원으로 출판되었습니다.

북한학의 새로운 시각: 열 가지 질문과 대답

신석호 외

역사인

북대 학인들이 함께 내디딘 작지만 의미 있는 발걸음

북한대학원대학교에서 학위를 취득한 박사들이 모여 쓴 공동작업의 결과물을 한 권의 번듯한 책으로 묶어 내게 된 것을 참으로 반갑고 기쁘게 생각합니다. 단지 한 권의 책을 낸다는 의미가 아니라 관련 논의에 반향을 불러일으킬 수 있는 연구물이기에 각별한 의미가 있다고 봅니다.

사실 북한대학원에 재학 중이거나 졸업한 분들의 면면들은 각 직군별로 해당 분야의 최고전문가들이지만, 학계에서의 입지는 상대적으로 뚜렷하지 못한 면이 있었습니다. 아무래도 전업학생보다는 직장인이 대학원 구성의 큰 비중을 차지하는 전문대학원의 특성상 연구 활동에 난점이 있었습니다. 그러나 근자에 들어서는 옛날 얘기가 되었습니다. 북한대학원 출신 박사들이 학계에서도 활발하게 활동하고 있고, 또 좋은 평가를 받고 있습니다. 대학원과 연구자들은 무엇보다 우선적으로 학계로부터 평가받아야 한다는 점에서 북한대학원 출신들의 활발한 연구 활동은 대단히 고무적인 일이 아닐 수 없습니다.

이 책의 필진들 가운데에는 연구를 전업으로 하는 분들도 있고, 각 분야에서의 현업과 연구를 병행하는 분들도 있습니다만, 한결같이 참신하고 주목받을 만한 논문들을 이 책에 실었습니다. 기존 논의와는 다른 새로운 관점과 연구자의 독특한 견해를 담고 있어 신진연구자의 도전성과 개척성이 돋보입니다. 이와 같은 참신한 연구들이 많이 축적되어야 학문공동체가 발전할 수 있다는 점에서 '작지만 의미 있는 발걸음'이라고 하겠습니다. 강호제현들의 애정 어린 관심과 질정을 기대하고 부탁드립니다.

이번에 필진으로 참여한 분들은 주로 정치·통일, 군사·안보, 경제를 전공한 분들입니다만, 사회·문화, 통일교육, 법·행정 분야에도 북한대학원 출신의 우수 연구자들이 다수 포진되어 있습니다. 이 책 발간을 기점으로 앞으로 여건이 되는대로 이들 분야를 포함하여 신진연구자 중심의 연구시리즈 발간이 이어지길 기대합니다. 북한대학원대학교 설립자인 박재규 명예총장님과 김선향 재단 이사장님도 북한대학원 출신 박사들의 연구 활동에 지대한 관심을 가지고 있습니다. 대학원 차원에서도 필요한 지원계획을 강구해 나갈 예정입니다. 북한대학원 박사 모임이자 이 책의 산실인 '북대북한연구회'의 더 큰 발전을 응원하고 기원합니다.

신 종 대(북한대학원대학교 총장 대행)

다양한 시각으로 북한 사회의 과거와 현재에 접근하다

이 책은 2017년을 시작하면서 북한 정치 경제 군사안보 등 제반 분야에 대한 심층 연구를 통해 북한 체제의 과거와 현재를 진단하고 미래를 전망하는 유의미한 분석들을 제시하려는 목적으로 기획되었다. 한국과 미국에 새 정부가 출범한 2017년 국내외 정세 변화 흐름에 맞춰 북한에 대한 정책적 함의도 제시하겠다는 목적도 세웠다. 그 후 1년 동안 세 번의 전체 토론과 협의를 거쳐 '북한의 현재에 대한 질문' 다섯 가지, '북한의 과거에 대한 질문' 다섯 가지를 도출해 스스로 답을 했다.

신석호는 쿠바와의 비교를 통해 북한이 1990년대 경제위기 초반에 과감한 개혁정책을 단행하지 못했던 원인을 '정치적 소통(political communication)'에서 찾고 있다. 쿠바 최고지도부가 엘리트 대중과 소통하고 이를 통해 △지지 세력 확대 △반대세력에 대한 권위와 통제강화 △개혁과 개방조치 단행 등을 추진하는 과정을 10단계로 정식화한다. 이를 토대로 한 비교분석을 통해 북한은 김정은 통치 하인 2016년 제7차 당대회를 통해 비로소 10단계 조치를 완성했다고 주장한다.

이승열은 김정은 시대 북한 정치체제의 변화에 주목하며 김정은이 아닌 북한내 권력 엘리트 집단의 갈등과 권력투쟁을 이들의 경제적 기반을 중심으로 분석했다. 김정은이 후계자 시절 유일지도체제를 확립하지 못한 상태에서 최고지도자가 되면서 과거 김일성과 김정일과 달리 엘리트 집단의 정책선택이 체제유지에 매우 중요한 요소가 되었다는 점을 주목하고 있다. 따라서 미래 북한체제가 겪게될 체제전환의 방향 또한 지도자 김정은의 선택이 아닌 북한 권력 엘리트 집단의 선택과 권력 투쟁에 따라서 결정될 수 있다고 주장하고 있다.

김보미는 김정은 정권의 핵무력 고도화 현상의 배경으로 전통적 요인인 안보적 위협뿐만 아니라 국내정치적 이유를 함께 강조했다. 김정은 정권에서 핵무기는 군사력을 증진시키는 동시에 국내정치적 도전세력, 즉 재래식 전력을 담당하는 군부를 굴복시킬 수 있다는 점에서 상당히 매력적인 안보수단으로 여겨질 수 있다. 그러나 북한과 같은 개인독재정권의 본질적인 성향은 핵무력 구조의 확장과정에서 여러 국내정치적 시행착오와 실패를 야기할 가능성이 크다고 본다.

김소영은 계획화체계 안에서 존재하였던 북한 협동농장이 경제위기 이후 시장화의 진전으로 점차 계획 밖 영역과 밀접한 관련을 맺게 되면서 나타나는 변화에 주목한다. 특히 북한 당국이 농장에 대해선 명령과 강제에 의한 계획경제의 틀을 계속적으로 적용하면서도 농업생산활동에 필요한 투입재를 제대로 보장해주지 않는 상황에서 농장 스스로 자금과 자재를 조달하는 실태를 2010년 이후 북한을 떠난 협동농장 출신 탈북민 50명에 대한 심층면접 결과를 바탕으로 그려내고자 했다.

박천조는 '개성공단'에서의 노사관계 협의구조에 대한 분석을 통해 향후 전개될 '남북 협력공간'에서의 협의구조와 협의내용, 이행가능 절차와 그 의미 등을 제시하고 있다. 남북 협력공간은 기본적으로 협의의 방식을 통한 운용이 불가피 한데 향후 거시(Macro), 중위(Meso), 미시(Micro) 수준에서의 협의내용을 미리 구성하고 합의를 진행함으로써 이후 진출할 우리 기업들의 생산 집중도를 높이고 협력적 노사관계를 형성할 수 있을 것이라고 주장한다.

원세일은 1970년대에 활발하게 진행된 제도변화를 대상으로 수령제의 정치적 동학을 새롭게 분석하고 있다. 현재 학계에서는 수령제를 '당-국가체제 위에 수령을 얹은 구조'로 파악하면서 이 구조를 통해서 북한 사회가 유기체처럼 하나로 결합된다고 보는 관점이 폭넓게 확산되어 있다. 이에 대해 원세일은 수령제란 '당-국가체제 한가운데에 수령직할제도를 삽입한 구조'라고 주장하면서, 이 구조에서 사회주의의 정치적 기제들은 실질적으로 파괴되었고 개인독재를 위한 제도들이 핵심축으로 새롭게 구성되었다고 주장한다.

김성주는 조선노동당의 북한군에 대한 통제 수단의 하나로 '각급 부대에 설치된 당조직(당위원회)'에 주목한다. 군대 내에 설치된 정치기관이 군사지휘관에 대한 지도와 감시 기능을 수행해 왔다면, 당위원회는 군사지휘관과 정치군관 모두의 독자적인 세력화를 차단하고, 제한된 협의 및 선출 기능을 통해 군인들의 당 통제에 대한 동의를 획득하는 역할을 담당해 왔다고 분석한다. 그리고 이러한 당위원회의 집체적 지도체계는 오랜 기간 동안의 저항과 갈등 과정을 거치면서 지속적으로 강화되었고, 현재도 북한군의 당군화에 중요한 역할을 담당하고 있다고 주장한다.

이제훈은 '두 개의 주권국가'와 '통일지향 특수관계'라는 개념을 나침반 삼아, 1991년 남과 북의 동시·별도 유엔 가입과 남북기본합의서 채택이라는 역사적 사건이 빚어내는 남북관계의 '모순적 동학'을 짚는다. 국제법적으로는 두 개의 주권국가인데도, 남과 북이 서로를 '국가'로 인정하지 않은 까닭은 무엇인가? 국제사회에서 정치적 실체를 확고히 인정받으려는 남쪽과 '흡수통일'을 피하려는 북쪽의 동상이몽, 당위적 '통일지향'의 공유, 상대를 온전히 인정하지 않으려는 '경쟁·적대'의 모순적 갈등 따위가 배경으로 꼽힌다.

박유현은 민주개혁 시기의 북한의 조세정치를 조명한다. 상대적 협상력, 거래비용 및 할인율을 중심으로 한 리비(M. Levi)의 지배자의 세입 모델을 적용하여 소련을 중심으로 한 비교연구를 통해 북한 조세정치사제1기(1945~1949)의 탈식민적 성격과 사회주의적 성격을 규명한다.

도지인은 북중관계의 특수성을 포착하기 위해서 1965~1966년 발생한 양국 간 미국의 위협에 대한 이견을 중소분쟁, 베트남전쟁, 문화대혁명을 배경으로 다루었다. 이 시기 북한은 베트남 전쟁에서 미국과의 직접대결을 피하려는 중국의 소극적 입장과 문화대혁명의 극단적 반소수정주의 투쟁이 국제공산주의운동의 반제국주의 통일전선 형성에 근본적인 장애물로 작동한다고 비난하였으며 대남전략에도 더 이상 효과적인 자산이 아님을 인식하게 되었다. 미국의 위협에 대한 북중간의 1965~1966년 시기의 이견은 북한의 주체와 자주성의 개념 형성에 반중국적 요소가 내포되는 계기가 되었다.

이상과 같은 책의 내용과 아울러 독특한 콜라보에 더 큰 의미가 있다고 자평한다. 같은 학문공동체인 경남대 극동문제연구소와 북한대학원대학교가 저술의 기회를 제공했고 각계에서 활동하는 북한대학원대학교 졸업 박사 10명이 저술에 참여했다. 연구소와 학교는 신진연구자 등단의 소중한 기회를 제공해 북한학 연구네트워크를 확대하고 학문공동체 발전에 기여하겠다는 목적을 달성하였다. 사회에서의 경력도, 북한 공부를 시작한 이유와 시기도 다른 저자들은 이 책을 함께 만들면서 하나가 되었다.

그 결과로 나온 이 책의 콘텐츠가 얼마나 기획 목적을 달성했는지에 대한 평가는 독자들의 몫이다. 이런 기회를 주신 박재규 경남대 총장님과 신종대 북한대학원대학교 총장 대행님 이하 모든 교수님들께 감사드린다. 좋은 책을 만들어 주신 역사인의 정창현 편집주간님과 책의 기획과 발간 과정을 지켜보며 응원해 준 북한대학원대학교 박사님들께도 감사드린다. 우리들의 모임인 '북대북한연구회'에 무궁한 발전이 있기를 기원한다.

2018년 2월 28일

신 석 호

차 례

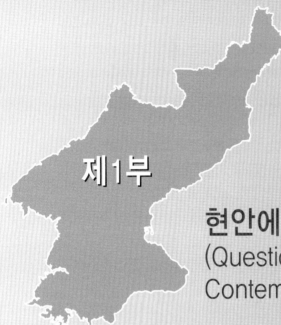

제1부

현안에 대한 질문들
(Questions for the Contemporary Issues)

사회주의 국가의 경제위기와 대응: 북한과 쿠바 사례 비교*

신 석 호**

I. 문제 제기

주변부 사회주의 국가인 북한과 쿠바는 1989년 11월 베를린 장벽이 무너지면서 시작된 동유럽 사회주의 국가(이하 소비에트 블록)들의 체제 전환에 따라 극심한 '경제위기(economic crisis)'를 겪게 되었다.[1] 1959년 혁명 이후 쿠바는 소비에트 블록에서 대규모 원조와 우호무역의 혜택을 받으며 국내 경제의 발전을 모색하는 '사회주의 종속적 발전' 전략을 추진해 왔다.[2] 북한은 1948년 국가 수립 이후 쿠바와는 정 반대로 탈 종속 내지는 반(反) 종속을 추구하는 '자급자족에 의한 자립적 민족경제'를 추

---

* 이 논문은 필자의 박사학위 논문 "북한과 쿠바의 경제위기와 개혁"(북한대학원 대학교, 2008) 4장을 수정해 게재한 "사회주의 경제위기와 대응의 정치학: 1990 년대 북한과 쿠바의 사례" 현대북한연구 제11권 1호(2008. 6)를 2017년 10월의 시점에서 보충·보완한 것이다.

** 동아일보 디지털뉴스팀장 겸 동아일보 부설 화정평화재단 21세기평화연구소 연구위원

구했다. 그러나 원유와 선진 기술 등 자립적 경제발전의 원천이 부족했던 북한은 소련과 중국 등 사회주의 국가의 지원에 의존하지 않을 수 없었다. 특히 대 소련 무역은 1980년대 중반부터 증가하기 시작해 1990년에 최고치에 이르렀다.[3]

소비에트 블록 경제와의 단절은 두 나라의 대외경제조건을 급변시켰다. 소비에트 블록과의 우호무역이 사라지자 수출과 수입이 동시에 줄었다. 수입이 줄어들면서 국내의 공업과 농업 생산도 급감했다. 에너지 부족으로 교통이 마비되고 전기와 상수도가 끊겼다. 물자와 달러의 부족으로 암시장 가격과 환율은 급등하고 국가의 재정적자가 눈처럼 불어났다는 공통적인 현상이 나타났다.

쿠바의 경제규모를 총량적으로 나타내는 국내총생산(GDP)은 <표 I-1>처럼 1990~1993년 4년 연속 감소해 위기 이전보다 35% 축소됐다. 일부 인민들은 난민이 되어 배를 타고 나라를 떠났다. 쿠바 카스트로(Fidel Castro Ruz) 공산당 제1서기(이하 카스트로)는 당시 쿠바가 당면한 총체적 위기상황을 '평화로운 기간의 특별한 시기(el Periodo Especial en el Tiempo de Paz)'라고 명명했다.[4]

북한도 마찬가지였다. 1990년대 초부터 시작된 위기는 1995년부터 자연재해가 겹치면서 심화돼 수십 만~수백 만 명이 굶어 죽는 대량 아사(餓死) 사태를 낳았다. 살아남은 자 가운데 수십 만 명이 나라를 떠났다. 결국 1990년부터 1998년까지 9년 동안 마이너스 성장을 나타내며 국민총소득(GNI)이 45% 가량 줄었다. 김정일은 사상 초유의 위기를 극복하기 위해 '고난의 행군'이라는 구호를 내세웠다.[5]

〈표 Ⅰ-1〉 1990년 이후 북한과 쿠바의 경제성장률 　(단위, %)

연도	90	91	92	93	94	95	96	97	98	99	00	01	02	03	04	05	06
북한	-3.7	-3.5	-6.0	-4.2	-2.1	-4.1	-3.6	-6.3	-1.1	6.2	1.3	3.7	1.2	1.8	2.2	3.8	-1.1
쿠바	-2.9	-10.7	-11.6	-14.9	0.7	2.5	7.8	2.5	1.2	6.2	5.6	3.0	1.8	3.8	5.4	11.8	12.5

자료: 한국은행, 쿠바정부.

여기서 한 가지 큰 차이점을 찾을 수 있다. 북한의 경제규모는 9년 연속 하락한데 비해 쿠바는 1994년부터 다시 플러스 성장을 시작했다. 2006년까지의 데이터를 보더라도 양적 질적인 기준 모두에서 쿠바의 회복력이 월등하다. 쿠바는 2005년에는 11.8%, 2006년 12.5%의 높은 성장률을 나타냈다. 북한은 1999년 6.2% 성장하면서 마이너스 성장을 벗어났지만 이후 연간 성장률이 떨어지다가 2006년 다시 1.1% 마이너스 성장으로 돌아섰다.[6] 무엇이 이런 차이를 나타냈는가.

경제위기는 자본주의와 사회주의를 막론하고 모든 국가들에 나타날 수 있는 일반적인 현상이다. 자본주의 국가의 경우 경제위기에서 벗어나려는 일련을 정책을 조정정책(adjustment policy)이라고 한다. 이는 다시 안정화(stabilization)와 구조조정(structural adjustment)으로 구분된다.[7] 사회주의 국가에 있어서 조정정책은 바로 고전적 사회주의 경제의 개혁과 개방정책이라고 할 수 있다.[8] 폐쇄적인 경제를 대외에 개방하고 대내경제에 시장메커니즘을 도입해 효율성을 강화한다는 점에서 같기 때문이다. 요컨대 자본주의 국가의 조정정책이나 사회주의 국가의 개혁 개방 정책은 모두 국가에서 시장으로 가는 과정인 것이다.

그렇다면 경제위기에 처한 쿠바와 북한의 개혁 개방정책의 차이에서 이후 경제적 성과 차이의 원인을 찾을 수 있을 것이다. 북한과 쿠바는 경제위기 초기인 1990년대 초 과감한 개방 정책을 단행했다는 점에서 유사했다. 쿠바는 1990년 외국인 투자 개방 확대 및 외국인 관광 확대 정책을 선언했다. 북한은 1991년 나진선봉 자유무역지대를 설치해 외국인 투자가들에게 개방하고 같은 해 무역자유화 조치인 '새로운 무역체계'를 도입했다.

그러나 두 나라는 개혁 정책의 도입에는 큰 차이를 나타냈다. 쿠바는 위기 초기인 1990년대 초 과감한 경제 개혁 정책도 단행했다. 1993년에 자영업을 부활시켜 경제의 사적부문을 합법화했고 비효율적인 국영농장을 협동농장의 일종인 협동조합 생산기초조직(las unidas básicas de producción cooperativas·UBPC)체제로 개편했다. 내국인의 달러 보유를 허용하고 달러 상점을 개설했다. 1994년에는 농민시장(Mercados Agropecuarios·MA)과 공산품시장(industrial market) 및 공예품시장(artisan market)을 부활했으며 공공재와 서비스에 대한 가격 인상 및 각종 세금 부과 및 인상 조치를 단행했다.

북한도 1991년 화폐개혁과 가격 및 임금인상을 추진하는 등 부분적인 개혁정책을 내놓았으나 쿠바의 1990년대 개혁과 유사한 정도로 과감한 경제정책 변화를 추진하지 못했다. 북한은 2002년 7·1 경제관리 개선조치(이하 7·1조치) 이후에야 개인경제의 활성화를 합법화하고 기업과 농장 등 생산주체들을 분권화했으며 시장을 도입했다. 쿠바가 경제위기 초기에 과감한 내부 개혁을 단행한데 비해 북한의 개혁은 2000년대까지 지연된 것이라고 볼 수 있다.

여기서 본 논문의 질문을 도출할 수 있다. 유사한 경제 위기에 직면하여 쿠바가 초기(1990년대)에 광범위한 개혁 정책을 단행할 수 있었고 북한이 초기에 광범위한 개혁 정책을 단행할 수 없었던 '원인'은 무엇인가. 다시 말해, 무엇이 두 나라의 개혁 정책 선택 시기(timing)에 영향을 주었는가.

II. 경제위기와 대응의 정치학

북한이 1990년대 초 쿠바와 같은 개혁을 단행하지 못한 이유에 대해 대표적인 두 가지 '통상적인 설명'(conventional explanation)이 있다. 국제 정치적인 측면에서의 '안보딜레마' 가설과 국제 경제적 측면에서의 '대외 경제적 의존도 차이' 가설이 그것이다.

전자는 남북 대치상황 및 미국과의 적대적 관계, 소련과 중국의 한국 과의 수교 등으로 고립무원의 상태에 빠진 북한은 쉽사리 내부 개혁에 나설 수 없었고 따라서 북한은 미국 일본 남한 등과의 대외관계 개선 또는 제1차 핵 위기 등을 통해 위기를 돌파하려고 했다고 보는 입장이다.[9] 후자는 자립적 민족경제를 표방한 북한은 소비에트 블록 경제에 대한 의존 도가 다른 동유럽 사회주의 국가들보다 낮았기 때문에 개혁정책의 긴급 성이 그만큼 떨어졌다는 것이다.[10]

물론 1990년대 북한이 처한 '안보딜레마'는 개혁정책을 포함한 국가의 정책결정에 대한 강한 구조적 제약이었음에는 틀림이 없다. 본 논문도 이 점을 인정하지만 구조적 제약이 모든 것을 설명하지는 못한다. 이는 쿠바 도 혁명 이후 현재까지 미국의 봉쇄정책 및 미국 내 쿠바인들의 계속적인 체제 위협을 겪었고 탈냉전 후 이 위협이 심화되는 상태에서 1990년대에 개혁을 단행했기 때문이다.[11] 또 경제위기와 개혁의 다양한 사례들에 따르면 경제위기의 강도와 개혁정책의 시기에는 큰 상관관계가 없다. 어떤 나라는 작은 위기에도 민감하게 대응하고 어떤 나라는 엄청난 위기를 인식조차 못하는 경우가 있기 때문이다.[12]

자본주의 국가의 경제위기와 개혁에 관한 선행연구들은 개혁의 시기를 결정하는 원인으로서 국제변수 보다는 국내변수, 특히 국내 정치적 변수들을 더 중요하게 본다. 1973년 제1차 석유파동 이후 서유럽의 영국 독일 등 9개 국가의 경제개혁을 비교 연구한 댐가드(E. Damgaard)와 게리히 (P. Gerlich), 리차드슨(J. J. Richardson)은 유사한 경제위기에 직면한 국가들이 개혁에 착수한 시기가 <표 Ⅱ-1>에서 드러나듯이 다양했다는 점을 찾아냈다.[13]

〈표 Ⅱ-1〉 1973년 제1차 석유파동 이후 유럽 국가들의 개혁 지체 연수

국가	영국	벨기에	서독	덴마크	네덜란드	프랑스	스페인	오스트리아	스웨덴
연수	3	8	8	9	9	10	10	12	15+

출처: E. Damgaard and E. Gerlich and J. J. Richardson(1989: 191).

넬슨(Joan M. Nelson)이 1980년대에 서방 선진국들에 대한 과다한 외채 부담으로 경제위기를 맞은 제3세계 자본주의 국가 13개(19개 정부)를 비교 분석한 결과 위기 초기에 빠르고 광범위한 조정정책을 선택한 정부는 단 6개에 불과했다.[14]

어떤 국가는 경제위기에 신속하게 대응하고 어떤 국가는 그렇지 못한 원인은 무엇인가. 댐가드와 넬슨 등은 공통적으로 지배세력의 위기인식(perception)을 가장 중요한 요인으로 지적했다. 국가가 경제위기에 대응하기 위해서는 우선 최고지도자를 비롯한 정책결정자들이 당시 상황이 위기라는 사실을 명확히 인식해야 한다. 그리고 현 상황이 위기라는 사실을 정의(define)해 국민들에게 알려야 한다. 이를 일반화하면 최고지도자와 국민들 사이에 경제가 위기이며 개혁이 필요하다는 인식이 빨리 공유된 국가는 개혁을 빨리 단행할 수 있고 반대의 경우 개혁의 시기가 늦춰진다는 것이다.[15]

1990년대 한국 외환위기의 경우도 마찬가지다. 1997년으로 접어들면서 여러 가지 데이터들에 의해 경제위기가 왔다는 징후가 감지됐다. 한국은행은 그 해 3월부터 금융 외환위기의 가능성을 당시 강경식 경제부총리

와 김인호 청와대 경제수석 등에게 보고했지만 묵살됐다. 강 부총리 등은 "한국 경제의 펀더멘털이 튼튼하다"는 주장만을 되풀이하며 경제위기를 인정하지 않았다.[16] 이들에 눈이 가린 김영삼 대통령이 경제위기에 관한 보고를 받은 것은 그 해 11월 초였다. 결국 한국 정부가 경제위기를 인정하고 국민들에게 선언한 것은 그 달 19일 국제금융기구(IMF) 구제금융 신청 직전이었다.[17]

한편 넬슨은 1980년대 제3세계 국가 가운데 빠르고 광범위한 조정정책을 선택하고 실행한 6개 정부는 최고 지도자가 최소한의 정치적 지지를 받았고 집행부에 '권위와 통제력이 집중된 경우'라는 유사점을 발견했다. 즉, 개혁지지 세력을 결집하고 개혁반대 세력을 제압할 수 있었다는 것이다. 6개 정부 모두 경제위기로 과거 정부가 실각한 뒤 새로 정권을 잡은 경우였다. 한국 외환위기의 경우도 마찬가지였다. 외환위기로 사상 최초로 여야 정권교체에 성공한 김대중(金大中) 정권은 대선에서 표를 몰아준 광범위한 지지 세력을 등에 업고 구 정치인과 관료, 재벌 등 개혁 반대세력을 제압하며 각종 개혁정책을 단행했다.[18]

넬슨은 정권이 교체되지 않은 경우라도 기존의 확립된 정치적 제도에 따라 위기에 직면한 국가에 권위가 집중될 수 있다고 보았다.[19] 비슷한 연구를 수행한 해가드와 카우프만은 국제 수준(채무자, 국제기구 등), 국가 수준(국가의 능력과 자율성 등), 분배갈등의 수준(정치제도와 이익집단의 이해갈등 등)으로 사례를 검토한 뒤 국가가 조정정책을 발의하거나 주도하는 단계에서는 이익집단들에 대한 국가엘리트들의 집권화된 권위(centralized executive authority)가 중요하지만 정책을 공고화하기 위해서는 그들의 지지를 받아야 한다고 결론지었다.[20]

이상의 선행연구 결과를 종합하면 결국 경제위기를 맞은 국가가 빠르게 대응하는데 필요한 조건은 지도부의 빠르고 정확한 위기인식과 정의,

(개혁 찬성 세력에 대한) 집행부에 대한 정치적지지 확대, (개혁 반대 세력에 대한) 집행부의 권위와 통제력 확대라는 세 가지로 요약할 수 있다.

자본주의 국가들을 대상으로 한 선행연구들은 사례 국가들의 조건들을 비교 분석하기 위해서 다양한 경험적 증거들을 활용했다. 우선 국가의 공식 발표와 언론보도를 활용했다. 각 국가 경제팀의 분석능력, 집권세력에 대한 선거에서도 지지도, 정책연합의 내용과 성격 등이다. 그러나 사회주의 국가인 북한과 쿠바에서는 위와 같은 경험적 증거들을 수집하는데 한계가 있다. 자본주의 국가들에 비해 언론자유의 정도가 현저하게 낮고 선거를 통해 정권교체가 이뤄지지도 않는다. 익명성이 높은 경제정책 관료들의 능력을 비교하는 일은 더욱 불가능하다. 사회주의 국가내에 정책연합은 존재하지 않는다.

이에 따라 본 논문은 북한과 쿠바에 대한 자료의 부족을 인정하지만 선행연구들이 제시한 세 가지 조건을 최대한 검증할 수 있는 분석 방법을 고안하기로 한다. 우선 경제위기의 인식과 정의에 영향을 주는 가장 핵심적인 요소는 '정치적 소통'(political communication)이라고 본다. 1인 독재 사회주의 국가인 북한과 쿠바에서 최고지도자가 경제위기를 빨리 인식하기 위해서는 권력엘리트들과 인민대중의 목소리가 원활하게 전달되어야 한다. 특히 경제위기로 가장 큰 고통을 받는 인민대중의 상향 의사소통은 특히 중요하다. 반대로 최고지도자가 경제가 위기임을 공식적으로 정의하고 개혁의 필요성을 역설하는 것도 소통을 통해서다. 특히 이 과정은 국가의 대응으로 정책이 입안되고 결정되는 통상적인 '정책결정' 단계가 아니라 그 전단계인 정책의제 형성과정에 해당한다. '경제가 위기다' 그래서 '대응이 필요하다'는 의제가 형성되고 대응으로서의 개혁 정책의 필요성이 공유되는 과정이라고 볼 수 있기 때문이다.

이에 따라 본 논문은 정책학의 영역인 '정책의제 형성과정'에 대한 콤

(Roger Cobb)과 로스(Jennie-Keith Ross & Marc Howard Ross)의 이론 모형[21]을 중심으로 1990년대 위기에 처한 북한과 쿠바의 최고지도자와 권력엘리트들의 경제위기 인식 및 정의 과정을 우선 살펴볼 것이다. 이들은 사회 내의 다양한 집단들의 요구가 정책결정자의 관심사로 구체화 되어가는 과정을 ①외부주도 모형(outside initiative model) ②동원모형(mobilization model) ③내부주도모형(inside initiative model) 등 세 가지로 구분했다.[22]

외부주도모형은 공식적인 정부구조의 밖에서 의제가 형성되어 이것이 정책의제로 형성되는 모형이다. 동원모형은 정책결정자가 의제로 채택한 공식의제를 공동의제로 확산하기 위해 대중의 참여를 유도, 동원하는 형태의 정책의제형성모형을 말한다. 내부주도모형은 정책의제형성과정에 대중의 참여가 배제되고 일부 집단만 참여한 가운데 공식의제가 정책의제가 된다. 이에 비해 콥과 로스 등은 외부주도모형은 공개성과 참여성이 높은 평등사회의 정책의제형성모형이고 동원모형은 계층사회, 내부주도모형은 사회적 지위와 부가 편중된 사회에서 나타나는 모형이다.

〈표 II-2〉 정책의제 형성에 대한 콥과 로스의 이론모형

차원/모형	외부주도모형	동원모형	내부주도모형
전개방향	외부 → 내부	내부 → 외부	내부 → 내부
공개성	높음	중간	낮음
참여도	높음	중간	낮음
공공의제 성립	구체화·확산단계	확산단계	공공의제 불성립
공식의제 성립	진입단계	주도단계	주도단계
사회·문화적 배경	평등사회	계층사회	불평등사회

출처: 채경석(2005: 142).

이하 3절에서는 콥과 로스의 동원모형과 내부주도모형에 주목하여 북

한과 쿠바의 정책 의제 형성 제도를 살펴볼 것이다. 그런 다음 4절에서는 1990년대 초반 두 나라가 경제위기에 어떻게 대응했는지에 대한 역사적 사실을 위기인식과 정의, 지지의 확보, 권위와 통제의 확보라는 세 가지 기준에 따라 서술할 것이다. 우선 과감한 개혁을 단행한 쿠바의 역사적 사실에서 비교의 기준을 제시한 뒤 이에 상응하는 북한의 경험을 찾는 방식으로 논의를 전개할 것이다. 세 가지 기준은 서로 병렬적이지 않다. 우선 위기인식과 정의가 선행되어야 한다. 그 다음 지지와 통제의 확보 과정에 중요한 것은 개혁 지지세력이라고 할 수 있는 인민대중이 원하는 방식으로 정치개혁이 단행되었는지, 개혁 반대세력이라고 할 수 있는 권력 엘리트에 대한 통제가 실행되었는지이다.

본 연구는 자료부족이라는 현실적인 한계를 극복하기 위해 1차 및 2차 자료에 대한 문헌분석 방법 외에 현장조사 및 심층 인터뷰 방법을 활용했다. 특히 2002년부터 2007년까지 7차례 북한 현지를 방문해 관찰했다. 이 과정에 20여 명의 북한 현지인을 만나 대화했다. 남한에 있는 고위 탈북자 10여 명도 인터뷰했다. 또 2007년 11월 14일부터 22일까지 총 8박 9일 동안 쿠바 아바나 등에 체류하며 현장조사를 했다. 이 과정에서 쿠바에 거주하는 현지인 10명을 인터뷰했다.

III. 북한과 쿠바의 정책의제 형성제도

1. 쿠바의 동원모형

쿠바의 국가정책형성은 콥과 로스가 말하는 동원모형에 가깝다. 가장 특징적인 것은 최고지도자가 직접적인 소통을 통해 인민대중을 동원한다는 것이다. 카르스트로는 대중연설의 정치가로 유명하다. 그는 혁명 이후 지금까지 각종 대중연설이나 TV 등 대중매체에 등장해 국가의 중요한 정보를 인민대중에게 공개하고 그 자리에서 자신이 원하는 정책의 지지를 호소했다. 그는 한 번 연설을 시작하면 여러 시간 쉬지 않고 연설했다. 그의 열정적인 웅변은 쿠바인들을 몰입시켰다.[23]

카스트로는 혁명 직후부터 TV를 통해서도 인민들과 주요 국사를 논의했다. 대중에게 당시의 정치적 상황을 설명하고 심지어 공적인 정책을 결정하기도 했다. 광장과 TV를 이용한 대규모 정치 교육은 인민의 정치문화가 빠르게 변하는데 기여했다. 혁명 후 2년 만에 사회주의와 공산주의에 대한 인식이 인민들에게 퍼졌다. 이는 대중들의 반공주의 정서를 변화시켰다. 카스트로는 1961년 4월 사회주의 혁명을 선언했고 그 해 12월에 자신이 마르크스 레닌주의자라고 발표했다.[24]

쿠바 인민들에게 카스트로의 대중 연설은 교육의 장이자 최고지도자에게서 국가적인 중요 정보를 얻는 기회였다. 아리오사에 따르면 카스트로는 자신이 바티스타 정권을 무너뜨리기 위해 처음으로 산티아고(Santiago de Cuba)의 몬카다 병영(Cuartel Moncada)을 습격한 날을 기념하는 매년 7월 26일 연설에서 많은 새로운 정보를 인민들에게 제공했다. 이 때문에 인민들은 이 연설을 매우 기대한다.[25]

카스트로는 대중연설을 통해 자신에게 유리한 정보뿐만이 아니라 불리한 정보까지 과감하게 공개했다. 나중에 다른 방식으로 밝혀지면 자신과 공산당의 권력 강화에 불리하게 작용할 정보를 대중에게 미리 고백함으로써, 그 책임을 인민에게 분산하고 암묵적인 용서를 받은 것으로 합리화했던 것이다. 그가 1970년 5월 미국을 비난하던 대중연설을 하던 도중 자신의 정치적 생명을 걸고 추진했던 연간 설탕 1000만 t 달성 실패 사실을 공개한 것은 대표적인 사례다.

한편 쿠바 인민들은 지역 및 직장의 소속 조직, 대중단체 등을 통해서 국가의 중요한 정책결정에 동원되거나 참여할 기회를 가졌다. 혁명 초기에는 중요한 정부 정책들은 대부분 노동자들과 대중단체들에 먼저 선을 보인 후 추진되었다. 정부는 이렇게 함으로써 대중들과 상의하고 그들의 반응을 살폈다.[26] 특히 쿠바의 사회주의적 제도가 형성된 1970년대 초반에는 다양한 의제에 대해 대중토론이 진행됐다.[27] 쿠바 공산당은 1974년에 헌법제정위원회를 만들어 헌법 초안을 마련한 뒤 대중조직들에 회람시켜 토론하도록 했고 그들의 건의를 수렴했다. 비록 이렇게 하여 수정된 부분은 적었지만 이 절차를 통해 국민들은 헌법에 나타난 사회주의 질서의 내용과 함의에 대해 배울 수 있었다. 헌법은 1976년 2월 15일 국민투표를 통해 공식적으로 승인됐다.[28]

쿠바에서는 공산당을 통해 최고지도자와 권력엘리트들의 소통이 비교적 원활하게 이뤄졌다. 당 국가 사회주의 국가의 집단지도체제와 '민주적 집중제' 원칙이 지켜진 것이다. 쿠바 공산당은 1965년에 창당됐고 1970년대 이후부터 쿠바 정치의 실질적인 지도기관으로 활동했다. 1975년 제1차 당대회 이후 중요한 국가적 정책결정은 약 5년 마다 열리는 당 대회를 통해 이뤄졌다. 1980년 제2차 당 대회는 소련식 부문개혁을 결정했고 1986년 제3차 당 대회는 개혁의 부작용을 이유로 개혁의 후퇴를 선언했다. 뒤에서 볼 것처럼 1991년 제4차 당 대회에서는 1989년 이후 소비에트 블록의 붕괴에 따른 경제위기에 대응하기 위한 일련의 정치 경제적 개혁이 결정됐다.

이상에서 살펴 본 쿠바의 국가정책형성과정에서 최고지도자와 지배엘리트, 인민대중의 관계를 <그림 Ⅲ-1>로 나타낼 수 있다. 물론 이는 북한과의 차이를 부각시키기 위한 이념형이며 모든 사례에 적용되는 것은 아니다.

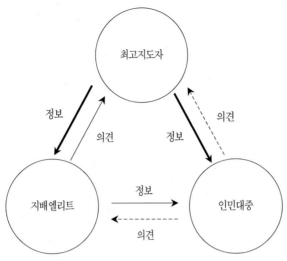

〈그림 Ⅲ-1〉 쿠바 국가정책 형성에서의 행위자 관계

2. 북한의 내부주도 모형

불행하게도 북한의 국가 정책형성 과정에 인민대중이 참여할 제도적 장치는 없다. 지금까지 알려진 사실에 따르면 북한의 국가 정책형성에는 최고지도자와 그의 신임을 얻은 일부 지배엘리트(이하 측근)만이 참여한다. 국가 정책결정은 최고지도자가 스스로 원하는 것을 '상의하달' 형식으로 아래에 지시하거나 측근들이 올린 '제의서'를 최고지도자가 비준함으로써 종결된다. 최고지도자는 측근들에게 각종 정치적 경제적 특권을 부여하면서 관리하고 이들과의 비공식적이거나 직접적인 접촉을 통해 정책을 구상한다. 이종규는 북한 정책결정 과정의 특징을 정책결정의 독단, 소수 측근 중심의 즉흥적 정책결정, 김정일 정책지시의 절대성·무조건성이라는 세 가지로 정리했다.[29] 이 과정에서 인민 대중은 「로동신문」등 공식 매체나 현지지도 등에서 최고지도자 등이 제공하는 극히 제한적인 정보를 피동적으로 받아들이는 수동적인 존재에 머무른다.

　다수의 고위 탈북자들에 따르면 북한의 국가 정책결정 과정은 김정일이 노동당 정치국원이 되면서 공식 후계자가 된 1974년을 기점으로 질적인 변화를 나타냈다. 이전에는 국가적 결정이나 합의들이 정치국 회의나 당 중앙전원회의를 비롯한 정상적인 중앙 토의결정 체계로 이루어 졌으며 국가적 결정권은 김일성 개인이 아니라 민주주의적 다수결정 집행체계에서 이루어졌다는 것이다.[30] 그러나 1974년 이후 김정일은 자신과 아버지 김일성 주석의 직접적인 판단에 의한 상의하달(上意下達)식 정책결정과 아래에서 올라온 서면보고를 비준하여 집행하도록 하는 하의상달(下意上達)식 정책결정 방식을 발전시켰다.[31] 두 가지 방식 모두 최고지도자에게 결정권이 집중된 형태로서 집단지도체계에서 벗어난 것이다.

　하의상달식 정책결정 방식에서 아래에서 올리는 서면 보고서를 북한에서는 '제의서'라고 하는데 새로운 정책 제안이나 원칙에 관한 문제는 제의서를 제출해 비준을 받도록 했다.[32] 이렇게 올라온 보고서들에 대해 김정일이 결재하는 형식은 첫째, 김정일이 자기 이름과 날짜를 직접 써서 내려 보내 주는 것은 무조건 집행해야 하는 법적문건이 되며 둘째, 날짜만 써준 것은 보고서를 올린 부서가 책임지고 집행하라는 뜻이며 셋째, 두 줄을 쳐 준 것은 부서의 결심에 따라 알아서 하라는 것을 의미한다.[33]

　김정일의 권력 장악 과정은 '제의서 정치'의 확대과정이라고도 볼 수 있다.[34] 특히 김정일은 "정무원의 한 개 성에서 제기되는 사소한 문제와 간부의 개별 사항에 이르기까지 해당 상급 당 지도 부서를 통해 제의서 형식으로 당 조직비서의 비준을 받도록 법제화"했다.[35] 또 항상 자신에게 사실을 있는 그대로 보고할 것을 주문하면서 허위, 과장, 왜곡보고에 대해서는 강하게 추궁했다.[36]

　이와 동시에 김정일은 자신의 마음에 드는 지배엘리트들을 별도로 관

리하며 정책을 구상하고 협의하는 비공식적인 측근정치를 시작했다. 측근
정치란 "권력자가 공식적인 통치기구나 정책결정기구보다 비공식적 측근
조직에 의존하여 실시하는 정치"라고 정의된다.[37] 김정일의 측근은 관리
형과 실세형으로 구분된다.[38] 김정일과 측근과의 비공식 모임이나 개별적
인 만남, 전화통화, 팩스교환 등이 중요한 정치방식으로 부상했다. 특히
비공식 연회는 북한의 대표적인 '밀실정치' 형태로 부상했다.[39] 보통 술과
여흥, 공연 등이 수반되는 이러한 자리에서는 전반적인 사회동향과 정세
로부터 주요 국가정책과 인사문제에 이르기까지 모든 문제가 주제로 제
기되었고 공식적인 석상에서 나오기 힘든 솔직하고 진실이 반영된 견해
들이 개별 독대나 의견교환 형태로 제기되었다고 한다.[40] 만일 김정일 측
근들이 자기검열 없이 자신의 생각을 개진할 수 있다면 그나마 측근정치
의 의미가 있을 것이다. 이 과정에서 인민대중의 의사가 최고지도자에게
전달될 수 있기 때문이다.

그러나 고위 탈북자들에 따르면 그럴 가능성은 없어 보인다. 오히려
김정일의 측근들은 자신의 권력과 김정일과의 관계 유지를 위해 '자기검
열'을 해야 했다는 것이 공통적인 증언이다. 무엇보다도 '유일사상 10대
원칙'의 세부조항에는 어느 누구든 김일성 부자의 사상이나 의도와 어긋
나는 사소한 발언을 하여도 정치범 수용소로 보내도록 하는 갖가지 내용
이 들어있다. 사소한 발언도 정치적 문제로 삼는데 하물며 정책결정과정
에서 김 부자의 의도와 어긋나는 발언을 할 측근은 없거나 이미 숙청되었
다고 볼 수 있다.[41] "주체사상과 유일적 영도에 따른 1인 지배체제의 장기
화로 인해 이색사고를 가진 사람은 모두 숙청 또는 처형되었기 때문에 파
벌형성 가능성도 사라졌으며 충성심 경쟁을 해야 하는 조직운영의 경직
성으로 인해 위험부담이 수반되는 정책이나 김정일의 지도이념에 어긋나
는 정책을 제의할 가능성은 희박하다"는 것이다.[42]

이상과 같은 파행적인 정책형성제도는 필연적으로 당 국가 사회주의 국가의 집단지도체제와 민주적 집중제의 원칙을 형해화시켰다. 1950년 한국전쟁을 계기로 김일성 단일지도체계가 형성됐고 1967년 당 고위간부에 대한 숙청과 유일사상체계의 확립 이후에는 유일지도치계가 성립되어 오늘에 이르고 있다.[43] 집단지도체계를 위한 당내 형식적인 제도들마저 1980년 이후 작동을 멈추었다. 조선노동당의 최고지도기관은 당 대회와 당중앙위원회 전원회의다.[44] 두 기구는 최근까지 정상적으로 운영되지 않았다. 제7차 당대회는 36년만인 2016년 5월에야 열렸다. 당 중앙위원회 전원회의도 1993년 12월의 제6기 21차 전원회의 이후 20년 만인 2013년 4월에야 개최되었다.[45] 그 중간에는 오로지 최고지도자를 행정적으로 보좌하는 당중앙위원회 비서국만이 당 내에서 제대로 기능하고 있는 유일한 권력기관이었다고 할 수 있다.

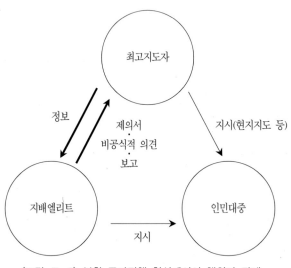

〈그림 III-2〉 북한 국가정책 형성에서의 행위자 관계

상기 북한의 국가정책형성과정에서 최고지도자와 지배엘리트, 인민대중의 관계를 <그림 Ⅲ-2>로 나타낼 수 있다. 최고지도자는 일부 지배엘리트에게 정보를 제공하고 제의서나 측근정치를 통해 의견을 수렴한다. 측근에서 배제된 일부 권력엘리트와 인민대중은 소외된다.

Ⅳ. 경제위기와 쿠바의 대응

1. 위기 인식과 정의

카스트로는 이미 1989년 7월 26일 대 국민 연설에서 소련이 붕괴될 가능성을 언급하고 이에 준비할 필요성을 강조했다.[46] 또 소련 신문들이 소련과 쿠바와의 불평등 무역을 바로잡을 것을 주장하고 있다고 비난하는 형식을 통해 지금까지의 대소 우호무역이 종결될 수도 있음을 인민대중에게 알렸다.[47]

1989년 12월에서 1990년 1월 사이 쿠바 지도부의 위기인식은 분명해진다. 1989년 12월 '특별한 시기'를 처음 언급했던 카스트로는 한 달 뒤인 1990년 1월 29일 쿠바노동자연맹(CTC) 16차 총회에 참석해 다시 한번 특별한 시기를 강조했다. 그는 농업과 광업, 관광산업 등 모든 산업 생산을 최대한 끌어올려야 한다고 주장했다.[48]

쿠바 지도부는 1990년 초반부터 다음해에 열릴 제4차 공산당 대회를 준비했다. 그 해 3월부터 위기 극복을 위해 공산당대회가 무엇을 해야 하는지를 놓고 당원뿐만이 아니라 전 국민이 참여하는 '대중 집회(llama-miento)'를 시작했다. 카스트로는 "그 끔찍한 충격에 대처하기 위한 모든 조치는 (인민권력) 국가회의뿐만 아니라, 공장, 생산 및 서비스센터, 노동조합, 대학, 중등학교, 농민·여성·지역조직, 또 여타 사회조직에서 열린 수많은 집회에서 논의되었다"라고 회상했다.[49] 이 회의를 통해 정부가 파악하고 있는 구체적인 위기 상황이 인민대중에게 전달됐고 반대로 인민들이 처한 열악한 현실이 지도부에 전달됐다.

> "어려운 '특별시기' 상황에 대처하기 위한 조치를 채택할 경우, 그 모든 것은 노동자, 농민, 학생, 다른 대중조직과 더불어 일차적으로 일반 국민의 차원에서 논의에 붙여지고, 다음으로 수천 개의 군 및 구 단위의 국가회의, 그리고 인민권력 국가회의의 순으로 논의를 거치게 됩니다. 인민권력 국가회의에서 그 제안이 검토된 다음, 최종 채택 전에 더 깊은 논의를 위해서 다시 한 번 일반 국민의 차원으로 되돌려 보내집니다. 이러한 조치들은 모든 국민을 보호하고 그들의 사회보장을 위한 것입니다. 주요 조치들 중에는 술, 담배, 여타 사치품에 대한 세금부과안도 포함됩니다. 약품, 식품, 여타 필수품들에는 전혀 세금이 없습니다."[50]

쿠바인 아리오사의 기억에 따르면 공장, 농장, 호텔, 학교 등 직장단위와 지역 단위로 실시된 토론회에서 정부는 국민들에게 '호소문'을 돌렸다. "호소문을 통해 정부는 '사회주의를 계속 할 것인가 아니면 다른 방법을 찾을 것인가'에 대해 근본적인 질문을 했다. '우리가 사회주의 사회에 살기 때문에 교육, 의료, 복지 등에서 자본주의 나라보다 혜택을 받고 있다. 그러나 사회주의에 문제가 있다면 바꿀 수도 있다'고 알린 뒤 사회주의 건설 과정에 어떤 문제가 있는지, 문제를 고치려면 어떻게 해야 하는지 등을 물었다"는 것이다. 당시 당 간부들은 "솔직하게 의견을 건의해 달라. 나중에 문제가 되지 않는다"고 말했다. 그리고 각 지방자치단체에 의견함을 설치하고 주민들에게 익명으로 건의를 받기도 했다.[51] 사니에 따르면 당원과 비당원 350만 명이 참여, 8만9000회의 모임에서 100만 명 이상이 500개의 이슈와 관심사를 제기했다.[52]

이런 의견수렴 절차를 거쳐 위기극복을 위한 당론을 결정하는 제4차 당 대회가 1991년 10월 11일 열렸다. 개막식에서 카스트로는 소련에서의 수입물자 도착지연이 심각하다는 사실을 항목과 수치를 들어 구체적으로 공개했다. 카스트로는 이 발언을 통해 역설적으로 쿠바의 심각한 대소 의존실태를 국내외에 공표했다.

> "1990년에 소련이 수출하기로 한 상품의 약 75%만이 도착했으며 원유공급은 1300만 t에서 1000만 t으로 삭감되었다. 1991년에 들어와 협정의 상습적인 파기 및 불이행으로 사태는 더욱 심각해졌다. 비료, 야채기름, 버터, 쌀, 깡통쇠고기, 농축우유, 세척제, 종이, 비누, 가축 사료, 밀가루 등이 약속된 양의 1~50%밖에 도착하지 않았으며 여러 원자재와 각종 기계류의 공급중단 및 연기로 인하여 니켈, 기계, 원유 정제, 핵에너지 산업 등의 84개 기간산업이 타격을 입었다. 앞으로의 교역량에 대해 전혀 짐작할 길이 없으며 이제 소련과의 관계가 철저히 이윤관계에 의해 지배될 것이다."[53]

카스트로는 이 과정에서 개혁에 대한 부정적인 인식을 끊임없이 드러냈다.[54] 그러나 외부 관찰자들을 만난 쿠바 내 개혁 실무자들은 시장도입과 과감한 분권화에 대한 논의를 시작하고 있었다고 증언했다.[55] 소장파 인사들도 이 점을 공개적으로 말했다.[56] 위기를 극복을 위한 소통이 최고 지도자, 권력엘리트, 인민대중 사이에 활발하게 이뤄졌다는 사실을 알 수 있다.

2. 지지와 통제의 확대

쿠바 지도부는 인민대중의 정치적 참여 확대 및 제도개혁을 통해 정치적 지지를 확보했고 동시에 당 개혁과 숙청 등을 통해 지배엘리트들에 대한 통제력의 확대도 추구했다.

1) 지지의 확대: 정치제도의 개혁과 군부의 개혁 동원

우선 제4차 공산당 대회의 결정에 따라 쿠바 정부는 정치제도 개혁을 단행했다. 1992년 7월 헌법이 개정됐다. 국가는 종교적 차별을 금지하고 국가와 종교의 분리를 선언했다. 또 전국회의와 주 회의에 비밀 직접 선거를 허용해 국가 정책결정에 대한 대중참여를 확대하도록 했다. 과거에는 주민들의 직접 비밀선거를 통해 선출된 시군회의 의원들이 전국회의와 주회의 의원을 선출했다.[57] 이에 따라 의회는 1992년 10월 선거법을 개정했고 새 제도는 1993년 2월에 열린 전국회의와 주회의 의원 선출부터 적용됐다.[58]

개정 헌법 제14조는 외국인 투자와 조인트벤처의 활성화를 위해 국가소유 대상을 '모든' 생산수단에서 토지 광산 수력자원 같은 '근본적인' 생산수단으로 제한했다. 제23조는 '공익과 충돌하지 않고 경제발전을 도울 수 있는' 개인이나 기업이 내각의 허락을 받으면 국유재산의 소유권을 가질 수 있도록 했다. 무역의 국가독점제도를 폐지하고 외국과 직접 수입과 수출을 하는 준 독립적 주식회사(Sociedades Anonimas·SA)의 설립이 확대 허용됐다.[59] 지방행정기구인 인민협의회(consejo populares)가 신설되었다.[60] 이 기구는 지역의 최고 주권기관인 시군회의의 결정사항을 집행하는 기관으로 지방 경제 활성화와 주민 복지, 부패의 단속과 시장의 규제 등 지방행정에 대한 광범위한 권한이 부여됐다.

카스트로는 보수적인 군부를 경제회생과 개혁의 과정에 참여시켜 개혁의 이익을 향유하게 함으로써 개혁과 자신에 대한 군부의 반발을 정치적 지지로 전환시켰다.[61] 모라(Frank O. Mora)는 '라울주의'(Raulismo)와 '기술관료적 군인'(technocrat-soldier)이라는 개념으로 이 현상을 설명했다.[62] 즉, 군부의 경제적 참여에는 카스트로의 동생 라울이 결정적인 역할을 했다. 그는 1980년대 후반부터 군수산업에 자본주의적 경영기법을 도입해 효율성을 높이는 경영완성체계(SPE)를 운영했다. 군부 고위인사들을 유럽 등 해외에 보내 선진 경영기법을 공부하도록 했다. 1989년 이후 경제위기를 맞아 라울 카스트로는 선진 경영기법과 훈련된 인력을 경제위기 극복을 위한 생산과 개혁의 과정에 투입함으로써 자신과 군부의 권력을 강화했다는 것이다. 라울은 1994년 국가안보의 차원에서 식량증산이 필요하다는 "콩이 대포보다 중요하다"는 논리를 내세워 자유농민시장을 재개설할 것을 형 피델에게 촉구했다. 선진 경영기법을 배운 군인들이 당과 행정부, 기업소 등의 요직에 파견됐다. 군은 GAESA, UIM, GAVIOTA 등 자체 기업을 운영해 군사 예산을 자체 충당하고 민수용 생산과 관광산업 등을 통한 외자유치에 기여했다. 기술관료 군인(technocrat-soldier)과 기업가형 군인(entrepreneur-soldier)이 탄생했다.

2) 통제의 확대: 권력엘리트의 숙청과 공산당 개혁

카스트로 지도부는 인민대중의 지지를 확보하는 동시에 지배엘리트들에 대한 통제를 강화했다. 가장 먼저 비리혐의가 있는 주요 인사들에 대한 숙청을 단행했다. 숙청은 사회주의 국가들이 당의 통합을 유지시키기 위해서 사용하는 일반적인 방법이다. 숙청은 개인들을 당 지도부에 종속시키고 범주화시키는 도구 역할을 한다.[63]

1987년 전 쿠바민간항공기구 총재였던 올란도가 국가 자원을 활용해 개인 집을 수리하고 달러로 자동차를 사고 해외여행에서 고가 물품을 구입하는 등 전형적인 개인 비리혐의로 숙청됐다. 유명한 혁명 영웅으로서 앙골라와 에티오피아에서 싸웠고 재임기간 동안 50만 명 이상의 군인들을 지휘했던 오초아 장군도 1989년 5월 부패혐의로 라울 카스트로 국방장관에 의해 고발되었다.[64]

카스트로는 그의 친 아들까지 숙청의 대상으로 삼았다. 쿠바원자력위원회 집행서기였던 피델 카스트로의 아들 디아스 발라르트(Diaz-Balart Castro)가 1992년 6월 공공자금을 유용한 혐의로 철직된 것이다. 그 해 초반에는 유명한 발레리나로서 극장 연출자였던 알론소(Alicia Alonso)도 부패와 공공자금 유용 혐의 등으로 숙청됐다.[65]

1992년 9월 개혁 주도 세력인 당 이념가 알다나(Carlos Aldana)도 불법적인 금융 거래혐의로 정치국원 자격을 상실했다.[66] 이후 1999년에는 로바이나(Roberto Robaina) 외무장관도 실적 부진으로 물러났다. 부인이 경영하는 회사의 부패 혐의 조사를 받는 시점이었다.[67]

숙청과 동시에 공산당 개혁이 단행됐다. 당내에 개혁에 대한 움직임이 커지자 당 지도부는 당의 몸집을 가볍게 하고 최고지도자의 관리를 용이하게 하기로 결정했다. 당 개혁 과정에서 카스트로를 반대하거나 당의 정통성에 불만을 품었을 가능성이 있는 개인들을 축출하는 것이 목표였다.[68]

카스트로 지도부는 1990년 5월 신설된 당 조직위원회를 신설해 당 개혁에 착수했다. 조직위원회는 그 해 10월 당 개혁 조치를 발표했다. 개혁안에 따라 지도부는 당 중앙위원회 산하 부서를 19개에서 9개로 줄이고 직원 50%를 감원했다. 별도 조직으로서의 당비서국이 폐지되고 정치국원들에게 비서의 역할을 분산시켰다. 주당위원회를 줄이고 전체 유급 조직원의 3분의 2를 해고했다.[69] 당 대회에서는 당규를 개정해 당이 쿠바 노동자의 당이 아니라 쿠바 민족의 당이라고 선언했다. 이념적 근원도 마르티, 마르크스, 레닌의 순으로 표방했다. 종교인의 입당이 허용되는 등 입당 절차도 간소화됐다.[70] 당은 의견의 다양성을 존중하기로 했으며 지방 단위 당 지도부 선출에 비밀 경쟁투표를 도입했다. 당은 또 당 사업과 행정사업을 엄격히 구분하기로 했다.[71]

당내 인적 쇄신도 단행됐다. 당 정치국원 25명 중 12명이 신인으로 교체됐다. 이 가운데 경제전문가는 로드리게스와 라헤 등 2명에 불과했다. 당 중앙위원회 225명 중 126명이 신인이었다. 이들의 평균연령은 47세로 낮아졌고 학력은 높아졌다. 위기 시에 권한이 집중된 당 중앙위원회에 젊은 신인들이 대거 포진한 것은 그만큼 카스트로 등 지도부의 권한이 강화됐다는 것을 의미했다.[72]

V. 경제위기와 북한의 대응

1. 위기인식과 정의

김일성 주석은 1990년 11월 30일과 12월 3일 중앙인민위원회 제9기 제3차 회의에서 한 연설에서 소련 등 소비에트 블록 국가들의 우호무역제도 폐지에 대해 처음 언급했다.[73] 1991년 11월 23일과 26일 당, 국가, 경제 지도일군협의회에서 한 연설에서 중국의 우호무역제도 폐지 요구와 이에 따른 대응책 강구를 지시했다.[74] 그러나 이런 김 주석의 발언은 로동신문 등을 통해 대중에게 공개되지 않았다. 또 단순히 우호무역제도의 폐지에 대해 언급했을 뿐 이 변화가 몰고 올 파장이나 위기에 대한 언급은 없었다.

　북한 공식 문헌에서 김 주석이 '대외경제부문의 급격한 변동으로 인한 외환 유동성 위기'라는 위기의 핵심적인 양상을 말하는 것은 조선로동당 중앙위원회 제6기 제21차 전원회의가 열린 1993년 12월 8일이 처음이다. 그는 동구 사회주의 국가들처럼 '세브'(경제상호원조회의)에 가담하지 않고 자립적 민족경제를 추구한 것이 얼마나 잘한 일이지를 장황하게 설명한 뒤 "그랬더라면 동구라파 나라들처럼 녹아났을 것"이라면서 다음과 같이 경제 위기에 대한 인식의 단면을 드러냈다.

> "지난날 우리나라의 대외무역에서 압도적 비중을 차지하고 있던 사회주의시장이 최근년간에 무너졌습니다. 이전 쏘련과 동구라파나라들은 자본주의가 복귀된 다음 미국이 하라는대로 움직이면서 우리 나라와의 무역거래를 거의다 중단하고 있습니다. 그러다보니 우리 나라의 경제건설에 절실히 필요한 물자들을 이 나라들에서 들여올수 없게 되였고 우리 나라 상품도 이 나라들에 팔수 없게 되였습니다. 이렇게 되여 우리는 경제건설에서 적지않은 지장을 받고 있습니다. 원유만 하여도 이전 쏘련에서 수입하던 것이 거의 중단됨으로써 승리화학련합기업소를 제대로 돌리지 못하고 있습니다. 이전에는 우리 나라가 사회주의시장에서 마그네샤크링카를 거의 독점하고 대량적으로 수출하였는데 지금은 마그네샤크링카의 판로도 막혔습니다. 동구라파의 일부 나라들은 사회주의시대에는 내화물원료인 마그네샤크링카를 우리 나라에서 많이 사갔는데 지금은 용광로를 제대로 돌리지 않는데다가 미국의 압력을 받아 우리 나라에서 마그네샤크링카를 사가려고 하지 않습니다."[75]

　이 발언은 다음날 로동신문에 보도됨으로써 북한의 인민대중은 비로소 "사회주의 시장의 붕괴"로 인하여 나라 경제에 문제가 있다는 최고지도자의 인식을 처음 접하게 되었다.[76] 최고지도자가 당 중앙위원회 전원회의 공개석상 및 로동신문을 통해 경제가 위기라는 사실을 지배엘리트 및 인민대중에게 공개적으로 알림으로써 북한에서는 그때서야 경제위기가 공식적으로 시작된 것이라고 할 수 있다. 아래 <표 V-1> 같이 경제학자들도 1994년부터 「경제연구」를 통해 비로소 경제위기와 관련한 표현들을 사용하기 시작했다.[77]

<표 V-1> 「경제연구」의 연도별 경제위기 관련 용어 사용 횟수

		89	90	91	92	93	94	95	96	97	98	99	00	01	02	03	04	05	06
총괄	경제적 난관 (경제 사정, 형편)						1			1	1	2	1	2	1	1	1		1
원인	사회주의 시장붕괴 (사회주의나라)						1		1	1	1	2	1	1	1	1	1		1
	경제봉쇄 (고립 압살 등)						1		1	1		2	2	2	2	1			1
	자연재해									1	1	2	2	2	2		1		
결과	식량난									1									
	생산의 비정상화									1					2				
	경제부문 연계단절									1				1					
	생산시설 낙후 등													1	2				
	원료와 자재부족														1				
	대외무역 부진									1	1								

그렇다면 김일성 정일 부자는 경제위기의 심각성을 1993년에야 알게 되었다는 말인가. 이에 대해 황장엽 전 조선로동당 비서는 "1980년대 말부터 경제문제가 심각하다는 것을 지도부가 알고 대책을 고심했다. 그러나 어쩔 방법이 없었다"고 증언했다.[78] 1989년부터 1995년까지 동유럽 주재 당 무역회사에 근무했던 고위 탈북자는 "소련과의 무역조건 변화 및

파급효과 등에 대한 보고를 바로바로 본국에 했다"며 "지도부에서는 당시 상황을 긴밀하게 파악하고 있었을 것"이라고 말했다.[79]

그러나 탈북자 인터뷰 등에 따르면 김일성 부자가 경제위기의 심각성을 잘못 인식하고 있었을 가능성은 충분히 존재한다. 대표적인 세 가지 가능성이 있다. 우선 하부의 보고 누락 등으로 인해 김일성 부자가 경제 위기의 실상을 제대로 파악하지 못했을 가능성이다. 해거드와 놀랜드는 1995년 망명한 북한의 농업전문가 이민복의 의견을 담은 보고서를 인용해 이런 가능성을 제기했다.[80] 아래의 보고를 매우 중요하게 여기는 김정일이 위기 초반 정무원 등 권력기관의 허위 보고 및 보고 누락에 대해 강하게 질책하며 "사실대로 보고할 것"을 강력하게 지시한 자료는 위 가능성을 더 크게 해준다.[81] 지배엘리트들이 함부로 경제 개혁 정책을 건의할 수 없는 분위기도 최고지도자의 안이한 위기인식에 영향을 미쳤다고 볼 수 있다.[82] 김일성 부자는 현실사회주의 국가의 개혁에 대해 지속적으로 부정적인 입장을 피력했다. 이런 상황에서 최고지도자에게 경제위기의 심각성을 알리고 개혁 개방을 주장하는 것은 개인은 물론 그가 속한 조직에게도 일종의 '자살행위'였다.[83]

두 번째, 김정일이 아버지에 대한 보고를 의도적으로 누락하거나 조작해 김 주석이 경제위기에 대해 안이한 인식을 했을 가능성이 있다. 1990년대 당시 김일성 주석은 판단의 근거를 김정일의 보고에 전적으로 의존한 것이 확실해 보인다. 일부 고위 탈북자들은 김정일이 생전의 아버지에게 경제 문제와 남북한 문제에 대해 낙관적인 거짓 보고를 일상적으로 했으며[84] 이것이 탄로나 부자가 갈등을 벌이는 과정에서 김 주석이 사망했다고 주장했다.[85] 1993년 12월에 김일성 주석이 내놓은 '혁명적 경제전략'은 김정일의 실정을 뒤늦게 파악한 김일성이 직접 나서서 만들어 낸 작품이라는 증언도 있다.[86] 한 고위 탈북자는 "'혁명적 경제전략'의 내용은 현장에서 벌어지고 있던 경제위기의 현실을 몰라도 너무 모른다는 느낌을 갖게 했다"며 "당시 김정일이 현실을 제대로 보고하지 않았을 가능성이 매우 크다"고 말했다.[87] 허위 보고는 아니라도 적어도 두 지도자 사이에 소통의 문제가 있었고 이로 인해 정책 혼선이 있었을 가능성은 명백하다.[88]

세 번째 가능성은 김일성 부자가 당시 경제 상황에 대한 자세한 정보를 파악하고 있었으나 그 심각성을 제대로 인식하지 못했다는 것이다. 김정일은 김일성종합대학 경제학부 출신이지만 경제에 대해 밝지 못했다는 증언들이 많다.[89] 한 고위 탈북자는 "두 지도자가 소련 및 중국과의 우호무역이 폐지됐지만 천연자원 등을 수출해 충분히 외화를 획득할 수 있다고 잘못 믿고 있었을 가능성도 있다"고 말했다.[90]

결과적으로 북한 지도부는 쿠바와 달리 경제위기를 빨리 인식하고 이를 공개해 개혁을 단행할 수 있는 타이밍을 놓친 것만은 분명해 보인다.

북한 지도부가 경제위기를 공식적으로 인정하고 인민대중에게 알리는 것은 김일성 주석이 사망하고 자연재해가 겹치는 1995년 이후로 미뤄진다.[91] 경제위기에 대한 김정일의 발언이 『김정일 선집』을 통해 공개된 것은 1997년 3월 17일 '조선로동당 중앙위원회 책임일군들과 한 담화'가 처음이다.[92]

2. 지지와 통제의 확대

쿠바와 비교할 때 1990년대 초반 북한은 개혁 지지세력의 확보를 위한 정치개혁의 측면에서도, 개혁 반대세력의 통제를 위한 숙청 등의 측면에서도 활발한 움직임을 나타내지 않았다. 북한은 1992년 4월 9일 최고인민회의 제9기 제3차 회의에서 1972년 헌법을 재개정했다.[93] 새 헌법은 곳곳에서 변화의 움직임이 나타났지만 쿠바의 1992년 개헌과 비교하면 그 정도가 약하다. 1992년에 개헌과 대외관계 개선 등으로 나타난 북한의 변화 움직임은 그나마 1993년 초부터 시작된 제1차 북미 핵 갈등에 묻히게 된다. 이 때부터 북한 지도부는 추가적인 개혁과 개방보다는 핵 개발 의혹을 매개로 미국과 직접 1대 1 대화를 통해 안보문제를 해결하려고 시도하게 된다.[94]

한편 김일성은 앞서 소개한 1993년 12월 8일 담화를 통해 '대외경제부문의 급격한 변화에 따른 외화 유동성 위기'라는 위기의 실체를 처음으로 공식 인정했으며 1994년부터 향후 2~3년을 '사회주의 건설의 완충기'로 설정하고 이른바 3대 제일주의-무역제일주의, 농업제일주의, 경공업제일주의-를 추구하는 '혁명적 경제전략'을 내놓았다.[95]

그러나 쿠바의 1990년대 개혁정책과 비교하면 '혁명적 경제전략'은 그다지 혁명적이지 못했다. 투자의 순위를 중공업이 아닌 소비재 생산에 둔 것을 제외하면 경공업 제일주의, 무역제일주의, 농업 제일주의 등은 이미 북한 지도부가 공개적으로 천명했던 것을 모아 다시 한번 강조한 것에 불과하다.[96] 무엇보다도 그 어느 내용도 '개혁적'이지 않다. 3대 제일주의는 쿠바가 취한 '안정화' 및 '자유화' 정책 범주나 코르나이의 경제 개혁 범주의 어느 것에도 해당하지 않는다. 국가의 3대 성장 목표를 밝혔을 뿐이다.

고위 탈북자들에 따르면 김정일의 지배엘리트에 대한 숙청은 우선 군부에 대한 숙청으로 1992년 '프룬제아카데미아 사건' 1995년 '6군단 사건'으로 진행됐다. 이어 사회안전성을 이용한 당에 대한 숙청인 1997년 '심화조 사건' 등으로 이어진다.[97] 그러나 프룬제아카데미아 사건의 경우 개혁을 위한 통제의 성격이라기보다는 김정일의 권력 장악의 목적이 강하다.

이렇게 빠른 개혁의 타이밍을 놓친 김정일은 총비서 취임 초기인 1998

년 중반 조선로동당 전체 당원들을 상대로 경제위기 극복을 위한 정책대안을 수렴하는 등 제의서와 측근에 의존하던 의견수렴의 인적 범위를 넓혀나간다.[98] 1998년 헌법 개정 통해 시장경제적 요소를 수용한다. 국가지도기관체계의 재편에서도 경제를 중요하게 고려해 부분적인 개인소유와 처분권 확대 허용한다.[99] 그러나 이같은 조치들은 사회주의 국가 민주집중제의 핵심인 공산당을 통한 합의와 동의의 기제를 벗어난 것이다. 결국 2002년과 2003년에 단행된 2000년대 초반 북한의 개혁개방 조치들은 보수파들의 반발에 부딪혀 2005년 하반기 이후 중단 또는 후퇴하게 된다.[100]

북한 경제의 반 개혁개방 흐름은 2009년 11월 화폐개혁으로 극치에 달했다. 김정일의 건강 이상 및 아들 김정은의 후계승계 과정 속에서 동력이 상실됐던 북한 개혁 개방의 흐름이 되살아 난 것은 2011년 12월 김정일의 사망에 이어 김정은이 권력을 넘겨받은 뒤부터다. 2012년 '6.28방침'과 2014년 '5·30문건'을 통해 다시 공식화되기 시작하는 김정은 식 개혁은 김정일식 선군정치 하에서 유명무실했던 국가 최고기구인 조선노동당의 기능 회복과정과 함께 시작되어 진행되고 있다. 김정은 치하에 비대해진 선군정치의 비효율성을 제거하는 작업이 진행되는 가운데 당의 기능은 계속적으로 정상화되고 있는 것이다.[101]

김정은은 2012년 4월 11일 노동당 대표자회에서 당 제1비서에 올라 핵심 당권과 군·보안조직을 모두 장악해 친정체제를 구축했다.[102] 김정은은 2007년 총리에서 해임돼 비날론공장 책임자로 쫓겨 갔던 박봉주 전 내각 총리를 당 중앙위 부장으로 복권시켰다. '함남의 불길'이라는 캐치프레이즈로 생산력 증대 모델이 된 곽범기 전 함경남도 책임비서(73) 역시 정치국 후보위원, 중앙위 비서, 중앙위 부장을 한꺼번에 부여받았다.[103]

김정은은 2013년 3월 31일 노동당 중앙위원회 전원회의를 개최해 경제건설과 핵무력 건설을 병진시키는 이른바 '병진 노선'을 자신 체제의 새로운 전략적 노선으로 채택했다.[104] 김정은은 1980년 6차 당대회 이후 36년만에 개최된 당대회에서 6·28조치로 선보인 '우리식 경제관리방법의 전면적 확립'을 직접 육성으로 선포해 집권 이후 추진해 온 '김정은 식 경제개혁'을 사회주의 국가 최고결정기구인 당대회를 통해 당의 이름으로 공식화했다. 그는 '사회주의기업책임관리제'의 바른 실시도 역설했다.[105]

> "경제강국건설에서 전환적 국면을 열어나가기 위하여서는 국가의 경제조직자적기능을 강화하고 주체사상을 구현한 우리식 경제관리방법을 전면적으로 확립하여야 합니다. 공장, 기업소, 협동단체들은 사회주의기업책임관리제의 요구에 맞게 경영전략을 잘 세우고 기업활동을 주동적으로, 창발적으로 하여 생산을 정상화하고 확대발전시켜 나가야 합니다."[106]

김정은은 당정군 간부들에 대한 주기적이고 지속적인 숙청을 단행했다. 2012년 7월 이영호 인민군 총참모장의 해직과 2013년 12월 고모부 장성택 처형사건이 대표적이다. 이를 김정은 1인 독재를 위한 권력투쟁으로 보는 견해가 일반적이지만 공산당의 정책을 효율적으로 수행하기 위한 권위와 통제 강화로 볼 여지가 있는 대목도 있다.

김정일 장례식 운구팀의 한 명이었던 이영호 총참모장이 전격 해임은 김정은 체제 내부 권력투쟁과 이후 잇단 군 개혁의 신호탄이었다.[107] 그의 해임을 두고 다양한 해석이 나왔지만 가장 흥미로운 것은 군경제 개혁과정에서의 갈등을 지적한 경제 원인론이었다. 6·28조치로 외부에 알려진 김정은 식 경제개혁에 필요한 자원을 확보하기 위해 군 경제를 내각경제로 환원하는 과정에 이영호 등 군부의 조직적인 반발이 있었다는 해석이

1년여 뒤 조카 김정은의 유일 독재체제 확립과정으로 해석되는 장성택 처형에도 유사한 해석이 나온다. 이영호 숙청 당시와 달리 북한 지도부는 장성택 처형 이유를 공식적으로 밝혔다. 장성택이 김정일의 허락을 받고 운영해 온 수령경제활동이 김정은의 새로운 내각중심제 경제정책에 심각한 걸림돌이 되었다는 내용이다.

> "장성택은 당이 제시한 내각중심제, 내각책임제원칙을 위반하면서 나라의 경제사업과 인민생활향상에 막대한 지장을 주었다. 장성택일당은 교묘한 방법으로 나라의 경제발전과 인민생활향상에서 주요한 몫을 담당한 부문과 단위들을 걸어쥐고 내각을 비롯한 경제지도기관들이 자기 역할을 할 수 없게 만들었다. 국가재정관리체계를 혼란에 빠뜨리고 나라의 귀중한 자원을 헐값으로 팔아버리는 매국행위를 함으로써 주체철과 주체비료, 주체비날론공업을 발전시킬데 대한 위대한 수령님과 어버이장군님의 유훈을 관철할 수 없게 하였다."[109]

VI. 결론

이상과 같이 쿠바와 북한의 1990년대 초반 경제위기와 이후 대응 과정을 고찰해 보았다. 그 결과 <표 VI-1>와 같이 두 나라를 관통하는 열 단계의 정치적 행위가 도출됨을 알 수 있다. 우리는 각 조치들에 대해 아래와 같은 일반적인 진술을 할 수 있다.

<표 VI-1> 1990년대 경제위기에 대응하는 쿠바와 북한의 10단계 정치적 조치

순서	제목	구체 내용
1	최고지도자의 위기인식(perception)	민주주의나 독재, 자본주의나 사회주의 국가를 막론하고 위기 대응의 시작은 최고지도자가 그것이 위기임을 인식하는 것에서 출발한다. 최고지도자가 조기에 위기 상황을 파악하기 위해서는 평소 엘리트 및 대중과 원활한 소통을 하고 있어야 한다.
2	최고지도자의 위기 정의(define)	최고지도자가 위기를 인식하는 것만으로는 충분하지 않다. 그것이 위기임을 엘리트와 대중에게 공개적으로 정의(define)해야 한다. 최초의 공론화라고 할 수 있는 이 조치를 앞두고 국가나 파워 블록 내부에 찬반 논란과 갈등이 생길 수도 있다.
3	대외부문 활성화를 위한 제한적 개방조치	쿠바와 북한 등 사회주의 국가의 경우 최고지도자가 가장 부담 없이 먼저 사용하는 카드는 무역과 관광 등 대외무역을 활성화 해 부족한 달러를 조달하는 것이다. 내부적으로는 달러 사용을 허용하고 달러 상점을 여는 화폐화 조치도 병행된다.
4	민주집중제 원칙에 따른 인민 의견 수렴	위기임을 정의한 한 최고지도자는 엘리트와 대중을 상대로 위기 극복 방안에 대해 의견을 묻는 절차를 시작한다. 이는 실질적으로 대안 마련에 중지를 모으는 것이기도 하고 사회주의의 민주집중제 원칙을 이행했음을 형식적으로 담보하려는 것일 수도 있다.
5	'권위와 통제'의 확대: 공산당 개혁	개혁은 필연적으로 위기 이전에 존재했던 기득권의 구조를 바꾸게 된다. 이에 대한 조직적인 반발을 무마하기 위해 공산당은 스스로 내부 개혁을 단행하는 모습을 보인다. 사회주의 국가의 위기는 그 최고기구인 공산당의 잘못이라는 것이 전제다.
6	공산당대회에서 정치경제 개혁정책 입안	엘리트와 대중의 의견을 수렴한 공산당은 위기 대응을 위한 정책 수단을 선별하고 정리해 국가 정책으로 입안한다. 쿠바의 경우 5년마다 주기적으로 열려 온 공산당 대회에서 모든 것이 공식적으로 결정된다. 북한의 1990년대 개혁과 결정적으로 다른 모습이다.
7	'권위와 통제'의 확대: 숙청	1990년대 위기 대응 과정에서 쿠바는 공산당 개혁과 함께 주요 권력자들에 대한 대규모 숙청을 벌인다. 숙청은 개혁에 수반되는 이익갈등을 억누르는 공포정치의 일환이기도

순서	제목	구체 내용
		하고 향후 개혁정책에 필요한 엘리트를 재배치하는 효과적인 수단으로 활용된다.
8	헌법 개정 정치제도 개혁	공산당 대회는 개혁 개방 정책의 입안과 함께 국가 운영의 최고 규범인 헌법에 대한 일대 수정을 가한다. 이 과정에서 시대의 요구에 부응하는 정치 제도 개혁도 이뤄진다. 이는 개혁 반대 세력을 무마하고 동시에 지지 세력을 보강하는 역할을 한다.
9	분권화 개혁조치	시장화 조치에 앞서 분권화 조치가 먼저 시행된다. 공장과 기업소, 협동농장과 자영업자 등 생산 주체들에게 권한을 더 부여해 생산을 늘리도록 해 부족한 인민소비품을 증산하고 국가에 돌아오는 세금을 늘려 재정을 건전화 하려는 시도다.
10	시장화 개혁조치	사회주의 최고지도자들은 평등이라는 가치를 훼손하고 소득의 불평등을 가져오는 시장화 조치를 끝까지 꺼린다. 하지만 분권화 조치만으로 위기에 대응할 수 없는 상황이 오면 어쩔 수 없이 시장을 허용한다. 그것으로 개혁과 개방의 정치경제의 일막이 내린다.

1990년대 초반 쿠바의 경제개혁은 2003년부터 일부 후퇴했다가 라울 카스트로가 국가평의회장을 맡게 되는 2008년부터 다시 회복·강화된 것을 감안하면 의미 있는 모든 단계가 1989년부터 1994년까지 6년 안에 마무리 되었다고 할 수 있다. 북한과 관련해 주목할 것은 '권위와 통제력의 확대'라고 할 수 있는 중요한 다섯 단계가 모두 쿠바 공산당의 이름으로 진행되었다는 사실이다. ④민주집중제 원칙에 따른 인민 의견 수렴 ⑤'권위와 통제'의 확대: 공산당 개혁 ⑥공산당대회에서 정치 경제 개혁정책 입안 ⑦'권위와 통제'의 확대: 숙청 ⑧헌법 개정과 정치제도 개혁 등이 그것이다. 위기에 빠진 사회주의 쿠바를 구출하는 정치적 작업의 핵심에 바로 사회주의 국가 최고기관인 공산당이 있었던 것이다. <표 Ⅵ-2>은 10단계의 중요 내용들을 정리한 것이다.

〈표 VI-2〉 1990~1994년 쿠바의 개혁개방 10단계 조치(시간 순)

10단계 조치		구체 내용
1	최고지도자의 위기인식(perception)	피델 카스트로는 1989년 7월 26일 대중 연설에서 소련이 붕괴될 가능성을 언급하고 이에 준비할 필요성을 강조
2	최고지도자의 위기 정의(define)	카스트로는 1989년 12월 '특별한 시기'를 처음 언급하고 한 달 뒤인 1990년 1월 29일 쿠바노동자연맹(CTC) 16차 총회에 참석해 다시 한번 특별한 시기를 강조
3	대외부문 활성화를 위한 제한적 개방조치	카스트로는 1990년 1월 29일 관광산업의 활성화가 필요하다고 주장. 개방에 대해서는 너그러운, 나아가 개방이 필요하다는 적극적인 인식을 나타내
4	민주집중제 원칙에 따른 인민 의견 수렴	쿠바 지도부는 1990년 초반부터 다음해의 제4차 공산당 대회를 준비. 그 해 3월부터 위기 극복을 위해 공산당대회가 무엇을 해야 하는지를 놓고 당원뿐만이 아니라 전 국민이 참여해 의견을 제시하는 '대중 집회(llamamiento)'를 실시
5	'권위와 통제'의 확대: 공산당 개혁	쿠바 지도부는 1990년 5월 신설된 당 조직위원회를 신설해 당 개혁에 착수. 조직위원회는 그 해 10월 당 개혁조치를 발표
6	공산당대회에서 정치 경제 개혁정책 입안	1991년 10월 개최된 공산당 제4차 당 대회는 "조국의 경제발전에 대한 결정"을 통과시켜. "조국, 혁명, 그리고 사회주의를 구하기 위한" 신경제정책의 지침 내려져
7	'권위와 통제'의 확대: 숙청	1992년 6월 지도부는 피델 카스트로의 아들 이다스 발라르트(쿠바원자력위원회 집행서기)를 공금유용 혐의로 철직
8	헌법 개정 정치제도 개혁	1992년 7월 헌법을 개정해 종교적 차별을 금지하고 국가와 종교의 분리를 선언. 전국회의와 주 회의에 비밀 직접 선거를 허용해 국가 정책결정에 대한 대중참여를 확대
9	분권화 개혁조치	1993년에 자영업을 부활시켜 경제의 사적부문을 합법화. 비효율적인 국영농장을 협동농장의 일종인 협동조합 생산기초조직(las unidas básicas de producción cooperativas·UBPC)체제로 개편. 내국인의 달러 보유를 허용하고 달러 상점을 개설
10	시장화 개혁조치	1994년에는 농민시장(Mercados Agropecuarios·MA)과 공산품시장(industrial market) 및 공예품시장(artisan market)을 부활. 공공재와 서비스에 대한 가격 인상 및 각종 세금 부과 및 인상 조치를 단행

쿠바의 1990년대 경제 개혁개방 조치가 10단계를 나눠 진행됐고 그를 위한 '권위와 통제력의 확대' 과정에 공산당이 핵심적인 역할을 했다는 두 가지 사실로 1990년대 경제위기 이후 북한의 대응 과정을 살펴보면 재미있는 세 가지 결과가 도출된다.

첫째, 대응 과정의 유사성이다. 북한의 대응은 1990년 김일성 주석이 최고지도자 수준의 위기 인식을 나타낸 이후 손자 김정은이 2016년 5월 8일 조선노동당 7차 대회 중앙위원회 사업총화보고에서 "우리식 경제관리방법의 전면적인 확립"을 요구하는 것으로 쿠바와 같은 10단계를 모두 거치고 있는 것을 확인할 수 있다. 북한의 10단계 조치를 <표 Ⅵ-3>로 정리할 수 있다.

〈표 Ⅵ-3〉 1990~2016년 북한의 개혁개방 10단계 조치(시간 순)

	10단계 조치	구체 내용
1	최고지도자의 위기인식(perception)	김일성 주석은 1990년 11월 30일 중앙인민위원회 제9기 제3차 회의에서 한 연설에서 소련 등 소비에트 블록 국가들의 우호무역제도 폐지에 대해 처음 언급
2	대외부문 활성화를 위한 제한적 개방조치	북한 지도부는 1991년 유엔개발계획(UNDP)의 두만강 개발계획과 맞물려 나진 선봉자유경제무역지대 개발계획 발표
3	최고지도자의 위기 정의(define)	김일성 주석이 사망하고 자연재해가 겹쳐 1995년부터 경제위기가 심화되자 북한 지도부는 1996년 1월 '로동신문' 신년 공동 사설을 통해 위기 극복 담론인 '고난의 행군'을 공식적으로 천명
4	민주집중제 원칙에 따른 인민 의견 수렴	김정일은 총비서 취임 초기인 1998년 중반 조선로동당 전체 당원들을 상대로 경제위기 극복을 위한 정책대안을 수렴하는 등 제의서와 측근에 의존하던 의견수렴의 인적 범위를 넓혀
5	헌법 개정 정치제도 개혁	1998년 헌법 개정 통해 시장경제적 요소를 수용. 국가지도기관체계의 재편에서도 경제를 중요하게 고려. 부분적인 개인소유와 처분권 확대 허용

10단계 조치		구체 내용
6	분권화 개혁조치	2002년 7월 1일부터 임금과 물가를 대폭 인상하고 배급제를 단계적으로 축소. 기업소에 '번 수입 지표'를 도입하고 협동농장의 분조기능을 강화하는 등을 골자로 하는 '7·1경제관리 개선조치' 단행
7	시장화 개혁조치	2003년 3월 암시장으로 변한 기존 농민시장과 장마당을 종합시장이라는 이름으로 합법화하는 시장화 개혁을 단행
8	'권위와 통제'의 확대: 공산당 개혁	김정은은 2012년 4월 11일 노동당 대표자회에서 당 제1비서에 올라 핵심 당권과 군·보안조직을 모두 장악. 2007년 총리에서 해임돼 비날론공장 책임자로 쫓겨 갔던 박봉주를 당 중앙위 부장으로 복권
9	'권위와 통제'의 확대: 숙청	2012년 7월 이영호 인민군 총참모장의 해직. 2013년 12월 장성택 당 행정부장 처형
10	공산당대회에서 정치 경제 개혁정책 입안	김정은은 2016년 5월 8일 조선노동당 7차 대회 중앙위원회 사업총화보고에서 "우리식 경제관리방법의 전면적인 확립"을 요구해 1990년대 경제난 이후 처음으로 사회주의 국가 최고결정기구인 당대회를 통해 북한식 개혁정책을 공식화

둘째, 대응조치의 지연과 단절, 역행이다. 쿠바의 대응 조치가 꼬리에 꼬리를 물고 연쇄적으로 진행돼 1989년부터 1994년까지 6년 동안 10단계를 모두 완성하는데 비해 북한의 그것은 가다 서다를 반복한다. 이를 <표 VI-4>과 같이 정리할 수 있다.

최고지도자의 위기 인식에 바로 이어져야 할 위기 정의는 무려 5년 동안이나 지연된다. 쿠바 정부가 가장 활발하게 대응조치를 이어나가던 1992년에서 1995년까지 북한에서는 10단계 조치 가운데 쿠바에 상응할만한 어떤 조치도 내놓지 못한다. 첫 번째 휴지기를 거치는 셈이다. 결국 김일성 주석이 사망하고 자연재해가 겹쳐 1995년부터 경제위기가 심화되자 김정일이 이끄는 북한 지도부는 1996년 1월 '로동신문' 신년 공동 사설을 통해 위기 극복 담론인 '고난의 행군'을 공식적으로 천명하게 된다.

쿠바의 1990년대 초반 개혁 (아래부터 시간 순)	북한의 1990~2017년 개혁 (쿠바와의 유사조치 왼쪽부터 시간 순)																											
10 시장화 개혁조치 단행 -1994년 농민시장, 공산품시장 개설															⑦													
9 분권화 개혁조치 단행 -1993년 자영업 허용 및 국영농장 개혁														⑥														
8 헌법 개정을 통한 정치제도 개혁실행 -1992년 7월 종교 자유인정, 선거개혁										⑤																		
7 '권위와 통제'의 확대: 숙청 -1992년 6월 카스트로의 아들 숙청																							⑨					
6 공산당대회에서 정치 경제 개혁정책 입안 -1991년 10월																												⑩
5 '권위와 통제'의 확대: 공산당 개혁 -1990년 10월 공산당 개혁조치 발표																						⑧						
4 민주집중제 원칙에 따른 인민 의견 수렴 -1990년 3월 '라마멘토' 시작											④																	
3 대외부문 활성화를 위한 제한적 개방 -1990년 1월 관광산업 활성화 천명			②																									
2 최고지도자의 위기 정의(define) -1989년 12월 '특별한 시기' 정의							③																					
1 최고지도자의 위기 인식 -1989년 7월 카스트로 연설	①																											
연도	89	90	91	92	93	94	95	96	97	98	99	00	01	02	03	04	05	06	07	08	09	10	11	12	13	14	15	16

1996년 '고난의 행군' 담론 발표에 이어 ④민주집중제 원칙에 따른 인민 의견 수렴(1998년) ⑤헌법 개정과 정치제도 개혁(1998년) ⑥분권화 개혁조치(2002년) ⑦시장화 개혁조치(2003년) 등으로 가파른 개혁의 흐름을 이어가지만 전술한 대로 보수적 엘리트들의 반대로 2005년 이후 두 번째 휴지기를 시작한다. 그러다 결국 2009년 11월 화폐개혁이라는 극단의 우경화 정책에 이른다.

2011년 12월 김정일의 죽음과 함께 권력을 차지한 김정은이 선군정치에 형해화된 공산당을 정상화하고 당의 이름으로 개혁정책을 추진하고 있는 것은 주목할만한 일이다. 2016년 5월 조선노동당 7차 당대회에서 "우리식 경제관리방법의 전면적인 확립"이 정식화됨에 따라 1989년 위기로 시작된 북한의 1990년대 개혁·개방 조치는 비로소 쿠바가 1990년대 초반 완성한 10단계를 형식적으로 충족하게 되었다. 측근들에 대한 무자비한 숙청과 함께 진행된 이 과정은 왜 김정은 식 개혁개방이 한 번의 후퇴도 없이 엘리트 내 보수진영의 반발에 부딪히지 않는지에 대한 답을 제공한다.

김정은의 경제개혁이 2000년대 중반 김정일의 그것과는 달리 후퇴하거나 기득권 엘리트들의 조직적인 저항을 받지 않는 이유에 대해서는 다양한 가설이 존재할 수 있다. 우선 2009년 화폐개혁의 실패를 목도한 김정은은 '시장을 이길 수 없다'는 현실을 인식했을 것이 분명하다. 화폐개혁의 실패로 국가가 시장에 대한 간섭을 멈추고 시간이 흐르는 동안 과거 시장 세력과의 경제적 이해관계가 없었던 보수적 엘리트층이 다양한 방법으로 시장 세력과의 결탁을 이루게 된 결과라는 설명도 가능하다. 하지만 이 논문은 쿠바의 경험과 비교할 때 당의 이름으로 선포된 정책에 대해 반발할 수 없기 때문이기도 하고 김정은의 노선에 반대하는 누구도 정치적 육체적으로 살아남지 못하는 공포정치도 한 몫을 했다고 주장한다.

이상과 같이 탈냉전 이후 북한과 쿠바의 경제위기와 개혁의 정치적인 측면을 살펴보았다. 북한과 쿠바는 1989년 이후 소비에트 블록의 체제전환에 따라 유사한 성격의 경제위기를 겪었다. 이에 대해 쿠바는 1990년대 초반에 정치개혁을 동반한 경제개혁을 단행했다. 그러나 북한은 쿠바와 유사한 경제개혁을 단행하지 못했다. 본 논문은 그 '원인'과 그 이후의 전개과정을 찾기 위한 시도였다.

경제위기에 직면한 모든 나라가 빠르고 효과적인 정책으로 대응하는 것은 아니다. 어떤 국가는 외부로부터의 충격에 신속하고 유연하게 대응하면서 정책변화를 추구할 능력이 있는 반면 어떤 나라는 그렇지 못하다. 자본주의 국가들의 경제위기와 개혁에 대한 다양한 비교연구들에 따르면 이런 차이를 가져오는 다양한 요소 가운데 가장 중요한 것은 지도부의 위기 인식과 위기의 정의, 개혁 지지세력의 확대와 개혁 반대세력에 대한 권위와 통제력의 확대이다. 본 논문은 이러한 분석틀에 따라 북한과 쿠바의 국내정치적 초기조건 가운데 정책의제 형성제도를 우선 살펴본 뒤 1990년대 초반 두 나라의 역사적 사실들을 위 세 가지 요소들에 초점을 맞춰 살펴보았다.

쿠바의 정책의제 형성과정은 동원모형에 가까웠다. 최고지도자는 쌍방향 대중 연설과 개방형 대중 집회 등을 통해 인민대중을 정책의제 형성과정에 참여시킴으로써 정책의 성공과 실패의 책임을 나눠가졌다. 최고지도자는 경제위기를 빨리 정확하게 인식했고 이를 인민대중과 함께 소통했다. 이에 비해 북한의 정책의제 형성과정은 내부접근모형에 가까웠다. 최고지도자는 일부 측근의 '제의서'와 비공식적 소통을 통해 중요 정책을 형성했으며 인민대중을 소외시켰다. 쿠바에서는 당 국가사회주의 국가의 집단지도체제와 민주적 집중제의 원칙이 비교적 잘 작동되고 있었지만 북한에서는 그렇지 못했다. 이는 최고지도자와 권력엘리트 사이의 소통도 원활하지 못했다는 것을 증명한다.

그 결과 쿠바의 최고지도자는 1990년대 초반 경제가 위기라고 정의하고 이 사실을 국민들에게 솔직하게 알릴 수 있었고 개혁정책을 만드는 과정에 인민대중을 참여시킬 수 있었다. 이 과정에 경제위기의 실상이 지도자에게 가감 없이 전달되는 소통의 선순환 구조가 형성됐다. 반면 북한에서는 경제위기의 피해를 가장 크게 받는 인민대중의 '목소리'가 최고지도자에게 전달될 수 없었다. 측근들에 둘러싸인 최고지도자는 위기를 제대로 인식하지 못했다. 만일 최고지도자가 경제위기의 실태와 심각성을 알

았더라도 쿠바의 지도자처럼 경제정책의 실패를 시인할 수 없었다. 김일성과 김정일은 스스로 만들어진 유일신과 같은 존재였기 때문이다.

소통제도의 차이로 인한 위기인식과 정의의 차이는 국가가 개혁정책을 단행하는데 필요한 지지세력의 확보와 반대세력의 통제 능력의 차이로 드러났다. 쿠바 지도부는 헌법 개정 등을 통해 인민대중이 원하는 각종 개혁정책을 단행함으로써 개혁의 지지세력을 확대했다. 권력엘리트에 대한 숙청과 공산당 개혁을 통해 반대세력에 대한 통제력도 키웠다. 이에 비해 북한은 지지세력의 확대를 위한 개혁의 움직임도, 반대세력의 통제를 위한 움직임도 미약했다. 이 과정에 1994년 김일성 주석이 사망하고 자연재해가 겹치면서 북한은 '고난의 행군'이라는 총체적 위기상황으로 빠져든다.

개혁의 지연과 이로 인한 국가 위기의 심화는 오늘날 북한의 현실을 규정하고 있는 거대한 역사적 구조적 제약요인이다. 1997년 10월 조선노동당 총비서로서 공식적인 최고지도자의 자리에 오른 김정일은 헌법개정을 통한 내각의 기능 강화 등 일련의 정치개혁을 단행한 끝에 2002년 7·1조치와 2003년 종합시장 도입을 골자로 하는 경제개혁을 단행했다. 1990년대 경제위기와 이에 대한 국가의 경제개혁 지연으로 초래된 정치 경제적 변화는 국가로 하여금 2000년대 개혁을 하지 않을 수 없는 초기조건을 형성했던 것이다. 그러나 2006년 이후 북한 경제는 다시 침체의 늪으로 빠져들었다. 1990년대 국가가 개혁을 지연하는 사이 계획경제의 물적 토대가 무너졌기 때문이다. 2012년 이후 김정은이 기존의 시장화 분권화 화폐화 현상을 받아들이는 개혁을 공식화하지 않을 수 없었던 것 역시 2005년 개혁개방 정책의 후퇴 속에 누적된 경제적 난국을 돌파할 다른 대안이 없었기 때문이라 할 수 있다.

이상과 같은 비교 결과가 북한에 주는 '함의'는 자명하다. 경제위기에 대한 빠르고 광범위한 경제 개혁을 위해서는 우선 정치 개혁이 선행되어야 한다는 것이다. 황장엽이 '수령절대주의 독재체제'라고 명명한 것처럼 신격화된 수령이 모든 정치 경제적 권한을 독점하고 절대권력을 행사하는 현재의 정치체제에 대한 근본적인 변화 없이 북한이 베트남이나 중국과 같은 개혁에 나서는 것은 기대하기 어렵다고 할 수 있다.

본 논문은 특히 사회주의 독재체제 내에서도 최고지도자와 권력엘리트, 인민대중이 경제개혁에 대한 대응을 놓고 비교적 활발하게 소통할 수 있음을 쿠바의 사례에서 보았다. 최고지도자와 일부 측근들에 의한 밀실정치로는 북한의 밝은 미래를 기대할 수 없다. 위아래의 활발한 소통을 통해 북한 스스로의 주장대로 "아랫단위의 창발성"을 이끌어 내지 못한다면 국가 주도 개발도, 외부 지원에 의한 개발도 기대하기 어렵다.

비록 김정은이 조선노동당을 내세워 개혁개방 정책을 추진하고 있는 변화를 보이고 있지만 엘리트 대중과 권력을 분산하는 쪽으로 수령 절대주의 구조를 이완하고 당내 민주적집중제의 원칙을 되살리는 근본적인 정치개혁을 추진하지 않는 한 그 성과에 있어서 한계가 분명하다고 할 수 있다.

이 장의 주

1 경제위기라는 개념에는 일반적으로 두 가지 내용이 포함된다. 첫째, "집합적인 경제적 실적의 급격한 악화(a sharp deterioration in aggregate economic performance)"이다. 구체적으로 성장의 둔화와 인플레이션, 무역수지 적자 등으로 표현된다. 둘째, 경제위기는 이전의 정책으로는 극복될 수 없는 것이다. 투자와 성장은 정책의 변화 없이는 회복되지 않는다는 것이다. Stephan Haggard and Robert R. Kaufman, *The Political Economy of Democratic Transition*(Princeton: Princeton University Press, 1995), pp. 8~9.

2 김두진, "쿠바의 사회주의 발전과 페레스트로이카 이후의 선택", 이수훈 외, 『변혁기의 제3세계 사회주의』(서울: 나남, 1992), 143~151쪽.

3 양문수, 『북한경제의 구조: 경제개발과 침체의 메커니즘』(서울: 서울대출판부, 2001), 255쪽.

4 카스트로는 1989년 12월 30일 대학생들에 대한 연설에서 "사회주의의 정치적 격변은 매우 특별한 상황이며 경제적 어려움을 초래할 수 있기 때문에 우리는 그것을 '평화 기간 중의 특별한 시기'라고 할 수 있다. 그러나 그것은 우리가 군사적으로 봉쇄됐을 때의 특별한 시기처럼 심각한 상황은 아닐 것이다"라고 말했다. 카스트로의 연설(1989년 12월 30일), Latin American Network Information Center(http://lanic.utexas.edu/la/cb/cuba/castro.html).

5 김정일이 정의한 고난의 행군 정신이란 "수령님의 령도 밑에 항일혁명투쟁의 가장 엄혹했던 시기에 조선혁명의 명맥을 지켜내고 혁명의 일대 양양을 일으킨 투철한 혁명정신, 백절불굴의 혁명정신"이다. 김정일, "일군들은 <고난의 행군> 정신으로 살며 일해야 한다"(1996.10.14), 『김정일 선집 제14권』(평양: 조선로동당출판사, 2000), 249쪽.

6 북한은 한국은행이 1990년 치부터 매년 발표하고 있는 "북한 경제성장률 추정 결과"를 종합한 것이다. 쿠바는 정부(http://www.cubagob.cu/ingles/default.htm), 경제계획부(Ministry of Economy and Planning), 통계청(http://www.one.cu/) 등 참조.

7 안정화란 "계속적이고 지속가능한 성장이 가능한 수준으로 대외부채를 줄이고 물가인상을 막는 조치들"을 말한다. 국가들은 국제금융시장에서 신용이 경색되는 상황에서 수출증대를 모색해야 한다. 재정통화정책과 화폐평가절하 등을 통해 거시경제를 관리해 집단적인 수요를 축소해야 한다. 안정화는 1~2년 내 성과 기대하는 단기적인 조치라고 할 수 있다. 구조조정은 장기적인 경제성장을 위해 "시장메커니즘을 확대하고 국제경제에 더 많이 통합되기 위한" 다양한 조치들을 의미한다. 신자유주의적 주류경제학에 따르면 변동환율정책, 금리인상, 수출장려 인센티브 정책, 공공부문 투자 프로그램의 합리화, 세입증대, 공공요금 인상, 정부 보조금 삭감, 석유 등 공공물자 가격 인상, 무역자유화 및 관세인하, 조세개혁, 국영기업의 민영화, 공공부문 고용 삭감 등이 구체적인 정책대안들이다. Joan M. Nelson, ed., *Economic Crisis and Policy Choice: The Politics of Adjustment in the Third World*(Princeton: Princeton University Press, 1990), pp. 3~13.

8 좁은 의미의 개혁과 개방에 대해서는 양문수, 『북한경제의 구조』, 342~344쪽.

한편 넓은 의미의 개혁은 좁은 의미의 개혁과 개방을 모두 포함하는 것이다. 코르나이(János Kornai)는 고전적 공산주의 체제의 중요한 요소인 공식적 지배이데올로기 또는 공산당 지배에 의한 권력구조, 국가소유권, 관료적 조정 메커니즘 가운데 하나 이상에 변화가 발생하고 그 변화는 적어도 '적당히 급진적'이어야 하지만 시스템이 완전한 변화는 아닌 상황을 개혁이라고 정의했다. 개혁의 요건은 중요한 상위 세 블록에 ①심도가 깊은(deep) 변화가 일어날 것 ②그 변화는 적어도 적당하게 급진적일 것(at least moderately radical) ③그 변화가 체제의 완벽한 전환은 아니어야 한다. 이 정의에 따르면 사회주의 국가의 좁은 의미의 개혁정책과 개방정책은 모두 넓은 의미의 개혁에 포함된다. János Kornai, *The Socilaist System: The Political Economy of Communism*(Princeton: Princeton Univ. Press, 1992), p. 388.

9 최완규, 『북한은 어디로: 전환기 '북한적' 정치현상의 재인식』(서울: 경남대학교 출판부, 1996), 406쪽; 정상화, "체제유지의 관점에서 본 북한 경제 개혁의 함의 및 평가", 『국방연구』, 제48권 2호(2005), 164쪽; 신지호, 『북한의 개혁·개방: 과거·현황·전망』(서울: 한울, 2000) 등이 있다.

10 조한범, "북한 사회주의 체제의 성격연구: 비교사회주의론적 접근", 『통일정책연구』, 제11권 2호(2002).

11 북한과 남한은 전쟁을 치른 경험이 있고 쿠바는 없다는 점을 들어 북한이 느끼는 안보 딜레마가 쿠바에 비해 월등하다는 지적이 있다. 그러나 쿠바 지식인들은 "북한에게 남한은 같은 민족이지만 쿠바에게 미국은 다른 민족"이라며 "미국에게 흡수된다는 것은 쿠바라는 나라 이전에 민족이 없어지는 것이어서 쿠바가 미국에게 느끼는 안보위협이 더 클 수 있다"고 말했다. 쿠바인 호안 트리아나와의 인터뷰(2007년 11월 16일).

12 Nelson, ed., *Economic Crisis and Policy Choice*, pp. 325~326.

13 Erik Damgaard, et al., eds., *The politics of economic crisis: lessons from Western Europe*(Aldershot: Avebury, 1989), pp. 184~195.

14 Nelson, ed., *Economic Crisis and Policy Choice*, ch. 8.

15 Damgaard et al., eds., *The politics of economic crisis*, pp. 184~195; Ibid., pp. 326~327.

16 『동아일보』, 1997년 12월 9일자.

17 『동아일보』, 1998년 2월 4일자.

18 김대중 정부의 개혁정책 등에 대해서는 Kim Sunhyuk, Shin Doh Chull, *Economic*

crisis and dual transition in Korea: a case study in comparative perspective (Seoul: Seoul National University Press, 2004) 참조.

19 Nelson, ed., *Economic Crisis and Policy Choice,* p. 335.

20 Haggard and Kaufman, *The Political Economy of Democratic Transition,* pp. 7~11.

21 Roger Cobb, Jennie-Keith Ross and Marc Howard Ross, "Agenda Building as a Comparative Political Process", *The American Political Science Review,* vol. 70(1976), pp. 127~138.

22 이들은 공공의제(public agenda)와 공식의제(formal agenda)를 구분했다. 공공의제란 높은 수준의 공공관심을 획득한 쟁점, 공식의제란 정책결정자의 공식적인 관심사로 채택되어진 의제를 말한다.

23 쿠바인 호세 아리오사 역시 혁명 초기 카스트로의 연설을 아직도 기억하고 있다. "카스트로는 혁명광장에서 대중연설을 하면서 국민들에게 많은 것을 물었다. '우리가 설탕을 많이 생산한다. 이 설탕을 칠레에 보낼까요?'라거나 '우리가 앙골라에 반제국주의 투쟁을 하러 갈까요?'라고 묻는다. 그러면 현장에 운집한 인민들이 '예'라는 함성으로 응답했다." 쿠바인 호세 아리오사와의 인터뷰(2007년 5월 4일).

24 Rafael Hernández, Haraldo Dilla, Jennifer Dugan Abbassi, Jean Diaz, "Political Culture and Popular Participation in Cuba", *Latin American Perspectives,* vol. 18, no. 2(Spring, 1991), pp. 38~54

25 쿠바인 호세 아리오사와의 인터뷰(2007년 5월 4일).

26 Debra Evenson, *Law and Society in Contemporary Cuba*(Hague: Kluwer Law International, 2003), p. 27.

27 David Barkin, "Popular Participation and the Dialectics of Cuban Development", *Latin American Perspectives,* vol. 2, no. 4, Supplement Issue. Cuba: La Revólucion en Marcha(1975), pp. 42~59.

28 Evenson, *Law and Society in Contemporary Cuba,* pp. 15~16.

29 이중규, "북한 통치체제의 본질적 특성: 김정일의 체제운영기법(Statecraft)을 중심으로", 『북한조사연구』, 제6권 1호(2002), 148~151쪽.

30 장철현, "김정일 정권의 권력 장악 과정과 현 권력 구조", 『북한조사연구』, 제6권 1호(2002), 53쪽.

31 고영환, "북한의 정책결정과정에 관한 소고", 『북한조사연구』, 제1권 1호(1997).

32 황장엽,『어둠의 편이 된 햇볕은 어둠을 밝힐 수 없다』(서울: 조선일보사, 2001), 95쪽.

33 위의 책, 96쪽.

34 김동수에 따르면 "1970년대 말까지는 각 기관들이 꼭 같은 문건들을 두 개씩 작성하여 김일성과 김정일에게 동시에 보고하였고 최종 결정은 김일성이 하였다. 70년대 말부터는 모든 문건이 김정일에게 먼저 보고 되었으며 김정일이 검토한 후 통과된 문건만이 김일성에게 보고 되었다. 1980년대 후반부터는 대부분의 문건이 김정일의 단계에서 최종 결정되었고, 김정일 혼자서 결심하기 어려운 문제와 정상외교를 비롯한 김일성이 직접 관여된 문제와 관련한 문건 등 일부 문건만이 김일성에게까지 보고 되었다"는 것이다. 김동수, "북한의 외교정책 결정과정과 대국제기구 외교정책 변화",『북한조사연구』, 제9권 1호(2005), 213~214쪽.

35 장철현, "김정일 정권의 권력 장악 과정과 현 권력 주소", 57쪽.

36 손광주,『김정일 리포트: 북한 최고권력자 김정일의 모든 것』(서울: 바다출판사, 2003), 316쪽.

37 현성일, "김정일 정권의 측근정치에 관한 연구",『북한조사연구』, 제10권 1호(2006), 3~4쪽.

38 관리형 측근은 주종관계의 측근으로서 김정일은 그들에게 주요부서의 책임적 권한을 주고 그들을 통한 조직적 관리라는 종적 독제체계를 구축한다. 실세형 측근은 김정일의 정치를 조언하거나 방조할 수 있는 두뇌 역할의 측근들로서 김정일은 이들을 통한 업무 필요의 횡적체계를 구축한다. 장철현, "김정일 정권의 권력 장악 과정과 현 권력 구조", 72쪽.

39 김정일은 측근들과의 연회나 모임을 여러 현안에 대한 의견을 청취하고 자신의 의도와 구상을 하달하며, 권력층의 결속을 도모하는 중요한 정치형태로 발전시켰다. 황장엽,『어둠의 편이 된 햇볕은 어둠을 밝힐 수 없다』, 97쪽.

40 황장엽,『나는 역사의 진리를 보았다』(서월: 도서출판 한울, 1999), 223, 262쪽.

41 고영환, "북한의 정책결정 과정에 관한 소고", 77쪽.

42 이증규, "북한 통치체제의 본질적 특성", 150쪽.

43 이종석,『새로 쓴 현대북한의 이해』, 62~64쪽.

44 당 대회는 5년에 1회 소집되도록 되어있으며 여기서 당 강령과 규약을 채택 또는 수정 보완할 수 있다. 당 대회와 대회 사이에 당의 모든 사업을 조직 지도하는 당중앙위원회 전원회의는 6개월에 1회 이상 소집하며 해당시기에 당이 직면한 중요 문제 등을 토의한다.

45 위의 책, 259~261쪽.

46 카스트로의 연설(1989년 7월 26일), Latin American Network Information Center(http://lanic.utexas.edu/la/cb/cuba/castro.html).

47 위의 연설.

48 위의 연설.

49 피델 카스트로(강문구 역), 『들어라! 미국이여: 카스트로 연설문 모음집』(서울: 산지니, 2007), 21~22쪽.

50 위의 책, 101~102쪽.

51 쿠바인 호세 아리오사와의 인터뷰(2007년 5월 4일).

52 Isaac Saney, *CUBA: A Revolutuin in Motion*(New York: Zed Books, 2004), p. 65.

53 카스트로의 연설(1989년 10월 11일), Latin American Network Information Center(http://lanic.utexas.edu/la/cb/cuba/castro.html).

54 Sergio G. Roca, "The Comandante in his Economic Labyrinth", in Enrique A. Baloyra & James A. Morris, *Conflict and Change in CUBA*(Albuquerque: University of New Mexico Press, 1993), pp. 98~99.

55 1990년 9월 아바나를 방문한 메사라고는 "나의 상대방인 경제학자들과 다른 사회과학자들은 시장을 도입하느냐 마느냐가 아니라 시장을 어느 정도 도입해야 부정적인 경향을 피할 수 있는지를 논의하고 있다는 인상을 풍겼다"고 회고했다. Carmelo Mesa-Lago, *Market, Socialist, and Mixed Economies: Comparative Policy and Performance: Chile, Cuba and Costa Rica*(Baltimore: Johns Hopkins University Press, 2000), p. 290.

56 개혁정책을 추진한 라헤(Carlos Lage Davilla) 공산당 정치국 위원은 1992년 1월 언론과의 인터뷰에서 "자본주의 세계시장으로 사회주의를 유지하며 적응해야 한다"고 강조했다. 또 같은 해 11월에는 "계획경제의 세계시장 진입은 계획적이고 조직화된 방식으로 해야 한다"고 말했다. Roca, "The Comandante in his Economic Labyrinth", p. 105.

57 Evenson, *Law and Society in Contemporary Cuba*, pp. 18~19.

58 Ibid., pp. 24~26.

59 Mesa-Lago, *Market, Socialist, and Mixed Economies*, p. 295.

60 Antonio Carmona Báez, *State Resistance to Globalization in Cuba*, (London:

Pluto Press, 2004), p. 122; Saney, *CUBA*, p. 58.

61 William M. LeoGrande, "The Single Party of the Cuban Nation: Faces the Future", in Max Aziciri & Elsie Deal, eds., *Cuban Socialism in a New Century*(Florida: University Press of Florida, 2004), p. 193 등 참조.

62 Frank O. Mora, "The FAR and Its Economic Role: from Civic to Technocrat-Soldier", *ICCAS*(june 2004), p. 2.

63 Antoni Z. Kaminski, *An Institutional Theory of Communist Regimes: Design, Function, and Regimes*(San Francisco: ICS Press, 1992), ch., 7.

64 로버트 쿼크(이나경 역), 『피델 카스트로』(서울: 홍익출판사, 1993), 723쪽.

65 Jorge F. Pérez-López, *Cuba's Second Economy: From behind the Scenes to Center Stage*(New Brunswick : Transaction Publishers, 1995), p. 150.

66 LeoGrande, "The Single Party of the Cuban Nation", p. 192.

67 Ibid., p. 195.

68 Juan M. Del Aguila, "The Party, the Fourth Congress, and the Process of Counterreform", in Jorge F. Pérez-López, ed., *Cuba at a Crossroads: Politics and Economics after the Fourth Party* Congress(Gainessville: University Press of Florida, 1994), ch. 2.

69 LeoGrande, "The Single Party of the Cuban Nation", p. 189.

70 Ibid., 191.

71 Evenson, *Law and Society in Contemporary Cuba*, p. 32.

72 Aguila, "The Party, the Fourt Congress, and the Process of Counterreform", pp. 30~36.

73 김일성, "부침땅의 지력을 높여 농업생산에서 일대 전환을 일으키자"(1990.11.30, 12.3), 『사회주의경제관리에 대하여 제7권』(평양: 조선로동당출판사, 1997), 407~408쪽.

74 김일성, "변화된 환경에 맞게 대외무역을 발전시킬데 대하여"(1991.11.26), 『사회주의 경제관리 문제에 대하여 제7권』(평양: 조선로동당출판사, 1997), 231쪽.

75 김일성, "당면한 사회주의경제 건설방향에 대하여"(1993.12.8), 『사회주의 경제관리 문제에 대하여 제7권』(평양: 조선로동당 출판사, 1997), 499~500쪽.

76 "제3차 7개년계획의 수행상황에 대한 조선로동당 중앙위원회 전체회의 보도", 『로동신문』, 1993년 12월 9일.

77 리기성, "위대한 수령 김일성동지께서 신년사에서 제시하신 사회주의경제건설의 완충기와 우리 당의 혁명적경제전략", 『경제연구』, 1호(1994).

78 탈북자 황장엽과의 인터뷰(2007년 4월 20일).

79 탈북자 A와의 인터뷰(2007년 5월 25일).

80 이민복에 따르면 곡물이 부족하다는 것을 두려워 한 지방 공무원들이 평양에서 온 시찰단을 계속 속였다는 것이다. 이 공무원들은 목표 보고서를 위조했으며 목표가 달성되었음을 입증하기 위해 서로 곡물을 빌려주기까지 했다는 것이다. 스테판 해거드·마커스 놀란드(이형욱 역), 『북한의 선택: 위기의 북한 경제와 한반도 미래』(서울: 매일경제신문사, 2007), 79쪽.

81 김정일, "당사업과 사회주의 건설에서 전환을 일으켜 1990년대를 빛내이자" (1990.1.1), 『김정일선집 제10권』, (평양: 조선로동당출판사, 1997), 22~23쪽.

82 물론 90년대 초 김정일의 지시에 의해 서기실 산하에 소수의 엘리트 대학출신 경제전문가들로 구성된 연구기관을 비밀리에 설치하고 중국과 일부 신흥개발국가들의 경제개발정책과 성장과정을 심도 있게 연구 검토하도록 하였다는 소문이 있었다. 현성일, "북한사회에 대한 노동당의 통치체계", 『북한조사연구』, 제1권 1호(1997), 8쪽.

83 황장엽, 『황장엽 회고록』(서울: 시대정신, 2006), 279~280쪽.

84 김정일의 김일성에 대한 일상적인 거짓보고에 대해서는 손광주, 『김정일 리포트』, 148~162쪽.

85 『신동아』, 2005년 1월, 8월.

86 돈 오버도퍼(이종길 역), 『두 개의 한국』(서울: 길산, 2002), 441~442쪽.

87 탈북자 B와의 인터뷰(2007년 5월 18일).

88 이종석, 『새로 쓴 현대북한의 이해』(서울: 역사비평사, 2000), 434~435쪽.

89 손광주, 『김정일 리포트』, 160쪽.

90 탈북자 C와의 인터뷰(2007년 5월 22일).

91 평양 방위사령부 상좌였던 안영철(가명)은 김정일이 1995년 1월 초 당 부부장 이상의 간부를 초청한 자리에서 처음 고난의 행군이라는 구호를 언급했다고 주장했다. 손광주, 『김정일 리포트』, 187쪽; 북한 지도부는 1996년 1월 「로동신문」 신년 공동사설을 통해 위기 극복 담론인 '고난의 행군'을 공식적으로 표방했다. "붉은 기를 높이 들고 새해의 진군을 힘차게 다그쳐 나가자", 『로동신문』, 『조선인민군』, 『로동청년』 공동사설, 1996년 1월 1일.

92 김정일, "혁명군인정신을 따라 배울데 대하여"(1997.3.17),『김정일 선집 제14호』 (평양: 조선로동당출판사, 2000), 294~295쪽.

93 이종석,『새로 쓴 현대북한의 이해』, 286~289쪽.

94 이 시기의 남북관계와 북미관계에 대해서는 돈 오버도퍼,『두 개의 한국』, 12, 13 장 참조.

95 김일성, "당면한 사회주의경제 건설방향에 대하여"(1993.12.8), 501쪽.

96 김일성, "부침땅의 지력을 높여 농업생산에서 일대 전환을 일으키자"(1990.12.3), 407~408쪽.

97 『신동아』, 2005년 10월;『신동아』, 2006년 3월.

98 탈북자 ⓕ와의 인터뷰(2007년 5월 25일).

99 새 헌법은 공유 분야에서 부림짐승을 제외했고 과거 어선(고깃배)으로 제한되었던 사회협동단체의 선박 소유를 '배'로 수정해 다양한 형태의 선박 소유를 가능하게 했다(22조). 시장 확대로 이어질 수 있는 개인의 잉여처분권과 연결될 수 있는 조항이 삽입되었다(24조). 대외경제관계 면에서도 대외무역의 주체를 사회협동단체 까지 확대했다(36조). 나진선봉지역과 같은 특수지대에서의 여러 가지 기업 창설 운영을 장려하는 조항(37조)이 신설됐다. 사회주의 경제이론 틀 내에서도 주장이 가능한 경제운용의 합리성이 강조되었다. 독립채산제, 원가·가격·수익성 같은 경제적 개념의 올바른 이용 등이 사례다(33조).

100 한기범, "북한의 경제개혁과 조직·관료정치"(경남대학교 정치외교학과 박사학위 눈문, 2010).

101 김동엽, "김정은 시대 병진노선과 군사분야 변화"『김정은 체제 5년, 북한을 진단한다』(서울: 민족화해협력범국민협의회, 2017).

102 조선중앙방송은 12일 "김정은 동지께서 당 중앙위 정치국 위원, 정치국 상무위 원, 중앙군사위원장으로 추대됐다"고 보도했다. 이로써 당 중앙군사위 부위원 장 직함만 갖고 있던 김정은은 당 대표자회를 계기로 정치국과 비서국, 중앙군 사위 등 당의 3권을 모두 장악했다.

103 『동아일보』, 2012년 4월 13일자.

104 『동아일보』, 2013년 4월 1일자. 조선중앙통신은 2013년 3월 31일 김정은 노동 당 제1비서가 주재한에서 "조성된 정세와 우리 혁명발전의 합법칙적 요구에 맞게 경제건설과 핵무력 건설을 병진시킬 데 대한 새 전략 노선을 제시했다"고 보도했다.

105 양문수, "제7차 당대회를 계기로 본 북한의 개혁·개방" 『KDB북한개발』(2016 년 여름호).

106 김정은, 2016년 5월 8일 조선노동당 7차 대회 중앙위원회 사업총화보고에서.

107 『동아일보』, 2012년 7월 17일자. 북한 조선중앙통신은 2012년 7월 16일 오전 "노동당 정치국 회의가 15일 진행돼 리영호를 신병관계로 노동당 중앙위 정치 국 상무위원, 정치국 위원, 중앙군사위 부위원장을 비롯한 모든 직무에서 해임 하기로 결정했다"고 보도했다. 또 "회의에서는 조직문제가 취급됐다"고 밝혀 권력조직 내부에 상당한 변화가 있을 수 있음을 시사했다.

108 김진하 통일연구원 현안연구팀장은 "군부에 의해 운영되던 무역회사, 광산 등 에 대한 내사 및 국가 환수에 대해 군부의 불만이 누적되고 있는 시점에서 리 영호가 숙청됐다"면서 "북한은 향후 내각경제 복원 및 국가주도 민생경제 부 활을 위한 종자돈 마련을 위해 군 경제 개혁을 지속할 것"이라고 말했다. 『데일 리NK』, 2012년 8월 1일자.

109 조선중앙통신, '조선로동당 중앙위원회 정치국 확대회의에 관한 보도'(2013년 12월 10일).

김정은 시대 북한 권력엘리트 변화의 정치적 함의*
- '엘리트의 정책선택'을 중심으로 -

이 승 열**

I. 들어가며

2011년 12월 19일 북한은 12시 특별방송을 통해 12월 17일 8시 30분 김정일이 사망했다고 발표했다.[1] 12월 28일 평양 금수산 기념궁전에 앞에서 열린 영결식을 끝으로 37년간 북한을 철권통치 했던 김정일의 시대는 끝이 났다. 북한은 12월 30일 김정은에게 조선인민군 최고사령관의 호칭을 부여함으로써 새로운 시대의 개막을 대내외에 알렸고, 2016년 5월 36년 만에 개최된 제7차 당대회에서 '조선노동당 위원장'을 자신의 최고 지위로 확정하였으며, 김정일 시대 국가최고기관인 국방위원회를 폐지하면

---

* 본 논문은 필자의 논문인 "Political Transition in North Korea in the Kim Jong-un Era: Elites' Policy Choices", *Asian Perspective* Vol.41, No.3, 2017, pp. 431~454를 수정 발전시킨 것임.

** 국회입법조사처 외교안보팀 북한담당 입법조사관(북한학박사), summer20@naver.com

서 선군정치를 종식하고, 그 대신 조선노동당 중심의 통치체제를 완성하였다.

사실 지난 2012년 김정일의 사망과 젊은 지도자의 등장은 북한의 미래에 대한 또 다른 주제를 연구자들에게 일깨워 주었다. 바로 북한의 체제전환의 관한 연구였다. 북한과 같은 폐쇄된 독재 국가에서 리더십의 변화는 매우 중요한 문제였기 때문이다. 또한 새로운 리더인 김정은은 선친인 김정일과 달리 매우 짧은 후계준비 기간과 어린 나이, 그리고 경험부족 등 리더십의 위기를 초래할 많은 약점을 갖고 있다. 연구자의 입장에서 이러한 정치적 상황은 북한의 체제전환에 대한 관심을 불러일으키기에 충분하였다.

그러나 북한의 체제전환에 대한 연구는 쉽지 않다. 북한은 매우 폐쇄된 사회에 머물러 있을 뿐만 아니라 1989년 이후 동구 사회주의의 붕괴에도 불구하고 여전히 '스탈린식 고전적 사회주의'(Stalinist classic socialism)를 따르고 있기 때문이다.[2] 그리고 1990년 중반 '고난의 행군'(Arduous March)시기, 보도에 따르면, 수십, 백만 명 이상의 아사자가 발생했다는 극심한 식량난으로 심각한 체제위기를 경험했지만, 이를 극복하기 위한 사회통제시스템 또한 여전히 활발하게 작동하였다. 1998년 김정일 정권의 취임은 이것을 증명해주고 있다. 김정일은 강력한 사회통제 시스템을 유지하기 위해 선군정치를 북한 정치의 전면에 내세우고, 선군사상을 새로운 지배 이데올로기로 확대 재생산하였다. 지난 2008년 8월 김정일의 뇌졸중 사건은 북한의 미래를 결정하는 새로운 변수가 되었으며, 삼대 세습의 등장을 촉진하는 이유가 되었다. 그의 삼남인 김정은이 2010년 9월 당중앙군사위 부위원장으로 공식 후계자가 되었으며, 2011년 12월 17일 김정일 사망 이후 북한의 새로운 지도자로 등장하였다. 이처럼 김정은으로의 권력승계는 순조롭게 진행되었다.

소련과 중국을 포함해 대부분의 사회주의 국가들은 점진적이던, 급진적이던 체제전환을 경험지만 북한은 아직 가시적인 체제전환의 징후가 보이진 않는다. 사회주의 체제전환을 매우 당연한 현상으로 받아들였던 코르나의(J. Kornai)는 북한의 체제전환의 필연성을 다음과 같이 표현하였다. "두 개의 거대한 사회주의 국가 소련과 중국을 포함하여 모든 사회주의 국가들이 고전적 제도 너머로 사라졌다." 즉 코르나이는 북한의 체제전환 또한 시간의 문제 일뿐 필할 수 없는 대세라고 생각한 것이다.[3]

코르나이의 주장에 따르면 북한에서도 사회주의 국가의 전환을 상징하는 잠재적 현상들을 발견할 수 있다. 첫째, 경제적 어려움의 축적(accumulation of economic difficulties), 둘째, 대중의 불만(public dissatisfaction), 셋째, 권력에 대한 신뢰상실(loss of confidence in power), 넷째, 외부적 요인(outside example) 등이다.[4] 이것은 왜 북한이 2002년 7·1 경제개선조치를 단행했으며, 왜 2010년 후계자 등장을 서둘렀는지를 설명하는 중요한 이유가 된다. 북한은 다른 사회주의 국가들이 걸어간 길을 피하고 싶은 것이다. 그러나 이러한 현상들은 이전의 사회주의 국가들에게 일어났던 것과 같은 것이며, 결국 북한 또한 사회주의 체제전환의 예외가 아님을 보여주고 있는 것이다.

Ivan Szelenyi 와 Balazs Szeleny는 "왜 사회주의는 실패했는가"(Why Socialism Failed)라는 매우 중요한 질문을 제시하였다.[5] 즉, 사회주의의 전환과 실패 이유에 대한 그들의 답은 "사회주의가 작동한적 있는가?"(Did socialism ever work)라는 것이다.[6] 이에 대해 어떤 연구자들은 사회주의는 작동했으며, 사회주의의 붕괴를 당연하게 받아들이기 어렵다고 보았으며,[7] 또 어떤 그룹은 사회주의는 실패했고, 망할 수밖에 없다고 주장하였다.[8] 따라서 우리는 "북한에서 사회주의는 작동한 적이 있는가?"라는 똑 같은 질문을 던질 수 있다. 이 질문은 과연 북한이 북한식 사회주의를 고수하며 사회주의 체제전환의 예외 국가로 남을 것인가에 대한 물음에 답을 줄 수 있을 것이다. 이것이 이 글을 쓰는 목적이다.

II. 이론적 배경: 엘리트의 정책선택

코르나이(J. Kornai)의 정의에 따르면 체제전환(system transition)을 두 차원으로 나타낼 수 있는데, 첫째는 정치영역에서의 사회주의 체제의 다원적 민주주의화이며, 둘째는 경제영역에서의 계획경제의 시장경제체제로의 전환을 의미하는 것으로,[9] 코르나의의 정의는 사회주의 체제전환의 궁극적인 방향이다.

체제전환의 이행 방식을 '점진주의(gradualism)'와 '급진주의(radicalism)'의 두 가지 유형으로 설명할 수 있다. 첫째, 점진주의는 경험적, 단계적 개혁으로서 계획경제에서 시장경제를 위한 '위로부터(from above)' 개혁이며, 주로 중국과 베트남의 경제전환을 설명할 때 인용된다.[10] 둘째, 급진주의는 '빅뱅(big bang)'의 변화에 의한 정치, 경제 영역에서 '아래로부터(from below)' 혁명이며, 주로 러시아와 동유럽 사회주의 국가들의 체제전환을 의미한다.[11]

이처럼 사회주의 국가들의 전환의 패턴이 서로 다름에도 불구하고, 코르나이의 지적대로 체제전환의 궁극적인 방향은 명확하다. 그렇다면, 사회주의 체제전환의 유형이 소련과 동유럽형의 급진주의와 그리고 중국과 베트남형의 점진주의로 분화되는 이유는 무엇인가? 1990년대 학자들 사이에 전환의 이유를 설명하는 두 가지 원인이 제시되었는데, 하나는 '초기조건'(initial condition)이고,[12] 다른 하나는 '엘리트의 정책선택'(elite policy choices)[13]이었다. Sujian Guo(이하 Guo)는 이에 대해 다음과 같이 정의하고 있다.[14]

> "초기조건은 왜(why) 개혁을 채택했는가를 설명하는데 결정적인 역할을 했으며, 엘리트의 전략적 선택은 어떻게(how) 개혁을 이행시켰는가를 설명하는데 있어서 매우 유용했다. 왜냐하면 이러한 초기조건들은 체제전환에 간접적 영향을 주는 반면, 엘리트의 전략적 상호작용과 선택은 체제전환의 패턴을 결정하는데 보다 직접적인 영향을 주었기 때문이다"

Guo는 초기조건들($Z_1 \cdots Z_5$)(농업사회, 경제침체의 심화, 무역 및 재정의 어려움)이 각국 마다 다르더라도 각국의 엘리트들이 최고지도자의 권력유지와 경제성장의 필요성에 대한 정책선택의 효용성(efficacy)에 대한 믿음을 엘리트들이 공유하고 있다면, 서로 다른 국가의 엘리트들이라도 공통의 정책선택(X_i)을 할 수밖에 없게 되고, 그 결과 이러한 국가들의 체제전환의 유형(Y_i)은 매우 유사한 경로를 따르게 된다는 것이다.[15] 따라서 초기조건, 엘리트 정책 선택과 전환의 유형을 Z, X 그리고 Y사이의 관계로 설명하면 <그림 Ⅱ-1>과 같은 방정식으로 표현할 수 있다.

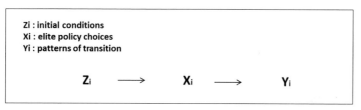

<그림 Ⅱ-1> 사회주의 체제전환의 변수관계

출처: Sujian Guo, "Economic Transition in China and Vietnam: a Comparative Perspective", *Asian Profile*, Vol. 32, No. 5, 2004, p. 394.

사실 위의 이론은 중국과 베트남의 경험처럼 점진적 전환을 설명할 때 매우 유용한 이론이다. 그러나 소련과 동유럽 사회주의 급진적 전환의 유형은 설명하기에는 적절하지 않다. 왜냐하면 이 이론은 "각국의 엘리트들이 최고지도자의 권력유지와 경제성장의 필요성에 대한 정책선택의 효용성(efficacy)에 대한 믿음을 공유하고 있다면"[16]이라는 가정을 미리 설정해 놓고 있기 때문이다. 즉, Guo는 사회주의 국가의 엘리트들이 합리적 정책선택을 한다는 가정을 전제해 놓고 있다.

그러나 사회주의 체제에서 경제성장과 권력유지는 서로 상충하는 요인들이다. 비록 각국의 엘리트들이 두 요소를 조화시키는 정책의 효용성에 대한 믿음을 공유하고 있다고 해도, 개혁이 진행되는 과정에서 무슨 일이 일어날지 단정하기는 어렵다. 중국과 베트남과 같이 점진적 접근을 선택할 수 있지만, 소련과 동유럽 국가들처럼 급진적 접근이 일어날 수도 있다. 특히 멜빈 메소우즈(Mervyn Mattews)는 소연방의 해체 과정을 소개하며, 초기조건으로서 심각한 경체침체(deepening economic recession)를 제시했다. 고르바초프(Gorbachev)는 심각한 경제침체를 극복하기 위해 근본적인 개혁조치들을 강력하게 추진하였다. 그러나 개혁조치는 현존 엘리트 그룹의 강력한 저항을 불러왔고, 결국 지배집단의 분열을 초래하였다.[17] Guo의 주장과 반대로 소련의 엘리트 집단은 경제성장과 권력유지의 균형이라는 정책선택의 효용성을 공유하지 못했다.

그렇다면 Guo의 주장대로 우리는 어떻게 북한이 점진적 방향으로 이행하면서 책임 있는 행동을 할 것이라고 확신할 수 있는가? 무엇보다 현 단계에서 사회주의 국가들의 일반적 체제전환의 경로를 북한 사례에 직접 적용하기 힘든 이유는 '수령체제'라는 북한의 독특한 정치시스템 때문이다.[18] 북한의 수령체제는 <그림 II-2>에서 보듯, 두 개의 축으로 구성되어 있다. 세로축은 영도체계(leadership system)로서 '수령-당-국가'체계이며, 이것은 통치를 위한 억압체계이다.[19] 또 다른 가로축은 통합체계(combination system)로서 '수령-당-인민대중'의 통일체이며, 수령에 대한 주민들의 자발적 지지를 의미한다.[20] 사실 북한의 수령체제의 핵심은 바로 '당'이다. 그것은 혁명건설에서 당의 역할과 관계가 있다. 영도체계 내에서 당의 역할은 "수령의 지도를 실현하는 유일한 통로"이며 또한 통합체계 내에서는 "수령과 인민대중을 하나로 결합시켜주는 중추"의 기능을 한다. 이런 이유에서 김정일은 "후계자를 당의 영도자로 선출한다"는 원칙을 정립하였던 것이다.[21]

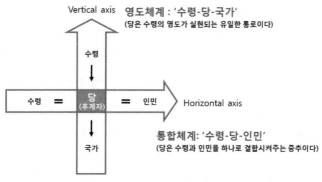

〈그림 Ⅱ-2〉 북한 수령체제의 구조적 의미

이러한 북한 수령체제의 변화를 촉진시킨 세 가지 엘리트 정책 선택(X_i: elite policy choice)의 변화가 1998년 김정일 정권의 시작과 함께 나타났다. 첫째, '선군정치'(military-first)가 전면화 되면서 북한 엘리트의 핵심인 당의 역할과 지위가 군으로 대체되기 시작하였다. 이러한 변화는 수령체제의 핵심인 당의 지위와 역할을 약화시켰으며, 그동안 당의 통제를 받았던 군의 정치적, 경제적 권력을 크게 세 가지 차원에서 상승시켜 놓

았다. 첫째, 지배이데올로기로서 선군사상의 등장(1998년), 둘째, 국가최
고기구로서 국방위원회의 위상 확립(2009년), 김정은 후계체제 확립을 위
한 당 중앙군사위원회의 확장(2010) 등이다. 그 결과 군 엘리트들이 당
엘리트와 정책 경쟁을 할 수 있는 수준으로 성장하면서 수령체제의 핵심
인 당의 지위와 역할은 약화되고, 군의 지위의 역할이 확대되었다. 이것은
'수령-당-국가'라는 전통적 수령체제의 영도체계 내에서 매우 근본적인
변화이다.

둘째, 2002년 '7.1 경제관리개선조치'는 북한 주민들에게 매우 충격적
인 변화의 요인이었다. 특히 국가 배급체계가 붕괴된 상황에서 주민들은
시장을 통해 먹고 사는 문제를 스스로 해결해야만 했다. 그 결과 시장화
(marketization)는 북한 사회에서 계획경제와 시장경제가 공존하게 만들었
다. 당시 김정일이 직면한 가장 큰 문제는 지금의 경제위기를 넘어서는
것이었으며, 김정일은 새로운 국가목표로서 '강성대국'[22]을 제시하였고,
내각 총리에 개혁성향의 박봉주 총리를 임명하면서 '실리주의' 정책을 적
극 추진하였다. 그러나 시장화는 당내 보수파에 의해 북한 사회주의 체제
를 위협하는 가장 주요한 비사회주의의 온상으로 지목되었다. 뿐만 아니
라 실제로 수령-당-인민대중의 통합체계 안에서 수령과 인민대중을 하나
의 정치적 생명체로 묶어 주는 통합체계, 즉 집단주의(collectivism)를 약
화시키는 가장 주요한 원인이 되었다.

결과적으로 북한의 엘리트들이 "최고 지도자의 권력유지와 경제성장
의 필요성에 대한 정책선택의 효용성을 서로 공유하고 있다"고 하더라도
수령체제의 근본적인 변화, 즉 당의 지위와 역할의 변화가 이루어지는 과
정에서 북한의 당과 군부 엘리트들이 과연 지속적으로 서로 합리적인 행
위를 이어갈 수 있을 것인가? 2008년 8월 갑작스러운 김정일의 건강문제
로 촉발된 3대 세습의 등장은 수령체제를 지탱하기 위한 당과 군부 엘리

트의 역할 변화를 더욱 촉진시켰다. 이러한 역할 변화는 2009년 1월 김정은의 후계자 등장 이후 당과 군 엘리트의 정책 선택을 통한 충성경쟁이 불가피하게 일으킬 수밖에 없었다.

이상의 논의에서 Guo의 엘리트 정책 선택이론과 독재국가 내에서 권력투쟁의 세 가지 이론을 통해 향후 북한 엘리트의 권력 투쟁 시나리오와 체제전환의 방향에 대한 새로운 분석틀을 제시하고자 한다. 결과적으로 북한 수령체제의 변화가 점진적으로 이루어질 것인가? 혹은 급진적으로 이루어질 것인가에 따라서 통치자와 엘리트 관계의 세 가지 유형이 결정된다. 이를 위해 초기조건(Z_i)과 엘리트 정책선택(X_i), 그리고 전환의 유형(Y_i)에 대한 관계설정을 새롭게 제안하고자 한다.

앞에서 언급했듯이 Guo는 초기조건(Z_i)은 엘리트의 정책선택(X_i)에 직접적인 영향을 미치고, 엘리트의 정책선택(X_i)는 사회주의 국가의 체제전환(Y_i)을 결정한다고 하였다. 이를 크게 세 가지 유형으로 나누면 다음과 같다. 첫째, 엘리트 정책선택(X_i)에 직접적 영향을 주는 초기조건(Z_i)을 김정은의 유일지도체제 확립을 위한 권력 안정화 모형으로 규정하고자 한다. 이것은 2009년 이후 후계체제 시기와 2012년 이후 최고지도자 시기 동안 김정은(Z_i)의 권력 안정화 모형의 분석을 통해 확인할 수 있다. 둘째, 북한 엘리트의 정책선택(X_i)은 엘리트 집단 간의 정책경쟁에 초점을 맞추겠다. 2008년 8월 김정일의 뇌졸중과 2009년 1월 김정은이 후계자로 내정된 이후 나타난 당내 체제보위 엘리트(X_1)'와 '군부(new military) 엘리트(X_2)' 사이의 경쟁구도를 살펴 볼 것이다. 그 결과 북한의 지배엘리트 구조의 변화를 통해 북한 체제전환의 유형을 점진적 전환(gradual approach: Y_1)과 체제 붕괴를 초래할 수 있는 '급진적 전환(radical approach: Y_2)으로 나눠 설명하도록 하겠다. 이러한 변수 관계를 분석틀로 제시하면 <그림 II-3>으로 나타낼 수 있다.

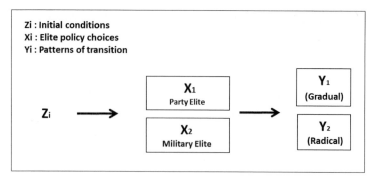

Zi : Initial conditions
Xi : Elite policy choices
Yi : Patterns of transition

Z_i → X_1 Party Elite / X_2 Military Elite → Y_1 (Gradual) / Y_2 (Radical)

〈그림 II-3〉 북한 체제전환의 유형을 결정하는 변수관계

출처: Sujian Guo, "Economic Transition in China and Vietnam: a Comparative Perspective", *Asian Profile*, Vol. 32, No. 5. 2004, p. 394 수정.

III. 북한 엘리트 집단의 분화와 경쟁구조

1. 개혁파와 보수파의 경쟁구조(1998~2009)

1998년 김정일 정권이 출범하면서, 김정일이 직면한 가장 큰 문제는 지금의 경제위기를 넘어서는 것이다. 김정일은 한편으로는 권력유지의 필요성과 함께 다른 한편으로는 경제성장의 필요성을 인식하기 시작했다. 이를 위해 김정일은 그동안 조선노동당 조직지도부를 중심으로 한 당 유일지도체제 내에 군부와 내각의 엘리트를 대거 진출시켜 북한 엘리트 그룹을 분화하여 충성 경쟁의 원리를 도입하기 시작하였다. 이를 위해 김정일은 '선군정치'와 '강성대국'이라는 두 가지 국가 지도 원리를 선언하였다.

첫째, 김정일은 체제 보위를 위해 선군정치를 선언하였다. 김정일은 1999년 노동신문 공동사설에서 혁명의 모든 문제는 선군정치를 통해 해결되어야 하며, 이것이 나의 지도력이라고 선언하였다.[23] 그 결과 북한 엘리트 구조 내에서 군부 엘리트의 충원이 질적으로 양적으로 크게 늘었다. 군부 엘리트의 강화는 기존의 당 중심의 파워 엘리트 체계의 약화를 초래할 수밖에 없었다. 이 당시 가장 주목해야 할 점은 군부 엘리트의 세력 확대가 단순히 군부의 득세가 아닌 기존의 당 출신들이 맡았던 조직지도부와 비서국 그리고 김정일 서기실의 핵심 분야까지 확대되고 있다는 것이다. 예를 들어 인민군 총참모부 작전국장인 이용철이 조직지도부 제1부부장으로 임명되었으며, 황병서가 인민군 총정치국에서 조직지도부 부부장으로 임명되었다. 강동윤이 총참모부 기계화 군단에서 조직지도부 부부장으로 임명되었으며, 주상성은 총참모부 5군단장에서 인민보안부장으로 임명되었다. 이로 인해 기존의 당 엘리트들이 대거 퇴진하여 생긴 권력 공백을 군부 엘리트들이 채워나갔다.

둘째, 김정일은 새로운 국가목표로서 '강성대국'[24]이 제시되면서 '실리주의'를 국가 정책에 공식적으로 도입하였고, 이너서클 내에서 엘리트 간의 충성경쟁을 유발하였다.[25] 김정일의 실력위주의 인사정책은 그대로 정책에 반영되었는데, 가장 먼저 1998년 헌법 개정 당시 정무원을 내각으로 개편하면서 내각의 권한을 확대하고 대대적인 인적 개편을 단행한데서 찾을 수 있다. 2002년 '7·1조치'의 시행은 실리위주의 엘리트 정책을 더욱 확고하게 정착시켰다. 2003년 내각 총리에 개혁성향의 박봉주 총리가 등장하면서 더욱 활기를 띠게 되었다. '7·1 조치'의 지속적인 성과를 위해 경제정책을 총괄하는 국가 계획위원장에 김광린 제1부위원장을 승진시켰다. 특히 내각의 인사에 있어서는 간부들을 실력, 실리, 실적에 따라 평가한다는 이른바 '3실주의 정책'을 폈다. 이 과정에서 북한판 386세대들이 전진 배치됐다. 이광근(54) 전 무역상, 권호웅(49) 내각 책임참사 등이 대표적인 인물이다. 특히 박봉주는 2003년에 들어서면서 7.1조치를 매개로 전면적인 시장의 제도화를 추진하는데 큰 역할을 하고 있었다.

시장의 확대는 7.1 조치의 최대의 개혁 조치로 받아들여졌다. 무엇보다 계획경제 안에 시장경제의 도입은 인민들의 일상생활에 혁명적인 변화를 이끌었다. 개혁파들은 시장 시스템을 계획경제 안에서 제도화될 수 있도록 노력했는데, 가장 큰 이유는 2003년 이후 시장이 전국적으로 약 300개가 넘을 만큼 급속하게 성장했기 때문이었다. 또한 북한 보도에 따르면 북한 인구의 약 50%이상이 시장 활동에 직간접적으로 활동하고 있다.[26] 결과적으로 2002년부터 2005년까지 김정일의 전폭적인 지지에 따라서 개혁세력(군부와 내각의 신진 엘리트)들은 보수세력(당 세력)들을 압도하였다.

그러나 개혁파들이 추구했던 시장경제와 계획경제의 공존은 당의 보수파들의 이익에는 반하는 것이었다. 그래서 이들은 '시장'을 북한 사회주의 체제를 위협하는 가장 주요한 비사회주의적 이슈로 지적하고, 시장화와 부의 집중으로 반체제 세력의 등장을 비판하기 시작하였다.[27] 이러한 문제들이 반복되면서, 김정일 또한 물질주의, 개인주의, 반집단주의 등을 북한 사회의 급속하게 퍼뜨리는 시장화 현상이 반사회주의 원인으로 인식하기 시작했다. 그 결과 2005년 후반 이후 시장에 대한 억압과 통제가 시작되었다.

2004년 숙청된 당 보수파의 핵심인 장성택의 재부상은 2005년 이후에 추진된 시장 억압 정책과 깊은 관련이 있다. 시장 세력이 점차 세력을 넓혀가면서 체제 위협의 원인이 되면서 2005년 초부터 박봉주의 개혁정책에 대한 반대가 시작되었다. 이 와중에 2006년 1월 장성택은 당 근로단체 및 수도건설부부장으로 복귀했다. 그리고 시장 억압이 더욱더 강화되는 가운데 장성택의 역할이 계속 확대되었다.[28] 보수파는 당 계획경제부를 세우고 박남기를 책임자로 임명했다. 박남기는 가장 먼저 박봉주 총리의 경제 관료 인사권을 빼앗고 계획 경제 재건을 강력하게 추진하였다. 7.1

조치의 좌절은 박봉주의 숙청 과정과 깊은 관계가 있다. 박봉주는 2006년 직무정지를 당하고, 2007년 보수파에 의해 숙청되었다. 보수파들은 체제 수호라는 명분으로 개혁파들의 개혁을 좌절시킨 것이다. 그 결과 북한 엘리트 체제 내에서 당과 군내에 개혁파는 사라지고 보수파들만 남게 되었다. 그러나 2009년 김정은의 등장은 보수파 엘리트 내의 분화를 촉진하여 새로운 권력 경쟁과 갈등을 예견하고 있다.

2. 후계체제를 위한 당과 군의 경쟁구조(2010~2011)

2008년 8월 이후 김정일이 뇌졸중으로 모든 공식석상에서 사라졌다. 이때부터 북한체제 내에서는 김정일 이후 후계체제 논의가 본격적으로 시작되었으며, 그 결과 2009년 1월 8일 김정일이 공식무대에 복귀하기 전 가장 먼저 한 일은 자신의 삼남인 김정은을 후계자로 내정한 것이다. 김정일의 건강 악화와 북한 후계자의 등장은 북한 권력 엘리트 내의 상당한 변화를 촉발할 수 있는 중대한 문제였다. 이를 위해 김정일이 고안한 것이 김정은의 유일지도체제 형성보다는 엘리트 후견체제를 통한 권력 안정화 모형이었다. 2010년 9월 제3차 당 대표자대회에서 김정일은 자신의 삼남인 김정은을 후계자로 공식화하였다. 그는 이 자리에서 김정은의 후계자 공식화 못지않게 김정은 체제를 뒷받침할 수 있는 권력 엘리트 구조의 변화를 동시에 진행하였다. 무엇보다 자신의 건강문제로 인해 김정은의 후계체제는 20년 동안 김일성의 보호 속에서 안정적으로 후계체제를 구축한 자신과 다르게 진행될 수밖에 없기 때문에 이러한 권력공백을 메우기 위해 김정일은 당과 군부 엘리트 그룹의 충성경쟁 구도를 통한 엘리트 후견체제를 선택하였고, 김정은의 후견인으로 장성택과 이영호를 선택하였다.

김정일은 먼저 김정은의 백두혈통 후견인으로서 장성택의 정치적 위치를 만들어 줄 필요가 있었다. 김정일은 2010년 6월 최고인민회의 제12기 3차 회의에서 장성택 당 행정부장을 최고 권력기구인 국방위원회 부위원장에 임명했다. 2009년 국방위원 진출 1년 만에 다시 부위원장에 승진한 것이다. 이러한 조치는 향후 장성택이 당에서뿐만 아니라 최고지도기관인 국방위를 통해 군에 대한 영향력을 행사할 수 있는 토대를 마련해 준 것이다. 그리고 김정일은 당내 장성택의 정적을 제거하였다. 장성택의 국방위원회 부위원장 임명 닷새 전 그의 최대 정적인 이제강 조직지도부 제1부부장과 이용철 제1부부장이 교통사고와 심장마비로 사망했다. 그리고 2011년 1월 19일 국가안전보위부의 류경 부부장이 김정일의 호출을 받고 관저로 들어가던 중 호위사령부에 의해 처형된 것으로 알려졌다.[29] 김정일 권력 기반의 최측근 엘리트들이 사실상 거의 같은 시기에 모두 사망한 것은 우연이 아닐 것이다.

그러나 김정일은 장성택에게 모든 것을 맡기지 않았다. 우선 장성택의 독주를 예방하기 위해 또 다른 후견 세력인 군부를 적극적으로 활용하였다. 이를 위해 김정일은 김정은의 군부 후견인인 이영호에게 과거 오진우 인민무력부장의 역할을 부여했다. 제3차 당 대표자대회 직후 기념촬영에서 김정일과 김정은 사이에 이영호를 앉혔다. 이것은 김정은 후계체제 내에서 빨치산 혈통인 이영호의 역할을 일깨워 주는 것으로 김정은 체제의 마지막 수호자로서 장성택의 독주를 견제하고, 군부의 충성을 이끌어 내라는 김정일의 의도가 깔려 있다고 볼 수 있다.[30] 그리고 이영호의 지휘를 받는 총참모부 작전계통의 야전군 지휘관들을 당중앙군사위원회에 집결시켰다. 이영호 총참모장을 당 중앙군사위 부위원장에 임명하면서 총참모장의 직계에 해당하는 최부일(부총참모장), 김명국(총참모부 작전국장), 정명도(해군사령관), 이병철(공군사령관), 최상려(미사일지도국장), 최경

성(11군단장) 등이 모두 당중앙군사위위원회 위원으로 임명되었다. 통상 정치군인들이 위원으로 임명되었던 전례를 깨고, 야전 지휘관들이 군통수 권을 행사하는 당중앙군사위원회의 위원으로 임명된 것은 매우 이례적인 일이다. 그 결과 군의 조직과 사상을 통제해 온 체제보위세력으로부터 좀 더 독립적인 의사결정구조를 확립하게 된 것이다.

<그림 Ⅲ-1>에서 보듯 장성택(당행정부(체제보위) 엘리트)과 이영호 (신군부 엘리트)는 각각 김정일로부터 김정은 체제의 수호라는 공통된 임무를 맡았지만, 김정은 체제를 지원하는 방식은 서로 다르다. 이영호는 김정은 체제의 최후의 보루인 군부의 충성을 이끌어 내고, 김정일과 김정은을 잇는 '충성의 다리' 역할을 하는 반면, 장성택은 김정은의 혈통 후견자로서 김씨 왕조의 안정과 이를 위한 토대를 마련하는 것이다.

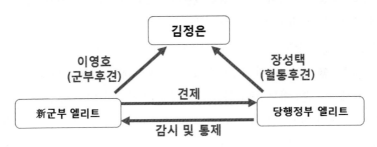

〈그림 Ⅲ-1〉 김정은 후계체제를 위한 엘리트 경쟁구조

Ⅳ. 북한 엘리트 집단의 갈등과 권력 투쟁

1. 두 엘리트 집단의 충성경쟁

김정은이 후계자로 내정되기 시작했던 2009년 1월 이후부터 김정일이

사망 후인 2012년 3월까지 북한 엘리트 집단 간의 이러한 경쟁구조는 두 집단 간의 충성경쟁을 야기했으며, 특히 남북관계를 비롯해 대외관계에서 본격적으로 표면화 되었다. 이 시기 북한 대외정책의 가장 큰 특징은 '도발(provocation)'과 '대화(dialogue)'를 매우 빠른 속도로 규칙적으로 반복하고 있는 것이며, 그 내용은 다음과 같다.

첫 시도는 도발이었다. 2009년 1월 미국 오바마 행정부의 등장으로 북미 간의 대화가 예상된 시점에 북한은, 더 이상 기다리지 않고, 4월 광명성 2호 장거리 로켓을 시험 발사했고, 5월에는 제2차 핵실험을 감행했다.

두 번째 시도는 대화였다. 국제사회의 비난이 거세지자, 이번엔 대화 공세로 전환하였다. 북한은 2009년 8월 국경침범으로 억류된 미국 국적의 두 명의 여기자 석방을 위해 빌 클린턴(Bill Clinton) 전(前)미국 대통령을 평양으로 불러 들였다. 이어 동년 9월에는 김대중 전(前)대통령의 장례식에 조선노동당 비서인 김기남과 김양건을 조문 특사로 파견하여 이명박 대통령에게 정상회담 개최의사를 전달하였다.

세 번째 시도는 다시 도발이었다. 북한은 2009년 11월 오바마 대통령이 아시아를 순방하는 동안 북한 해군 경비정 한척이 NLL(Northern Limit Line)을 침범하여 남북 간에 군사적 충돌을 야기하였고, 침범한 북한 경비정은 반파된 상태로 되돌아갔다. 그 결과 북한 군부는 "천백배 보복"을 공언하였으며, 결국 2010년 3월 북한은 남한의 전투함인 천안함을 어뢰공격으로 침몰시켰다.

네 번째 시도는 다시 대화였다. 천안함 도발 이후 악화된 국제여론을 의식한 북한은 2010년 5월과 8월 김정일은 중국을 연이어 방문하며 6자 회담 재개 문제를 중국과 논의했고, 같은 시간 김영남 상임위원장도 방북 중인 미국의 카터 전 대통령에게 6자 회담 재개 의지를 표명하였다. 그리고 9월에는 이명박 정부 등장 이후 처음으로 남북한 간의 이산가족 상봉 행사를 금강산에서 개최하였다.

다섯 번째 시도는 또 다시 도발이었다. 2010년 9월 28일 제3차 당대표자대회에서 김정은이 북한의 후계자로 공식화된 이후 북한은 동년 11월 연평도에 포격을 가했다. 북한이 남한의 영토에 무력 도발을 시도한 것은 한국전쟁(1950~1953)이후 처음 있는 일로서 매우 이례적인 도발이었다.

여섯 번째 시도는 또 다시 대화였다. 명확한 북한의 군사적 도발로 인해 국제적 고립을 자초한 김정일은 2011년 5월과 8월 연속으로 각각 중국과 러시아를 방문하여 "조건 없는 6자회담 재개'를 주장했다. 이런 가운데 2011년 12월 17일 김정일은 갑작스럽게 사망하였다.

2010년 5월부터 2011년 5월까지 1년 동안 김정일은 중국을 세 번이나 방문하였다. 이러한 김정일의 행동은 매우 이례적인 것으로 김정일의 최대 관심사는 중국과의 경제협력과 중국의 외교적 정치적 지원을 통해 북한의 외교적 고립을 벗어나려는 것이었다. 김정일은 중국을 방문할 때마다 조건없이 6자회담에 복귀하겠다고 선언하였다.[31]

일곱 번째 시도는 다시 도발이었다. 김정일 사망 이후 북한은 2월 29일 미국과 우라늄 농축 프로그램(HEU) 중단관 미사일 실험 유예를 24만 톤 영양지원과 합의 했지만, 결국 김정일 선군혁명 유훈을 내세운 군부의 주장대로 4월 13일 장거리 로켓을 발사함으로써 북미관계 개선의 기회를 놓치는 결과를 초래했다.

여덟 번째 시도는 다시 대화였다. 김정은은 국제사회의 제재가 현실화되자, 장성택은 제3차 황금평과 나선시 공동개발을 위한 '북중 개발합작 연합지도위원회' 회의에 참석하기 위해 약 50여명의 대규모 대표단을 이끌고 중국을 방문하여 중국의 대북투자를 위한 투자설명회를 개최하였다.

아홉 번째 시도는 다시 도발이었다. 북한은 12월 12일 지난 4월 실패했던 장거리 미사일 은하 3호 발사를 또 다시 감행했다. 국제사회는 북한의 장거리 로켓 발사가 대륙간탄도미사일 기술 이용을 금지한 유엘 결의안 위반임을 적시하고, 2013년 1월 기존 결의안보다 더 강력한 결의안 2087호를 만장일치로 통과시켰다. 이에 북한은 강력 반발하였고, 2013년 2월 12일 국제사회의 강력한 경고에도 불구하고 제3차 핵실험을 감행했다.

이처럼 지난 2009년 초부터 김정은 정권이 출범한 초기 까지 대외관계에서 '대화'와 '도발'이라는 매우 상반된 정책이 규칙적으로 반복되고 있었다. 이것은 북한의 두 엘리트 집단 내에서 대화를 목표로 하는 집단과 도발을 목표로 하는 집단 간의 노선 경쟁이 있었다는 것을 의미한다. 그렇다면 왜 이런 노선 경쟁이 두 엘리트 집단 간에 발생했던 것일까? 무엇보다 후계자의 등장에 따라 파워 엘리트 간의 충성경쟁을 촉발되었고, 북한 3대 세습이 시작되는 과정에서 북한 권력 엘리트 구성이 당내 장성택 중심의 체제보위 엘리트 집단과 이영호 중심의 신군부 엘리트 집단으로 분화되면서 3대 세습 과정에서 상호 이해관계가 달랐기 때문이었다.

후계자 등장이후 장성택이 이끄는 당내 체제보위 엘리트 그룹의 이해관계는 크게 두 가지 방향으로 전개되었다. 첫째, 시장을 탄압하고 대신 해외 투자 유치 및 특구 개발을 통한 경제 정책을 선호하였다. 이 시기 장성택은 국방위 소속으로 대외 투자업무를 담당할 국제대풍그룹(2012년 5월 해체)을 설립하고, 이를 통해 중국의 창지투(창춘-지린-투먼) 개발에 맞춰 황금평 개발, 나선 특구 등 경제특구 건설을 통한 외화벌이 사업을 추진했다. 그 결과 체제보위 엘리트들은 시장을 반사회주의 활동의 온상으로 여기고 있다. 2004년 숙청된 장성택의 재부상은 2005년 이후에 추진된 반개혁 세력, 즉 시장 세력의 득세와 밀접한 연관을 가지고 있었다.[32] 특히 2009년 11월 단행된 화폐개혁은 시장 세력을 소탕하기 위한 체제보위 세력들의 반격인 셈이다. 즉, 시장을 토대로 자본을 축적한 반체제 세력과 시장과의 공생을 통해 성장한 군부의 무역회사에 대한 견제인 것이다. 둘째, 체제보위 엘리트들은 북미대화, 6자회담 재개 등 대외 협력에 적극적인 행보를 보였다. 이들은 김정일 생존 당시에도 김정일의 급격한 권력 누수를 촉발할 수 있는 권력이양을 서두르지 않았다. 오히려 후계체제의 속도와 방향을 적극적으로 조절하기 위해 대외 관계 개선을 통한 김정일 체제의 안정에 더 주안점을 두었다. 식량과 외화를 벌어들이기 위해 미국과의 양자협상에 적극적이었으며, 중국과의 경제 협력 및 특구개방으로 적극적인 외자유치에 힘을 썼다. 남북정상회담을 비롯해 남북대화와 개성공단 확대 사업, 금강산 관광 사업 재개를 위해 남북 경협에도 적극적인 행보를 보였다. 장성택은 2002년 10월 경제사찰단 일원으로 서울을 방문했고, 2007년 제2차 남북정상회담 또한 장성택 주도로 이루어졌다.[33] 따라서 체제보위 엘리트는 대외 관계 개선을 통해 김정은 체제의 안정을 추구하고, 당을 정치의 전면에 내세우며, 전통적인 '당-군 관계'로의 복원을 추진하고자 하였다.

후계자 등장 이후 이영호가 이끄는 신군부 엘리트 그룹의 이해관계 또한 크게 두 가지 방향으로 전개 되었다. 첫째, 3대 세습 과정에서 선군정치의 지속을 통한 정치적 주도권을 확보하기 위해 핵과 미사일뿐만 아니라 남한에 대한 군사적 도발을 감행하였다. 신군부 엘리트는 군사도발을 통한 대외적 긴장이 김정은 후계체제의 조기 정착을 돕고, 이를 통해 선군정치의 지속과 권력의 주도권을 장악하는데 매우 유리하다는 정치적 이해관계를 갖고 있었다. 따라서 체제보위 엘리트가 6자회담 재개와 북미대화, 남북대화 등 대외 관계의 진전을 이루면 신군부 엘리트들은 대남 군사 도발을 통해 대화 분위기를 반전시켰다. 둘째, 당 중앙군사위원회를 중심으로 독자적인 의사결정 구조를 갖추었다. 북한의 전통적인 엘리트 관계는 '당·군 체제'이다. 군은 총정치국과 보위부 등 정치군인들의 지배와 통제에서 자유로울 수 없다. 그러나 2010년 9월 당 대표자대회 이후 이영호를 중심으로 당 중앙군사위원회의 위원으로 총참모부 소속 일선 지휘관들이 대거 진입하면서 당의 의사결정기구에 군부의 주장을 직접 관철시킬 수 있는 기반을 갖추게 되었다. 군 통수권을 행사하는 의사결정 기구에 일선 군 지휘관들이 진출했다는 것은 군이 독자적인 의사결정 구조를 갖추게 되면서 체제보위 엘리트 집단과 관계없이 군사 도발을 위한 의사결정 구조를 갖춘 것이다.

물론 이러한 두 엘리트 집단 간의 충성경쟁 구도는 김정일의 통제 하에서 이뤄진 것이다. 왜냐하면 김정일은 이러한 두 집단의 충성경쟁이 아직 어린 김정은의 권력 장악에 유리할 것이라고 판단 한 것이다. 그러나 김정일 사망 이후 이러한 충성경쟁은 견제와 균형의 원칙이 깨지면서 점차 김정은 후계체제를 위협하기 시작했다.

2. 두 엘리트 집단의 권력 투쟁(2012~2014)

김정일이 구상했던 김정은 권력의 안정화 모형(<그림 8> 참조)은 2011년 12월 17일 김정일의 갑작스러운 사망으로 새로운 시험대를 맞게 되었다. 김정은은 2011년 12월 28일 김정일의 영결식이 끝나고 12월 30일 조선인민군 최고사령관에 추대되면서 공식적인 김정은의 시대를 시작하였다. 김정은 시대의 첫 시작은 선군 리더십이었다. 김정은은 2012년 1월 1일 그의 첫 현지지도를 6.25 당시 서울에 첫 입성한 '근위 서울류경수제105탱크사단'에서 시작했다. 또한 김정은은 2012년 2월 15일 당 중앙군사위원회와 국방위원회 공동으로 장성 23명에 대한 첫 인사를 단행했다. 김정각 총정치국 제1부부장이 대장에서 '차수'로 승진되었고, 천안함 폭침의 주역인 김영철 정찰총국장이 2009년 3월 상장으로 승진한 이후 3년 만에 대장으로 승진했다.

그러나 김정은의 선군 리더십은 얼마 후 우라늄 농축 프로그램(HEU) 중단과 미사일 실험 유예를 조건으로 24만 톤 영양지원을 합의한 김정은의 첫 북미협상인 '2.29합의'를 무산시키는 원인이 되었다. 김정일 선군유훈을 강력하게 주장한 군부의 요구대로 북한은 미국의 반대에도 불구하고 장거리 로켓을 발사하여 2.29합의를 무산시켰다. 장거리 로켓은 발사 2분 만에 공중폭발로 실패했고 김정은의 첫 북미회담인 2.29 합의도 아무런 성과 없이 무산되었다. 결국 김정은은 강력해진 군부의 입김을 통제할 필요성이 생겼으며, 이때 김정일이 만들어 놓은 엘리트 충성경쟁을 통한 권력 통제 메커니즘을 이용하기 시작했다.

김정은의 첫 번째 행보는 장성택과 김경희 등 혈통후견 세력을 전면에 내세워 군에 대한 당적 통제를 강화하기 시작했다. 그 결과 2012년 4월 11일 제4차 당대표자대회와 4월 13일 최고인민회의에서 장성택과 노동당 및 당행정부 관할의 공안계통 엘리트의 약진이 두드러졌다. 우선 근로단체 비서인 최룡해가 당정치국 상무위원과 총정치국장, 당중앙군사위 부위원장에 임명되었다. 최룡해의 부상은 군부 통제의 필요성을 공감하고 있었던 장성택과의 타협의 성격이 짙었다. 당비서인 최룡해를 총정치국장에 임명한 것은 당의 군부 통제를 강화하려는 정치적 의도를 잘 보여주었다. 정치국 후보위원이었던 장성택이 정치국 위원으로 승진했으며, 당행정부가 관할하는 국가안전보위부장에 김원홍 총정치국 부국장이 임명되었고, 역시 당행정부가 관할하는 인민보안부의 이명수 부장과 김원홍 국가안전보위부장, 최룡해 총정치국장이 함께 국방위원회 위원으로 새롭게 임명되었다.

두 번째 행보는 김정은은 2012년 7월 15일 정치국 회의에서 자신의 권력 안정화 모형의 군부 라인인 이영호를 정치국 상무위원, 당중앙군사위 부위원장, 인민군 총참모장, 차수 등 모든 직책에서 해임하고 숙청했다. 이영호의 숙청은 엘리트 충성경쟁을 통한 김정은 정권 안정 모형의 첫 번째 구상이 깨진 것으로 향후 북한 정치에 중요한 의미를 담고 있다. 이영호 뿐만 아니라 총참모장을 이어 받은 현영철은 임명된 지 3개월 만에 차수에서 대장으로 강등되었다.[34] 그리고 군부의 대표적인 강경파인 김영철 정찰총국장도 대장에서 중장으로 2계급 강등되었다. 김정각 인민무력부장은 임명 7개월 만에 해임되었다.[35]

이영호의 숙청은 군부 엘리트 집단이 소유하고 있는 경제적 특권을 재조정하는 과정에서 발생하였다. 김정은은 4월 6일 당 내각일꾼들과의 대화에서 "내각은 나라의 경제를 책임진 경제사령부로서 경제발전목표와 전략을 과학적으로 현실성있게, 전망성있게 세우며 경제사업전반을 통일적으로 장악하고 지도관리하기 위한 사업을 주동적으로 밀고나가야 합니다"라며 외화벌이 사업에 있어서 내각의 역할을 강조하고 있다.[36] '4·6 담화'의 핵심은 김정일 시대 특권 경제의 상징인 군부의 외화벌이 무역회사[37]를 내각으로 이전하여, 경제정책에 대한 내각의 주도권을 확립하라는 것이다.

군부 소속 무역회사들이 이전 될 내각의 기구는 '합영투자위원회(리광근위원장)'로 장성택이 만든 투자회사이며, 지난 2012년 8월 장성택의 중국방문 때 황금평 개발과 나선특구 개발 계약의 주체였다. 장성택은 내각의 합영투자위원회를 통해 기존 군부가 갖고 있는 외화벌이 기능을 흡수하여 자신의 경제적 토대를 마련하려고 한 것이다. 이러한 장성택의 시도는 지난 2013년 12월 그에 대한 사형선고문에 기록되면서 알려졌다.

이영호의 숙청 이후 수세에 몰린 군부 엘리트 집단은 또 다시 김정일의 선군혁명을 내세워 무력도발을 시도했다. 2012년 12월 12일 장거리 로켓 발사를 성공시켰고, 이어 2013년 2월 12일 3차 핵실험을 감행했다. 군부는 유엔 안보리의 대북제재(no 2087, no 2094)와 한국의 키리졸브(key resolve)훈련을 침략전쟁으로 규정하고 정전협정과 불가침조약 무효화 선언, 개성공단 폐쇄 등 무력도발의 수위를 높였다. 그러나 북한의 무력도발은 예상치 못한 결과를 초래했다. 2013년 3월 출범한 중국 시진핑(習近平) 정부의 출범을 앞두고 감행한 3차 핵실험은 북중 관계를 돌이킬 수 없을 만큼 악화시켰다. 2013년 2월 출범한 박근혜 정부 또한 북한의 대외적 고립을 더욱 심화시켰다. 2013년 5월 한미 정상회담과 6월 한중 정상회담, 그리고 7월 미중 정상회담에서 구체화된 한·미·중 삼각 협력 관계는 예상하지 못했던 북한의 국제적 고립을 현실화 시켰다. 김정은은 최룡해 총정치국장을 특사로 보내 시진핑을 예방했지만 냉담한 반응뿐 별다른 성과를 내지 못했다.

결과적으로 2012년 12에서 2013년 4월까지 단행된 군부의 무력도발 시도는 또 다시 인민무력부장과 총참모장, 작전국장 등 군 수뇌부에 대한 숙청으로 이어졌다. 지난 2012년 김정은 정권 출범이후 2년 반 동안 군부의 4대 핵심 요직인 총정치국장, 총참모장, 인민무력부장, 작전국장 중 총정치국장을 제외한 세 분야에서 4~6회씩 교체되는 등 김정은의 엘리트 관리의 불안정성이 노출되었다. 예를 들어 총참모장의 경우 이영호(2009) → 현영철(2012. 7) → 김격식(2013. 5) → 이영길(2013. 8) 순으로 교체되었으며, 인민무력부장은 김영춘(2009) → 김정각(2012. 4) → 김격식(2012. 12) → 장정남(2013. 5) → 현영철(2014. 6) → 박영식(2015. 6) 순으로 교체되었다. 작전국장의 경우 김명국 → 최부일(2012. 4) → 이영길(2013. 4) → 변인선(2013. 8) 순으로 교체되었다.

이영호를 숙청하는데 성공한 장성택과 당행정부 그리고 공안기관 엘리트들은 경제권의 확대를 추진하였다. 장성택은 2012년 8월 중순 대규모 경제 사절단을 이끌고 중국을 방문했다. 무엇보다 중단위기에 놓인 황금평과 위와도 등 경제특구에 대한 중국의 투자를 유치할 목적이었다. 장성택은 또한 군부소유 무역회사 중 총참모부 산하였던 '승리무역총회사'를 내각이 아닌 국방위원회 소속으로 전환하고 이를 54호실로 전환하였고, 당행정부에 외화를 공급하는 자금줄로 전환했다. 그리고 당행정부를 내세워 국가 경제권에 대한 독점력을 강화하였고, 김정은의 '4.6담화'를 명분으로 무역회사의 내각 이전을 지속적으로 추진했다고 볼 수 있다.

그러나 장성택에게 과도하게 집중된 권력은 자연스럽게 경제적 이권 분배에 소외된 총정치국장 최룡해와 국가안전보위부장 김원홍 그리고 당행정부에 의해 완전히 소외되었던 북한 권력의 핵심인 조직지도부의 저항에 부딪치게 되었다. 장성택은 2013년 초부터 기존 경제특구 이외에 중앙급(13개 직할시, 도)과 지방급(220개 시군구)에 까지 경제특구를 전국적으로 확대하였다. 장성택의 이와 같은 경제적 독점 현상은 2013년 이후 장성택에 대한 정치적 견제로 나타났다.

2013년 이후 장성택에 대한 견제가 시작한 것은 그의 현지지도 수행에서 나타났다. 2012년 장성택의 현지지도 횟수는 106회로 부동의 1위를 기록했지만 2013년 상반기 현지지도 수행 횟수에서 장성택은 1위인 최룡해(72회)에게 한참 뒤진 25회로 종합 순위가 5위까지 추락했다. 그런 가운데 2013년 9월 김경희가 건강 악화로 러시아에 출구한 사이 11월 국가안전보위부는 장성택을 가택 연금시켰고, 11월 21~26일 장성택의 최측근인 이용하 제1부부장과 장수길 부부장을 공개처형했다. 장성택의 숙청을 앞두고 11월 30일 삼지연 비밀 회동에는 김정은은 최룡해 총정치국장과 김원홍 국가안전보위부장 그리고 조직지도부 조연준 제1부부장과 황병서 부부장, 김양건 통전부장 등을 모아 '반(反)장성택연합'을 구축한 것이다. 2013년 12월 12일 북한은 국가안전보위부 특별군사재판소 재판을 열고 장성택 국방위원회 부위원장에 대한 사형을 판결하고 즉시 집행했다고 보도했다.[38] 지난 12월 8일 정치국 확대회의에서 '반당반혁명종파행위'로

낙인찍혀 회의장에서 끌려 나간 지 나흘 만에 장성택은 형법 제60조 '국가 전복음모행위' 혐의로 사형을 선고받고 형장의 이슬로 사라졌다.

장성택 숙청 이후 첫 공식행사였던 지난 2013년 12월 17일 열린 '김정일 국방위원장 2주기 추모대회'는 장성택 처형이후 북한의 변화된 권력지형을 확인할 수 있는 자리였다.[39] 여기에서 가장 주목할 인물은 김정은의 왼쪽 옆자리에 앉은 최룡해로 장성택 숙청이후 북한의 새로운 권력 2인자로 자리매김했음을 확인할 수 있었다. 또한 총참모장 이영길과 인민무력부장 장정남이 최룡해 바로 옆에 자리함으로써 장성택의 권력 공백이 군부로 옮겨지고 있음을 확인할 수 있었다. 그리고 장성택 숙청을 주도했던 김원홍 국가안전보위부장과 조연준 조직지도부 1부부장이 권력의 주도세력으로 전면에 등장한 것이다.

그러나 장성택 이후 북한의 2인자로 등장했던 최룡해가 지난 2014년 1~2월 사이 김정은의 현지지도 수행횟수에서 조직지도부 황병서 부부장과 총참모장 이영길에 밀려 3위로 밀려났다. 그리고 4월 최룡해는 총정치국장에서 해임되고, 황병서가 총정치국장에 임명되었다. 최룡해는 노동당 근로단체 비서로 좌천된 것이다. 황병서의 부상은 조직지부도가 북한 권력의 중심에 다시 등장했음을 의미했다. 북한 권력의 핵이며, 당속의 당의 역할을 해왔던 조직지도부는 지난 2010년 당시 권력 실세였던 이제강의 숙청이후 장성택의 당 행정부의 그늘에 가려 힘을 잃었으나 2013년 장성택 숙청을 주도하면서 권력의 핵심으로 다시 등장한 것이다.

그러나 군부에 대한 숙청은 김정일이 사망한지 3년이 지난 2015년에도 계속되었다. 예를 들어 지난 2015년 4월 30일 김정은은 인민무력부장인 현영철을 최고 존엄에 대한 태도 불량을 이유로 무자비하게 처형했다. 장성택 숙청이후 북한은 김정은 체제 강화를 위해 당조직지도부의 주도적 역할을 강화하는데 집중하고 있다. 현영철의 숙청 또한 당조직지도부가 권력의 중심으로 등장한 이후 조선노동당 중심의 유일지도체제를 구축하기 위해 김정은에 대한 최고 존엄을 전면에 내세워 김정은의 유일영도체제를 강화하는 과정에서 발행한 것이다. 당조직지도부는 지난 2015년 10월 10일 조선노동당 창건 70주년 행사와 2016년 5월 36년 만에 열린 제7차 당대회를 통해 김정일 시대 선군정치를 종식하고 선당정치(party-first policy) 정립시켰다. 따라서 북한은 이미 체제전환의 단계를 시작한 것이다. 북한의 체제전환의 방향이 점진적 혹은 급진전 유형 중 어디로 갈 것인가는 향후 엘리트의 정책 선택에 의해 결정될 것이다.

V. 결론

이상의 논의에서 북한의 정치적 체제전환에 대한 과정을 살펴본 결과 향후 북한 정치를 결정할 두 개의 키워드는 '당(조직지도부)'과 '경제적 이해관계'로 요약할 수 있다. 후계자 시절 자신의 유일지도체제를 확립하지 못한 김정은이 쉽게 권력을 장악할 수 있었던 것은 엘리트 집단 간 충성경쟁과 권력 투쟁을 통해 엘리트 집단 중 어느 한쪽으로 권력이 집중되지 않았기 때문이다. 그러나 역사적 교훈을 통해 알 수 있는 것은 하나의 엘리트 집단이 정치와 경제 영역에서 모든 권력을 장악하게 되면 이것은 곧 북한 수령체제의 위협으로 등장할 것이다.

Guo의 정의를 바탕으로 필자는 두 가지 북한 체제전환의 방향을 제시하고자 한다. 첫째, 아래 <그림 V-1>에서 보듯 점진적 체제전환의 방향은 만약 정치적 지배력을 장악한 당 엘리트(조직지도부)들이 김정은의 경제건설을 지원하기 위해 기존의 군부 엘리트 집단의 사활적 경제 이익을

인정하고 동시에 북한 경제특구의 활성화를 위해 6자회담 등 다자회담을
적극적으로 추진하여 대외관계를 개선해 나갈 경우의 시나리오에 해당한
다. 그 결과 조직지도부의 정책 선택이 김정은 권력의 강화와 군부의 사
활적 경제권을 유지시켜 줌으로써 경제적 이권에 대한 충돌을 피하면서
체제전환의 방향을 매우 점진적으로 개선해 나갈 수 있다.

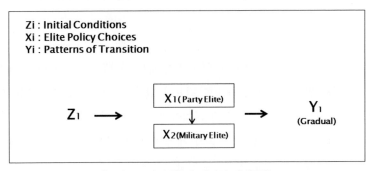

〈그림 Ⅴ-1〉 북한의 점진적 체제전환

그러나 아래 <그림 Ⅴ-2>에서 보듯 급진적 체제전환의 방향은 만약
당 조직지도부가 과거 장성택이 했던 것처럼 김정은의 권력 안정과 경제

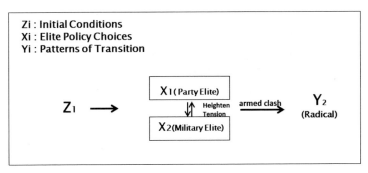

〈그림 Ⅴ-2〉 북한의 급진적 체제전환

개혁을 위해 군부의 무역회사 등 군부 경제권을 강제적으로 독점하거나 핵심 이익을 침해한다면, 군부 엘리트의 정책 선택의 시나리오는 자신들의 핵심 이익을 지키기 위해 추가적인 핵실험과 미사일 발사를 통해 군사적 긴장의 수위를 지속적으로 끌어올릴 것이다. 이러한 긴장이 계속 지속된다면 두 엘리트 집단 간의 주도권 장악을 위해 무력 충돌이 발생하게 되며, 결국 이러한 상황은 북한이 급진적 전환을 맞게 되는 과정이다.

북한의 정치적 변화가 동북아의 위상(현상유지)을 변화시키는 주요 원인일 될 수 있다. 우리가 동북아의 상황과 미국과 중국의 대결 가능성을 고려할 때, 한국을 비롯해 미중 양국 모두에게 전략적으로 중요한 북한의 급변사태와 변화를 사전에 대비할 필요가 있다. 이러한 이유로 우리는 북한의 급변사태를 대처하기 위해 다자안보 체제의 필요성을 강조하지 않을 수 없다. 현시점에서는 "조용히 계속 나아갈 것"이라는 옛 속담처럼 한반도와 동북아의 안보질서를 유지하기 위한 새로운 공동체가 그 어느 때보다도 중요한 시점이다.

이 장의 주

1 이춘희, "김정일 사망보도", 『조선중앙방송』. 2011년 12월 19일.

2 Janos Kornai, *The Socialist System: The Political Economy of Communism* (Princeton: Princeton University Press, 1992), p. xxiv. This is the political structure and economy that developed in the Soviet Union under Stalin and in China under Mao Zedong.

3 위의 책, p. 378.

4 위의 책, pp. 383~86.

5 Ivan Szelenyi and Balazs Szelenyi, "Why Socialism Failed: Toward a Theory of System Breakdown- Causes of Disintegration of East Europe State Socialism",

Theory and Society, Vol.23(1994) pp. 221~224.

6 위의 논문, p. 214.

7 이에 대한 주장은 Joseph A. Schumpeter, *Capitalism, Socialism, Decmocracy* (London: Cox & Wyman LTD, 1943), p. 61, 410; Ivan Szelenyi and Balazs Szelenyi, "Why Socialism Failed: Toward a Theory of System Breakdown-Causes of Disintegration of East Europe State Socialism", *Theory and Society*, Vol. 23(1994), p. 214.

8 이에 대한 주장은 Nigel Swain, *Hungary - The Rise and Fall of Feasible Socialism* (New York: Verso, 1992), p. 53; Adam Przeworski, *Democracy and the Market* (New York: Cambrige University Press, 1991), p. 1; Enich W. Streissler, "What kind of economic liberalism may we expect in 'Eastern Europe?'" *East European Politics and Societies 5* (1991), p. 197; Janos Matyas Kovacs, "From reformation to transformation", *East European Politics and Societies 5* (1991), p. 42; Janos Kornai, *the Socialist System* (Princeton: Princeton University Press, 1992), pp. 377~378.

9 Janos Kornai, *The Socialist System: The Political Economy of Communism*, pp. 382~392.

10 Ivan Szelenyi, "A Theory of Transition", *Modern China*, Vol. 34, No. 1(2008), p. 166~168; Sujian Guo, "Economic Transition in China and Vietnam: A Comparative Perspective", *Asian Profile*, Vol. 32, No. 5, 2004, pp. 393~94.

11 Janos Kornai, *The Socialist System: The Political Economy of Communism*, pp. 388~89; David S. Mason, *Revolution in East-Central Europe: The Rise and Fall of Communism and the Cold War* (Boulder Westview Press, 1992), p. 34; P. Reedway, "The Role of Popular Discontent", *National Interest*, No. 31(1993), pp. 57~63.

12 David Lipton and Jeffrey Sachs, "Creating a Market Economy in Eastern Europe: The Case of Poland", *Brookings papers on Economic Activities, 1*, (1990a), pp. 75~133; David Lipton and Jeffrey Sachs, "Privatization on East Europe: The Case of Poland", *Brookings Papers on Economic Activities, 2* (1990b), pp. 293~341.

13 Richard Poters, "Introduction to Economic Transformation of Hungary and Poland", *European Economics*, March 1990, pp. 11~18.

14 Sujian Guo, "Economic Transition in China and Vietnam: a Comparative

Perspective", *Asian Profile*, Vol. 32, No. 5(2004), p. 394.

15 위의 논문, pp, 394~95.

16 위의 논문, p, 394.

17 Mervyn Matthews, Patterns of Deprivation in the Soviet Union under Breznev and Gorbachev(Washington, DC: Hoover Institute Press, 1989).

18 鐸木昌之, 『北朝鮮: 社會主義ど傳統の共鳴』(유영구 역), 『김정일과 수령제사회주의』(서울: 중앙일보사, 1994), p. 20,

19 김재천, 『후계자 문제의 이론과 실천』(1989), p. 78.

20 김정일, "주체사상에 제기되는 몇 가지 문제에 관하여", 『김정일 선집 8』(평양: 조선로동당출판사, 1998.), p. 447.

21 김재천, 앞의 책, p. 50.

22 『노동신문』, 1999년 1월 1일.

23 현성일, 『북한의 국가전략과 파워엘리트』, 서울: 선인, 2007.p. 68.

24 "올해를 강성대국의 전환기적 해로 만들자", 『노동신문』, 1999년 1월 1일.

25 김정일, "올해는 새 세기의 진격로를 열어나가는데서 전환의 해로 되게 하자"『김정일 선집 15』(평양: 조선로동당출판사, 2005), p. 94.

26 김보근, "북한 상인계층과 자본형성", 『한반도, 전환기의 사색』, 2008년 북한연구학회·통일연구원·고려대북한연구소공동학술회의, 2008. p. 5.

27 양문수, 『북한경제의 시장화』(서울: 한울, 2010), p. 299.

28 박형중, "장성택 계열 주도의 외화벌이 홍행하면 그의 영향력 현재보다 크게 확대될 것", 『NKVISION』 2012. 2월호, p. 31.

29 『Daily NK』, 2011년 1월 22일.

30 Peter M. Beck, "North Korea in 2010", *Asian Survey* 51, no.1 (January/February 2011), p.37.

31 Blanchard, Ben. "North Korea's Kim Repeats to China He Willing to Resume Talks." Reuters, August 26, 2011.

32 박형중, "앞의 논문" p. 31.

33 박형중, 위의 논문, p. 32.

34 박성국, "김정은, '軍기강해이' 최룡해 아닌 현영철 강등?'『연합뉴스』, 2012년 10월 11일.

35 김상협, "강등·승진 '롤러코스터'… 김정은, 제멋대로 '軍심복 만들기'",『문화일보』, 2012년 11월 29일.

36 "김정은과 당중앙위 일꾼들의 담화(4.6) 내용 게재",『조선중앙통신』, 2012년 4월 19일.

37 2012년 8월 20일 국방위원회 출신 탈북자 조사결과 그동안 군이 자체적으로 소유하고 있었던 무역회사, 인민무력부 산하의 '강성무역총회사', 국방위위원회 산하 '성산무역총회사', 총참모부 산하의 '승리무역총회사', 호위사령부 산하의 '동양무역총회사', 정찰총국 산하의 '비료봉무역총회사' 등은 수출독점권, 지하자원 채광권, 해양어업 자원에 대한 독점권을 행사하며 북한 전체 외화 규모의 약 70%를 독점하여 왔다고 증언하고 있음.

38 『조선중앙TV』 2013년 12월 12일.

39 『노동신문』, 2013년 12월 18일 사진.

김정은 정권의 핵무력 고도화의 원인과 한계: 북한의 수직적 핵확산과 정권안보*

김 보 미**

Ⅰ. 문제제기: 핵확산의 원인과 북한의 핵무력 고도화

일반적으로 국제정치에서는 핵확산 국가로의 결정 문제를 국가의 정치적 의지(willingness)와 능력(capability)에 달려있다고 보고 있다. 이에 따라 핵확산의 원인을 규명하는 연구들은 크게 수요적 접근(demand side approach)과 공급적 접근(supply side approach) 중 한 쪽에 초점을 맞추어 논지가 전개된다. 수요적 접근은 기술·경제적 요인보다는 정치적 의지가, 공적 접근은 정치적 의지보다는 핵무기를 생산해 낼 수 있는 능력이 핵확산에 더 중요한 요인이라고 판단한다.

그러나 핵무기를 갖고 싶다는 바람만으로 모든 국가가 핵보유국이 될

* 이 글은 필자의 게재논문인 "김정은 정권의 핵무력 고도화의 원인과 한계: 북한의 수직적 핵확산과 정권안보", 『국방정책연구』, 제33권 제2호, 2017, pp. 36~64를 수정·보완한 것입니다.
** 통일연구원 프로젝트연구위원, bomi@kinu.or.kr

수 있는 것은 아니며, 핵무기 생산능력을 갖추었다고 해서 자연스럽게 핵보유국이 될 수도 없다. 이라크, 시리아와 같은 국가들은 오랜 기간 핵보유국이 되기를 희망하였으나 핵무기 개발에 실패하였다. 이러한 사실은 수요적 접근의 논리적 결함을 부각시켰고 공급적 접근에 관한 연구가 주목 받게 되는 계기를 마련하였다. 공급적 접근은 기술력이 높은 국가일수록 보다 수월하게 핵확산 국가가 될 수 있다는 것을 핵심주장으로 삼고 있다.[1] 그러나 일본, 독일과 같은 국가의 사례에서도 확인할 수 있듯이, 핵무기를 생산할 기술력을 갖추었음에도 핵보유국은 아닌 것처럼 핵확산 현상은 정치적 의지 문제를 제외하고 설명될 수 없다. 때문에 공급적 접근 역시 명백한 한계를 지니고 있다고 지적된다.

역사적 사례를 되짚어 보았을 때, 여러 비판과 설명적 한계에도 불구하고 수요적 측면의 논의가 현재의 핵확산을 설명하는 데 더욱 적합하다고 평가받는다.[2] 일반적으로 핵프로그램은 중대한 안보위협에 놓인 국가들이 대안적 해결방법을 찾지 못하고 핵무기에 관심을 갖게 되면서 시작되기 때문이다. 이는 국제구조적 분석(international structural analyses) 혹은 국가안보적 관점(security based approach)으로 정의된다. 이 접근법에 따르면 핵무기는 국가이익을 확보하고 영토적 통합을 지켜내고, 국제적 분쟁의 가능성을 줄이며, 적의 공격을 막기 위한 자구(self-help)의 수단으로써 선호된다.[3]

국제정치학자들은 핵확산의 원인을 주로 국가안보적 접근을 통해 규명해 왔고 북핵개발의 원인 역시 해당 관점에 의해 고찰되었다. 무엇보다 북한 스스로 외세에 의한 체제위협이 핵개발에 결정적 원인이었음을 강조하였다. 미국의 고립 및 압살정책, 대북적대시정책에 의한 생존위협인식이 필연적인 핵개발로 이어졌으며, 핵실험 성공 이후에는 각종 대북제재와 압박, 북한에 의한 도발 및 위협에 대한 근거 없는 선전들이 북한의 상황을 더욱 어렵게 만들어 기술적으로 진보된 핵능력과 양적으로 풍부해진 핵무기가 필수가 되었다는 것이다. 이 같은 북한 정권의 주장과 국제정세에 대한 판단에 근거하여 대부분의 북한연구자들이나 국제정치학자들 역시 안보적 요인이 북핵개발의 주요 원인이 되었다고 평가한다.

그러나 문제는 국가안보적 접근만으로는 현재 김정은 정권이 핵무력 고도화에 집중하는 이유를 설명하지 못한다는 것이다. 국가안보적 접근에 따르면 핵포기는 첫째, 안보위협을 근본적으로 제거하여 주거나, 둘째, 새로운 안전보장을 제시함으로써 해결될 수 있다.[4] 국제사회는 후자에 해당하는 체제보장과 경제적 지원 약속을 통해 김정은 정권의 핵포기를 이끌어내려 했다. 미국과 중국은 평화체제체결, 북미 관계정상화, 대북 경제지원에 확약함으로써 김정은 정권의 대외 안보위협을 최소화하겠다는 의지를 표명해왔다. 그러나 김정은 시대의 북한은 핵무기 포기를 위한 협상에 나서지 않을 뿐만 아니라, 자위적 조치로서 핵개발을 합리화하고 핵무력 고도화 방침을 대내외에 공표하는 등 공세적 입장을 유지하고 있다. 오히려 만성적인 경제난과 유엔 안보리 결의안 2321호에 따른 국제적 압박 속에서도 수직적 핵확산(vertical proliferation)의 의지는 더욱 강력해지고 있는 상황이다.[5]

대외 안보위협은 분명 북핵개발의 결정적 원인이었다. 그러나 대외위협만으로는 김정은 정권의 수직적 핵확산을 충분히 설명할 수 없다. 핵보유와 핵전략이 반드시 동일한 동기에서 출발하는 것이 아님에도 핵개발의 원인을 핵전략의 수립배경으로 이해하는 경우가 일반적이었던 것이 사실이다. 이 때문에 핵무력 고도화 조치의 원인은 치밀하게 규명된 적이 없었다. 그러나 본질적으로 핵개발의 원인과 핵정책은 관련성이 없다. 핵확산 국가가 될 것인가 하는 선택의 문제와, 핵보유국이 어떠한 핵전략과 정책을 취할 것인가 하는 문제는 다른 이론과 방법을 통해 접근하는 것이

옳다. 다수의 핵보유국들이 안보적 동기에 의해 핵무기를 개발했으나, 핵실험 성공 이후에는 직면한 기술·재정적 요인 및 지휘통제와 여러 정치적 요인들을 고려하여 최적화된 핵전략과 정책을 수립하였다.[6] 즉, 핵정책 혹은 핵전략이 형성되는 과정은 국가안보뿐이 아니라 정권의 국내적 상황에도 지대한 영향을 받아왔던 것이다.

안타깝게도 북한의 국내정치적 요인이 핵정책의 형성과 변화에 미친 영향은 상대적으로 과소평가 되어 왔다.[7] 그동안 북한의 핵무력 고도화에 대한 연구는 핵무력구조(nuclear force structure)의 확대와 발전방향에 대한 예측이 주를 이루었다.[8] 이들 연구의 상당수는 북한의 핵전력이 ICBM과 SLBM 등을 개발하여 미국 본토 타격능력을 확보하고 핵무기의 양적 증강을 통해 2차 타격능력(second strike capability)을 갖춤으로써, 한미동맹에 의한 핵과 재래식 위협을 억제할 수 있는 수준에 도달하는 것을 목표로 설정하고 있다는 데에 공감해 왔다.[9] 핵무력 고도화의 배경으로 안보위협의 심화가 강조되어 왔으나 냉전 이후 안보환경의 악화는 오히려 북한의 지속적인 핵개발과 핵무력 과시에 의해 초래되었음을 깨달아야 한다. 이제는 북한의 수직적 핵확산이 국가안보적 관점만으로는 설명될 수 없는 만큼 국내정치적 요인을 강조하는 보완적 설명을 통해 김정은 정권의 핵무력 고도화 조치를 분석해야 한다.[10]

본 연구는 이 같은 문제의식에 근거하여 김정은 정권의 핵무력 고도화의 원인을 규명하는 것을 목적으로 한다. 현재 북한의 핵무력 고도화 조치는 대외적 안보위협에 따른 국가안보(state security)를 수호하기 위함은 물론, 사인주의 독재정권의 정권안보(regime security)를 유지하기 위한 목적으로 전개되고 있는 것으로 판단된다. 본 연구의 핵심주장은 군부를 완전히 장악하지 못한 젊은 독재자가 대외위협에 맞서 국가안보 문제를 해결하는 동시에 국내적 통치기반의 확립을 위해 핵무력 발전에 집중하게 되었다는 것이다. 지도자에 잠재적 도전세력이 될 가능성이 높은 집단인 군부에 대한 통제, 핵기술 발전에 대한 우선적 투자와 과학자 우대 현상, 핵기술 능력의 대내외적 과시와 재래식 전력의 위축 등이 북한의 수직적 핵확산의 국내정치적 원인을 뒷받침하는 요인이라고 할 수 있다. 논의의 뒷부분에서는 향후 북한의 핵무력의 고도화가 야기할 부정적 효과들을 간략히 언급하려 한다. 들어가기에 앞서, 본 연구는 정보접근의 한계를 극복하고 논지전개를 위해 상당부분 국제정치이론의 도움을 받고 있음을 밝혀둔다.

II. 정권안보와 수직적 핵확산

1. 사인주의 독재정권의 핵확산: 독재자의 핵무기

그동안 국내정치가 핵확산에 미치는 영향을 분석한 연구들의 대다수는 비민주주의 정권과 민주주의 정권의 차이에 주목하여 정권의 유형과 핵확산의 상관관계를 규명하려 하였다.[11] 그러나 최근의 연구경향은 권위주의 정권 혹은 민주주의 정권 간에 별 다른 차이를 보이지 않는다는 쪽으로 수렴된다.[12] 정권의 유형보다는 오히려 국내제도(domestic institution)가 핵확산 결정에 중대한 영향을 미치며, 특정한 정권일수록 핵무기 개발에 적극적인 것으로 간주한다.

특히 최근의 핵확산은 북한과 같이 지도자 1인이 정권에 대한 무제한적인 자유재량권을 가지는 사인주의 독재정권(personalist dictatorship)에서 심각한 국내외적 반발 없이 발생할 가능성이 높다고 보고 있다. 국제사회의 위협은 핵무기를 정권안보 문제에 매력적인 해결책으로 간주하는 독재자에게 핵보유를 정당화하는 기제가 되며, 한편으로 독재자는 국내적 비판을 잠재울 감시와 처벌 수단을 보유함으로써 핵프로그램에 반대하는 거부권자(veto player)들의 압력으로부터 한층 자유롭기 때문이다.[13] 사인주의 정권의 독재자들은 감시와 처벌을 집행하는 보안기구에 대한 통제 권한과 고위직 관료에 대한 일방적인 임명권을 소유하고 있으며, 정치엘리트들의 운명은 지도자의 정치적 생존과 긴밀히 연관되어 있어 지도자에 대한 처벌 동기가 매우 낮고 현 정권의 부패에 완전히 침묵한다.[14]

그러나 단순히 핵확산에 유리한 환경에 놓여있다는 사실이 독재자가 재래식 무기보다 핵무력 증강에 관심을 갖는 이유가 될 수는 없다. 사인주의 독재정권이 핵무기를 추구하는 이유는 무엇보다 정권안보와 깊은 관련이 있다. 이는 다음과 같이 세 가지로 나누어 볼 수 있다. 첫째, 독재자는 본질적으로 재래식 전력의 증강을 반기지 않는다. 독재자의 입장에서 재래식 전력의 강화는 군부라는 잠재적 도전세력의 성장을 야기할 수 있다는 점에서 매우 위험하다. 효율적인 재래식 전력의 운영을 위해 전문적인 군인집단의 성장은 필수적이나, 이 과정에서 발생하는 군부세력으로의 권한 위임과 권력 분산은 지도자의 통치력을 약화시킬 가능성이 크다.[15] 이 때문에 쿠데타의 두려움을 크게 느끼는 지도자일수록 군사전문가들의 양성을 저지하는 경향이 나타난다.[16] 특히 군부를 완벽히 장악하지 못하는 독재자라면 핵무기는 군사력 증강과 지배력 강화를 위해 택할 수 있는 가장 선호할만한 대안이 될 것이다.

둘째, 핵프로그램은 지도자 개인에게 독점적인 접근권한을 부여함으로써 독재자의 국내정치적 통제력을 강화하는 데 기여한다. 대규모의 핵탄두를 보유한 강대국의 경우, 핵무기를 육·해·공 정규군에 광범위하게 통합하여 운영하지만 소량의 핵탄두를 가진 제2차 핵시대(the Second Nuclear Age)의 신흥 핵보유국들은 국내정치적 불안정성으로 발생할 수 있는 사고를 예방하고 핵전력의 모호성(opacity)을 유지하기 위해 지휘체계를 정규군과 분리하여 관리한다.[17] 핵무기와 관련한 조직들은 독립적인 지휘체계와 명령계통을 가지고 오직 지도자 개인에게만 충성하는 사병형태로 구성되어 있으며 추가적인 감시체계를 부과 받는다.[18] 핵무기 사용권한은 지도자 개인에게만 부여되고 지도자에 대한 참수공격(decapitation strike)이 발생할 경우를 제외하고 다른 개인에게 위임되지 않는다. 이처럼 지도자는 파괴력이 큰 핵무기에 대해 독점적인 권한을 확보함으로써 국내정치적 기반을 확립하는 데 활용한다.

셋째, 핵능력은 군부의 군대운용능력에 기반 하는 것이 아니라 과학자들의 기술적 능력(technological capability)에 달려있다. 따라서 독재자는 핵무기를 개발하는 과정에서 군부의 성장을 두려워 할 필요가 없다. 일반적으로 사인주의 독재정권의 지도자는 정례적인 군사훈련을 비롯하여 군대의 일상적이고 사소한 문제까지 깊숙이 관여한다. 군의 훈련, 무기, 그리고 조직적 자율성이 언젠가는 독재자를 대항하는 수단으로 활용될 수 있다는 우려 때문이다.[19] 이로 인해 일반적인 예상과는 달리, 인적·물적 차원에서 사인주의 독재정권의 재래식 전력은 상당히 약화된 상태로 존재한다. 여러 가지 국내외적 목적에 부합하고자 재래식 전력이 큰 규모로 유지되고 있으나 그에 비해 조직력이 떨어지고 전투효율성이 낮은 것이다.[20] 군부사이의 미약한 응집력은 쿠데타 계획을 수립하더라도 낙관적 결과를 기대하기 어렵게 만든다.

이처럼 독재자에게 핵무기는 군사력을 증진시키는 동시에 국내정치적 도전세력을 굴복시킬 수 있다는 점에서 상당히 매력적인 안보수단으로 여겨진다. 또한 사인주의 독재정권의 지도자는 핵프로그램을 개발하고 핵전략을 수립하는 데 있어서 다른 정권의 지도자들보다 훨씬 적은 국내외적 장벽에 부딪힌다.[21] 그러나 핵무기에 대한 갈망이 반드시 핵무기의 확보로 이어지지 않는 것처럼 사인주의 독재정권의 본질적인 정치적 특성은 핵무기 추구 과정에서 여러 시행착오와 실패를 야기한다.

2. 성공적인 핵프로그램의 필수요인: 과학자들의 성장

앞서 언급한대로, 핵확산에 가장 핵심적인 두 가지 요소는 핵무기를 보유하고자 하는 정치적 의지와 핵무기를 확보할 수 있는 능력이다. 구체적으로 거시적 수준(macro level)에서는 국내정치적 요인과 대외안보위협의 존재 여부가, 미시적 수준(micro level)에서는 핵관련 과학자·기술자들의 능력, 그리고 이들과 국가의 관계가 핵무기 확보에 중요한 요인이 된다. 핵개발 여부는 지배집단에 의해 결정되지만 무기개발은 과학자들의 노력 없이는 불가능하며, 실질적인 핵무기 개발은 많은 제도와 집단의 참여를 유도하고 모든 이해관계를 총체적으로 반영하기 때문이다.[22] 결국 핵개발은 과학기술자들의 능력을 기반으로 하지만, 그것의 성공여부는 과학기술자들에 대한 최고지도부의 압력과 통제의 정도에 달려있다고 할 수 있다.[23]

그러나 최근 상당수의 핵무기 프로젝트들이 대규모 투자와 정치적 우선성에도 불구하고 느리거나 완벽하지 못한 상태로 종결되었다. 1970년을 기점으로, 그 이전에 핵개발에 성공한 국가들은 평균 7년의 시간을 소요하였던 반면에 이후 핵확산에 착수한 국가들은 평균 17년의 시간을 핵무기 개발에 쏟아 부었다. 파키스탄, 북한은 각각 18년, 29년의 시간을 소요하였으며, 이란은 30년에 걸쳐 핵프로그램에 투자하였고, 리비아는 무려 33년이라는 시간을 핵무기 개발에 주력하고도 결국 프로그램을 중단해야만 했다.

핵확산 과정에서 국내정치와 제도의 영향을 규명하고자 했던 하이만

(Jacques E. C. Hymans)은 1970년대 이후 핵확산의 낮은 파급현상이 발생하는 이유를 국가와 과학기술자들의 경직된 관계에서 찾았다.[24] 그는 최근의 핵확산이 과거에 비해 느린 속도로 진행되고 있으며 성공확률 또한 매우 낮다는 사실에 주목하고, 국가의 과도한 간섭과 정치적 개입 및 통제 등 비효율적(dysfunctional) 핵프로그램의 관리 성향이 원인임을 주장하였다.[25] 특히 새로운 핵확산 국가들의 대다수는 국내정치가 불안정한 상태에 놓인 권위주의적 정권(authoritarian regime)으로, 과학자들의 전문적 자율성이 보장되지 않았으며 국가기관 사이에 불분명한 업무 경계와 사인적 네트워크의 강조, 부패·족벌주의·기타 권력남용의 만연, 잦은 인사교체 등의 특징들이 공통적으로 나타났다.[26]

하이만의 주장에 따르면, 핵프로그램에 권위주의적 관리방법을 적용한 국가일수록 첫 핵폭탄을 얻는데 긴 시간이 소요되었을 뿐만 아니라 결과적으로 실패할 가능성도 높았다.[27] 과학자들의 연구 활동에 대한 지나친 정치적 개입과 감시, 연구자들에 대한 정치적 신념 조사, 정치적 고려에 의해 결정되는 핵무기 개발계획, 기술성공에 대한 보상과 처벌, 상명하달 식의 명령구조 등이 과학기술자들의 연구 자율성과 동기를 약화시킴으로써 핵개발을 지연시켰던 것이다.[28] 이라크가 대표적인 사례에 해당한다. 이라크는 10년 간 핵프로그램에 10억 달러에 이르는 막대한 비용을 투자하였음에도 핵탄두를 얻는데 실패하였다. 1980년대 중반, 이라크의 핵프로그램의 총괄을 맡은 사담 후세인(Saddam Hussein)의 사촌이자 사위인 후세인 카멜 알마지드(Hussein Kamel al-Majid)는 과학자들에게 과도한 업무를 지시하고 빠른 시일 내에 핵무기를 완성하도록 종용하는 등 과학자들의 자율성을 제한함으로써 핵프로그램의 효율성을 떨어뜨렸다. 결국 1991년 걸프전이 일어나기 전까지 핵무기 개발을 완수하려던 본래의 정부 계획이 무위로 돌아갔다.[29]

반대로 국가지도부가 핵프로그램의 권위주의적 운영을 지양하고 과학자들의 연구자율성을 존중할 경우, 첫 핵폭탄을 얻는데 소요되는 시간이 짧았으며 핵실험이 실패로 귀결될 가능성 역시 낮게 나타났다. 제1세대 핵보유국들은 핵무기 개발에 높은 정책적 우선순위를 부여하고 기술적 정책과 정치적 계획을 확실히 분리하였으며 핵무기 프로젝트와 관련된 결정들은 대부분 정치적 문제가 아닌 기술적 문제로서 다루었다. 또한 과학기술자들의 물질적 요구사항에 대한 최고지도부의 책임 있는 수용과 과학기술자들과 최고지도자들 사이에 핵프로그램의 발전을 위한 지속적인 대화가 진행되었다.[30] 국가는 핵프로그램의 발전을 위해 과학기술자들이 필요로 하는 물적 자원을 충분히 제공하고 연구자들의 자율성을 높은 수준으로 보장하였으며 확실하고 설득력 있는 목표를 제시하였다. 이처럼 과학기술자들의 연구자율성을 존중하는 관리방법은 과학기술자들의 내적 동기에 긍정적인 영향을 미쳐 핵프로그램의 효율성을 높였다.[31]

이와 같이 국내정치적 요인은 핵실험의 성공에 큰 영향을 미친다. 통상 핵보유에 대한 확고한 정치적 의지에 기반 하여 핵개발을 국가적 우선사업으로 설정하고 있는 국가일수록 핵확산이 빠른 속도로, 그리고 성공적으로 이루어질 것이라고 믿게 된다. 그러나 국내정치가 불안정한 정권에서는 핵무기 확보에 대한 의지가 강력하더라도 지나친 정치적 통제와 감시체계의 작동으로 인해 핵기술의 발전 속도가 현저히 떨어졌다.[32] 반대로 중국의 사례에서 확인할 수 있듯이, 독재정권임에도 불구하고 핵프로그램의 권위주의적 운영을 배제하고 과학기술자들의 연구자율성을 최대로 보장해주었을 경우에는 단기간에 핵무기를 확보하는 것이 가능하였다.

Ⅲ. 김정은 시기 북한의 수직적 핵확산

1. 핵무기의 다종화·소형화·경량화·정밀화

김정은 정권에서 북한이 핵전력이 상징하는 가치와 중요성은 선대인 김일성·김정은 시기보다 한층 더 강화되었다. 김일성·김정은 시기에는 재래식 전력의 강화에 우선성을 두고 협상의 대상으로서 핵무기에 대한 포기 의사가 여러 차례 표명되었다면, 김정은 시대에는 핵무기가 북한의 존엄과 자주, 그리고 민족통일을 위한 "만능의 보검"으로 국가정체성 (state identity)을 상징하기에 이르렀다. 김정은 정권은 2012년 사회주의 헌법을 수정하여 핵보유를 합법화한 이래, 대외적으로 핵무기는 더 이상 정치적 흥정물이나 경제적 거래물이 아니라는 입장을 견지하면서 국제사회에서 핵보유국으로 인정받기를 희망하고 있다.[33] 2016년에는 36년 만에 개최된 제7차 조선로동당 대회에서는 항구적인 전략적 노선으로 경제핵무력병진노선을 천명하고 이에 따라 핵무기의 소형화, 경량화, 다종화, 정밀화를 통한 핵무력 고도화를 추진하고 있다.

김정은 시기에 들어서 북한은 여러 차례에 걸쳐 과학적 원리와 개념적 용을 통해 소형화·경량화·다종화·정밀화가 가지는 의미를 공개해왔다. 우선, 핵무기를 소형화한다는 것은 "핵탄두의 폭발력이 10kt 이하인 무기를 만든다는 것을 의미"한다며 소형화를 폭발력과 연결된 것으로 정의하였다. 이어 핵무기의 경량화는 "핵탄의 총체적 질량을 가볍게 만든다는 것"으로 폭발력이 아닌 질량을 기준으로 하는 것으로 구분되었다.[34] 핵무기의 다종화는 "여러 가지 종류의 핵을 만드는 것"이며, 정밀화는 "대상물을 얼마나 정확히 명중하는가 하는 것"이라고 주장하였다.[35]

이처럼 김정은 정권은 핵무력 고도화의 구체적인 목표로 다종화·소형화·경량화·정밀화를 제시하고 있으나, 핵전력의 전반적인 발전 수준은 다종화(diversification)를 통해 확인할 수 있다. 다종화는 핵탄두의 종류와 크기, 미사일과 SLBM 등 투발수단의 다양화를 포괄할 뿐만 아니라, 핵무력구조 전반의 확장으로 이어진다는 점에서 소형화·경량화·정밀화를 하위 범주에 포함하기 때문이다. 2012년 김정은이 집권한 이후 북한은 3차례의 핵실험과 수십여 차례의 미사일 시험발사를 거쳐 핵무력구조의 다양성을 과시하여 왔다. 핵실험의 경우, 원료를 1·2차 플루토늄에서 3차 고농축우라늄, 4·5차 증폭핵분열탄(북한 발표는 수소폭탄)으로 다양화하였다. 탄도미사일은 2017년을 제외하고 김정은 집권 이후 근 5년간 28회에 걸쳐 46발을 발사하였다. 지난해에만 24발로, 전체 발사 수량의 50% 이상을 차지하며, 발사한 미사일의 종류만 해도 스커드, 스커드-ER, 노동, 무수단, 잠수함발사미사일(SLBM) 북극성 등 5종 이상이었다.[36] 김정일 집권 시기 18년간 총 16발의 미사일이 발사되었던 것과 비교하면 무려 3배가량의 미사일을 발사한 셈이다.

김정은 시기에는 핵탄두의 소형화와 경량화에서도 상당한 진전을 이루었다. 집권 시기 발사한 미사일들은 모두 1t 이하이다. 특히 2016년 9월 9일에 실시한 북한의 핵실험은 기폭장치 폭발실험이 아니라 미사일에 탑재할 수 있는 수준의 핵탄두 폭발시험이라는 점에서 심각성이 다르다고 말한다. 핵무기연구소가 발표한 성명에 따르면 북한은 핵탄두들을 "마음먹은 대로", 그리고 "필요한 만큼" 생산할 수 있게 되었다면서 작고 가벼운 핵탄두들을 안정적으로 만들 수 있게 되었다고 한다.[37] 물론 아직은 탄두 위력의 향상이 더 필요하고 표준화를 위한 핵실험과 대기권 재진입 및 자세 제어 기술 등을 확보하기 위한 시험발사가 추가적으로 요구된다는 것이 대체적인 전망이다. 그러나 가장 위협적이라고 평가받는 ICBM의 경우, 엔진과 단 분리기술을 확보하였고 대기권 재진입 기술 문제에 국가적 역량을 총동원하고 있는 만큼 대략 2020년경에는 기술력을 확보할 수 있을 것이란 예측이 우세하다.

수직적 핵확산을 평가하는 데에 있어서 운송수단의 정교화도 빠질 수 없다. 핵억제력을 증강시키기 위해서는 핵탄두뿐만 아니라 투발수단의 생존성(survivability) 확보가 필수적이기 때문이다.[38] 기존 핵보유국들은 투발수단으로써 전폭기, 대륙간탄도미사일, 잠수함을 추구하고 있다. 북한은 전폭기를 제외하고 미사일을 갖춘 상태이며 김정은 시대에는 SLBM 기술 확보에 매진함으로써 투발수단을 확대하고 있다. 2016년 8월 24일 북한은 신포 인근 해상에서 SLBM을 동해상으로 시험 발사하여 500여 km를 비행하는 데 성공했다. 실전배치까지는 시간이 더 소요될 것으로 예상되지만 그러한 능력을 갖추게 되었을 경우 핵무기의 은밀성과 생존성을 높일 수 있다는 점에서 매우 위협적일 것으로 예상된다. 이밖에도 북한은 이동식발사대(TEL)를 200여대 가량 보유하고 있는 것으로 평가된다.[39]

이처럼 김정은 정권은 소형화, 경량화, 정밀화, 다종화를 통해 핵무력 고도화에 집중하고 있다. 만약 미사일의 재진입기술과 정밀유도기술까지 확보하게 된다면 정밀성과 생존성이 한층 더 향상될 것이며 한층 위협적인 핵전력을 과시할 수 있을 것으로 예상된다.

2. 과학·기술자의 달라진 위상

무기체계의 발전 속도는 시대의 과학기술 발전 속도에 비례하고, 마찬가지로 어느 국가의 핵전력 발전 속도는 그 나라의 과학기술의 발전 속도에 비례한다.[40] 김정은 정권에서 지속적인 성과를 도출하고 있는 수직적 핵확산 역시 북한의 과학기술의 발전속도에 비례한다. 다만 과학기술에도 정치적 개입의 가능성이 높은 사인주의 독재정권의 특성에 비추어 보았을 때, 현재의 급속한 핵무력 고도화는 다소 놀라울 정도이다. 때문에 북한의 수직적 핵확산은 핵기술 발전에서 과거의 권위주의적 관리방법을 지양하고 김정은 정권이 핵관련 과학·기술자들의 직업적 자율성을 보장했기에 가능한 결과라고 추측된다. 정권의 국내정치적 불안정성이 핵무기의 질량적 강화를 유도하였고 핵기술 발전에서 전문적 관리 문화의 적극적 수용이 이루어지면서 핵프로그램의 효율성이 높아진 것이다.

김정은 정권은 집권 초부터 직면한 에너지와 식량문제의 해결과 강성국가 건설에 과학기술이 중요하다는 인식 하에 과학기술의 중요성을 강조해왔으며, 과학기술우선 정책에 따른 변화는 핵과 장거리미사일 개발 등 무기체계의 현대화 부문에서 가장 두드러지게 나타나고 있다. 김정은 정권은 핵기술과 관련 기관들을 전면에 내세우는 한편, 과학자들에 대한 처우를 개선하고 이들에 대한 달라진 인식을 보여왔다. 대표적인 사례로 2016년 9월 9일, 북한은 5차 핵실험 직후 핵탄두 시험 사실을 '조선민주주의인민공화국 핵무기연구소'를 통해 발표한 것을 들 수 있다. 동년 1월 6일, 4차 핵실험 당시 '조선민주주의인민공화국 정부 성명' 형식으로 핵실험 사실이 발표되었던 것과는 달리, 사전에 잘 알려진 바 없는 기관의 명의로 공개되어 이례적이라는 평가가 지배적이었다.[41] 김정은 정권이 공식성명을 통해 핵무기 전담 연구조직의 존재를 부각시킨 것은 핵과학·기술자들의 격상된 위상이 반영된 것이라고 볼 수 있다.[42] 또한 핵실험을 대내외에 과시함으로써 과학기술자들의 성과를 치하하고 핵프로그램의 효율성이 증대되는 부수적인 효과를 기대하였을 것으로 짐작된다.

실제로 김정은 시기에는 국방분야 과학기술자들의 역할 강조와 공로에 대한 치하가 눈에 띄게 증가하고 있다. 체제 출범 첫해인 2012년 12월 김정은은 북한의 미사일 개발 총책으로 통하는 당 중앙위 부부장인 김정식과 실무책임자로 알려진 국방과학원장인 장창하에게 미사일 개발에 기여한 공로로 '공화국 영웅' 칭호를 수여한 바 있다. 2016년 1월, 4차 핵실험 이후에는 '수소탄 실험 성공'에 이바지한 핵과학자들과 기념사진을 찍고 직접 표창을 수여하였다. 비록 표창자의 이름과 직책은 공개되지 않았으나, 김정은은 축하연설에서 이들을 역사에 길이 남을 "영웅중의 영웅"이자 "애국자 중의 애국자들"이라고 지칭하였다.[43] 김정은은 2017년 신년사에서도 핵실험과 미사일 시험발사 실시한 것을 예로 들면서, 지난 해 국방분야에서 획기적인 전환이 이룩되어 공화국의 전략적 지위를 높였다고 칭찬하였다.[44] 1월 6일에는 4차 핵실험 1주년을 맞이하여 북한의 관영 라디오 매체인 조선중앙방송이 과학기술전당 처장 3명의 육성 인터뷰를 내보내었으며, 3월 29일자 『노동신문』은 미국의 제재와 압박에 적극적으로 대응하겠다는 의지를 피력하면서 북한의 승리의 근원은 과학임을 강조하였다.[45] 앞서 3월 22일에는 「인재와 강국」이라는 『노동신문』 정론을 통해 국방과학자와 기술자들을 "진정한 혁명가", "숨은 애국자", "시대의 힘있는 선구자"로 칭하며 "(김정은) 원수님의 념원은 전체 인민을 과학기술 인재로 키우자는 것"이라고 전했다. 신문은 북한이 3월 18일 로켓엔진 지상 분출시험 참관 후 김정은이 과학기술자들을 등에 업은 사실까지 거론하며 "자강력의 동력이 바로 과학기술력이며 전민과학기술인재화, 인재강국화가 사회주의 강국건설의 선차적 요구"라고 선전하기까지 하였다.[46]

이 같은 핵전력 관련기관의 부상과 과학기술자들의 역할 강조, 이들에 대한 처우와 인식의 개선은 김정은의 국내정치적 입지 강화와도 밀접한 관련이 있다. 과학기술자들과 국가의 우호적 관계에서 비롯되는 핵프로그램의 효율적 관리운영은 북한의 핵무력 고도화를 진전시킬 뿐만 아니라, 핵무기에 대한 통제권한을 보유한 김정은의 정권 장악력을 강화하는 데 의미 있는 역할을 수행하기 때문이다. 따라서 핵무기 관련기관에 대한 일원적인 관리체계와 독점적인 지휘권을 유지하는 문제는 독재자의 정권 장악력과도 연결된다. 북한에서 핵무기에 관한 내용들은 가장 높은 단계의 기밀에 해당하고, 핵프로그램과 관련한 조직들은 다른 국내기관들과는 철저히 분리되어 최고사령관인 김정은의 지휘 아래 놓여있을 가능성이 높다.[47]

이러한 사실은 2013년 4월 1일 최고인민회의에서 통과된 법령 "자위적 핵보유국의 지위를 더욱 공고히 할 데 대하여"에서도 확인할 수 있다. 동 법령의 4조는 북한의 핵무기는 "조선인민군 최고사령관의 최종명령에 의하여서만 사용할 수 있다"고 명시함으로써 핵무기에 대한 김정은의 특권적 지위를 법률로써 보장하였다.[48] 2014년 제4군으로서 육·해·공군 등과 동격으로 승격된 전략군 역시 김정은에 의한 핵무력의 일원적 지휘체계를 수월하게 구축하려는 의도에서 별도로 분리된 것으로 보인다. 핵무기연구소 역시 상급기관이 명시되지 않은 점 등으로 미루어보아 국무위원회 혹은 내각 산하에 김정은의 직접적인 지시를 받는 일종의 독립기구로 존재할 가능성이 상당히 높다.[49]

이처럼 김정은 정권에서 핵무기는 외세의 내정간섭에 대항할 수 있는 가장 확실한 수단이자 재래식 전력의 강화로 파생될 수 있는 국내정치적 문제점을 희석시키는 역할을 수행한다. 즉 핵무기는 독재자의 정권유지를 위해 내부의 적을 색출하고 정권안정에 방해요인들을 제거하는 사인주의 정권의 탁월한 생존전략이 된다.[50] 결국 김정은은 핵전력에 대한 무제한적인 투자와 과학기술자들에 대한 자율적인 연구환경을 조성하여 줌으로써 핵기술개발의 이점을 누리려 하는 것으로 볼 수 있다.

3. 군부 권력의 약화

핵무력의 급속한 성장과는 달리, 김정은 정권에서 재래식 전력을 담당하는 군부는 크게 두 가지 이유에서 과거보다 위상과 중요성이 약화된 상태로 남아있을 것으로 예상된다. 첫째, 재래식 전력은 김일성·김정일 시대에 비해 경제적·전략적 가치를 상당부문 상실하였다. 김일성과 김정일 시기에는 핵무기보다는 재래식 무기가 전쟁의 잠재적 전투수단으로 고려되었으며 무기의 불법수출을 통해 외화벌이와 같은 경제적 이익을 얻을수 있었다. 적어도 김정일 시기까지 북한의 핵프로그램은 미국의 침략을 저지하는 안보적 역할을 수행하는 데 초점이 맞추어져 있었고, 이러한 안보적 위협을 제거함과 동시에 핵포기 의사도 나타났다. 그러나 1차 핵실험 이후, 국제사회의 제재가 본격화되어 재래식 무기를 통한 수입 확보가 제한되면서 경제적 가치가 상당부분 상실되었다. 뿐만 아니라 현재 북한의 재래식 전력은 연료 부족에서부터 장비 노후화 등에 이르기까지 많은 문제를 안고 있다. 군 장비의 상당수가 냉전시대 소련이나 중국제로 신형 전투기의 도입이 중단된 지 오래되었고 제대로 된 훈련을 실시하지 못하여 군 체계 또한 낡은 상태이다. 또한 세계 4위 규모에 해당하는 북한의 군 규모를 고려하였을 때, 재래식 전쟁이 일어날 경우 연료나 탄약, 부속품 같은 중요 물자가 상당히 짧은 시간 내에 동이 날 수 있어 전쟁수행능력에 차질이 있을 것으로 평가되고 있다.[51] 이처럼 재래식 전력은 과거에 비해 경제적·전략적 가치를 크게 상실함으로써 재래식 전력을 담당하는 군부의 영향력 또한 상당히 위축되었을 것으로 판단된다.

둘째, 김정은 정권은 유일지배체계의 확립을 위한 수단으로 핵무기를 선택하고 이에 대해 최고사령관을 중심으로 하는 단일지도 형식의 지휘체계를 확립함으로써 잠재적 위협세력인 군부의 성장을 의도적으로 억제하고 있다. 김정일 시대에 선군정치를 통해 비대해진 군부는 김정은 시대에 당중심의 당군관계 전환을 통해 숙청의 주요 대상으로 부상하였다. 김정일 국방위원장에 비해 권력기반이 상대적으로 허약했던 김정은은 2011년 말 집권 이후 갈등적 당군관계에서 파생될 쿠데타의 위험성을 '공포정치'를 통해 억제하기 시작했다. 그동안 리영호 인민군 총참모장, 현영철 인민무력부장, 변인선 군 총참모부 작전부장, 마원춘 국방위원회 설계국장 등 군 간부에 대한 숙청이 진행되었으며, 김정은은 2012년 10월 29일 김일성군사종합대학에서 한 연설에서 "당과 수령에게 충실하지 못한 사람은 아무리 군사가 다운 기질이 있고 작전 전술에 능하다고 해도 우리에게는 필요 없다"며 정권 저항세력에 대한 억압을 이어갈 것임을 주장하였다. 이후 김정은은 군 간부들에 대한 직위 강등, 은퇴, 재임용이라는 다양한 방법을 적용하여 끊임없이 군부를 압박하고 견제하여 왔다. 2016년 일부 연구조사 발표에 따르면 김정은 집권 이후 세습권력을 공고히 다지기 위해 숙청된 간부만 140명에 달하며, 처형된 간부의 수는 매년 급격한 증가 추세를 보이고 있다.[52]

김정은은 향후에도 국내정치적 기반을 공고히 다지기 위해 군부의 도전을 예방할 것이며 도전이 발생하는 경우에 강력히 제압해 나갈 것으로 보인다. 이는 세 가지 방법을 통해 실행이 가능하다. 첫째, 재래식 군사력의 성장을 일정수준으로 유지하고 군인들의 직위를 빈번하게 교체하거나 해제함으로써 이들의 조직력을 분열시키고 지속적으로 감시하는 것이다. 일반적으로 지도자의 생존은 비군사적 요소에 달려있지만 북한과 같은 사인주의적 독재정권에서는 군대의 조직적 능력을 장악하는 능력에 달려 있다. 군부의 성장이 쿠데타의 가능성과 직결된다면 지도자는 대내안보와 전투효율성 사이의 불균형을 우려할 수밖에 없다. 정권안보를 강화하면 전투효율성이 떨어지고, 반대로 전투효율성을 강화하다 보면 정권안보가 약화될 가능성이 크기 때문이다.[53] 따라서 독재자는 군부의 정보공유를 경계하는 한편, 군내 수평적 대화를 제한하고 수직적 대화가 왜곡되도록 만든다.[54] 마찬가지로 김정은의 정권 장악력이 견고하지 않은 가운데 당군관계의 긴장성이 높다면, 군부에 대한 당과 수령의 통제는 끊임없이 시도될 것이다. 작은 규모의 지휘권한도 상층의 지휘부를 거치게 하거나 복잡한 형태의 지휘체계를 갖추도록 함으로써 어떤 예외적 행동도 시작하기 어렵게 만드는 것이다.

둘째, 핵기술에 대한 우선적 투자와 과학기술자들의 연구활동 지원을 통해 핵무력 고도화를 촉진시키는 것이다. 파괴력이 높은 핵전력에 대한 최고사령관의 독점적인 통제권한은 김정은의 국내정치적 정당성을 확보하는 데에도 기여할 것이기 때문이다. 현재 북한은 핵무기 개발과 군수산업을 총괄하는 군수공업부뿐만 아니라 2013년 4월 신설된 원자력공업성과 국가우주개발국, 국방과학원을 중심으로 핵·미사일의 개발에 주력하고 있으며, 2015년 신년사에서 군력강화를 위해 3대 과업을 제시한 이래 과학기술 발전에 대한 강조를 이어오고 있다.[55] 다른 한편으로 김정은은 핵전력에 대한 최고지도자의 통제권한을 높은 수준으로 유지함으로써 핵전력 지휘체계의 수직적 위계구조를 공고히 하고 있다. 김정은은 2016년 3월 처음으로 "전략적 핵무력에 대한 유일적 영군체계"의 도입을 언급하였고 이후 지휘체계 확립에 대한 지시를 반복적으로 내리고 있다. 이는 북한이 핵·미사일 지휘·통제·관리에 있어 최고사령관과 당적통제에 각별한 신경을 쓰게 된 것으로 판단된다.[56]

셋째, 향후 재래식 무기의 개발은 무기체계의 대대적인 개선보다 핵무기의 생존성을 높이기 위한 목적으로 추진될 것이다. 최근 북한이 미사일과 핵무기 개발에 자원을 집중하면서 전쟁 능력이 1/3에서 1/4 수준으로 저하되었다는 평가가 있었다.[57] 이에 따라 일부 연구는 북한의 재래식 병력이 열악한 재정적 상태에 놓일 가능성은 높다고 보면서도, 그것이 전통적 군종 및 병종의 위상변화로 이어질지 속단하기 어렵다고 예측하고 있다.[58] 그러나 재래식 전력을 다소 약화된 상태에서 유지하는 것은 김정은 정권의 생존목표에도 부합하기 때문에 장기적으로는 육·해·공군의 위상이 핵전력보다 낮아질 가능성이 있다. 특히 북한은 직면한 재정적 한계와 재래식 전력을 담당하는 군부의 성장억제를 이유로 대대적인 신형무기의 도입보다는 핵무기의 불완전성을 보완하는 재래식 무기들을 우선적으로 개발할 것이다.[59] 김정은 노동당 위원장은 2016년 5월 제7차 당대회에서 국방공업의 주체성과 자립성을 강화할 것을 주문하면서 재래식 무기의 연구개발을 강조한 바 있다. 핵 전력화를 염두에 두고 국가반항공방어체계의 현대화 실현과 각종 대공화력수단의 개발 등 선별된 재래식 전력의 증강을 강력히 촉구한 것이었다.[60]

이처럼 북한은 외세 위협 방어와 대내안보, 기타 사회적 목적을 위해 거대한 재래식 전력을 유지할 것으로 보이나, 핵무력에 대한 우선적 투자와 숙청을 통한 군부의 권한 약화로 사실상 규모에 비해 비효율적인 군대를 운영할 가능성이 높다.

IV. 핵무력 고도화의 어두운 전망

강대국에게도 그러하지만 특히 북한과 같은 약소국에게 있어 핵무기가 가져오는 장점은 무엇과도 비교할 수 없다. 핵무기는 외세의 개입에 저항할 수 있는 확실한 담보이자 사인주의 독재정권의 국내정치적 생존전략에 완벽히 부합하는 정권안보의 수단이다. 재래식 군사력의 증강은 군인집단의 전문화와 세력화를 촉진시켜 독재자는 군부라는 잠재적 도전세력의 성장을 억제해야 하는 과제 앞에 놓이게 된다. 핵무기의 압도적인 위력은 재래식 군사력의 필요성을 약화시킴으로써 군부의 성장을 저지한다. 따라서 김정은 정권은 앞으로도 대외위협에 대처하고 국내정치적 기반의 확립을 위해 핵과 미사일을 앞세운 군사력 강화에 집중할 것으로 예상된다.

그러나 수직적 핵확산은 여러 가지 국내문제를 야기할 것으로 보인다. 구체적으로, 첫째, 핵전력의 고도화는 북한 경제에 상당한 부담으로 작용할 것이다. 본래 경제적 관점에서 핵무기 개발은 누적적(cumulative)이라는 특성이 있기 때문에 장기적으로는 투자비용을 절감할 수 있다.[61] 초기 개발비용은 높지만 일단 한 번 습득한 핵기술은 축적되어 유지가 가능하기 때문이다. 따라서 확보된 기술을 바탕으로 비교적 적은 비용만으로도 다음 단계로의 발전이 수월하게 이루어진다.[62] 그러나 특정능력을 갖춘 운반체계의 개발은 막대한 경제적·기술적 자원을 요구하므로 궁극적으로는 운반체계의 다종화에 따른 비용상승의 문제를 피할 수가 없을 것이다. SLBM의 확보를 위해 최소 잠수함이 필요하듯이, 새로운 무기를 만드는 데 국가역량이 갖추어지지 않았다면 다종화는 근본적 어려움에 봉착할 수 있기 때문이다.[63]

현재 북한은 SLBM의 플랫폼으로 발사관이 1개인 직경 약 7m 가량의 신포급(고래급) 잠수함을 사용하는 것으로 알려졌지만, 향후에는 미사일의 수적 증강에 맞추어 3~4개의 발사관을 장착할 수 있는 대형 잠수함의 건조가 필요할 것으로 예측된다. 최근 북한이 건국 70주년이 되는 2018년 9월 9일에 맞추어 완성되는 것을 목표로 신포조선소에서 SLBM 발사관 2~3기(직경 10m 이상)를 갖춘 신형 잠수함을 건조 중에 있다는 보도가 있었다.[64] 만약 이러한 보도가 사실일 경우, 김정은 정권은 안보리 결의안 2321의 이행으로 인해 경제적 압박이 심각한 상황에서 새로운 플랫폼의 건조를 위한 자원조달과 비용확보의 문제에 직면하게 될 것이다. 동시에 핵무기 개발비용에 관한 문제는 정부 내 예산논쟁을 일으킬 수 있으므로 내부반발을 효과적으로 억제할 수 있는 방안도 고민해야 할 것으로 보인다.

둘째, 핵무력구조의 다종화가 군조직에 받아들여지지 않을 가능성이 있다. 일반적으로 핵무기는 군의 조직문제와 관련해 새로운 갈등요인들을 생성한다. 재래식 무기들은 전통적으로 하나의 군종에 속해 있었으나, 핵무기는 특정 군종에 포함되지 않아 핵무기의 관할 조직이 일종의 특권을 누리는 경우가 있었다. 이 때문에, 핵보유국의 육·해·공군은 핵무기를 자신의 병종에 편입시키기 위해 각각 보유하고 있는 운반수단을 어필하는 방식으로 경쟁해왔으며 이러한 문제들이 조선인민군 내에서 벌어질 가능성을 무시할 수 없다.[65] 또한 새로운 무기체계의 등장은 군사전략의 변화와 이를 뒷받침하기 위한 군사제도의 변화를 수반하기 때문에 이 과정에서 기존의 재래식 군사력을 담당하던 군부의 반발을 예상해 볼 수 있다.[66] 전통적으로 군부는 변화에 대한 두려움을 지닌 집단이며 조직은 합리적이라기보다 근시안적이고 익숙한 결정을 내리는 특성이 있다. 따라서 새로운 무기체계를 기존의 조직이나 지휘체계에 수용하는 과정에서 당군갈등이 발생할 소지가 있다.[67]

북한은 핵미사일 전력을 담당하는 전략군을 육·해·공군과 어깨를 나란히 하는 새로운 형태의 병종으로 신설하여 지휘체계로 인해 발생할 수 있는 문제를 해결하려 하고 있다. 북한의 전략군 신설은 과거 소련, 중국이 핵무기를 다종화·첨단화하면서 이를 더욱 효과적으로 운용하기 위한 군사전략 차원에서 전략로켓부대를 창설했던 사례와 유사하다.[68] 그러나 핵무력의 질량적 강화가 계속되면서 핵관련 기관과 부대가 비대해질 것으로 예상되는 바, 재래식 군사력과 핵무력의 균형 문제에 직면하게 될 가능성이 높다. 실제로 김정은 정권은 핵무기의 도입으로 인해 발생할 수 있는 조직적 문제에 대한 고민을 갖고 있는 것으로 보인다. 2015년 북한이 '4대 전략적 노선과 3대 과업'에서 제시한 '다병종의 강군화'는 육·해·공군 및 반항공군 등과 전략군 사이를 유기적으로 연계하는 새로운 전략과 전술의 필요성을 강조하고 있다.[69]

셋째, 핵개발 고도화의 명분을 확립하는 문제이다. 일반적으로 핵무력 구조의 다종화는 적대국의 위협을 크게 느끼는 국가에서 발견되는 것이 아니라, 풍부한 자원이 확보되어 있고 보호해야 할 동맹국들이 많은 국가에서 나타난다.[70] 즉 다종화는 약소국보다는 강대국에서 합리적 명분을 찾을 수 있다. 이를 바탕으로 생각해본다면, 미국의 다종화된 핵무기가 북한의 핵무력구조에 미치는 영향은 크지 않을 것이다. 북한과 미국의 핵기술 및 핵전력의 차이는 너무나 크기 때문에, 김정은 정권의 바람처럼 두 국가 사이에 대등한 핵억지가 형성되기란 실질적으로 불가능하기 때문이다.[71] 오히려 김정은 정권의 경제력과 군사기술력에 기초해 본다면, 몇 종류의 핵무기에 대한 집중적 투자가 효율적 방어에 도움이 될 수 있다. 추가적인 무기개발 비용뿐만 아니라 무기를 능숙히 다루기까지 투자해야하는 시간 등을 총체적으로 고려하면 효과적인 방어를 위해 다종화가 반드시 필요한 것인지 합리성에 의문이 제기될 수도 있다. 앞으로도 북한은 미국에 의한 생존위협을 강조함으로써 다양한 핵전력 구축의 구실을 모색하겠으나, 정치적 명분을 매우 중시하는 북한 정권이 언제까지 미국에 의한 생존위협을 강조함으로써 핵무기 개발에 따른 경제적 부담과 내핍을 정당화할 수 있을 것인지 예상하기 어렵다.

넷째, 김정은 정권은 향후 핵프로그램의 운영에 있어서 정치적 개입을 자제함으로써 핵과학 기술자들의 전문성과 자율성을 보장하는 것과 동시에 새로운 인재양성 방안을 고민해야 할 것이다. 김정은 정권은 2016년 제7차 당대회를 통해 '전민 과학기술 인재화'를 중요한 과제로 제시하는 한편, 교육체계개선과 국가적 차원의 과학기술 지도관리 체제의 확립 등을 통해 기술경제적 고립 문제를 해결하기 위한 방안을 강구해 왔다.[72] 또한 핵기술개발에 있어서 조총련 계열 인재들을 활용하여 서방의 핵기술을 습득하는 등 북한 정부가 인재풀을 확대하여 핵전력을 강화하고 있다는 보도도 있었다.[73] 그러나 새로운 유엔 안보리 결의안 2321이 핵, 우주공학, 첨단생산제조 공업 분야 등에서 북한과의 협력을 제한함에 따라 외부로부터의 기술지원은 매우 어려워질 것으로 보인다. 언론보도에 따르면, 최근 스위스는 북한과 의학을 제외한 과학기술 협력의 전면중단을 결정하기로 하고 북한 출신의 유학생이 자국 내 고등교육기관에서 재료·전기·기계공학 등을 배울 수 없도록 조치하였다.[74] 이 같은 현상은 비단 스위스뿐만이 아니라, 대북제재에 동참하는 모든 국가에 파급될 것이므로 김정은 정권은 지속적인 핵무력의 개발을 위해서 인력양성 문제에 주력해야 할 것이다.

이와 같이 북한은 향후 수직적 핵확산을 추진하는 과정에서 재정적 제약, 조직 간의 갈등, 핵무기 고도화의 명분 확립, 핵프로그램의 효율적 운영과 새로운 인재양성 등의 문제에 직면하게 될 것이다. 김정은은 이러한 문제점들을 조율해 나가는 과정에서 국내적 정치기반을 확립하고 북한 정권의 안정을 동시에 꾀할 것으로 보인다.

V. 결론

실질적으로 핵정책 혹은 핵전략은 국가안보뿐만이 아니라 정권이 처한 다양한 국내적 상황에 지대한 영향을 받아 형성됨에도 불구하고, 북한의 국내정치적 요인이 핵정책의 형성에 미친 영향은 상대적으로 과소평가 되어왔다. 이 같은 문제의식에 근거하여, 본 연구는 북한의 핵무력 고도화 조치의 배경으로 전통적 요인인 안보적 위협뿐만이 아니라 국내정치적 이유를 함께 강조하였다. 군부의 성장을 두려워하는 독재자가 외부의 적에 대응하고 국내적 도전세력의 성장을 억제하기 위해 재래식 전력보다 비대칭 전력의 증강에 주력하게 된 것이 핵무력 고도화 조치의 배경이라는 것이다.

독재자의 통치력의 중요한 원천 중에 하나는 군에 대한 개인의 통제권한이다. 그러나 강력한 재래식 전력을 구축하는 과정은 유능한 군인재의 양성을 필요로 하고, 이는 지도자가 자신의 권한과 조직적 권력을 군 장교들에게 위임할 것을 요구한다. 만약 권력기반이 약한 지도자라면 군부의 성장이 쿠데타로 이어질 가능성을 두려워하게 될 것이다. 딜레마에 빠진 독재자에게 핵무기는 매력적인 해결책이 될 수 있다. 핵무기는 독재자의 생존에 위협이 되는 국내적 반대세력의 성장을 억제하는 동시에 국가의 군사력을 증강시키는 독특한 무기이기 때문이다.

김정은 정권의 핵무력 고도화 조치는 이처럼 국가안보와 정권안보라는 두 마리 토끼를 모두 잡기 위한 전략으로 이해될 수 있다. 2011년 말 정권을 이양 받은 김정은은 선군시대에 지나치게 비대해진 군부의 권력을 약화시킬 필요성을 느꼈을 것으로 보인다. 때문에 당 우위의 당군관계를 복원하고 군에 대한 감시체계를 높은 수준에서 유지하는 한편, 숙청과 잦은 인사교체를 통해 끊임없이 군부를 균열시켜 조직력의 약화를 유도하였을 것이다. 다른 한편으로는 핵무기에 대한 집중적 투자를 통해 외부위협에 대처할 수 있는 강력한 안보수단을 마련하는 동시에, 핵무력 일체에 대한 통솔 권한을 본인에게 집중시킴으로써 국가통제력을 강화하려한 것으로 보인다.

한동안 김정은 정권은 국내정치적 기반 강화와 외부 안보위협 대처라는 대내외적 필요에 의해 핵무력 고도화 전략을 유지할 것으로 예상된다. 김일성·김정일 시대에는 핵무기에 대한 국내정치적 중요성이 현재보다 낮았으며 강압적이고 권위주의적인 핵프로그램의 운영과 잦은 정치적 개입으로 인해 핵무력의 발전 속도가 더디게 나타났다. 그러나 현재 김정은 정권은 핵기술 개발을 추진하는 데에 있어서 빈약한 관리체계를 개선하고 전문성을 내세운 핵·미사일 전문가들을 적극적으로 중용함으로써 핵전력 증강에 속도를 내고 있는 것으로 보인다. 다만 북한의 수직적 핵확산이 김정은 정권의 안정에 긍정적 효과만을 가져다주진 않을 것으로 보인다. 향후 수직적 핵확산을 추진하는 과정에서 재정적 제약, 조직 간의 갈등, 핵무기 고도화의 명분 확립, 인재양성을 비롯한 핵프로그램의 효율적 운영 등의 문제에 직면하게 될 가능성이 매우 높기 때문이다. 앞으로 김정은의 정권 장악력과 북한 체제의 안정성은 이러한 문제점들을 조율해 나가는 과정에서 확인될 가능성이 크다.

이 장의 주

1 대표적으로 크로닉(Matthew Kroenig)은 기존의 핵보유국으로부터 민감한 핵물질(sensitive nuclear materials)을 제공받는 국가들이 핵보유국이 될 가능성이 높다고 주장하였다. Matthew Kroenig, *Exporting the Bomb: Technology Transfer and the Spread of Nuclear Weapons* (New York, Ithaca: Cornell University Press, 2010). 반면 퍼먼(Matthew Furhmann)은 민감한 핵물질을 제공받은 국가들만이 핵보유국이 되는 것은 아니며, 평화적 목적이라는 이유 아래 진행되는 원자력 개발 지원조차 수혜국의 안보환경과 지도자의 의지에 따라 핵무기 개발로 이어질 가능성이 높다고 주장하였다. Matthew Furhmann, "Spreading Temptation: Proliferation and Peaceful Nuclear Cooperation Agreements", *International Security*, Vol. 34, No. 1, 2009, pp. 7~41.

2 Nuno P. Monteiro and Alexandre Debs, "Strategic Logic of Nuclear Proliferation",

International Security, Vol. 39, No. 2, 2014, p. 9.

3 Scott D. Sagan, "Why Do States Build Nuclear Weapons?: Three Models Search of a Bomb", *International Security*, Vol. 3, No. 3, 1996/97, p. 54. 수요중시 접근은 크게 국제구조적 분석과 국내정치적 분석(domestic politics analyses)으로 나누어 볼 수 있다. 국제구조적 분석은 안보중심적 접근으로 통용되는데, 이 접근법은 국가가 핵무기를 갖게 되면 오히려 그 이전보다 더 극심한 대외위협에 시달릴 확률이 높아진다는 사실을 배제하였다고 비판받는다. Vipin Narang, "Strategies of Nuclear Proliferation: How States Pursue the Bomb", *International Security*, Vol. 41, No. 3, 2016/17, p. 116.

4 Sagan, "Why Do States Build Nuclear Weapons?", pp. 61~62.

5 핵확산은 일반적으로 비핵보유국에 핵무기가 확산되는 평적 핵확산(horizontal nuclear proliferation)으로 통용되지만, 수직적 핵확산은 수평적 핵확산과는 대비되는 개념으로 이미 핵무기를 가진 국가가 현존하는 핵기술의 진전 혹은 현대화를 추구하는 것을 뜻한다.

6 Vipin Narang, *Nuclear Strategy in the Modern Era* (Princeton, NJ: Princeton University Press, 2014), p. 26.

7 국내정치적 분석은 핵개발이 집권세력의 이해관계에 완전히 부합될 때 핵확산 국가가 될 확률이 높다고 본다. 지도자의 심리적 요인이나 지배세력의 경제적 이해관계 등이 핵확산을 결정하는 중요한 국내정치적 요인이 된다는 것이다. 국내정치적 분석은 안보중심 접근의 대안적 이론으로 제시되었으나 현재는 보조적 설명에 그치고 있다. 각기 다른 제도적 환경 속에서 지도자 개인의 심리, 경제적 이해관계, 관료 조직의 문제는 다른 수준의 효과를 낼 것이기 때문에 어떠한 요인이 핵확산에 더 결정적인 영향을 미치는 것인지 실증적 연구가 필요하다는 지적이다. Jacques E. C. Hymans, "No Cause for Panic: Key Lessons from the Political Science Literature on Nuclear Proliferation", *International Journal*, Vol. 69, No. 1, 2014, p. 87.

8 Joel Wit and Sun Young Ahn, "North Korea's Nuclear Futures: Technology and Strategy", *North Korea's Nuclear Futures*, U.S.-Korea Institute at SAIS, 2015, pp. 1~21; David Albright, "Future Directions in the DPRK's Nuclear Weapons Program", *North Korea's Nuclear Futures*, U.S.-Korea Institute at SAIS, 2015, pp. 7~30; 정성윤·이동선·김상기·고봉준·홍민, 『북한 핵 개발 고도화의 파급영향과 대응방향』 (서울: 통일연구원, 2016).

9 정성윤 외, 『북한 핵 개발 고도화의 파급영향과 대응방향』, p. 64; 박휘락, "북한

SLBM의 개발의 전략적 의미와 대응방향", 『전략연구』, 제23권 제2호, 2016, p. 99; 김태현, "북한의 공세적 군사전략: 지속과 변화", 『국방정책연구』, 제33권 제1호, 2017, p. 145. 반면 1차 공격 능력에 초점을 맞추어 다수의 핵·미사일 시험을 통해 습득한 핵기술을 바탕으로 공세적인 대남정책을 추진한다는 연구도 있다. 정영태·홍우택·김태우·박휘락·이상민·이호령·조영기, 『북한의 핵전략과 한국의 대응전략』 (서울: 통일연구원. 2014), p. 70.

10 최근에는 국제구조와 국내정치의 관점을 혼합한 분석(hybrid analyses)이 설득력을 얻고 있다. 국가는 경제적 이해관계, 지도자의 국가정체성 개념, 사회적 규범 등 하나 혹은 그 이상의 국내정치적 관점을 통해 안보문제에 대처하려 하고 그 수단으로 핵무기를 개발한다. Hymans, "No Cause for Panic", p. 88.

11 민주주의 정권이 비민주주의 정권에 비해 안보딜레마에 대한 해결능력이 뛰어나서 혹은 민주주의 정권이 정치적 투명성과 비확산 노력을 준수하기 때문에 핵무기에 대한 열망을 조절할 수 있다는 주장이나, 반대로 국민들의 적극적 지지를 받는 민주주의 정권일 경우 핵무기를 보유할 가능성이 높아진다는 연구가 그러하다. Glenn Chafetz, "The End of the Cold War and the Future of Nuclear Proliferation: An Alternative to the Neorealist Perspective", in The Proliferation Puzzle: Why Nuclear Weapons Spread (and What Results), ed. Z. S. Davis and B. Frankel (Portland, OR: Frank Cass, 1993), pp. 127~158; Steven E. Miller and Scott D. Sagan, "Nuclear Power without Nuclear Proliferation?", Daedalus, Vol. 138, No. 4, 2011, pp. 7~18; Matthew Kroenig, "Importing the Bomb: Sensitive Nuclear Assistance and Nuclear Proliferation", The Journal of Conflict Resolution, Vol. 53, No. 2, 2009, p. 172.

12 Sonali Singh and Christopher Way, "The Correlates of Nuclear Proliferation: A Quantitative Test", The Journal of Conflict Resolution, Vol. 48, No. 6, 2004, pp. 859~885; Scott D. Sagan, "The Causes of Nuclear Weapons Proliferation", Annual Review of Political Science, Vol. 14, No. 1, 2011, pp. 225~244.

13 Jessica L. Weeks, "Autocratic Audience Costs: Regime Type and Signaling Resolve." International Organization, Vol. 62, 2008, p. 47; 강명세, "국내정치는 외교정책에 어떻게 영향을 주는가?: 체제 및 지도자", 『세종정책연구』, 2016년 4호, p. 12. 정권 내에는 효율적인 정치국이나 당 위계, 군부 내 성과중심의 승진, 지도자의 실책 등에 대한 처벌방법이 존재하지 않으며 지배엘리트들이 지도자를 견제할 수 있는 수단 역시 부재하다. 이는 독재정권이나 술탄주의(Sultanism) 정권과도 일맥상통한다. 북한의 김정은을 제외하고 대표적인 사인주의 독재자로 이라크의 사담 후세인을 들 수 있다. Jeff D. Colgan and Jessica L. P. Weeks, "Revolution,

Personalist Dictatorships, and International Conflict", *International Organization*, Vol. 69, No. 1, 2015, p. 167.

14 Weeks, "Autocratic Audience Costs", p. 46; Mark Peceny, Caroline C. Beer, and Shannon Sanchez-Terry, "Dictatorial Peace?", *The American Political Science Review*, Vol. 96, No. 1, 2002, p. 18.

15 Christopher Way and Jessica Weeks, "Making It Personal: Regime Type and Nuclear Proliferation." *American Journal of Political Science*, Vol. 58, No. 3, 2014, pp. 708~799.

16 Caitlin Talmadge, "Different Threats, Different Militaries: Explaining Organizational Practices in Authoritarian Armies", *Security Studies*, Vol. 25, No. 1, 2016, p. 113; Peceny, Beer and Sanchez-Terry, "Dictatorial Peace?", p. 19.

17 Sagan, "Why Do States Build Nuclear Weapons?", p. 74. 제2차 핵시대의 기준은 브래큰(Paul Bracken)의 정의에 따라 인도의 1차 핵실험이 있었던 1974년으로 삼았다. Paul Bracken, *The Second Nuclear Age: Strategy, Danger, and New Power Politics* (New York, NY: St. Martin's Press, 2012), p. 100.

18 이근욱, "국제체제의 안정성과 새로운 핵보유 국가의 등장: 21세기의 핵확산 논쟁", 『사회과학연구』, 15권 2호, 2007, p. 293.

19 Way and Weeks, "Making It Personal", pp. 708~709.

20 Lewis A. Dunn, "Military Politics, Nuclear Proliferation, and the Nuclear Coup d'Etat", *Journal of Strategic Studies*, Vol. 1, No. 1, 1978, pp. 31~50.

21 Way and Weeks, "Making It Personal", p. 708.

22 Etel Solingen, *Nuclear Logic: Contrasting Paths in East Asia and the Middle East* (Princeton, NJ: Princeton University Press, 2007), p. 40.

23 Jacques E. C. Hymans, *Achieving Nuclear Ambitions: Scientists, Politicians, Proliferation* (New York: Cambridge University Press, 2012), p. 57.

24 일부 전문가들은 핵확산의 낮은 파급 현상이 일어나는 이유를 미국 중심의 비확산 정책의 성공에서 찾지만, 그보다 핵확산 국가의 국내제도적 요인에 영향을 받은 것으로 보는 것이 타당하다. 현재는 과거보다 많은 핵기술 노하우가 널리 퍼져있어 핵개발의 성공가능성이 높아진 반면, 핵확산 희망국들을 온전히 저지하기에는 NPT의 영향력이 상당히 제한적이기 때문이다. Solingen, *Nuclear Logic*, pp. 14~15; Jacques E. C. Hymans, *The Psychology of Nuclear Proliferation: Identity,*

Emotions, and Foreign Policy (Cambridge: Cambridge University Press, 2006), pp. 6~7.

25 Hymans, *Achieving Nuclear Ambitions*, pp. 25~29; Jacques E. C. Hymans, "Botching the Bomb: Why Nuclear Weapons Programs Often Fail on Their Own and Why Iran's Might, too", *Foreign Affairs*, Vol. 91, No. 3. 2012, p. 45, p. 48.

26 외부의 원조를 받는 경우에도 마찬가지이다. 공급적 접근은 핵무기의 기술적 진전에 초점을 맞추고 기술전수를 막는 것이 중요하다고 보았다. 그러나 자체적으로 핵무기를 개발하는 경우가 생각보다 많을뿐더러, 외부의 지원이 반드시 핵무기의 개발성공으로 이어지지도 않았다. 중요한 것은 외부지원 여부가 아닌 조직적 문제와 동기이다. R. Scott Kemp, "The Nonproliferation Emperor Has No Clothes: The Gas Centrifuge, Supply-Side Controls, and the Future of Nuclear Proliferation", *International Security*, Vol. 38, No. 4, 2014, p. 40.

27 통상 핵개발에 많은 시간을 투자할수록 핵실험의 성공에 가까워졌다고 믿기 쉽지만 실상은 그렇지 않다. 시간이 지연될수록 장비와 자원, 과학기술자들의 내적 동기와 동료의식, 그리고 최고지도부의 핵개발 의지에 감가상각이 발생하기 때문이다.

28 Hymans, *Achieving Nuclear Ambitions*, pp. 25~27.

29 Hymans, "No Cause for Panic", pp. 49~50.

30 Hymans, *Achieving Nuclear Ambitions*, p. 76.

31 Hymans, *Achieving Nuclear Ambitions*, p. 50.

32 Hymans, *Achieving Nuclear Ambitions*, p. 56.

33 『노동신문』, 2013년 5월 6일.

34 『노동신문』, 2016년 10월 23일.

35 『노동신문』, 2013년 5월 21일; 2016년 10월 23일.

36 『연합뉴스』, 2017년 3월 19일.

37 『조선중앙통신』, 2016년 9월 9일.『국방백서 2016』에 따르면 북한은 핵무기를 만들 수 있는 플루토늄을 50kg 가량 보유하고 있는 것으로 추정되며 고농축 우라늄 프로그램도 상당한 수준으로 발전하고 있다. 국방부,『국방백서 2016』 (서울: 국방부, 2016), p. 27.

38 조동준, "핵확산의 추세 vs. 비확산의 방책",『한국과 국제정치』, 27권 1호, 2011, p. 55.

39 『연합뉴스』, 2016년 2월 17일.

40 정영태 외, 『북한의 핵전략과 한국의 대응전략』, p. 48.

41 핵무기연구소는 2016년 3월 9일, 김정은 조선로동당 위원장이 핵무기 관련 과학자와 기술자들을 만나 핵무기 병기화 사업을 지도하는 자리에서 최초로 언급되면서 알려졌다. 『조선중앙통신』, 2016년 3월 9일. 다만 북한이 핵미사일 관련 기관명의의 성명을 낸 것은 처음이 아니다. 북한은 2014년 4월 7일에도 한국군의 500km 탄도미사일 발사 후 '국방과학원 대변인' 명의의 성명을 통해 비판한 바 있다.

42 해당기관에 의한 성명에 대해 학계나 언론에서는 그다지 큰 의미를 두지 않거나 대외적 위협효과를 극대화하기 위한 것이라는 평가가 주를 이루었다. 핵무기 보유를 기정사실화하기 위한 것이라는 주장(통일부, 이수석)과 핵실험 성공은 김정은의 성과이기 때문에 핵무기연구소에 의한 성명발표에 큰 의미를 부여할 필요가 없다는 주장(양무진), 김정은 위원장 개인에 대한 제재 수위가 높아지는 것을 피하기 위한 것이라는 주장(도쿄신문), 독재자 개인에 대한 제재 수위가 높아지는 것을 우려하여 격이 낮은 핵무기연구소에서 성명을 발표하게 된 것이라는 주장 등이 있었다. 『연합뉴스』 2016년 9월 9일; 2016년 9월 14일. 그러나 핵무기연구소장인 리홍섭 역시 유엔안보리의 제재대상으로 지정된 상태이기에 핵관련 기관을 통한 성명발표가 개인에 대한 제재와 관련이 있을 것이란 주장은 설득력이 떨어진다.

43 『조선중앙통신』, 2016년 1월 13일.

44 『노동신문』, 2017년 1월 1일.

45 『연합뉴스』, 2017년 1월 6일; 『노동신문』, 2017년 3월 29일.

46 『노동신문』, 2017년 3월 22일. 이 같이 과학기술자의 높아진 지위와 위상은 북한 사회 전반에 나타나고 있다. 김정일 시대에는 북한의 부모들이 자식이 군복무를 마치고 당이나 사법기관, 무역기관에서 출세하기를 희망하였으나 김정은 시대에는 자식을 당의 간부보다는 과학자로 키우길 원하는 것이다. 과학기술은 정치적 영향에서 비교적 자유롭고 어떤 제도 아래서든 재능을 활용할 수 있기 때문이다. 『연합뉴스』, 2017년 3월 22일.

47 약소국의 경우 일반적으로는 국내정치적 불안정성으로 인해 발생할 수 있는 사고를 방지하고 핵전력의 모호성을 유지하기 위하여 핵과 관련된 조직들을 정규군과 분리하여 적극적인 지휘체계(assertive command and control system) 아래에서 운영한다. 반대로 강대국의 경우는 핵무기를 육해군 정규군에 광범위하게 통합시켜 운영하였고 사고예방을 위해 엄격하고 복잡한 표준운영절차(Standardized Operational Procedures, SOP)를 설계하고 적용하였다. 그러나 약소국의 핵무기는 종류가 다양하지 않아 확장된 군사명령체계와 결합되어 운영될 필요가 없으며 SOP도 비교적

단순하게 구성되어 있다. Jordan Seng, "Less Is More: Command and Control Advantages of Minor Nuclear States", *Security Studies*, Vol. 6, No. 4, 1997, p. 74.

48 『조선중앙통신』, 2013년 4월 2일.

49 『매일경제』, 2016년 9월 9일.

50 Way and Weeks, "Making It Personal", pp. 709~710.

51 *Financial Times*, 2017년 5월 1일.

52 국가안보전략연구원, 『김정은 집권 5년 실정 백서』, 2016, p. 23.

53 『연합뉴스』, 2012년 11월 2일. 때문에 군조직을 형성하는 과정에서 국내위협이 외부위협보다 중대한 영향을 미친다. Talmadge, "Different Threats, Different Militaries", p. 119.

54 Caitlin Talmadge, *The Dictator's Army: Battlefield Effectiveness in Authoritarian Regimes* (New York, NY: Cornell University Press, 2015), p. 17.

55 김정은은 "군력강화를 위한 4대 전략적 노선과 3대 과업"을 주장하였다. 여기서 4대 전략적 노선은 ① 정치사상의 강군화, ② 도덕의 강군화, ③ 전법의 강군화, ④ 다병종의 강군화이며 3대 과업은 ① 사상무장의 강조, ② 과학기술의 발전, ③ 실질적 훈련이다. 김동엽, "경제·핵무력 병진노선과 북한의 군사분야 변화", 『현대북한연구』, 18권 2호, 2015, p. 94.

56 정성윤 외, 『북한 핵 개발 고도화의 파급영향과 대응방향』, p. 234.

57 *Financial Times*, 2017년 5월 1일.

58 정성윤 외, 『북한 핵 개발 고도화의 파급영향과 대응방향』, p. 236.

59 유엔 안보리 산하 대북제재위원회는 재래식 무기로 전용할 수 있는 이중용도 물자의 목록을 공개한 바 있다. 특수재료와 관련 장비, 재료 처리 장비, 전자제품, 통신, 센서와 레이저, 항해 및 항공전자, 해양시스템 장비와 부품, 항공우주와 추진체 등 총 8개 항목이다. 『연합뉴스』, 2016년 12월 14일.

60 『노동신문』, 2016년 5월 8일.

61 Michael C. Horowitz, *The Diffusion of Military Power: Causes and Consequences for International Politics* (Princeton, NJ: Princeton University Press, 2010), pp. 105, 107, 133. 재래식 무기의 경우 감가상각의 문제뿐만 아니라 기본적인 개인 화기라도 업그레이드에 많은 비용이 수반되며 새로운 무기에 맞춘 훈련 체계를 구축하는 데에도 추가 비용이 발생한다.

62 북한과 같은 2세대 핵보유국의 경우에는 1세대 핵보유국이 경험했던 시행착오들을 겪지 않아도 되기 때문에 초기비용도 절약할 수 있다. 낮아진 기술적 장벽 덕택에 후발주자로서 비용절감의 이익을 취하게 되는 것이다. 핵무기의 제조가 어렵고 관련 핵물질의 획득이 제한되어 기반시설을 갖추고 있는 국가만이 핵무기를 개발할 수 있다는 주장은 사실이 아니다. 이제까지 많은 국가들이 외부의 도움 없이도 가장 통제가 어려운 핵확산 기술의 하나로 알려진 원심분리기를 생산할 수 있었다. Kemp, "The Nonproliferation Emperor Has No Clothes", pp. 40~49.

63 Erik Gartzke, Jeffrey M. Kaplow, and Rupal N. Mehta, "The Determinants of Nuclear Force Structure", *Journal of Conflict Resolution*, Vol. 58, No. 3, 2013, p. 486.

64 Joseph S. Bermudez Jr., "Is North Korea Building a New Submarine?" 38 North. <https://38north.org/2016/09/sinpo093016/>. 다만 버뮤데즈는 북한이 새로운 SLBM을 건조중인 것인지에 대한 직접적인 증거는 발견하지 못했다고 밝혔다.

65 Horowitz, *The Diffusion of Military Power*, pp. 105~106.

66 홍민, "김정은 정권 핵무기 고도화의 정치경제", 통일연구원 온라인시리즈 CO 15~25, 2005, p. 5.

67 Scott D. Sagan, "Perils of Proliferation: Organization Theory, Deterrence Theory, and the Spread of Nuclear Weapons", *International Security*, Vol. 18, No. 4, 1994, p. 72; Gartzke, Kaplow, and Mehta, "The Determinants of Nuclear Force Structure," p. 486.

68 정성윤 외, 『북한 핵 개발 고도화의 파급영향과 대응방향』, p. 318.

69 정성윤 외, 『북한 핵 개발 고도화의 파급영향과 대응방향』, p. 223.

70 Gartzke, Kaplow and Mehta, "The Determinants of Nuclear Force Structure", p. 501.

71 정성윤 외, 『북한 핵 개발 고도화의 파급영향과 대응방향』, pp. 60~61.

72 효율적인 핵무기 프로젝트의 경우 과학기술자들의 해외파견을 통해 핵프로그램의 발전을 도모할 수 있으나, 비효율적인 핵프로그램을 보유한 국가의 경우에는 오히려 두뇌유출 문제를 겪게 된다. 과학자들에게는 연구의 자율성이 애국심보다 중요한 요소로 작용하기 때문이다. Hymans, *Achieving Nuclear Ambitions*, pp. 28~29.

73 『일요신문』, 2017년 4월 5일.

74 『연합뉴스』, 2017년 2월 23일.

경제위기 이후 북한 협동농장의
자금·자재 조달 실태[*]

김 소 영[**]

Ⅰ. 들어가며

이 글은 북한의 경제위기 이후 협동농장의 자금·자재 조달 실태를 파악하는 것을 목적으로 한다.

사회주의 계획경제에서 농장·공장은 자금·원자재·노동력 등의 투입물을 국가계획에 따라서 국가 또는 다른 기관으로부터 인수받고, 농산물·제품 등 산출물을 국가 또는 다른 기관에 인계한다. 즉 시장이 아예 역할하지 않거나 매우 미미하게 존재한다.[1]

그런데 북한의 경우 경제위기로 상황이 크게 달라지면서 협동농장은 딜레마에 빠졌다. 국가의 농업부문 투자가 급감하는 현실에서도 명령식 계획경제의 틀은 유지했기 때문에 협동농장은 국가 알곡생산계획을 수행

 * 본 논문은 필자의 박사학위 논문(2017년 8월)인 "경제위기 이후 북한 농업부문의 계획과 시장"의 제3장을 수정 보완한 것임.
** 농민신문 기자(북한학박사), spur222@nongmin.com

해야 했지만, 농업생산활동에 필요한 투입재를 스스로 조달해야 했던 것이다.

물론 이런 딜레마가 협동농장에만 나타난 것은 아니었다. 그러나 국가에 대응한 경제주체를 농장과 공장으로 단순히 구분하였을 때, 북한당국은 공장에 대해선 원자재와 자금을 제대로 보장해주지 않는 대신 공장이 시장경제적 질서에 편입해 경제행위를 전개하더라도 어느 정도 용인해주었다. 종업원들의 생계를 더 이상 책임져주지 못하는 상황을 인정하고 그 책임을 공장에 돌리기 위한 것으로도 볼 수 있다.

하지만 농장에 대해선 투입재를 제대로 보장해주지 않으면서도 명령과 강제에 의한 계획경제의 틀을 계속적으로 적용하고 그에 따를 것을 요구하였다. 결과적으로 협동농장으로 대표되는 농업부문은 계획경제적 질서와 시장경제적 질서 사이에 애매하게 끼어졌다.

그런데 협동농장 바깥의 시장경제적 질서는 도시, 공업 또는 기업 부문에 의해 이미 선행적으로 만들어졌다. 이들 영역은 농촌, 농업 또는 농장 부문에 비해 경제질서 변화에 보다 민감하게 대응하는 특성을 갖기 때문이다. 이 글은 바로 이 지점, 즉 계획화체계 안에서 존재하였던 북한 협동농장이 점차적으로 외부세계와 밀접한 관련을 맺게 되면서 나타나는 변화에 주목한다.

이를 위해 이 글에서는 협동농장 경험자를 포함해 농업 관련 경험을 가진 북한이탈주민 50명을 대상으로 심층면접조사를 진행하였다. 최근 상황을 파악하고자 비교적 최근 입국자 위주로 섭외하였으며, 조사대상자 확보는 눈덩이표집 방법으로 하였다.

면접 형식은 1대1 면담을 원칙으로 하였다. 일부 면접조사 대상자의 사정에 따라 그룹면접도 있었다. 면접조사 기간은 2016년 1월부터 2017년 3월까지였다. 증언의 구체성을 확보하고 신뢰성을 높이기 위해 몇 사람의 대상자와는 여러 차례 보완 면접하였다.

면접 진행은 큰 범위의 주제를 제시하고 이에 대해 피면접자가 자유롭게 발언하는 반구조화 방식을 활용하였다.[2]

아래 <표 1>은 심층면접 대상자의 세부 인적사항을 정리한 것이다.

<표 1> 심층면접 대상자 세부 인적사항

이름	나이	성별	탈북연도	입국연도	주요 경력	지역
1	25	여	2015	2015	외화식당 요리사	평양시
2	40	여	2015	2015	농장원	함경북도
3	43	여	2015	2015	농장원	평안남도
4	28	여	2015	2015	농장원	함경북도
5	42	여	2015	2015	청량음료매대 운영	양강도
6	51	여	2015	2015	국경밀수 중개상(약초)	양강도
7	43	여	2015	2015	인조고기생산기지 운영	함경북도
8	27	여	2015	2015	군인, 장사(약초 수집상)	함경북도
9	54	여	2015	2015	국수생산기지 운영	함경북도
10	46	남	2007	2007	보안원	황해남도
11	59	남	2010	2010	상업관리소, 수출초물공장 근무	평안남도
12	49	남	2011	2012	협동농장 기사장	함경북도
13	49	여	2008	2011	외화벌이회사 지도원	평안남도
14	47	여	2007	2014	농장원, 금속 밀수	평안남도
15	52	남	2011	2011	군협동농장경영위원회, 도농촌경리위원회	평안남도
16	46	남	2014	2014	군부대 소속 수산기지장	평안남도
17	46	남	2015	2015	협동농장 작업반장	함경북도
18	43	여	2015	2015	협동농장 유치원 교양원	함경북도
19	50	여	2009	2011	농장원	양강도
20	48	여	2013	2013	농장원	함경북도
21	49	남	2013	2013	협동농장 작업반 세포비서	함경남도
22	40	여	2008	2013	농장원	함경남도

이름	나이	성별	탈북 연도	입국 연도	주요 경력	지역
23	76	남	2008	2008	협동농장 관리위원장	함경북도
24	45	여	2004	2014	농장원	평안남도
25	52	여	2014	2014	농장원	양강도
26	59	남	2011	2011	외화벌이회사 지배인	함경남도
27	62	여	2011	2011	농장원	황해남도
28	30	여	2011	2011	농장원	황해남도
29	46	여	2011	2011	농장원	함경북도
30	63	남	2011	2011	철도국 주택건설대 근무	함경북도
31	43	남	2015	2015	군부대 산하 외화벌이 원천과 지도원	평안남도
32	28	여	2015	2015	농장원	평안남도
33	33	남	2013	2013	협동농장 분조장	양강도
34	66	여	2014	2015	협동농장 탁아소 보육원	양강도
35	66	여	2014	2014	'부양'여성, 쌀장사	함경북도
36	38	여	2008	2015	농장원	양강도
37	75	여	2014	2014	'부양'여성, 소규모 되거리 장사	황해남도
38	75	여	2011	2014	'부양'여성, 집에서 '앉은장사'	황해북도
39	40	남	2015	2015	협동농장 작업반장	함경북도
40	52	여	2015	2015	시장 '앉은장사'	함경북도
41	55	여	2014	2014	농업상사 경리	평양시
42	50	남	2012	2012	광업연합기업소 부지배인	양강도
43	59	남	2008	2008	협동농장 축산지도원	함경남도
44	47	남	-	2011	식료공장 부원	함경북도
45	38	여	2004	2012	농장원	함경남도
46	45	여	2011	2014	장마당 두부밥 도·소매 장사	함경북도
47	45	여	2004	2007	농장원, 소규모 달리기 장사	함경북도
48	37	남	2015	2015	도농촌경리위원회 자재상사 근무	양강도
49	54	남	2013	2013	국토감독대 지도원, 군부대 산하 농장 지배인	함경북도
50	48	여	2006	2010	농장원	양강도

면접 대상자 전체 50명 가운데는 여성이 32명(65%), 남성이 18명(35%)이다. 지역적으로는 함경남북도 및 양강도 출신이 34명(68%) 그 외 지역이 16명(32%)이다.

입국 연도별로는 2015년이 18명으로 가장 많으며, 2014년 9명, 2013년 6명, 2012년 2명 등 김정은이 집권한 2012년 이후의 입국자가 35명(70%)이다.

직업(공식)별로는 농장원이 10명, 농장 관리일꾼[3]이 15명 등 협동농장 직접 관련자가 전체의 50%를 차지한다. 기관기업소 종사자 가운데 농업 관련 기관기업소에 속한 경우는 10명, 비농업 관련 기관기업소는 11명[4]이다.

면접 대상 탈북민 가운데 당원은 19명으로 전체의 38%였고, 연령대로는 40~50대가 34명으로 전체의 68%였다.

<표 2>는 면접 대상자의 인구사회학적 구성을 정리한 것이다.

〈표 2〉 면담 대상자의 인구사회학적 구성

구 분		응답자수(명)	비율(%)
출신 지역	함경도	24	48
	양강도	10	20
	기타지역	16	32
성별	남성	18	35
	여성	32	65
연령	20대	4	8
	30대	5	10
	40대	22	44
	50대	12	24
	60대 이상	7	14
직업(공식)	농업 관련	25	50
	비(非) 농업 관련	25	50
탈북 시기	2011년 이전	15	30
	2012년 이후	35	70
당원 여부	당원	19	38
	비당원	31	62

II. 자금 조달

경제위기 직후 국가에서 자재 공급이 제대로 이뤄지지 않고 자금[5] 역시 원활하게 공급받지 못하면서 북한의 협동농장은 운영자금을 확보하기 대단히 어려웠다. 협동농장은 국가에 의지할 수 없던 상황에서 외부와의 거래를 통해 자금을 스스로 마련해야 했다.

경제위기 이후 북한의 협동농장이 자금을 조달한 방식은 아래와 같이 7가지로 정리할 수 있다.

1. 외부로부터의 자금 차용

북한의 협동농장은 필요로 하는 자금의 상당 부분을 융통기간 1년 이하의 단기 사금융을 통해 조달한다. 다양한 상행위로 부를 축적한 개인 또는 기관기업소로부터 봄철에 자금을 빌려 농업생산활동 및 농장 운영에 사용한 뒤 가을철에 현물(곡물) 또는 현물을 판매해 마련한 현금으로 갚는 것이 일반적이다.[6]

농장이 필요로 하는 자금은 크게 2가지다. 첫째는 농업생산활동을 위한 자재구입용 자금이다. 둘째는 농장 운영, 각종 행사 개최 및 조세·준조세 납부용 자금이다. 사용 목적을 볼 때 자재구입용 자금은 생산금융이고 농장 운영, 각종 행사 개최 및 조세·준조세 납부용 자금은 소비금융이다.[7] 자금 용도별로 차용의 규모, 시기, 대상, 형태가 조금씩 다르다.

1) 자재 구입용 자금

① 차용 규모와 시기

일부 협동농장이 자재 구입을 위해 빌리는 자금은 전체 차용 자금 중

80% 가량으로 압도적인 비중을 차지한다. 자재구입용 자금 차용은 주로 이른 봄철에 집중되며 늦어도 4월까지 이뤄진다. 농업생산활동에 본격적으로 들어가기 전에 자재를 어느 정도는 확보해야 하기 때문이다. 차용한 자금으로 구입하는 자재는 주로 비료, (비닐)박막,[8] 기름[9] 등 3가지에 집중돼 있다.[10] 물론 타이어나 농기계 부속품 등 구입하며 최근엔 농약(살초제), 신품종 종자를 구입하기도 한다. 농사를 못 짓기 때문이다.

북한 협동농장이 자재 구입을 위해 외부에서 빌리는 자금의 규모는 얼마나 될까?

함경북도 온성군 A협동농장의 경우 농장 차원에서 빌린 자금은 2011년 현재 연평균 8만~10만 달러였다.[11] A농장은 온성군 내에서 경지면적 (870정보) 기준 최상위권에 속하므로 차용 규모가 군 내 다른 협동농장보다 매우 많았을 것이다. 온성군에는 국영농장을 제외하고 모두 22개 협동농장이 있으므로,[12] 농장 1곳당 평균 10만 달러의 금액을 외부로부터 빌려 쓴다고 가정하면, 온성군 전체 협동농장의 외부 차용 자금의 규모는 최대 연간 220만 달러(남한 돈 24억 6,180만원[13])이다.

북한 행정구역상 군의 개수는 평양직할시, 나선특별시, 남포특별시 등 3곳을 제외한 9개 도 141곳이다.[14] 온성군의 자금 조달 액수를 전국 평균이라고 가정한다면 북한 전체 협동농장의 외부 차용 자금 규모는 3억 1,020만 달러(한국돈 3,471억 1,380만원)로 거칠게 추산할 수 있다. 적지 않은 외부 자금이 협동농장에 차입되고 있다고 볼 수 있다. 물론 국경지역과 비 국경지역 간 자금 조달 여건이 다르고 농장별 규모와 취급작목에 따라 자금 소요량이 다를 수 있으므로 면밀한 검토가 필요하다.

② 차용 대상

2011년 함경북도 온성군 A협동농장이 자재 구입용 자금을 누구에게서 빌렸는지를 보면 북한 협동농장의 자재 구입용 자금 차용 대상을 간접적으로 확인할 수 있다. 물론 A협동농장이 위치한 온성군은 북한 전체로 보면 작은 농촌지역이며 중국과 인접한 국경지역이라는 특수성을 갖고 있음을 고려해야 할 것이다.

A협동농장이 자재 구입용 자금을 빌린 대상은 크게 3가지 부류였다. 첫 번째 부류는 북한과 중국을 오가면서 장사를 통해 부를 축적한 화교들이다. 온성지역에선 2명의 화교가 전체 22개 협동농장의 자재 공급을 거의 독점하고 있다고 한다. 농장들은 이들에게 현금을 빌리기도 하지만, 자재 구입을 부탁한 뒤 이들이 대신 구입해준 자재를 외상 구입하기도 한다.

두 번째 부류는 상업활동으로 부를 축적한 사민 출신 '돈주'들이다. 온성지역에는 10명가량의 돈주가 있으며 이들의 시장(종합시장)의 공업품과 농산물 유통을 좌지우지한다고 한다.[15] 이들 중 대다수는 남한에 먼저 들어온 가족으로부터 송금 받은 돈을 종자돈으로 해서 장사에 뛰어든 경우라고 한다.

세 번째 부류는 당·군·정 소속 간부와 그 가족들이다. A농장이 돈을 빌리는 간부는 주로 군당, 군안전부 소속 간부로 인원수가 무려 40~50명 선에 이른다. 이들은 자재보다는 거의 전량 현금으로 빌린다.

국경지역 소재 협동농장이 자재구입용 자금을 빌리는 대상은 A농장의 사례에서 크게 벗어나지 않을 것이다. 그러나 비 국경지역 협동농장의 경우 화교보다는[16] 사민 출신의 돈주나 간부들로부터 빌리는 경우가 더 많았을 것이다.

③ 차용 형태(수단)

협동농장은 자재구입을 위해 외부에서 빌려쓰는 자금을 경제위기 직후엔 자재 현물을 더 선호했던 것으로 보인다. 그런데 시장화가 진전되면

서 그것이 점차 현금형태로 바뀌고 있는 것으로 보여 주목된다. 2001~
2003년 함경북도 무산군 읍협동농장의 작업반에게 자재 현물(비닐박막과
기름)을 빌려주었던 한 북한이탈주민의 증언을 보자.

> 무산읍협동농장의 남새작업반장이 당시 여자였는데 똑똑했어요.
> 내가 '차들이'를 한다는 거 소문 듣고 와서 요구했지요. 자기네 돈이
> 부족한데 돈으로 자기네 도와주지 말고 비닐박막을 몇 평방 해달라,
> 또는 기름을 몇 통을 해결해달라 해서 제가 중국에서 기름하고 박막
> 을 사서 그 영수증을 작업반장에 첨부했죠. 물론 나는 농사를 하던
> 사람이니까 그 작업반에 가서 모든 구성을 보고 땅도 직접 봤죠. 근데
> 땅이 좋았어요. 여기는 농사를 할 수 있겠다 해서 당시에 박막을 한해
> 300만원, 기름을 500만원 해서 총 800만원 투자해서 이듬해 1,600만
> 원을 벌었죠(북한이탈주민 23씨).

이처럼 접근 가능한 시장(종합시장)의 수가 적었고, 또 시장에서 구입
가능한 품목이 다양하지 못했던 시장화 초반에는 현금형태의 자금보다
물자형태의 자금을 더 선호하였다.

그러나 시장의 수가 급증하고 화폐화가 진전되면서부터는 위안화 또
는 달러 등 현금 형태의 자금 조달이 일반화한 것으로 보인다. 국경지역
이란 특수성을 감안해야겠지만 함경북도 온성군의 서로 다른 협동농장을
2010년 이후 시차를 두고 각각 탈북한 북한이탈주민 2명의 증언에서도
이를 확연히 알 수 있다. A협동농장 출신(2011년 탈북)과 B협동농장 출신
(2015년 탈북) 모두 농장이 외부에서 빌려 쓴 자금 형태는 달러였다고 입
을 모았다.

물론 북한 돈이 쓰이지 않는 것은 아니다. A협동농장 출신은 "중국 사
람(화교)한테서는 중국 돈을 빌린다. 하지만 간부들한테는 국산 돈을 빌

린다"고 하였다. 소득 격차가 커지면서 부를 축적한 개인이 늘어났고 경제생활에서 화폐화가 진전된 결과였을 것이다.

④ 차용 주체

농장은 외부로부터 자금을 빌릴 때 농장 차원에서 빌리기도 하지만 작업반과 분조 등 직접생산단위 차원에서도 빌린다. 특히 농장 내부의 직접생산단위의 의사결정권한이 커지면서 작업반과 분조 차원에서 빌리는 경우가 늘어갔다.

2015년 함경북도 온성군 협동농장의 한 작업반은 5,300달러를 외부로부터 독자적으로 조달하였다. 빚을 갚지 못해 어려움을 겪는 작업반장이 늘었다는 증언이 최근 탈북한 이탈주민들로부터 거의 공통적으로 들을 수 있었던 것도 작업반 차원의 자금 조달이 늘어났다는 방증일 것이다. 대표적으로 2014년 탈북한 북한이탈주민 16씨는 "평안남도 문덕군의 한 협동농장의 경우 반장이 20명 남짓 되는데 50~60%는 빚을 지고 있다"고 말하였다.[17]

직접생산단위 차원에서 빌릴 때는 농장 차원에서 빌릴 때보다 자금 규모가 크지 않은 까닭에 "직장자", "잘 사는 사람", "돈주" 등에게 빌리는 경우가 많다.[18]

⑤ 상환 시기와 방법

농장의 차용 자금 상환은 거의 대부분 수확기에 이뤄진다. 자재 구입용 자금뿐만 아니라 농장 운영에 필요한 각종 자금도 마찬가지이다. 따라서 수확기에는 "빚꾼"들이 자금을 상환받기 위해 농장에 모여드는 풍경이 흔하다고 한다.[19]

상환은 늦어도 그해 회계연도 종료일(12월31일) 이전에 다 끝난다.[20]

따라서 농장이 이용하는 사금융은 거의 대부분이 1년 미만의 단기금융인 셈이다.

상환수단은 당초 대부단계에서 서로 약속했던 현물이나 현금이다. 중국과의 교역이 활발한 돈주나 화교는 대체로 현금, 특히 외화를 선호한다. 현물은 보관해두었다가 이듬해 단경기에 시장에 내다팔아 가격진폭에 따른 시세차익을 거둘 수 있는 장점이 있긴 하지만, 별도의 보관창고를 확보해야 하고 신뢰할 만한 대형 판로를 발굴해야 하는 등 불편이 따르기 때문이다. 당·군·정 간부들도 외화로 상환받기를 선호하지만, 농장 입장에서는 외화로 다시 바꿔야 하는 불편이 있으므로 작은 농장들의 경우 웬만하면 곡물로 대금을 갚는다고 한다.[21]

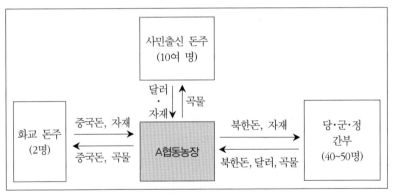

〈그림 1〉 함경북도 온성군 A협동농장의 자재구입용 자금 차용·상환 구조

주: 2011년 현재.
자료: 북한이탈주민 증언 종합 필자 작성.

2) 농장 운영, 각종 행사 개최 및 조세·준조세 납부용 자금

① 차용 규모와 시기

북한의 협동농장들은 자금력이 매우 취약하기 때문에 농장을 운영하고 각종 행사를 개최하며 국가 및 상급기관에 여러 조세·준조세를 납부하는 과정에 필요한 자금들도 단기 사금융에 대체로 의존한다. 이는 국가가 지급해야 할 운영 자금이나 현물 자재, 주민 복지서비스가 농장에 전가되면서 더욱 심화되고 있다.

자재구입 이외의 용도로 쓰이는 자금을 농장이 외부로부터 얼마나 빌리는지를 추정하기는 쉽지 않다. 차용 대상은 물론 차용 형태도 현금에서부터 곡물 현물, 개·돼지 등 축산 현물 등 매우 다양한 데다, 차용한 자금 중 일부를 농장 간부가 사적으로 편취하는 일도 빈번하기 때문이다. 그러나 이 자금 역시 규모가 적지는 않아 보인다. 양강도 김정숙군의 S협동농장의 경우 접대 등으로 쌓인 2015년 관리위원장의 빚이 곡물로 연간 10톤에 달하였다. 이 빚이 전부 농장 운영에 필요한 자금으로 쓰이지는 않았겠지만 그 규모가 적지 않음을 짐작하게 한다.

자재구입용 자금 수요는 본격적인 농번기 이전이지만 이러한 자금의 수요는 춘궁기에 많이 몰렸다. 이 시기에 농장은 전년도 수확 곡물을 거의 갖고 있지 않은 반면, 모내기 등 대규모 농촌지원으로 도시 주민들이 동원되어 농장에 들어오고 각종 '전투' 실시에 따른 외부기관 검열이 집중돼 돈 쓸 일이 많아지기 때문이다. 농촌 친목 도모를 위한 단오 같은 전통행사도 주로 이 시기에 열려 농장의 춘궁기 자금난을 더한다. 함경북도 온성군 A협동농장의 경우 1년 전체 차용자금의 약 20%를 6~7월에 빌려 썼다고 한다.[22]

흥미로운 건 자재구입용 자금과 농장 운영 자금의 이자율이 서로 다르다는 점이다. 후자는 6~7월에 빌려 쓰므로 수확기까지의 전체 대부기간이 비교적 짧기 때문에 이자율 또한 절반 정도로 낮다는 게 북한이탈주민의 설명이다.[23]

② 차용 대상과 형태

농장에 관련 자금을 꾸어주는 주체는 크게 개인과 기관으로 나뉜다. 개인일 경우엔 돈주보다는 농장 인근 도시지역 중산층 이상인 경우가 많다. 자금 규모가 비교적 소액인 데다 가정 소비용 주식곡물을 마련하고자 농장과의 거래를 선호하는 도시 중산층이 적지 않기 때문이다. 일부 농장은 농장 내부 이해관계자들로부터 돈을 꾸기도 한다.[24]

자금 상환시기는 자재구입용 자금처럼 역시 수확기이지만, 상환형태는 현금보다 대체로 현물 곡물일 때가 많다.

2008년 평안남도 순천시 한 협동농장은 단오 행사에[25] 필요한 식용 개를 인근 도시주민으로부터 외상으로 구입해 연말에 곡물로 갚은 사례를 보자.[26] 흥미로운 점은 이런 소소한 자금 거래마저 "시스템화 되어있다"는 것이다. 자금 공급자 입장에서 보면 채무자가 농장이므로 떼일 염려가 크게 없고 몇 달치의 가정 소비용 식량을 안정적으로 조달받을 수 있어 농장과의 거래를 매우 선호한다.[27] 자금 수요자인 농장 입장에서는 누구에게라도 자금을 반드시 빌려야 하는 상황이다. 따라서 이 같은 자금의 수요와 공급을 중간에서 연결해 거래를 성사시켜주는 '거간꾼'도 존재한다.[28]

북한이탈주민 13씨는 이런 식의 개인(도시 중산층)과 농장 간 소액 자금 거래가 1990년대 말에는 매우 희소하게 그리고 비밀리에 이뤄졌지만, 2000년대 들어서는 공개적으로 그리고 활발하게 나타났다고 하였다. 농장의 외부 자금 차용이 매우 보편화하고 있음을 보여준다.

협동농장은 또한 춘궁기에 현물을 보유하고 있을 가능성이 높은 곡물 관리기관(2호물자 관리기관 또는 양정사업소)에서도 자금을 빌린다.

모내기 동원이 40일인데. 가을에 갚기로 하고 외상을 먼저 당겨다 먹이는 거죠. 그렇지 않으면 군수물자, 2호물자 있어요. 전쟁 준비로 가지고 있는 게 있어요, 그거 빌려온단 말이지. 돈 주고 사오는 거지 (북한이탈주민 12씨).

특히 양정사업소는 농장의 주된 자금 차용 대상이다. 봄철 보릿고개 때 양정사업소에서 곡물을 꾸어 농장원들에게 긴급식량 격으로 공급한 뒤 가을 수확기에 농장원 분배몫에서 공제한 곡물로 양정사업소에 갚는 다.[29] 그런데 봄철 빌리는 양곡은 대체로 품질이 낮은 구곡이고 가을철 상환하는 양곡은 품질 좋은 신곡(햇곡)이므로 농장은 같은 물량이더라도 품질 격차에 따른 사실상의 고율이자를 부담하는 셈이다.

함경북도에서도 양정사업소와 농장 간 자금(곡물) 채무관계가 빈번하 였다. 온성군의 경우 양정사업소가 2곳 있는데,[30] 이 기관들이 온성군 전 체 농장 22곳과 거래하면서 봄철에 곡물을 농장에 꾸어주고 가을철에 2 배 이상으로 받아가는 식의 거래를 많이 한다고 한다. 온성군의 양정사업 소는 가을철 수확기에 농장이 양정사업소로 수매시킨 계획물량 가운데 봄철 자신들이 빌려준 물량의 2배에 달하는 물량을 차감하고, 나머지 물 량만을 농장이 양정사업소에 수매한 실제 물량으로 서류상에 잡는다. 자 연히 농장의 의무수매물량이 크게 부족해지고 따라서 농장은 당초 계획 수매물량보다 더 많은 물량을 양정사업소에 수매해야 한다.

우리 농장에서 양정에서 돈을 빌리기도 해요. 뭐 봄에도 빌리지만 심하면 가을에도 빌리는 경우가 있어요. 양정에서 빌리는 건, 이미 순 간에 꾸기 수월한 게 양정이기 때문이거든요. 개인들은 개인 식량이 라서 잘 안 주거든요. 근데 이 양정비는 무조건 물어줘야 되는 거를 떼먹는 거예요. 그러니까 내가 관리위원장이요 선생님이 양정사업소

소장이라고 칩시다. 내가 거기다가 양정에다가 낟알을 5톤 수매시켜
요. 근데 내가 봄에 양정에서 1톤을 꿨어요. 그럼 가을에 양정빚이 2
톤이 돼요. 그러면 우리가 양정에 5톤을 수매시켰지만 수매량은 5톤
이 아니고 3톤만 수매한 게 되는 거죠. 양정은 그렇게 떼먹어요(2015
년 탈북한 북한이탈주민 2씨).

2. 시장으로의 생산물 불법 판매 및 영농자재 '되거리'

1) 생산물 불법 판매

생산한 농산물을 시장에 불법 판매하는 것 또한 농장의 일반적인 자금
조달 방법이다.

농산물 가운데 곡물 판매를 보면 일단 물량이 많기 때문에 농장 차원
은 물론 작업반 차원에서도 시장으로의 불법 처분(판매)이 빈번하게 일어
난다. 농장 차원에서 직접 나서 시장에 판매할 경우엔 관리위원회 핵심
간부인 관리위원장과 기사장, 부기장이 주축이 돼서 판로 등을 결정하는
데, 지역 내 곡물 되거리 상인에게도 판매하지만 산지는 아무래도 가격이
낮기 때문에 농장은 좀 더 높은 값에 팔기 위해서 운송비를 감수하더라도
대도시로 싣고 나가 현지 곡물상인에게 넘기기도 한다.[31]

작업반 등 직접생산단위 차원에서 곡물을 판매할 경우엔 물량이 상대
적으로 많지 않기 때문에 가까운 읍 소재지 등에 상주하는 '데꼬' 등의
곡물 도매상인에게 판매하는 경우도 있다.[32]

비 곡물 즉 채소, 과일, 축산물 등은 물량이 많지는 않지만 연중 여러
번 생산하고 생산 즉시 상품성을 갖기 때문에 농장이 팔아서 현금화하는
데 유용하다. 협동농장에는 채소, 과일, 축산물을 전문적으로 다루는 남새
작업반(또는 분조), 축산작업반(또는 분조), 과수작업반(또는 분조) 등 관
련 생산단위가 거의 대부분 있으므로, 시장 처분은 주로 이들 차원에서

이뤄진다. 이때는 반장과 '대외사업' 경험이 많은 농장원, 작업반 통계원 등 3명이 판로를 결정한다.

> 남새만 전문하는 작업반을 따로 가지고 있었으니까. 우리 농장에는 남새반에서 고추, 배추, 무 어쨌든 시장에 매매되는, 사람이 먹는 거는 다 했어요. 그것을 시장에 내다 팔아서 현금을 받지요. 팔 때는 농장 차원으로는 못 하고 개인, 그러니까 농장원을 내세우죠. 개인이 팔아서 거기서 나오는 현금을 몰래 갖다 쓰고 이렇게. 작업반에 통계원이 하나 있어요. 보통 여자인데 그 여자가 전문 앉아서 이 생산물을 팔고 하는 업무를 맡죠. 매 작업반마다 그런 통계원 하나씩 다 두고 있어요. 비 생산노력으로. 그 여자는 전문 앉아서 그런 장난만 하고 있어요(2011년 탈북 함경북도 온성군 협동농장 출신 12씨).

2015년 함경북도 회령시 협동농장의 한 작업반은 다른 기관기업소에 국정가격으로 공급하여야 하는 살구의 일부를 유용해 국정가격의 수십 배에 달하는 시장가격으로 개인장사꾼에게 팔아 자금을 마련하였다. 이에 대한 관계자의 증언을 보자.

> 전표로 들어오는 건 국정가격으로 들어오지 않습니까. 그런데 개인장사꾼들 있지 않습니까. 장사꾼들이 와서 가져간단 말이지. 파는 거죠, 가만히. 전표로 키로당 5원씩 한다면 개인한테서는 100원씩 받는단 말입니다. 그거 해야만 (다른) 계획을 한단 말입니다. 그리고 자기, 뭐 쓸 돈도 해결하고. 어쨌든 뭐 반장이나 하게 되면 시당, 보위부 …… 숱한 게 와서 뜯어간단 말입니다, 우선 좀 해달라고. 그러니까 나가는 게 엄청나죠(북한이탈주민 17씨).

17씨의 말에서 알 수 있듯이 농장에서 생산한 채소·과일·축산물 등은 원칙대로라면 계획에 의해 기관기업소에 국정가격으로 공급해야 한다. 그러나 국정가격과 시장가격의 차이가 워낙 크기 때문에 시장으로의 불법 판매가 많이 이뤄진다. 2011년 함경북도 청진시의 협동농장도 이런 가격 차에 따른 수익 창출을 위해 농장에서 생산한 고추를 시장에 몰래 팔았다.[33]

채소, 과일, 축산물 등 비 곡물 부문에서 시장으로의 불법판매가 빈번한 것은 생산계획지표로 수량형태의 현물지표 말고도 화폐형태의 금액지표가 함께 부과되므로 현금화하기가 비교적 쉽기 때문이다.

물론 비 곡물 부문에 대해서 금액지표가 부과되는 것은 과거에도 마찬가지였다. 하지만 경제위기 이전에는 국정가격과 시장가격 간 차이가 거의 없었고, 국가에서 현물지표를 중시하였기 때문에 농장으로서는 이들 비 곡물을 무조건 많이 생산하여 기관기업소에 국정가격으로 공급한 총액 달성에 관심을 썼다.[34]

그런데 국정가격과 시장가격 간 격차가 수십 배에 달하고, 전국에 400개가 넘는 공식시장이 존재하는 등[35] 물리적 수가 늘어났으며, 질 좋은 농산물을 구입할 여력이 있는 소비자들이 증대한 최근 상황에서 농장이 채소, 과일, 축산물을 계획영역 내에서 처분할 유인이 거의 없어졌다. 헐값이나 다름없는 국정가격으로 판매하는 것보다는 시장가격으로 시장(또는 시장 상인)에 판매해 더 많은 현금수입을 올리고 싶은 욕구가 당연히 커질 수밖에 없었을 것이다.

2) 확보한 영농자재 되거리

협동농장은 저렴하게 확보한 비료 등 영농자재를 인근 농장 또는 타지역 상인에게 이윤을 붙여 판매하는 되거리를 통해서도 자금을 조달한다. 예컨대 "(자재 구입)선이 있는" 농장이 자재를 상대적으로 값싸게 구입한 뒤 그렇지 못한 인근 농장에 높은 값에 판매하는 것이다. 중국과의 교역(수입 또는 밀수) 기회가 많거나 관련 사업을 하는 개인들이 많은 국경지역 협동농장들이 주로 이런 방식을 쓰고 있다.

> 다른 농장들에서는 그 선이 없기 때문에. 우리 농장이라면 그 사람들 통해서 상품(비료) 가져다가는 되거리해서 다른 농장들에 더러 팔아먹고 그랬단 말입니다. 만약시 중국돈 1원어치 사왔다면 다른 농장 한테는 2원어치로 판단 말입니다. 우리 땅에다 10개 칠 거를 3개 치고 나머지는 판단 말입니다(2011년 탈북 함경북도 온성군 협동농장 출신 12씨).

농장이 되거리 하는 자재는 시장에서 구입한 것만이 아니라, 국가에서 공급받은 것도 있다. 2013년 양강도 삼지연군 협동농장은 과거 국영농장이었던 관계로 국가로부터 비료를 비교적 많이 공급받았는데 이를 타 지역 비료 상인에게 몰래 판매하여 자금을 마련하였다.

> 우리 삼지연 농장은 진짜 비료만큼은 잘 쳤댔어요. 국가에서 공급이 그나마 잘 됐어요. 그래서 비료를 개인들한테 팔아서 돈을 만들기도 하죠. 비료철에는 막 개인집들에, 사람은 안 오고 비료 돈이 와 있습니다, 돈이. 어떤 사람이 비료를 좀 사달라고 어떤 집에다 맡겨 놓겠지요? 몇 월 며칠까지 비료를 갖다달라고 약속 해갖고. 그럼 그때 그 집에 비료 실으러 차가 와요. 주로 저 앞쪽에서. 황해도에서 전문 개인부업하는 사람들. 우리에서 최고로 가깝자면 저 후창(양강도 김형직군 김형직읍) 쪽에서도 오고. 요소비료면 1키로에 500원 한다 하는데 앞쪽에 나가면 막 몇 천 원씩 그렇게 하거든요, 비료가 돈이 됩니다. 엄청 돈 됩니다(2013년 탈북 양강도 삼지연군 협동농장 출신 33씨).

3. 8·3 입금조, 특수목적 입금조, 더벌이조 등 운영

1) 8·3 입금조 운영

일부 협동농장은 소속 농장원에게 '8·3' 식의 활동을 하게 하여 자금을 마련한다. '8·3'이란 자유롭게 활동할 수 있는 시간을 직장으로부터 허용 받고 그 대가로 현금을 납부하는 종업원 또는 그 활동을 말한다.[36] 기업부문에서는 이 용어를 일반적으로 쓰지만, 사실 농장에서는 기업부문에서와 같은 수준으로 통용되지는 않고 있다.

본 논문에서 면접 조사한 농촌 출신 일부 북한이탈주민은 '8·3'이란 용어를 농장에 대해 적용하는 것에 거부감을 표현하기도 하고,[37] 일부는 '8·3 입금조'에 대한 질문을 하였을 때 '8·3 작업반'을 연상한 나머지 다른 맥락의 대답을 하였다.[38] 하지만 운용방식이 공장의 그것과 사실상 같은 형태라는 데는 모두 동의하였다. 본 논문에서 '8·3 식의 활동'이라고 한 것은 이 때문이다.

일부 선행연구에 따르면 기업에서는 8·3(노동자) 확보는 계획을 달성하고 기업소(특히 지방산업공장) 운영자금을 확보할 수 있는 가장 중요한 수단으로 자리 잡았다고 한다.[39]

하지만 농장에서의 8·3 입금조 운영은 자금 조달의 보충적 수단이며, 제한적으로만 활용한다. 농장의 경우 ① 8·3 농장원의 수 자체가 크게 적고 ② 극히 짧은 기간만 운영하며 ③ 입금 형태가 현금 외에도 기름(석유) 같은 현물자재일 때가 많고 ④ 작업반장 또는 분조장 차원에서 관리되는 경우가 많은 등의 특징을 갖기 때문이다.

① 8·3 농장원의 규모

일반적으로 농장원이 '8·3'을 하면 농장에 납부하는 돈을 제외한 수익을 자신이 가질 수 있어 가계소득 증대에 적지 않은 보탬이 된다. 그러나 8·3 농장원은 기업 부문 종사자에 비해 크게 적다.

2011년 탈북 황해남도 신천군 협동농장 출신 27씨는 "리에서 관계가 좋고, 장사할 여유가 있을 만큼 돈이 있는" 농장원이라야 8·3을 할 수 있다고 말했다. 실제로 2015년 함경북도 온성군의 한 협동농장은 8·3 입금조를 운영한 작업반도 있지만, 일부 작업반은 전혀 두지 않았다.[40] 또한 2011년 황해남도 신천군의 협동농장은 작업반장이 특정 농장원 1~2명을 다른 농장원들 몰래 포섭해 8·3 입금조를 조직·운영하였다.[41]

북한이탈주민 39씨는 농장에서의 8·3이 저조할 수밖에 없는 이유를 농장의 노동력 부족에서 찾았다. 공장은 사실상 가동 중지된 상태가 많아 종업원들이 8·3을 하더라도 크게 문제가 되지 않지만, 농장은 정상 노동력이 부족해 8·3 입금조를 조직하는 데 큰 부담이 따른다는 것이다. 농민 특유의 소극적이고 보수적인 정서도 농장 8·3이 많지 않은 요인 중 하나다. 북한이탈주민 12씨는 "대체로 농업에 종사하는 사람은 좀 어리숙하고 좀 무던해서 그런 거('8·3') 할 생각도 안 한다. 돈 주면서 가라고 해도 못 간다"고 하였다.

실제로 8·3이 존재했다는 농장에서조차 8·3 농장원 규모는 매우 미미했다. 2011년 함경북도 온성군의 한 협동농장은 "전체 농장원(1,000명) 중에 10명이나 될까 말까" 했고,[42] 2015년 회령시의 한 협동농장은 "작업반 전체 인원(80명) 중 4명 정도"였다.[43] 2011년 무산군의 한 협동농장은 "분조(7~8명)에 1명이나 되는" 수준이었다.[44]

그러나 지역에 따라서 8·3을 활발하게 조직한 사례도 있다. 2015년 평안남도 성천군 협동농장의 경우 어떤 작업반은 100명 중에 20~30명, 어떤 작업반은 농장원의 절반가량이 8·3이었다.[45] 광산이 많은 성천군의 지역적 특수성 때문일 것이다.[46]

북한이탈주민 31씨는 "북한이 지금 공장이나 농장이나 다 그런 식으로 돌아가고 있다. 국가에서 이 탄광, 군수공장들은 39호실 당자금으로 돌려야 되겠다하는 곳들을 빼놓고 일반 농장이나 지방산업공장들은 거의 100% 이런 식이다."라고 하였다. 2008년 함경북도 청진시 청암구역 연천 협동농장은 관리위원회 차원에서 낙지철(6~8월)에는 일부 남성 농장원들로 8·3을 조직해 새벽(오전 5~8시), 저녁(오후 4~8시)에만 농장 일을 하고 낮에는 낙지 삿벌이 일을 할 수 있도록 적극적으로 '배려'하였다.[47]

평안남도 성천군과 함경북도 청진시의 사례는 시기 면에서 다소 차이가 있지만 농장 8·3이 돈벌이 수단이 많은 지역과 그렇지 못한 지역 간 운영 정도 차이가 매우 클 수 있음을 보여준다.

② 8·3 가동 기간

농장 8·3의 또 다른 특징은 가동 기간이 초단기라는 점이다. 8·3 농장원이 농장으로부터 허가 받는 시간은 대체로 15일 내지 1개월 안팎이며 길어도 2~3개월을 넘지 않는 게 보통이다. 함경북도 회령시 협동농장 농장원으로서 2011년 사금캐기 8·3을 하였던 4씨가 허가 받은 시간은 한 달이었고, 온성군 협동농장 출신 12씨가 2011년 목격한 낙지잡이 8·3은 7월 초~8월 말 내지 9월 초에만 이뤄졌다.

농장 8·3의 가동기간이 극히 짧은 것은 모내기, 김매기, 수확 등 단체 노동력이 집중적으로 요구되는 농번기가 2~3개월마다 꾸준히 도래하는 농업생산활동의 특징 때문이다. 특히 농번기에는 국가의 관심이 집중돼 상급기관이 검열을 통해 농장원 근태를 우선적으로 관리한다. 따라서 농장 입장에서는 8·3 농장원에게 장시간을 허용해주기 곤란하다. 물론 일부 지역에서는 타 지역 친척의 농사를 돕는다는 명목으로 수개월의 시간을 받기도 하였다. 그러나 이는 대상자가 연로보장에 들어간 경우였다.[48]

③ 8·3 입금형태와 관리 주체

농장 8·3의 또 다른 특징은 입금형태를 현금에만 국한하지 않는다는 점이다. 현금 외에 기름(석유)이나 비료 같은 현물 자재도 적지 않았던 것이다. 이는 농장의 8·3입금조 운영목적이 주로 자재 구입용 자금 마련이었음을 시사한다.

8·3 입금이 현금인 경우 북한 돈도 많지만 위안화나 달러도 적지 않았다. 앞서 2011년 북한이탈주민 4씨가 사금캐기 8·3의 대가로 농장에 납부한 돈은 한 달에 북한 돈 2~3만원이었다. 2015년 회령시의 또 다른 협동농장 작업반에서는 분조당 1명씩 구성된 5명의 '8·3 입금조'를 조직하였는데 이들로부터 받은 돈은 매월 100위안이었다.

> 한 달에 비[49]로 100원씩 받았는데 우리 작업반에도 한 개 분조에 한명씩 다섯 명씩 떨궜단 말입니다. 뭐 돈 내라 하는 게 지네 많으니까 사금을 해서 그런 것 했단 말입니다. 그러지 않으면 가을에 낟알을 얼마 퍼내야 되겠는지 모르지 않습니까. 사금 하는 아이들은 금해서 팔아서 돈 낸단 말입니다. 그런 거는 노력일 잡아서 다 열어 준단 말입니다. 290일씩.[50](2015년 탈북 함경북도 회령시 협동농장 출신 17씨)

두 사례 모두 회령지역 사금캐기 8·3이었지만 농장에 납부한 돈의 형태는 북한 돈과 위안화로 각각 달랐다. 다만 두 사례에는 4년이라는 시간적 격차가 존재한다. 2011년 화폐개혁을 기점으로 북한 돈의 가치가 크게 하락하고 외화통용이 빠르게 진전되었던 사실을 주목해야 할 것이다. 2015년에도 여전히 8·3 입금은 북한돈으로 이뤄졌다는 증언도 있다. 2015년 탈북 함경북도 온성군 협동농장 출신 39씨가 목격한 바에 따르면 8·3 농장원이 납부한 돈은 한 달에 북한돈 30만원이었다.

그런데 2015년 현재, 8·3 입금을 철저히 달러만 통용하고, 불가피하게 북한 돈으로 납부하더라도 납부시점의 달러 환율을 실시간으로 적용하는 곳이 있어 주목된다. 평안남도 성천군 출신 31씨(2015년 탈북)는 "계획은 내화가 아닌 무조건 달러로 준다. 만일 8·3농장원이 내화를 가져왔다면 당일 달러 환율을 적용해 약속한 달러 액수만큼의 내화를 받는다"고 하였다.[51] 지역 간 8·3 입금 형태가 매우 다름을 시사한다.

농장 8·3은 최고책임자인 관리위원장도 일부 관여 하지만 대체로 작업반장 또는 분조장이 관리한다.

영농자재 조달을 작업반·분조 차원에서 직접 담당해야 하는 경우가 크게 늘고, 농장이 국가로부터 부과 받은 각종 세비 부담을 작업반 또는 분조별로 할당해 부과시키는 경향이 심해지면서 생긴 변화일 것이다.[52]

2) 특수목적 입금조 및 더벌이조

① '외화벌이조' 등 특수목적 입금조

농장은 '외화벌이조', '충성금조', '선물조' 등 다양한 입금조를 조직·운영하는 것을 통해서도 자금을 조달한다.

이들 입금조는 자금 용도와 관리주체 측면에서 8·3 입금조와 차이가 있다. 8·3 입금조가 주로 자재구입 등 농업생산활동에 필요한 자금을 마련할 목적으로 농장 또는 작업반·분조 차원에서 가동하는 것이라면, 이들 입금조는 특정 용도의 자금 마련을 위해 당 차원의 사실상 공식적 지시에 의해서 조직한다. 때문에 8·3 입금조에 비해 공개적·조직적으로 운영한다.

'외화벌이조'라는 게 있어요. 리당에서 운영하는 외화벌이조. 관리위원장이 비법으로 운영하는 외화벌이조. '충성금조'라는 것도 조금 있고, '선물금조'라는 게 있고. 충성금조라는 건 군당 당위원회에서 충성금을 무조건 내려 먹이기 때문에, 원래 합법은 아니지만 그것도 다 비법인데 공개되다시피 하면서 하는 거예요. 어쨌든 땅도 성천군 당 땅이기 때문에 성천군에서도 "너네 작업반에 충성금조 몇 명이야?" 그럼 작업반장이 "우리 6명 조직했습니다" "그래? 너 이제 얼마씩 계획해" 이러면 뭐 연간 1,000달러 한다 하면 그래? 하고 그냥 놔두는 거예요. 그건 합법적인 거나 같지요(2015년 평안남도 성천군 출신 31씨).

2011년 황해남도 신천군의 한 협동농장은 당자금 명목으로 부과 받은 금과제를 수행하기 위해 관련 입금조를 조직하였다.[53] 그런데 협동농장에서의 금과제는 큰 부담이 된다. 기관기업소는 어찌됐든 돈으로 납부하기만 하면 어느 정도 부담을 덜 수 있지만 농장의 경우 농장원 분배와 연동해 해결하는 경우가 많기 때문이다. 실제로 황해남도 신천군의 협동농장은 해당 입금조가 약속한 물량의 금을 다 수집하지 못했을 경우 농장원 세대당 '금돈'을 할당해 내도록 했고 농장원 세대가 금돈을 납부하지 못하면 농장 측에서 선납한 후 춘궁기에 농장원의 기초 생계유지 차원에서 제공되는 식량분에서 공제하였다.[54]

② '수산조' 등 더벌이조

바다와 인접한 협동농장의 경우 '수산조'와 같은 '더벌이조'를[55] 운영하기도 한다.

황해남도 해주시 출신 10씨는 "황해남도 서해안의 일부 협동농장들은 수산조를 1997년경 자체적으로 비밀리에 가동하기 시작했고, 1999~2005년경 매우 활성화돼 2007년경엔 완전히 정착 단계에 들어섰다"고 하였다. 당초 이 수산조는 협동농장에 수시로 내려오는 검열성원들의 숙식비 해결을 위한 것이었지만 농장수익 확보수단으로 자리잡으면서 규모가 빠르게 커졌다. 5명이 소형 어선을 타고 시작한 것이 선원 10~20명을 태운 안강망 어선을 보유하는 수준으로 확대되었다는 것이다. 농장들은 인근 외화벌이 기지들과 연계하면서 수산조가 잡은 어패류를 판매해 달러나 유로 등 외화를 확보, 농장 운영과 농업생산활동에 필요한 자금으로 활용하였다고 한다.[56]

수산조 운영을 통한 농장의 자금 조달 방식이 현재에도 계속되고 있는지는 검토가 필요하다. 앞서 2003년경 북한은 황해남도 서해안지역의 전체 외화벌이기관 350여 곳에 대해 대대적으로 검열을 실시해 30%의 외화벌이회사 사장들에게 법적 처벌을 가했고, 그 결과 이 지역 외화벌이기지와 무역기관들의 60%를 통폐합하였다.[57]

4. 농장 비경지·경지의 불법 임대

1) 경지와 비경지의 개념

농장의 토지를 외부인에게 불법 임대하는 것도 농장의 자금 조달의 한 방편이다. 북한에서 토지의 소유권적 위상을 볼 때 농장이 불법 임대를 통해 자금을 조달하는 것은 적지 않은 의미를 가진다.

농장의 토지는 크게 경지와 비경지로 나뉜다. 경지는 말 그대로 작물을 경작하는 토지로서 국가알곡생산계획을 부여하는 토지다. 비경지는 농장의 토지로 등록은 돼 있지만 생산성이 너무 낮아 국가알곡생산계획을 부여하지 않는 토지를 말한다. 1990년대 국토감독대에서 근무하였던 북한이탈주민 49씨에 따르면 한 정보당 800kg 미만의 수확고가 나오는 땅은 협동농장 경지면적에서 빼서 비경지로 분류한다. 원칙상 비경지에는 어떤 작물도 심지 말아야 한다.[58]

경제위기 이전에는 비경지에 대해 협동농장이 관심을 크게 기울이지 않았다. 국가알곡생산계획이 부여되는 경지를 잘 다뤄 수확을 잘 내는 것이 중요했기 때문이다. 또 경지면적을 다루는 데만도 노동력이 빠듯했으므로 생산성이 낮은 비경지에 노동력을 군이 추가로 투입할 이유가 없었다.[59]

실제 많은 수의 농장은 비경지는 커녕 경지조차 제대로 경작하지 못하였다. 토양 산성화가 매우 심각한 데다 자재·노동력 확보가 여의치 않기 때문이다. 양강도 삼지연군의 한 협동농장의 경우 2013년 현재 총 경지가 650정보였지만 실제 경작 면적은 200정보에 불과했다.[60] 함경북도 회령시의 경우 풍산, 금생, 벽성, 유선, 원산 등의 협동농장이 경지면적 기준으로 큰 축에 속하는데, 2000년대 중후반 이들 협동농장에서 재배 가능한 면적은 전체 경지면적의 절반에도 못 미쳤다.[61]

2) 비경지 편취·임대

경제위기 이전에 크게 주목을 받지 못하였던 농장의 비경지는 경제위기 이후 처지가 크게 달라졌다. 관리의 사각지대에 놓여 있는 일종의 숨은 땅이므로 농장의 비자금을 조성하는 공공연한 창구로 재탄생했던 것이다.

> 농장마다 비경지를 다 가지고 있어요. 농장에서 자기네가 살아가기 위해 그 비경지를 운영해서, 거기서 나오는 생산물을 가지고 좀 이렇게 하죠. 비경지는 농장 관리위원장이 거기서 생산한 걸 자기 마음대로 처분할 수 있어요(2014년 탈북 평안남도 출신 16씨).

2000년대 후반 평안남도 문덕군에서 실제 있었던 사례는 비경지에 대한 농장의 불법·편법 활용이 적지 않음을 보여준다. 북한이탈주민 41씨에 따르면 비경지처리가 문제가 돼 협동농장 책임자들이 공개처형되는 사건도 발생하였다.[62] 이 협동농장은 간석지를 개간하였는데 간석지는 개간 후 3년까지는 비경지로 등록되고 이후에는 경지로 전환돼 국가알곡생산계획을 수행해야 함에도 해당 협동농장에서는 비경지로 계속 존치시켜 해당 토지에서 나온 생산물을 사취하였다는 죄목으로 처벌을 받았다. 물론 축지지도에 미등록된 토지(비경지)를 갖고 있지 않는 군이 거의 없는 상황에서 북한당국이 이들을 처벌한 것은 지방분권화에 대한 견제 차원에서의 본보기 처벌일 수도 있다.[63] 어쨌거나 이 사례는 비경지에 대한 농장의 불법·편법 이용이 적지 않음을 방증한다.

실제로 많은 협동농장에서 비경지를 관리위원장이나 작업반장 등 농장 간부들의 주도로 외부인에게 불법 임대해 농사를 짓게 하고 소출의 일부를 받아 농장 자금으로 활용하였다.[64]

2015년 탈북 함경북도 경원군 비농장원 출신 40씨는 북한을 떠나기 전까지 이 같은 방식으로 생계를 유지하였다. 그는 농장 비경지를 한 뙈기당 300평씩 모두 600평을 분조장으로부터 몰래 임차해 경작한 뒤, 거기서 나온 소출의 70%는 자신이 갖고 30%를 분조장에게 납부하였다.[65]

40씨는 자신이 거주하던 지역에선 이러한 비경지 불법 임차가 "김정일 때부터" 존재해왔으며 현재는 더욱 일반화되었다고 한다. 농장(분조) 입장에서는 한 푼이라도 아쉬운 상황에서 수입을 안정적으로 올릴 수 있고, 외부인 입장에서는 경작권을 사실상 인정받는 셈이어서 생산성을 극대화할 수 있기 때문이다.[66]

3) 경지 임대

비경지와 달리 공개적으로 관리되는 경지를 불법 임대하는 것을 통해서도 농장들은 자금을 조달한다.

2011년 황해남도 신천군 읍협동농장은 작업반장의 주도로 경지 일부를 돈주나 다른 기관 간부에게 임대하고 수익을 올렸다.[67] 앞서 설명하였듯이 경지는 비경지에 비해 생산성이 높아서 외부인의 선호도도 매우 높았다. 그러나 보는 눈이 많기 때문에 외부인이 들어와 직접 경작하기 힘들었고, 임대료만 받고 해당 토지에 대한 경작을 농장원에게 맡기는 경우가 많다. 검열기관에서 쉽게 파악할 수 없도록 하기 위해서다. 따라서 경지 임대는 비경지 임대에 비해 더욱 비밀리에 이뤄졌고, 임차인 역시 생계유지를 목적으로 한 일반 주민보다 투자 목적의 돈주나 직급이 높은 간부가 많았다.

> 돈 좀 갖고 있는 사람들이 작업반에, 반장들한테 돈 좀 줘요. 그러면 작업반장들이 분조장 불러요. 분조별로, 어느 분조장 믿음성 있는 분조장한테 힌트 준단 말이예요. 그 돈은 자기가 쓰고, 야 이거 100평, 한 200평정도 농사 잘 지어라, 그럼 가을에 그거 농사하잖아요. 하면 그거는 따로 떼서 그 사람(돈 좀 갖고 있는 사람) 줘요. 그 돈을 받았으니까(2011년 탈북 황해남도 신천군 협동농장 출신 27씨).

농장은 때로는 임대료를 받지 않고도 경지를 무상임대하고 해당 토지의 경작을 농장원들에게 전가시켰다. 특히 농장과 이해관계도가 높은 기관의 간부들에게 무상임대해주는 경우가 많았다. 이는 농장 측이 불법행위를 저질렀을 때 법망에서 빠져나가는 데 해당 간부로부터 비호 받을 수 있다는 점에서 사실상 돈을 주는 것과 같다고 할 수 있다.

아래 2006년 탈북 50씨와 2013년 탈북 25씨의 말은 이 같은 현상이 경제위기 이후 현재까지 지속되고 있음을 확인시켜 준다.

조금이라도 공권력이 있는 사람들. 군당 간부라든가, 행정요원들, 그 다음에 안전부. 뭐 이렇게 공권력이 있는 사람들은 각 농장에 와서, 작업반장이나 관리위원장한테 와서 땅을 내려 먹이는 거예요. 농장 땅에다가 다 심어줘요. 부지 요만큼 누구 땅이라고, 요 땅에서 생산된 거 가져가라고. …… 북한도 돈 아니면 권력이 있어야 돼요 (2006년 탈북 양강도 김형권군 협동농장 출신 50씨).

보위지도원한테 우리 작업반 밭 옆에다가 땅뙈기 주거든요. 그래서 그저 밭도 갈아주고 농약도 다 쳐주고, 농장원들이. 작업반에서 농장원들 보고 가서 일해주라 하죠. 물론 일당은 없어요. 자기가 그저 하루치 출근했다는 거 그거지(2013년 탈북 양강도 대홍단군 국영농장 출신 25씨).

최근 한 대북소식지는 무역회사 사장이나 수산기지 기지장들의 경우 도시의 아파트보다 부지면적이 넓고 조용한 농촌 주변에 고급주택을 짓는 것이 유행처럼 번지고 있다고 전한 바 있다. 2014년 평안남도의 한 농장 간부들은 경지 300평을 돈주에게 불법 임대한 대가로 1,000달러 정도를 받았다고 한다.[68]

5. 농장 명의 대여를 통한 개인 영업활동 허용

최근에는 농장이 명의를 빌려주고 개인 영업활동을 허용하는 대가로 자금을 조달하는 방식이 등장하였다.

2015년 함경북도 온성군의 한 협동농장은 정미기계를 보유한 화교를 농장 '적'[69]에 옮겨 놓고 그의 정미기계도 농장 소유 생산수단으로 변경 등록한 뒤 영업활동을 허용하였다.[70] 해당 화교는 농장에서 다량의 쌀을 도정하고 농장의 차를 이용해 청진 등 인근 대도시로 유통 판매한 후, 농장에 명의 대여료 격으로 얼마간의 돈을 납부하였다.

이런 방식의 개인 영업활동이 농장에 나타난 점은 매우 흥미롭다. 개인 명의의 영업활동을 허용하지 않는 북한에서 기관기업소 명의 대여를 통한 사실상의 개인 영업활동은 2000년대 들어와 수산업, 광업, 수공업, 상업, 서비스업, 운수업 등 많은 분야에서 활발하였고.[71] 하지만 농업 부문에서는 거의 관찰되지 않았다.

개인과 법인(농장)의 동반성장이 가능하다는 점에서도 이 사례는 주목된다. 정미업을 하는 화교 입장에서 보면 농장은 매우 유리한 사업장이다. 북한에서 시장 쌀값은 최근 많이 안정돼 있다고 해도 연중 변동 폭이 적지 않아 그때그때의 가격 동향에 따라 시장 출하 여부를 신속하게 결정하는 것이 이윤 폭을 좌우한다. 그런데 이 화교는 자신의 정미기계를 농장에 들여놓았을 뿐만 아니라 농장의 창고와 차량을 편의에 따라 이용할 수 있어 대량의 쌀을 신속하게 가공·유통시킬 수 있다.

협동농장 입장에서도 개인의 영업활동을 허용해 준 대가로 일정 자금을 받아 수익을 올릴 수 있을 뿐만 아니라 화교의 현대식 정미기계를 이용할 수 있어 출하시기 조절 및 쌀 품질 개선을 꾀할 수 있다. 단순히 명의 대여료 또는 건물 임대료를 받는 차원에서 벗어나 곡물시장의 공급자로서의 경쟁력을 높일 수 있는 장점이 있는 것이다.

물론 이 같은 사례가 북한 전역의 협동농장에서 공통적으로 나타나는지를 확인하기는 어렵다. 화교 활동이 보다 자유롭고 중국산 물품 반입이 비교적 용이한 국경지역이어서 가능한 특수한 사례일 수도 있다. 또한 청진 등 대규모 소비처와 멀지 않은 지리적 요인도 무관하지 않을 것이다.

이와 관련하여 국경 일부지역에서 중국 측의 자본 투자가 활성화하고 있다는 관찰이 최근 나오고 있어 주목된다.[72] 화교 자본 또는 중국 자본의 북한 협동농장에의 투자가 의외로 적지 않을 수 있는 만큼, 향후 중국 자본의 북한 농업부문의 유입에 대한 면밀한 관찰과 추적이 필요하다.

그러나 업종과 규모가 조금 다르지만 유사한 방식으로 농장이 자금을 조달하는 사례가 있다. 가공식품을 제조 판매하는 소규모 개인 수공업자가 관련 기계와 설비를 농장에 들여놓고 영업을 하는 경우가 함경북도 일대에서 나타났다. 농장 외부 개인이 옥수수 가공식품 제조 설비를 농장에 설치하고 제품을 제조·판매하여 농장 측에 수익금의 30%를 지급하였던 것이다.[73]

6. 농장 생산수단 밀매

일부 협동농장들은 농장의 생산수단을 몰래 시장에 처분해 자금을 마련하고 있다.

2015년 양강도 국경지역에 위치한 한 협동농장은 보습날을 폐기해 파철로 만든 뒤 중국에 밀매하였다. 농장은 이 보습날의 내구연한이 경과해 폐기해야 한다고 상위 자재공급기관(도농촌경리위원회 자재상사 또는 군협동농장경영위원회 자재공급소)과 담합해 파철화한 뒤 중국 측 밀수 상인에게 돈을 받고 넘겼던 것이다.[74]

양강도는 "파고철 밀수가 하도 기승을 부려 농기구를 만들 쇳조각 하나도 남아있지 않다"는 말이 돌 만큼 2000년대 중후반 이후 중국으로의 파철 밀수가 성행하였다.[75] 양강도 출신인 19씨(2009년 탈북)도 파철 밀수가 "제일 돈이 되었다"고 하였다.

일부 국경지역 협동농장에서는 부림소를 몰래 내다 팔기도 한다. 북한에선 농장의 부림소를 매우 중요한 생산수단으로 간주하기 때문에 몰래 내다 파는 것은 굉장한 위험성이 따르는 일이다.[76] 그러나 농장이 극심한 자금난에 처하면서 일부 국경지역에서는 부림소 밀매에 나선 곳이 존재

한다고 한다.[77]

협동농장 간 부림소 '훔칠내기'(절취)가 많은 것도 부림소 밀매 가능성이 적지 않음을 보여준다. 2011년 황해남도 신천군의 협동농장은 농장원을 포섭해 인근 농장의 부림소를 훔쳐오게 해 성공하면 수고비조로 곡물 300kg를 지급하였다.[78] 2009년 2월 평안남도 안주시 운송협동농장과 2008년 4월 함경북도 경원군 성내협동농장은 부림소 3마리씩을 도난당했다.[79] 2~4월 본격적인 영농철을 앞둔 시점이라는 점에서 뜨락또르나 석유가 크게 부족한 농장이 밭갈이용으로 부림소를 절취했을 수 있으나, 판매목적도 있었을 것이다.

7. 기타

1) 농장 토지의 지하자원 채굴 허용

광산 인근 또는 지하자원 매장량이 많은 지역의 협동농장은 군대 등의 외화벌이 기관과 결탁해 농장 내 지하자원을 채굴하게 하고 채굴량의 일부 또는 현금을 납부 받는 방법으로 자금을 마련하기도 한다. 이런 식의 자금 조달은 특히 군대 등에서 외화벌이 원천과를 조직하기 시작한 2000년대 후반 이후 활성화하였다고 한다.

북한이탈주민에 따르면 북한당국은 2008~2009년경 군단마다 외화벌이 원천과를 조직할 수 있도록 하였다.[80] 군단의 위수구역 내에서 나오는 자원(약초, 수산물, 금·은·동·아연 등 광물자원 등)으로 외화를 벌어 자체 수익으로 활용하도록 한 것이다.

실제로 농장 경지 아래로 금맥이 지나는 평안남도 성천군의 D협동농장은 2010년 이후 이 지역에 주둔한 군단 외화벌이 원천과와 몰래 협의해 농장 경지에서 금을 캐도록 한 뒤 나눠 가졌다. 평안남도 성천군은 인근 회창군과 더불어 북한 내에서 금·은을 비롯한 유색금속 매장량이 많은 곳이다.[81] 이 지역의 많은 협동농장들은 군부대 소속 외화벌이사업소와 결탁해 자금을 마련하였던 것이다.[82] 그러나 농장 토지를 다른 목적으로 유용하는 것은 명백한 불법이고 그에 따른 법적 처벌 수위 또한 매우 높기 때문에 이러한 양자 간의 결탁은 최대한 비밀리에 진행했다.

지하자원을 캐기 위해 농장 토지를 파헤치는 일은 최근 들어 암암리에 꽤 많이 확산하였다. 김정은이 2014년 2월 농업부문 일꾼들에게 보낸 공식서한에서 "농경지를 함부로 침범하거나 다른 목적으로 리용하는 것과 같은 비법적인 현상이 나타나지 않도록 엄격한 규률과 질서를 세우며 그런 현상들에 대한 행정적, 법적 통제를 강화하여야 한다"고 강조하기에 이르렀던 것이다.[83]

2) 마약 밀수 등 '연선작업'

국경지역 일부 협동농장은 '연선작업' 즉 마약 밀수를 통해서 자금을 확보하기도 한다.

2015년 탈북한 함경북도 국경지역의 한 협동농장 출신인 17씨는 "작업반에서 양곡을 다치지(손대지) 않고 돈 만들 방법이 없어서" 마약을 밀수할 수밖에 없었다고 토로하였다.[84] 북한에서 마약은 최소한 국경지역에서는 생일집이나 간부에게 인사하는 "일등품 선물"로 꼽힐 정도로[85] 중산층 이상에서 소비가 확산되었다고 한다.[86]

마약 소비가 늘면서 마약 생산도 급증하였을 것이고, 따라서 중국에 마약을 밀수출해 자금을 마련하는 협동농장도 국경지역에 있을 가능성은 생각해볼 수 있다.

III. 자재 조달

일반적으로 농업은 영농자재의 투입(input)이 생산의 성패를 좌우한다. 특히 계획적인 농업생산을 추구하는 북한에서 영농자재의 안정적인 공급은 매우 중요하다.[87] 그러나 1990년대 중반 경제위기를 전후해 영농자재의 국가공급체계가 무너지면서 식량난을 가중시켰다.[88] 영농자재의 국가공급체계는 2000년대 들어 일부 복구했으나, 그 공급량이 수요량에 크게 못 미치면서 협동농장들은 시장을 통해 영농자재를 스스로 조달해야 했다. 여기서는 협동농장이 영농자재를 조달하는 방식을 국가공급체계 안에서의 조달과 국가공급체계 밖에서의 조달로 나눠 살펴보고자 한다.

1. 국가공급체계 안에서의 조달

1) 대안의 사업체계에 따른 영농자재공급체계

북한은 영농자재를 공급하기 위해 자재를 위에서 책임지고 아래에 내려다주는 '자재공급체계'를 1960년대부터 구축해왔다.[89]

국가계획위원회의 계획에 따라 도농촌경리위원회에 '자재상사', 군협동농장경영위원회에 '자재공급소'와 같은 전문적인 자재공급기관을 두고 협동농장과 직속 기업소에 자재를 계통 공급한다.[90]

자재 공급은 계약에 의해서 이루어진다.[91] 예컨대 도 단위 공장기업소가 생산하는 영농자재는 해당 기업소와 도 자재상사와의 계약을 통해 이뤄지며 군 단위 기업소가 생산하는 영농자재는 해당 기업소와 군 자재공급소의 계약을 통해 이뤄진다.[92] 영농자재는 미리 계획된 연도·분기·월별 자재공급계획에 의거해 적기에 영농자재를 영농현장까지 직송하는 것을 원칙으로 한다.

북한당국은 영농자재를 협동농장에 공급할 때 낮은 수준의 국정가격으로 공급하지만, 계획보다 많은 영농자재를 요구할 때는 본래 가격보다 비싼 가격(트랙터 연료의 경우 3~5배 높은 가격 적용)으로 공급한다. 때문에 협동농장은 다음 생산년도에 필요한 농자재비와 관리운영비를 조달하기 위해 결산시 별도 항목의 분배계획을 작성하고 이를 중앙은행에 예탁한다. 농자재에 대금 결제는 거래주체별로 중앙은행에 개설된 협동농장 계좌에서 무현금행표, 지불의탁서 또는 대금청구서 등에 의하여 은행계좌 간 대체로 이루어진다.[93] 그런데 이 같은 영농자재의 국가공급체계 원칙은 경제위기 이후 시장화 진전으로 현실에서 왕왕 무시되거나 상당부분 변형되어 작동하고 있다.

2) 협동농장에 대한 국가자재공급체계 실태

경제위기 이후 국가공급체계 안에서의 농장 자재 조달의 구체적인 실태는 확인되지 않았다. 따라서 북한이탈주민의 증언에 기반하여 양강도농촌경리위원회와 평안남도농촌경리위원회의 각 산하 자재공급기관의 행태를 조명하고 이를 토대로 협동농장의 국가자재공급체계의 실태와 특징을 파악하기로 한다.

① 도농촌경리위원회 산하 자재공급기관 현황

양강도농촌경리위원회(본부)는 양강도 도소재지인 혜산시 혜명동에 2층 규모의 건물로 자리하고 전체 인원은 50명 정도이다. 본부 안에는 처장, 과장, 지도원 순의 직제로 계획처, 농축산관리처, 종자관리처 등의 부처가 있다. 각 처마다 별도의 사무실을 쓰며 3~4명의 직원으로 이루어져 있다. 도농촌경리위원회에는 산하 단위가 모두 12곳이 있는데 이 가운데 농장에 영농자재 공급업무를 담당하는 곳은 자재상사, 종자관리소, 연유상사, 농기계사업소 등 4곳이다. 자재상사에는 60여 명, 종자관리소에는 12명 정도의 직원이 근무한다.[94] 양강도농촌경리위원회는 북한의 여타 도 농촌경리위원회에 비해 규모가 큰 편이 아니다. 평안남도농촌경리위원회에 견주면 근무 인원이 3분의 1 수준에 불과하다.

평안남도농촌경리위원회의 경우 평안남도 도소재지인 평성시 두무동의 5층 건물에 자리 잡고 있으며, 본부 인원만 150여 명에 달한다. 부처별로는 도내 각 군을 담당하는 지도원 1명씩이 존재하는 농산처가 30여 명으로 가장 크다.

양강도농촌경리위원회와 평안남도농촌경리위원회의 규모 차이는 인구 및 도세 격차에 기인한다. 평안남도는 군의 개수만 14개이고 안주시,

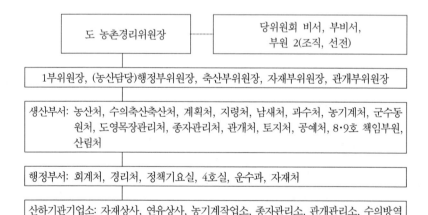

〈그림 2〉 평안남도농촌경리위원회 조직 및 산하기관 현황(2011년 기준)
주: *표시는 외화벌이회사로, 1990년대 중후반 설립.
자료: 북한이탈주민 증언 종합 필자 작성.

개천시, 순천시, 덕천시 등 4개의 시가 있으며 운곡지구, 득장지구, 청남구 등 인구밀집지역이 있다. 이에 반해 양강도는 군 개수가 11개이고 시는 혜산시 1개뿐이다.[95]

흥미로운 점은 자재상사만을 놓고 보면 오히려 양강도가 평안남도 보다 근무인원이 갑절 이상 많다는 것이다. 평안남도농촌경리위원회 자재상사는 경제위기 이전에는 자재인수원이 40~50명에 달하였으나 이후 많이 줄어 2011년 현재 20명 안팎에 불과하다. 반면 양강도농촌경리위원회 자재상사는 60명 이상 근무했다.

② 석유·종자 공급은 별도 관리체계에 의해 운영

영농자재의 국가공급체계의 특징 중 하나는 여러 영농자재 가운데 석유와 종자의 별도 관리이다. 이는 도농촌경리위원회 산하기관 현황을 통해서 간접적으로 드러난다. 양강도농촌경리위원회 산하기관 12곳 가운데 각각 연유(석유)와 종자를 취급하는 연유상사와 종자관리소가 존재한다. 또한 이들 산하기관은 본부 건물을 같이 쓰지 않고 별도의 건물에 입주해 있다.[96]

농장 출신 북한이탈주민들도 영농자재 중 석유와 종자는 별도의 체계를 통해 공급받았다고 입을 모았다. 2008년 탈북 함경남도 단천시 협동농장 출신 43씨는 "일반 영농자재는 단천시협동농장경영위원회 산하 농자재공급소에서 공급받았지만, 석유만큼은 농기계작업소가 보유한 연유탱크에서 밭갈이용 트랙터 기름 등을 받아썼다"고 하였다. 2013년 탈북 양강도 삼지연군 협동농장 출신 북한이탈주민 33씨는 "비료, 비닐, 일체 농기구 등은 작업반이나 분조가 다루지만 석유만큼은 작업반장, 분조장을 거치지 않고 관리위원회에서 직접 나와 석유가 필요한 농장 차량이나 작업반 트랙터에 직접 주유해 주었다"고 말하였다.

종자 역시 별도의 관리체계가 존재한다. 북한 농장법(2009년 제정)을 보면 제26조(종자생산,공급)에서 "종자는 농업생산을 좌우하는 기본고리이다. 농업지도기관과 종자관리기관, 원종장, 채종종장, 종축장과 같은 종자생산공급기관, 기업소는 종자생산체계를 바로 세워 생산성이 높고 지대의 기후풍토에 맞으며 순결률이 높은 종자를 생산공급하여야 한다."고 규정하였다.[97]

아래의 <그림 3>은 평안남도 문덕군협동농장경영위원회 조직 및 산하기관 현황을 정리한 것이다.

다른 군협동농장경영위원회도 조직도는 대체로 이와 비슷하나 근무인원수에서 차이가 있다. 경지면적이 크고 인구가 많은 문덕군의 경우 본부인원이 100여 명이지만 군세가 약한 양덕군·맹덕군 등은 35명 안팎이다.

군 협동농장경영위원장	초급당비서, 부비서, 부원 1명

기사장, 행정부위원장, 자재부위원장, 관개부위원장, 축산부위원장

생산부서: 농산과, 수의축산과, 계획과, 지령과, 남새과, 과수과, 농기계과, 군수동원과, 종자책임부원, 관개과, 토지책임부원, 공예책임부원, 산림책임부원

행정부서: 회계처, 경리과, 정책기요실, 4호책임부원, 자재과

산하기관기업소: 농촌자재공급소, 수의방역소, 인공수정소, 관개관리소, 농기계작업소, 농기구공장, 종축장, 종자관리소, 종금장, 비료수송대, 원천동원사업소(*), 토지건설대, 농촌건설대 연유공급소

<그림 3> 평안남도 문덕군협동농장경영위원회 조직 및 산하기관 현황(2011년 기준)
주: *표시는 군 단위 외화벌이회사로, 1990년대 중후반 설립.
자료: 북한이탈주민 증언 종합 필자 작성.

③ 자재공급 위계구조의 부분적 와해 및 시장조정양식 확산

도농촌경리위원회 자재상사는 석유와 종자를 제외한 대부분의 영농자재를 취급한다. 비료를 비롯해 비닐박막, 농기계부속품, 트랙터 부속품은 물론 부림소 보습날, 호미날, 삽날, 못 등 소소한 농기구 일체를 포함한다.

이 같은 일반 영농자재는 현재에도 표면적으로는 도농촌경리위원회 자재상사 → 군협동농장경영위원회 자재공급소 → 협동농장관리위원회로 이어지는 자재공급체계를 통해 계획에 따라서 계통 공급한다. 그러나 그 이면을 살펴보면 위계구조가 상당 부분 무너졌으며, 시장조정양식이 크게 확산하고 있다.

㉠ 도 ↔ 협동농장 간 직거래 확산

영농자재 공급의 위계구조가 와해되고 있음은 도농촌경리위원회와 협동농장 간 직거래 확산에서 뚜렷하게 알 수 있다. 군협동농장경영위원회가 도농촌경리위원회로부터 자재를 공급받아 협동농장으로 공급해줘야 하지만, 군협동농장경영위원회를 거치지 않고 도농촌경리위원회 자재상사와 일선 협동농장이 개별적으로 직거래하는 경우가 크게 늘고 있다.[98]

도농촌경리위원회와 협동농장 간 직거래의 확산 이유는 군 단위에서 협동농장 단위로 자재를 공급하는 과정에서 실무자의 자재 절취·유용이 심하고, 해당 자재를 농장까지 운송해주는 데 필요한 차량과 연료를 군에서 부담하기 어렵기 때문이다.[99]

군협동농장경영위원회의 "농간질"을 피하기 위해 협동농장이 도농촌경리위원회와 직접 거래를 한다는 것은 협동농장의 독자적으로 활동할 공간이 커졌음을 의미한다. 물론 도농촌경리위원회와 협동농장 간 직거래 과정에서 군협동농장경영위원회가 완전히 배제된 것은 물론 아니다. 이탈주민 48씨는 "도농촌경리위원회와 협동농장이 직거래과정에서 협동농장

은 해당 군의 비준은 받아야 한다"고 설명하였다. 그러나 실질적으로 군 협동농장경영위원회는 서류상 통과기관으로만 존재할 뿐, 본연의 기능을 크게 잃었을 것이다.

ⓛ 자재 공급기관 ↔ 자재 생산기관 간 행표 거래 형해화

양강도농촌경리위원회 자재상사는 북한 전역 5곳(강원도 원산, 함경남도 함흥, 황해북도 사리원, 평양, 함경북도 청진)에 '분초소'를 두고 있다. 분초소는 일종의 계통 공급처로서 양강도농촌경리위원회가 해당 물품을 우선적으로 공급받는 생산기지다. 예컨대 강원도 원산의 못 공장이라고 하면 양강도농촌경리위원회 자재상사 입장에서는 물건을 받아와야 할 분초소가 되는 것이다.

자재상사와 분초소 간 거래에는 '행표'를 사용한다.[100] 그런데 행표 거래 이면에 시장경제적 질서가 깊숙하게 자리 잡고 있다. 예를 들어 양강도농촌경리위원회 자재상사 소속 자재인수원이 계획에 따라 농업용 못과 비닐박막을 공급받기 위해 행표(정확히는 자재수불증)를 들고 함경남도 함흥의 비닐박막공장에 갔다고 치자. 그러나 공급받기로 한 물량을 모두 받는 것은 현실적으로 불가능하다. 공장 가동률이 떨어져 정상적인 생산이 이루어지지 않기 때문이다.

영농자재는 투입 시기가 정해져 있다. 따라서 분초소(자재생산공장)와 자재상사 자재인수원 간에 다급한 쪽은 자재상사 측이므로 대개의 경우 자재인수원은 기한 내에 계획된 물량의 일부라도 받고자 노력한다. 그런데 자재인수원이 자재의 일부를 받았다고 하더라도 그는 현지 시장(상인)에 바로 되팔아 현금을 확보한다. 양강도로의 운송수단을 마련하기가 쉽지 않기 때문이다. 현금을 손에 쥔 자재인수원은 빈 몸으로 양강도로 돌아와 도내 시장에서 유통되는 자재를 다시 구입해 자재상사에 들여놓는다.

함흥이다 하면, 함흥에서 비닐(박막) 같은 거 퉁구리로 받아와야 하는데 거기서 골치아픈 건 지도원들이 가서 받아와야 한다는 겁니다. 그런데 지도원들이 다 나이가 있는 사람들이고 또 돈이 있어야 운수기재로 해서 실어 갖고 올 거 아닙니까. 기차에 싣고 수화물에다 싣고 하면 얼마나 복잡합니까. 사람 타는 것도 힘든데 짐까지 타자면. 고지식한 사람들은 그걸 갖고 들어옵니다, 그러나 머리가 좀 도는 사람들은 전화질해서 거기(혜산) 박막 한 퉁구리에 얼마 하냐 물어봐서 값이 동등하거나 완전히 차이나지 않는 경우는 무조건 (함흥에서) 팔아 치우고 빈 몸으로 들어와서 그걸 사서 하는 거죠(북한이탈주민 48씨).

이러한 경향은 시장화가 진전되면서 더욱 짙어졌을 것이다. 시장의 발달로 함경남도 함흥이나 양강도 혜산의 비닐박막 등 자재 가격 차이가 줄어들었고 시장 수의 증가로 구입도 한층 용이해졌기 때문이다.

한편 자재인수원은 생산공장으로부터 인수한 자재를 현지에서 되팔아 마련한 현금을 종잣돈으로 하여 되거리 장사도 한다. 자재상사는 자재인수원의 되거리를 통해 자신들의 수익을 챙길 수 있기 때문에 아예 처음부터 이를 겨냥해 자재인수원에게 차량을 배정해 되거리가 용이하도록 지원하기도 한다.

그렇다면 군이 행표가 필요할까 하는 의문이 들 만큼 행표를 통한 자재 공급물량은 매우 미미하다. 그러나 이 행표가 있음으로 해서 자재상사는 자신의 역할을 제한적으로나마 수행할 수 있으며, 민간 자재시장을 새롭게 형성시키기도 한다. 계획경제의 상징인 행표가 오히려 자재시장을 추동하는 출발점인 동시에 시장영역(자재시장)과 계획영역(국가자재공급체계)을 연결하는 고리가 된 것이다.

행표의 존재는 '행표시장'[101]이란 또 다른 시장을 창출하기도 한다. 그 자체만으로는 거의 쓸모가 없게 된 행표를 행표 거간꾼이 액면가보다 낮은 가격으로 사들인 다음 이를 활용해 기관기업소로부터 자재, 식료품, 소비품 따위를 구입해 장마당이나 다른 기관기업소에 되파는 것이다. 남한에서도 드물지 않은 이른바 '깡' 또는 '꺾기'인 셈이다.

그러나 일부 선행연구와 달리[102] 행표시장은 시장화 진전으로 2011년 이후 급속하게 쇠락했다고 한다. 북한이탈주민 15씨는 경제난이 시작돼 2008~2010년까지 행표시장이 성행했고 농장에서도 많이 이용하였지만, 협동농장이 생산물을 시장에 임의 처분하는 길이 많이 열리면서 행표 거간꾼을 통한 농장의 상행위도 점점 줄어들었다고 한다.[103]

행표시장의 성쇠는 경제위기와 시장화의 진전이라는 최근의 역사를 고스란히 반영하고 있다고 해도 과언이 아니다. 이 같은 행표의 의미 변화를 통해 계획을 수행하기 위한 수단이 아이러니하게도 시장을 형성 발전시키는 촉매제가 되고 있음을 알 수 있다.

이는 계획과 시장의 관계에 대한 고민을 던져준다. 계획이 있음으로 해서 시장이 생겨나고 계획이 어느 정도 유지된다는 점에서 계획과 시장은 상호 보완적인 공생관계라고도 할 수 있지만, 장기적인 관점에서 보면 계획에 의해 추동된 시장이 계획을 침식하는 측면이 더 크므로 계획과 시장은 상호 대체관계라고 할 수 있기 때문이다.

ⓒ 농장 ↔ 자재공급기관 간 이중결제 및 담합 심화

농장과 자재공급기관 간 거래에 대한 양강도농촌경리위원회 자재상사의 사례는 확인할 수 없었다. 따라서 최근 함경북도 온성군과 함경남도 단천시의 일부 협동농장 사례와 2000년대 초중반부터 최근까지 평양지역 자재상사와 협동농장 간 거래 사례를 통해 농장과 자재공급기관 간 거래 실태를 유추해보기로 한다.

2011년 함경북도 온성군의 A농장은 군 자재공급소로부터 8톤가량의 비료를 인계받을 때 평균적으로 생돼지 5~6마리분의 '야매 돈' 즉 웃돈을 지급하였다.[104] 농장이 자재공급기관으로부터 공급받기로 계획된 자재를 받을 때 야매돈(웃돈)을 쓰는 것은 현재 일반화한 것으로 보인다.

협동농장이 자재를 국가공급체계로부터 공급받는 것인지 아닌지 판단하기가 모호할 정도이다.

> 국가에서 주는 그기(그게) 모호하단 말입니다. 국가가 예를 들어 우리 농장에 총 1년 생산에 비료가 총 10개가 필요하다면, 형식상 보장해주는 게 2개 내지 3개 보장해줘요. 근데 그것도 군 자재공급소나 도농촌경영위원회 자재공급소(자재상사)에서 받아오지요. 받아오는데 키로당 돈이 있어요. 우리 북한은 행표 결제를 하는데, 국가가 돈이 없으니까 행표거래라는 게 있는데 이게 종이돈이란 말이에요, 종이돈. 그걸 국정가격으로 행표는 행표대로 결제하고 개별 야매돈은 야매돈 대로 또 물어야 된단 말입니다. 자재공급소에다 따로 지불한단 말이에요. 이중결제가 되는 거지요(2011년 탈북 12씨).

2008년 함경남도 단천시의 B농장의 사정도 크게 다르지 않았다. B농장은 계획에 의해 비료공장에서 비료를 공급받을 때 행표 결제를 하면서 쌀, 술, 고기 등 뇌물을 웃돈 개념으로 "뒷구멍으로 들"이고야 비료를 받을 수 있었다.[105]

아예 행표 없이 시장가격에 준하는 현금 결제만으로 자재공급기관과 협동농장 간 거래가 이뤄지기도 한다. 2008년도 함경남도 단천시 협동농장은 가축방역 항생제와 양어장 치어를 시장가격에 준하는 돈을 지불하고 공급 받았다.[106]

국가자재공급체계상 협동농장은 자재공급기관으로부터 공급받을 권리가 있고 해당 기관은 농장에 공급해줄 의무가 있지만, 이제 그것은 의미가 없어지고 농장은 기관으로부터 사실상 돈을 내고 사오는 것이다. A 농장과 B농장의 사례는 2011년과 2008년에 발생한 것이다. 시장화가 더 나아간 현재는 이런 경향이 더욱 심해졌을 것이다.

그런데 농장이 지불한 웃돈은 농장의 생산물을 유용하거나 임의 처분해 마련한 것이라는 점에서 농장의 계획수행 기반에 타격을 줄 수밖에 없다. 또한 자재상사에 지불할 웃돈을 마련할 여유가 없는 협동농장은 국가 자재공급체계에서 도태된다. 자연히 농장 간 격차가 더욱 커질 수밖에 없는 것이다. 결국 자재상사와 협동농장은 자재 공급을 매개로 모종의 공생관계를 형성한다.

평양시 A구역 농업상사의[107] 2004~2015년 사례를 보자. 평양시에는 모란봉구역 등 도심을 제외한 대동강구역, 만경대구역 등 협동농장이 있는 구역에 농업상사가 1곳씩 존재한다. A구역에는 모두 5개의 협동농장이 있다. A구역 농업상사는 이들 협동농장에 자재 공급 역할을 맡지만 실제로 협동농장에 공급한 물량은 "정말 형식상으로, 사회주의체제가 무너지지 않고 지금 요렇게라도 공급한다는 것을 맛보이는" 정도로 매우 미미하다. 그러나 이 과정에서도 농업상사는 농장으로부터 곡물을 받아 챙겨 운영원천으로 쓴다.[108]

농업상사와의 거래 과정에서 협동농장이 일방적으로 손해만 보는 것은 아니다. 협동농장과 농업상사는 공급물량 부풀리기와 '엎어말이'를 통해 서로의 '먹을 알'을 챙긴다. '엎어말이'는 농장이 외부(시장 또는 개인)로부터 불법 구입한 자재물량을 농업상사에서 받아온 물량 수치에 얹어서 외부 구입 물량 또는 구입 사실 자체를 숨기는 것을 말한다. 농업상사와 협동농장 간 자재 공급은 국가공급체계상에서 이뤄지는 것이기 때문에 당연히 장부에 수치로 기재해야 한다. 그런데 장부에 양측의 이해관계를 반영한 가짜 수치를 기재하는 것이다.[109]

㉣ 관리위원회 ↔ 작업반 또는 분조 간 공급물량 부풀리기

농장이 국가로부터 공급 받는 자재는 상급기관으로부터 내려 받는 절대량 자체가 적은 데다 중간단계에서의 편취·유용으로 더욱 줄어들어 실제 수요량에 크게 못 미친다. 이러한 구조는 농장 내부에서도 마찬가지다.

농장은 관리위원회에서 "뗄 거 다 떼고" 작업반이나 분조에 더 적은 물량을 분할한다. 그러면서도 서류상에는 실제 보다 많은 물량이 공급된 것으로 조작한다.[110] 농장 내부 책임자 간 담합이 없으면 사실상 불가능한 일이다. 따라서 자재공급과정에서 농장 내부 책임자 간 담합 또는 권력위계에 따른 복종이 만연하다고 볼 수 있다. 이런 경향은 실제 토지에 투입되었는지를 확인하기 어려운 비료 등의 공급에서 농후하다.

이상 ㉠~㉣을 통해 자재의 국가공급체계가 매우 형해화하였음을 확인할 수 있었다.

농장들은 형식상 국정가격에 의한 행표를 통해 자재를 계통 '공급'받고 있지만 그 과정에서 웃돈(현금, 현물)을 얹어주거나 사실상 시장가격에 준하는 가격으로 '구입' 하고 있다. 또한 운수 기자재의 부족으로 인해 계통공급기관으로부터 농장으로 자재를 인수받지 못하고 해당 기관에 직접 가서 운송해오고 있다. 도 ↔ 협동농장 간 직거래하는 양상이 심화하면서, 도 → 군 → 협동농장으로 이어지는 전통적인 계통공급체계도 부분적으로 무너졌다.

이러한 제반 과정에서 국가공급 자재는 상당 부분 시장으로 흘러나갔다. 농장 입장에서는 공급받은 자재 자체가 적다 보니 작업반 → 분조 단위로 분할해 나누어 줄 때 서류상으로 물량을 부풀려 공급하였다. 결국 농업생산의 질이 악화될 수밖에 없는 구조를 만들었다.

④ 국가공급체계 운영 주체의 중앙·지방정부로의 이원화

국가공급체계를 통해 공급되는 자재 규모 역시 국가공급체계의 정상 가동 여부를 가늠할 수 있는 잣대이다. 그런데 앞서 살펴본 것처럼 국가 공급체계로부터 공급받는 물량에 대해서도 뇌물과 웃돈을 주어야 하는 이중결제가 만연하다 보니 국가공급체계상 공급받는 자재 규모를 따지는 것이 무의미해지고 있다. 앞서 북한이탈주민 12씨는 국가에서 공급해주 는 비료는 수요량의 20~30%에 불과하지만 그것조차 행표와 야매돈 등 이 중 지불해야 공급받을 수 있으므로 실제 받는 비료가 얼마인지 헤아리기 어렵다고 토로한 바 있다.

그렇다면 이중결제를 해서라도 일단 국가공급체계의 공급선을 거쳐 농장이 공급받는 자재 규모는 얼마나 될까?

이것은 지역에 따라 그리고 자재 종류에 따라 편차가 매우 큰 것으로 보인다. 2015년 탈북 평안남도 출신 31씨는 "성천군의 경우 비료는 국가 에서 공급되는 게 있지만 '장난'에 가깝다. 다 자체로 조달한다"고 하였 다. 반면 2015년 현재 양강도의 경우 석유는 30~40%, 비료는 50% 정도였 다고 한다. "양강도, 함북도, 자강도 등은 지방정부 차원에서 자재를 밀수 해 반입할 수 있도록 중앙에서도 허용"하였기 때문이라고 한다.[111]

양강도의 경우는 영농자재의 국가공급체계를 보다 입체적으로 해석할 필요를 제기한다. 양강도에서 국가공급체계 공급선을 통해 협동농장에 공 급되는 비료는 크게 북한산 비료, 수입비료(세관을 통해 정식 통관절차를 밟아 반입된 비료), 밀수비료 등 3가지이다. 이탈주민 48씨는 "전체 비료 공급량을 100%이라고 할 때 밀수비료(합법·불법 밀수 포함)가 70%를 넘 고 수입비료는 극히 미미할 것"이라고 말하였다.

북한은 1990년대 중후반 이후 도 단위 또는 시군 단위에서 외화벌이

회사를 설립해 직접 무역할 수 있도록 허용한 바 있다. 이것은 앞서 평안남도농촌경리위원회 산하 조직도 <그림 2>, <그림 3>에서도 확인하였다. 평안남도농촌경리위원회에는 산하 기관기업소로 '열두삼천회사'가 존재하며, 문덕군만 해도 '원천동원사업소'라는 산하 기관기업소가 있다.

양강도 등 중국과 인접한 국경지역에서는 이러한 지방 차원의 외화벌이 무역회사가 더욱 활발할 것이고, 이들을 통해 중국산 자재의 반입 가능성이 높을 수 있다. 실제로 2015년 탈북 함경북도 회령시 출신 17씨는 시 차원에서 조직한 수출사업소를 통해 팥을 수출한 대가로 비료를 받아들여 북한에 반입했다고 말하였다.[112] 특히 중국 투자회사로 알려진 '천하지본'의 경우 북한 협동농장에 자금과 자재(비료)를 제공하는 대가로 팥을 위탁 재배시키고 수확한 팥을 중국에 싼값으로 반입한다고 한다.[113] 이러한 중국과의 합작농사 형태가 북한 내 지방정부 차원에서 추진하는 것인지, 그리고 생산물이 대중 수출형태로 반출되는 것인지에 대한 면밀한 검토가 필요하다.

최근 북한당국도 비료 수입을 늘리고 있다. 2016년 중국산 질소비료 수입량은 총 15만 8,300여 톤으로 2015년 7만 1,000여 톤보다 2.2배 증가하였다.[114] 이에 대해 김정은 집권 이후 당국의 농산물 생산성 향상과 자강력 제일주의 강조 기조와 맞물려 증대되는 추세라는 해석이 있다.[115]

국가자재공급체계가 중앙과 지방정부 차원으로 이원화된 것은 지역별 협동농장의 생산성 격차를 야기한다는 점에서 주목해야 할 부분이다. 지방정부의 역량에 따라 협동농장의 자재 조달 여건이 달라지고, 이는 농장 간 생산성을 벌리는 요인이 될 수 있기 때문이다.

실제로 국경지역과 비국경지역의 협동농장 간 생활수준은 경제위기 직후부터 현재에 이르는 동안 극적으로 역전하였다. 경제위기 직후 비국경지역의 식량 및 자재 사정은 국경지역에 비해 양호했지만 이후 빠르게 떨어졌다. 과거 곡창지대로 평가받았던 '앞쪽' 즉 황해남도와 평안남도 농장의 먹을거리 사정이 최근 들어서는 북쪽 변방에 크게 못 미치고 있다는 것이 북한이탈주민들의 공통된 전언이다.[116]

2015년 탈북 함경북도 온성군 협동농장 출신 39씨는 "온성군이 곡물 생산에서 최근에는 전국적으로 2등권내, 3등권내를 놓지 않았다. 북한이 200개 군이 있는데 거기서 곡창지대 황해남도 같은 거 다 제꼈다"고 하였다.[117] 이 말이 사실이라면 변방이던 온성군이 최근 신흥 곡창지대로 탈바꿈했다는 것이다.[118] 국가자재공급체계에서의 지방정부의 역량과 지역별 협동농장의 생활수준과의 관계를 검토해볼 필요성을 제기하는 대목이다.

2. 국가공급체계 밖에서의 조달

협동농장의 자재 조달은 국가공급체계 밖의 영역에 크게 의존하고 있다. 시장화가 진전되고 대외무역(중국과의 교역)이 활발해지면서 자재를 구입하기가 용이해졌기 때문이다. 여기에서는 국가공급체계 밖의 영역에서 협동농장이 자재를 조달하는 방식을 살펴보기로 한다.

1) 외상 구입(자재 대금 후불)

협동농장이 자재를 외부로부터 조달하는 가장 일반적인 방법은 자재 취급 상인으로부터 봄철에 외상으로 구입한 후 가을 수확철에 결제하는 것이다.

농장이 자재를 외상 구입하는 대상은 크게 2부류다. 우선 작업반 차원의 비교적 소량의 자재는 시장(장마당)의 '앉은장사' 상인으로부터 외상 구입한다.

2015년 함경북도 회령시의 한 협동농장의 작업반 사례를 보자. 이 작업반은 비료의 경우 국가 공급으로 충당하였고, 박막은 수요량 절반을 살초제는 거의 전량을 시장에서 구입하였다.[119] 그런데 박막의 경우 작업반장과 작업반 통계원이 직접 인근 시장상인으로부터 외상으로 받아왔다. 이 작업반이 2015년 시장에서 구입한 박막은 북한돈 500만원어치였다. 시장에서 더 구입하고 싶었지만 자금 부족(정확히는 가을 수확기에 도래하는 상환 부담)으로 이 정도만 샀다. 17씨의 작업반은 박막 대금을 가을철 시세를 적용한 옥수수로 지불하였다. 그런데 옥수수는 이듬해 단경기가 되면 계절진폭이 2배가량에 달하므로 봄·가을 지불하는 액면가가 같다고 하더라도 실제로는 갑절이나 비싼 가격에 구입한 셈이다.

반면 온성군 소재 협동농장 작업반의 상환방식은 상인의 요구에 따라 달랐다. 이탈주민 39씨(2015년 탈북)는 "돈으로 달라고 하면 (곡식) 팔아서 돈으로 주고 곡식으로 달라고 하면 곡식으로 준다. 그런데 장사꾼들은 현물로 주는 걸 더 좋아한다. 그게 더 이윤이 나기 때문이다. 농장들도 그거 팔아서 돈 만드는 것보다 그거 퍼주는 게 간단해서 편하다"고 하였다. 39씨는 현금으로 상환할 때 거의 중국 돈으로 지불했다고 하였다.

농장이 비교적 다량의 자재를 외상 구입할 때는 그것을 전문 취급하는 개인(돈주)으로부터 구입하는 것이 일반적이다. 국경지역의 경우 이러한 개인은 대체로 화교인 경우가 많다.[120]

석유나 타이어 등 농업에 특화된 자재가 아닌 경우엔 비 상인 개인으로부터 구입할 때도 적지 않다. 이런 자재들 역시 외상으로 구입한 뒤 가을에 자재 가격의 2배에 해당하는 곡물 또는 현금을 지불하는 방식이 대체적이다. 자재를 판매하는 개인 입장에서는 봄에 빌려주고 가을에 대금을 2배로 돌려받는다고 해서 '가을놀이'라고 한다. 자산을 불리는 투자의 개념으로 외상 판매하는 것이다. 2011년 탈북 함경북도 청진 출신 44씨는 "특히 기름(석유) 같은 것은 개인(비 상인)과 농장 간 거래가 더 많을 것"

이라고 하였다. 그는 2000년대 초반 청진항에 들어오는 일본 중고 타이어를 청진시 협동농장의 축산작업반에 가을놓이를 하였던 경험이 있다. 타이어를 외상으로 판매한 뒤 타이어 가격의 2배에 달하는 풋고추를 수확기 작업반 측으로부터 지급받았다는 그는 "이런 거래 방식이 지금은 더 심해졌을 것"이라고 하였다.

협동농장이 자재를 외부에서 구입하는 과정에서 나타난 변화 중 하나는 구입 주체가 달라졌다는 점이다. 특히 최근에는 농장(관리위원회) 차원에서 구입하기도 하지만 작업반 등 직접생산단위가 구입하는 경우가 크게 늘었다. 앞서 2015년 탈북 17씨의 사례에서도 작업반이 직접 박막을 사들였다. 2015년 탈북 39씨는 이에 대해 흥미로운 말을 하였다. "똑똑한 농장은 관리위원장이 사서 분조에까지 다 나눠주지만 그렇지 못한 데는 작업반장이 다 산다"는 것이다. 작업반의 자재 직접구입이 많아진 것은 농장의 농업생산활동이 작업반 등 직접생산단위 중심으로 전개되는 것과 무관하지 않다.

이 같은 현실 여건의 변화는 자연히 농장 내부지배구조에서 의사결정 권한을 관리위원회 → 작업반 또는 분조 단위로 하향 이동시켰다. 경제위기 이후 돈주로서 농장과 거래했던 23씨는 심지어 "농장하고 했다가는 망한다. 직접생산단위하고 거래해야지, 농장하고 거래하면 벌써 한 계단 걸치고 하는 건데 그만큼 (투자 수익 확보가) 거리가 먼 것이 된다."고 하였다.

농장 내부의 의사결정 분권화가 계획 수립단계에서는 비교적 뚜렷하지 않지만, 계획 실행단계에서는 크게 변하고 있다는 사실은 주목할 만하다.

2) 직접 구입

협동농장은 외부에서 차용하거나 생산물을 처분해서 마련한 자금으로

자재를 구입하기도 한다. 자금이 있는 경우엔 농장이 거래관계에서 비교우위를 차지할 수 있기 때문이다.

2011년 함경북도 온성군의 협동농장 사례를 보자. 이 협동농장은 개인에게서 차용한 돈을 자재 취급 돈주에게 선결제하고 구입을 대행시켰다. 이 협동농장이 선결제한 시기는 3월 초였고, 한 달 후에 비료를 전달받았다. 해당 비료는 중국 연길과 도문 등지로부터 반입된 것이었다고 이탈주민 12씨는 설명했다. 이 농장이 2011년 이런 방식으로 구입한 중국산 비료는 7톤 트럭 6대 분량이었다. 이 협동농장은 석유도 기 확보한 자금으로 시장에서 구입하였다. 이때의 공급자는 주로 광산 등 대형 차량용 석유를 보유하고 있는 대규모 공장기업소이다. 구입은 주로 야음을 틈타 몰래 하였다는 말로 미루어 볼 때 해당 석유는 공장기업소 관계자들의 절취분일 것이다.

3) 물물교환

일부 협동농장은 기름 생산 공장과 협의해 공장 종업원들의 부식용 김장채소를 공급해주는 대가로 기름을 공급받기도 한다. 상호간의 필요한 물품을 교환하는 방식이다. 농장은 시장에서의 정보 탐색과정을 생략할 수 있고, 공장기업소는 종업원의 부식품 공급을 해결할 수 있는 장점이 있다.

아래는 2005년 연유가공공장 지배인을 지낸 사람의 관련 경험담이다.

> 농장 관리위원장이 우리 공장에 와서 우선적으로 "노동자가 몇 명입니까, 우리 다 공급해주겠으니 디젤유를 조금 보장해주시오" 요구합니다. 그럼 "1주일에 한 드럼 180리터를 쓴다 하면 한 달에 5드럼 주면 되지요?" 그러면 "그럼, 좋습니다. 우리가 그렇게 하겠는데 우선

겨울철에 우리 종업원들 한 사람당 배추가 3톤씩 돌아갈 수 있게끔, 50명이니까 150톤을 공급해 달라" 하면 "아, 그렇게 하겠습니다." 하죠(2011년 탈북 26씨).

특히 26씨는 이러한 공장기업소와 농장 간 물물교환이 2002년도 7·1 조치 이후 크게 늘었다고 하였다. 북한당국이 공장기업소 뿐만 아니라 농장에 대해서도 독립채산을 강조하면서 농장 관리일꾼들이 자재조달을 위한 방안들을 고안하면서 활성화되었다는 것이다.

2013년 함경북도 함흥시 일부 협동농장에서는 산이 많은 인근 협동농장에 벼를 주고 모판 바람막이용 목재를 물물교환으로 조달하였다.[121] 함경북도 회령시에서도 산간지대에 위치한 일부 협동농장이 인근 채종농장인 덕흥채종농장과 오봉채종농장에 집 짓는 데 쓰는 목재를 주고 그들로부터 종자를 받았다.[122]

4) 밀수

일부 국경지역의 협동농장에선 파철·약초 등을 중국 측에 밀수해 비료 등 자재를 조달하기도 한다. 이탈주민 44씨가 2000년 직전까지 관찰한 바로는 농장 차원에서 중국에 친척 있는 농장원 10여 명을 이른바 밀수조로 조직해 중국에 잠입시켜 중국산 비료를 반입시켰다.[123]

최근에는 이러한 농장 차원의 밀수가 더욱 체계적으로 이뤄지는 것으로 보인다. 밀수는 사실 국경경비대의 비호가 없다면 거의 불가능할 것이다. 또한 협동농장과 당조직(리당) 간의 담합이 없으면 적발될 소지도 크다. 2011년 국경경비대에 근무하였던 48씨는 협동농장의 관리위원장과 초급당비서가 담합해서 파철과 약초 등을 중국 측에 넘기고 그 대가로 중국산 비료를 제공받았는데 그 과정에서 자신은 비호 대가('커버비')로 텔

레비전을 뇌물로 받았다고 경험을 털어놨다.

5) 경지·비경지 불법 임대 또는 양도

앞서 농장의 경지와 비경지를 활용해 자금을 마련한 경우를 살펴보았다. 그런데 일부 농장은 경지와 비경지를 외부인에게 불법 임대 또는 양도한 대가로 현금이 아닌 자재를 받기도 한다.

2007년 평안남도 문덕군의 한 협동농장은 돈주에게 경지 수백 평을 불법 양도하였다. 해당 돈주는 경지를 양도받는 대가로 기름(경유) 1톤을 농장에 제공하였다. 경지는 국가알곡생산계획이 부여되는 토지이기 때문에 엄격하게 관리된다. 때문에 협동농장은 돈주에게 경지를 임대하기 전에 해당 경지를 비경지로 전환시키는 작업을 1년여에 걸쳐 관계기관과 몰래 진행하였다. 이후 해당 돈주는 제공받은 경지에다가 자신의 주택을 짓고 텃밭을 꾸리는 등 사실상 사유지처럼 사용하였다.[124]

이 같은 농장의 경지의 불법 지목 변경과 불법 양도를 통한 농장의 자재 조달은 의외로 많이 이뤄지는 것으로 보인다. 북한이 2009년 처음으로 제정한 농장법을 통해 "농업토지는 농업지도기관에 등록하며 다른 기관, 기업소, 단체와 개인에게 마음대로 넘겨줄 수 없다. 농업토지의 지목을 변경하려 할 경우에는 중앙농업지도기관의 승인을 받아야 한다."(제9조 1항, 2항)라고[125] 규정한 것도 이러한 현상이 심하다는 반증일 것이다.

6) 8·3 운영

앞서 농장은 8·3 입금조를 조직해 자금을 마련하는 사례들을 살펴보았다. 그러나 이때 현금이 아닌 현물 자재로서 8·3입금을 납부받기도 한다. 2015년 탈북 함경북도 온성군 출신 4씨와 2015년 탈북 함경북도 회령시 출신 2씨의 인터뷰를 살펴보면 일부 8·3 농장원들은 시간을 허용 받는 대가로 트랙터 운전용 석유를 작업반장이나 분조장에게 납부하였다. 8·3 입금 형태(수단)에서 현물 자재 비중이 꽤 높다는 것은 농장 8·3이 공장 8·3과 다른 점 중 하나다.

IV. 나오며

이 글은 경제위기 이후 북한 협동농장의 자금·자재 조달 실태를 북한 이탈주민의 증언을 중심으로 살펴보았다. 이 결과 자금·자재 등 생산요소를 확보하는 과정에서 협동농장은 시장과 적극적으로 연계함으로써 계획을 수행하고 있음을 알 수 있었다. 협동농장의 계획수행의 과정을 계획수립 - 계획실행(자금·자재·노동력 조달) - 계획평가로 나누었을 때 계획실행 단계에서는 당국과 상급기관의 사실상 방임 하에 협동농장이 거의 자력으로 문제를 해결하고 있는 것이다. 이 같은 양태들은 경제위기 이전과 비교하였을 때 크게 변화한 모습이다. 경제위기 이전에는 자금·자재 등 생산요소 확보단계에서 계획이 절대적이었다.

이는 북한 협동농장에 대한 계획화체계의 전체적인 골격은 유지하고 있지만 작동방식은 경제위기 이전만큼 탄탄하지 않아 단계별로 균열이 발생하고 부분에 따라서는 상당히 무너지고 있음을 보여주는 증거가 될 수 있다. 중장기적으로 보면 농업생산부문에서의 계획화체계의 와해가 서서히 진행하고 있다는 주장을 뒷받침할 수 있다.

이 글은 자료 확보가 쉽지 않은 북한경제 연구의 불리한 여건과 농촌 출신 북한이탈주민이 매우 적은 현실적 어려움 속에서 적극적인 자료 만들기를 통해 그동안 실태를 제대로 파악하지 못했던 경제위기 이후 협동농장의 변화를 밀착하여 들여다봤다는 점에서 작은 의미를 가진다고 하겠다.

북한 농업부문의 실태를 파악하기 위해 필요한 이론 또는 문헌분석이 부족한 현실에서 북한이탈주민 심층면접은 적극 활용할 필요가 있다. 다만 객관성을 더욱 높이기 위해 지역과 시기를 고려한 면접 대상자의 충분한 확보와 북한 농업에 대한 높은 이해도를 바탕으로 한 꼼꼼한 분석이 향후 더 나은 후속 연구의 관건일 것이다.

그러나 이 글은 협동농장에 대한 자금과 자재 조달을 담당하는 국영부문의 구체적인 작동실태와 협동농장과의 관계를 본격적으로 다루지 못하였다는 한계도 가지고 있다. 자재와 자금 조달의 방법이 제조업 등 다른 산업(공장)과 어떤 차이가 있는지 등도 살피지 못하였다. 추후 연구해야 할 중요한 과제들이다.

이 장의 주

1 양문수, "북한의 종합시장: 실태, 파급효과, 성격과 의미", 『KDI 북한경제리뷰』, 2005년 2월호, 4~6쪽.

2 반구조화 방식의 면접은 구조화된 면접이 갖고 있는 질적 접근의 한계와 비구조화 된 면접이 갖고 있는 시간 제약의 한계를 절충적으로 해소할 수 있는 장점이 있다(최봉대, "탈북자 면접조사방법", 경남대학교 북한대학원 엮음, 『북한연구방법론』(파주: 한울, 2009), 314쪽).

3 이 글에서 사용한 '관리일꾼'이란 농장의 관리위원장, 기사장, 부기장, 작업반장 등 협동농장관리위원회 부원(지도원) 이상의 유급 및 반유급 간부를 일컫는다. 분조장은 무급이지만 이 글에선 관리일꾼에 포함시키며, 작업반의 통계원, 세포비서, 기술지도원 등 농장 초급일꾼들도 넓게 보아 관리일꾼으로 간주한다. 이 밖에 군협동농장경영위원회와 도농촌경리위원회 등 농장 상위 농업관리운영기관과 농업상사 등 농업 계통기관 부원(지도원) 이상도 이 글에선 관리일꾼으로 본다.

4 공식과 비공식, 시장과 계획이 만들어내는 회색지대에서의 행위들을 오히려 협동농장 밖의 외부 관찰자가 더 잘 목격할 수도 있다. 더욱이 북한은 거의 전 국민을 대상으로 '농촌지원', '퇴비반출' 등 농촌에 대한 노력동원을 연중 강제한다. 따라서 비농업기관 단체 종사자들에게도 협동농장은 낯설지 않은 친숙한 공간이다.

5 여기서의 '자금'은 협동농장이 농업생산활동과 농장운영에 필요한 각종 경제적 자원이다. 영농자재를 구입하기 위한 비용을 비롯해 농장 차원의 행사에 들어가는 현금 또는 현물, 조세·준조세 납부용 현금 또는 현물, 접대비 등도 넓은 의미에서 자금이다. 그런데 농장의 영농자재 구입만 보더라도 상당 부분 외상거래로 이뤄지는 실정이므로 자금과 자재의 구분이 모호할 때가 적지 않다. 농장은 확보한 돈으로 영농자재를 시장에서 직접 구입하기도 하지만 돈주가 보유한 자금으로 자재 구입을 위탁하고 대금을 후불로 정산하기도 해서다. 특히 북한에서 자재취급상인은 북중교역에 관여하는 경우가 많아 "자금을 빌려씁시다"라는 말은 "자재를 대신 구입해주시오. 수확철에 상환하겠소."라는 말과 때때로 동일한 의미로 쓰인다. 따라서 Ⅱ의 '자금'은 Ⅲ에서의 '자재'와 서로 겹치지 않는 범위 내에서 탄력적으로 조정하였다.

6 "농장 차원들에서는 돈이 없으니까 개인들한테 고리대로 돈을 빌리지요. 그래서 개인들한테 만약시 돈 100만원 꿨다면 가을에 개인들한테 120만원, 130만원 더 주기로 꾸죠. 그 돈 가지고 중국 돈으로 바꿔서 중국에 들여보내서 중국에서 비료, 살초제를 사다가 농사를 짓거든. 개인들한테 돈 빌리는 거는 고난의 행군 시작하면서부터지. 지금까지도 그렇고. 이건 전국이 다 마찬가지예요"(함경북도 온성군 협동농장 관리일꾼 출신 12씨).

7 '농업금융'(농업과 관련하여 일정한 기간 후에 원금과 이자를 상환한다는 조건 하에 농업부문에 필요한 자금을 빌려주고 빌리는 행위)의 관점에서 볼 때 차입한 자금은 사용목적에 따라 생산금융과 소비금융으로 구분한다. 이밖에 단기금융과 중·장기금융, 정기상환금융과 분할상환금융, 담보금융과 무담보금융 등의 구분도 있다(농협중앙회, 『농업금융의 이론과 실제』(서울: 농협중앙회, 1980), 53~57쪽; 신해식, "농업금융", 『농업경제학』(춘천: 강원대학교출판부, 1999), 300~302쪽 재인용).

8 비닐박막은 흔히 박막이라고 하는데 농업용 필름을 말한다. 온실(비닐하우스)이나 벼 모판 조성 때 주로 쓰인다.

9 석유. 뜨락또르 등 농기계 운전용 경유(디젤유)나 휘발유를 가리킨다.

10 "비료, 박막, 기름. 이 세 가지를 제일 먼저 싸는(사는) 거예요. 박막은 비닐. 그게

없으면 씨(볍씨)를 못 뿌리거든요. 기름은 디젤유. 여기(남한)로 말하면 경유. 북한에서는 이 세 가지를 확보하지 못하면 농사 못 져요"(북한이탈주민 12씨).

11 북한이탈주민 12씨.

12 북한이탈주민 12씨; 북한이탈주민 39씨.

13 2012년 3월 9일 KEB하나은행 고시환율 1달러당 1,119원을 적용하였다.

14 홍민 외, 『북한 전국 시장 정보: 공식시장 현황을 중심으로』(서울: 통일연구원, 2016), 145쪽.

15 "우리 군에 한 10명 정도 됐어요. 큰 장사하는 사람들이. 내 있을 때(2011년)는. 그것들이 대체로 우리 농촌에서 벼하고 강냉이 장마당에서 싹 걷어가지고 차에다 싣고 도회지에 나간답니다. 그래 나가서, 비싼 값에 팔고 또 거기서 공업품 막 싣고 들어와서 또 농촌에, 우리 시장에다 널어놓고. 이런 게 많아요. 그것들이 아마 우리 군 시장을 다 쥐락펴락 했을 거예요. 그 사람들 보고 돈주라고 말하는 겁니다. 다 평민이죠. 근데 다 탈북자 가족들이란 말입니다. 남한에서 부친 뭉칫돈을 쥐고 그 다음에 공업지구 나간단 말입니다. 청진이나 함흥, 신의주 이쪽에 나가서 거기 있는 물건들, 공업품 싸다가(사다가) 여기 와서 팔고 또 여기서 매매되는 농산물 잔뜩 싣고 나가서 그쪽 도시에다 내다 팔고 그런 유통이 진행되매"(북한이탈주민 12씨).

16 북한에서 화교는 거주나 이동의 제한을 누구보다 많이 받고 있다고 한다. 예를 들어 평양을 비롯해 나선특별시 등지에서 화교는 자유롭게 오갈 수 없다("북, 4·15행사에 화교들 대거 초청", 『자유아시아방송』, 2017년 4월 14일.)

17 "반장들, 감옥 가는 것도 많지요. 3년 전(2011년)에 농장 다니면서 보면 반장들 뭐 몇 톤씩 빚져요. 몇 십 톤씩. 못 갚으면 반장 떨어지죠. 또 빚쟁이들한테 와서 단련 받고 매 맞고 그러지요. 막 불쌍해요. 집 재산 다 들어가지, 마지막에는 집까지 팔고 그래요"(2014년 탈북 16씨).

18 "국가에서 대주는 거 없고 운영은 해야겠으니 개인한테서 돈을 빌려요. 보통 개인들 대상으로 할 때는 농민들한테는 뭐 별로 없어요. 이런 직장자들, 잘 사는 사람, 돈주들한테서"(2015년 탈북 함경북도 협동농장 출신 2씨).

19 "가을에 되게 되면 '빚꾼', 우리들은 '빚꾼'들이라고 하거든요. 그런 사람들이 그냥 매달리거든요, 관리위원장, 작업반장, 분조장한테 빚 달라고 그냥 오거든요"(북한이탈주민 2씨).

20 "보통 12월. 설 명절 전엔 다 끝나요. 1월 1일 전까지는 다 처리해요. 설 전에 모든 걸, 식량이고 빚이고 모든 것을 다 청산하는 거를 기본으로 돼 있지"(북한이탈주민 12씨).

21 "간부들은 환율 계산해서 달러로 바꿔주면 더 좋아하고. 근데 우리가 외화 그리 많이 못 바꾸잖아요. 그러니까 식량으로 들이밀죠. 간부들은 또 그거 팔아서 자기네 돈을 마련하고"(북한이탈주민 12씨).

22 "본격적으로 빌리는 건 3월, 4월에 기본 빌리고 6~7월에 또 한 번 빌려요. 모내기 착 들어가기 전에 또 한 번 빌린다고요. 돈 빌려서 식량을 사서 아이들 농촌 동원 나오고 농장원들도 강냉이 국수라도 한 끼씩 먹이지"(북한이탈주민 12씨).

23 "3월달에 빌리는 액수하고 6월달에 빌리는 양하고 이자 주는 게 다릅니다. 3월달에는 20% 준다면 6월달에는 10% 밖에 안 줘요. 빌리는 기간이 짧기 때문에 그거 다 계산하지. 3월달에 빌린 거, 6월달에 빌린 거 똑같이 줄 수는 없잖아요"(북한이탈주민 12씨).

24 "2013년에 그런 일도 있었어요. 가을에 국가계획을 다 맞췄는데 이 빚을 못 물었어요. 작업반장이 꽉 잡고 있는데, 우리 농장원들 얼려 먹은 거예요. 좀 낟알 있다는 분조장들 모아 놓고 '내 강냉이 1톤 주게 되면 1대 2로 벼로 줄게' 이런 식으로. 강냉이로 주면 벼로 얼마 주겠다고 협잡 간 거예요. 어떤 분조장 집에선 부인이 '그 사람, 벼를 팔면 곱으로 늘겠는데 그걸로 빚을 물테지 왜 우리한테 맞추자고 하나' 했지만 남편이 끝내 욱을 쓰고 그 반장 말을 믿고 집의 강냉이를 바쳤어요. 결국 자기네 강냉이 퍼서 농장 빚을 물었는데 결국 그 강냉이 한 푼도 못 받은 거예요. 이런 식이예요"(2015년 탈북한 함경북도 온성군 협동농장 출신 2씨).

25 권혁희, "20세기 북한지역 단오의 지속과 변화에 대한 고찰-식민지 시기 단오의 양상과 6·25이후 사회주의적 변용을 중심으로", 『한국민속학』 제62호(2015), 161~172쪽.

26 "단옷날이면 농장에서는 크게 먹자판 벌리는 그런 행사가 있어요. 나름대로 농장원들의 열의를 약간 자극시키기 위한 거지요. 관리위원장 한 턱, 작업반장 한 턱 이렇게. 한 개 작업반이다 하면 개 한 마리 때려서, 삶아가지고 로인이나 농장원들한테. 근데 농장에서 자금이 없어요. 그리고 보릿고개잖아요. 단오가 6월 초예요. 북한은 5~6월이 보릿고개거든요. 농장 자체도 이때는 탈곡장 식량도 없고, 그리고 모내기 하느라고 기름도 다 외상 가져오는 판이기 때문에 개 한 마리를 살 돈이 없다고요. 이때 도시에 나가서 개를 외상으로 가져오거든요"(2008년 탈북한 북한이탈주민 13씨).

27 "도시 사람들이 개를 못 팔아서가 아니고 이 농장에다가 주게 되면 두 배로 받거든요. 가격이 두 배. 농장은 외상이기 때문에 두 배로 물어주게 되고, 도시민은 가을에 (알곡으로) 받아요. 옥수수 나올 때. 아니면 벼 나올 때. 저는 강냉이를 받았는데 한 마리 팔고 강냉이 200키로. 그리고 꼭 현물로 받죠, 이거는 철저하게 현물로.

그리고 이거는 못 받는 법이 없어요. 철저하게 신뢰관계이기 때문에"(북한이탈주민 13씨).

28 "농장에 어떤 인맥관계가 있어야 개를 외상 줄 수 있어요. 인맥관계가 직접 있을 수도 있고 농장과 나 사이에 '거간'이 있을 수도 있고. 거간은 뭐 (수수료) 얼마를 먹겠지만 그건 상관이 없고"(북한이탈주민 13씨).

29 "양정사업소에서 강냉이를 좌우간 어떻게 건사하는지 모르겠습니다. 근데 농장에 들어올 때게는 강냉이 눈깔 다 뗀 거 이런 거 들어옵니다. 봄에 이제 모내기 탁, 모판 닦기 이런 거 들어가면 그런 게 때빠차로 10톤씩, 20톤씩 막 들어옵니다. 강냉이도, 뭐 말리지도 않고 선별이라는 것도 없이 섞여가지고서, 그 뜬 강냉이를 그저 막 키로수로 (농장원들한테) 퍼줍니다. 퍼주면 가을에 가면 벼 2키로씩 땅땅 받아갑니다"(2015년 탈북 평안남도 문덕군 협동농장 출신 3씨).

30 북한이탈주민 2씨에 따르면 온성군 내 양정사업소는 온성군과 종성로동자구에 각각 1곳씩 있다.

31 "탈곡이 끝나고 인민군대가 가져가고 남은 나머지는 우리 관리위원회 농장창고에다 넣고 잠근단 말이예요. 상인들 하나하나 불러서 빚도 갚지만 우리 농장은 농장대로 청진 같은 먼 데 나가, 한 500리, 600리 되는 대도시에 싣고 가서 거기서 비싼 가격에 팔아가지고, 거기서 돈 만들어가지고 들어온단 말이예요. 우리 농장에 차 한 대 있잖아요. 우리 군에서 팔면 값을 얼마 못 받잖아요. 그래서 그걸로 빚을 물고. 전문 맡아 파는 되거리들한테 팔 때도 많지. 우리 농장 힘으론 다 못 팔잖아요."(2011년 탈북 함경북도 온성군 협동농장 출신 12씨).

32 2015년 지역의 '데꼬'에게 옥수수 1톤을 판매하였다는 한 작업반장은 다음과 같이 말했다. "내 강냉이를 한톤 팔아야 되겠다 하면 읍에 '데꼬'가 있어요. 장마당 전에 그런 거 사는 사람들. 그런 사람들이 저울 쥐고 서서 아침 새벽부터 나와서 저녁 늦게까지 있다 들어가요. 그럼 뭐 자전거에 싣고 나온 사람, 차에 싣고 나온 사람들이 그 사람들한테다 팔죠"(북한이탈주민 39씨).

33 "농산물을 국정가격으로 어디 군부대에 이관을 시키라, 어디 회사에 주라 하면, 고추 1키로 하면 그건 1,000원 밖에 못 받잖아요. 그렇지만 뒤에 앉아서 장마당 장사꾼들한테 넘겨주면 못해도 3,000원 받는데. 그니까 이쪽에다는 너네 이거 좀 고추를 받았다 하고, 도장 좀 찍어달라고 하고 문건 상에는 1,000원에 팔았습니다 하고. 10키로 팔았으면 1만원입니다 하고, 그러고는 그 1만원은 국가에다 넣고. 그래야 돼야 되는데, 그럼 자기네 리윤이 얼마 안 떨어지는데, 뒤돌아 앉아서 장사꾼한테 팔아주면 3,000원이면 3만원이 되잖아요? 그럼 2만원 리득 나는 거잖아요. 그런 식으로 돈을 만드는 거지"(2011년 탈북 함경북도 청진시 출신 44씨).

34 북한이탈주민 23씨.

35 국가정보원은 북한 공식시장이 2017년 2월 현재 439개로 추정된다고 밝혔다("국정원 "김정남 독살, 北보위성·외무성 주도…김원홍 연금"",『연합뉴스』, 2017년 2월 27일). 미국 존스홉킨스대학 국제대학원 산하 한미연구소의 커티스 멜빈 연구원은 위성사진 분석 결과 북한 공식시장은 2017년 3월 현재 436개로 확인되었다고 주장하였다("북한의 공식 시장 436개 확인",『자유아시아방송』, 2017년 3월 15일). 홍민 외는 북한 공식시장을 2016년 12월 현재 404개로 추정하였다(홍민 외,『북한 전국 시장 정보: 공식시장 현황을 중심으로』, 17쪽).

36 조한범 외,『북한에서 사적경제활동이 공적경제부문에 미치는 영향 분석』(서울: 통일연구원, 2016), 150쪽.

37 북한이탈주민 39씨.

38 북한이탈주민 17씨.

39 박영자 외,『북한 기업의 운영실태 및 지배구조』(서울: 통일연구원, 2016), 137쪽.

40 "우리 작업반은 그런 거('8·3 입금조') 안 됐어요. 그러나 다른 작업반에서는 많이. 그 사람들 하는 거 보니까 한 달에 30만원(북한돈)이었던가? 그 돈 주고 시간을 받아서 집에서 돼지 같은 거 길러서 이렇게 해가지고 돈 맞추든가, 아니면 니가 장사해서 돈 맞추든가. 놀든, 그건 너 마음대로 해라. 대신 강연회 이런 거는 참가해라. 그 나머지 건 다 작업반장이 처리한다 이런 식으로. '8·3'이 그렇게 많지는 않아요. 농장 자체가 그건 반대해요"(2015년 탈북 39씨).

41 "원래는 농사에 집중시킬라고 하지 8·3을 시키지 않아요. 그런데 작업반에서 반장, 비서들이 돈을 많이 써야 돼요 …… 돈 쓸 일이 있다 할 때 8·3을 좀 요구하지요. 원래 데려다가 가만히 "8·3 하겠나", 그럼 야가 "예, 좀 해보겠습니다"하면 그 사람을 짚지요. 작업반원들 몰래. "나가서 돈을 벌어서 들여놔라" 이렇게"(2011년 탈북 27씨).

42 북한이탈주민 12씨.

43 북한이탈주민 17씨.

44 북한이탈주민 29씨.

45 북한이탈주민 31씨.

46 성천군에는 아연, 몰리브덴 등을 비롯한 유색금속광물을 캐내는 광산들이 많다(백과사전출판사 편,『광명백과사전 8권 조선의 지리』(평양: 백과사전출판사, 2009), 408쪽).

47 "청진 련천리농장, 낙지 말릴 시간 배려", 『오늘의 북한 소식』, 제180호(2008년 8월 1일).

48 "산골에 부업할 수 있는 땅 가지고 있는 친척들 있으면 또 거기 가 가지고 부업해가지고 한해 농사 보내고. 이런 사람들 한둘 있고. 그러나 농장원 단계에선 못합니다. 이제처럼 연령이 지난 사람들. 쉰 다섯, 쉰 여섯 이상. 우리 농장에는 그런 사람이 없었습니다"(2015년 탈북 평안남도 문덕군 협동농장 출신 3씨).

49 '비(幣)'는 중국돈을 말한다. 위안화가 중국 발음으로 런민삐(renminbi)이므로 이를 북한식으로 발음한 데서 비롯된 것으로 알려진다(노수연, "북한의 위안화 통용에 관한 연구"(북한대학원대학교 석사학위논문, 2016), 82쪽).

50 290일은 평농장원이 '만가동'하는 노력일수다(북한이탈주민 17씨). 평안남도 문덕군 협동농장 출신 3씨는 "경제위기 이전에는 여자들은 260일, 남자들은 290일 가동이면 자기 칠백(700g)은 다 탔단 말입니다."라고 하였다.

51 "가령 반장이 오늘 돈 받는 날이다. 그럼 애(8·3 농장원)가 내화를 가져왔다고 하면 달러 환산을 계산해보는 거지. "야, 오늘 달러 시가가 얼마야?" 하면 뭐 "지금 82만입니다" 북한 돈으로 82만이 100달러. 그 환율로 해가지고. …… 그러니까 계획 줄 때 내화로 계획을 안 줘요. 무조건 달러로 줘요. 달러는 변함이 없기 때문에"(2015년 탈북 31씨).

52 2015년 탈북 31씨; 2015년 탈북 4씨.

53 북한이탈주민 27씨.

54 "김정일 당자금(과제)이라는 게 내려오니까, 리에서 당자금을 누구한테 걷어요? 하니까니 사람을 몇 명 모집해가지고 자기네 리에서 식량을 주면서리 금 캐려 해요. 그리고 개인한테 부담을 줘요. 자기네 그람(g)수를 못했을 때 '금돈'이다 하면서 돈을 얼마 내라고 해요. 그런데 돈이 있어요? 못 내지요. 그럼 어떤 때 이걸 회수하는가. 이 농번기에 돈이 내려와요. 당자금을 풀어서 농사지을 때 농장원들 얼마씩 주라는 게 있어요. 1인당. 그럼 그 돈에서 '금돈'을 자르고 또 돼지고기 지원 못한 것도 자르고 이것저것 다 자르고 나면 그 돈이 그저 강냉이 1~2키로 살 돈이 우리 손에 들어와요. 원래는 강냉이 20키로 사먹고 모내기철에 모내기하라고 주는 돈인데"(2011년 탈북 황해남도 신천군 협동농장 출신 27씨).

55 '더벌이'는 '8·3'과 유사하지만 기관기업소의 자산을 이용한다는 점에서 차이가 있다. 단지 시간만을 직장으로부터 허용 받고 그 대가로 현금만 입금하는 것이 8·3이라면 더벌이는 기간기업소 또는 농장의 자산(기계설비, 전력)을 이용한다는 점에서 다르다. 더벌이는 2002년 7.1조치의 후속조치로 나온 합법적 시장부문 경제활동의 한 가지 이름이다(조한범 외, 『북한에서 사적경제활동이 공정경제부문에 미치는 영

향 분석』, 150쪽).

56 "수산조라는 게 사실 불법이라면 불법이예요. 그런데 수산조를 없애지 못하는 것이 검열성원들 …… 부식물을 해결하기 위해서 수산조를 만들었다 그러면 거기서 받아먹는 사람들이 그거 못하게 하겠습니까. 그러면 장려시키는 거죠. …… 이 사람들로 인해서 또 관리일꾼들이 또 좀 수완이 있어가지고 저기 황해도에 있는 외화벌이 기지들하고 연결을 해서 자기네가 생산품을 외화벌이에다가 납품을 해가지고 외화, 달러나 유로를 받지 그걸로 농장에다가 활용을 하거든요"(2007년 탈북 황해남도 출신 10씨).

57 곽명일, "북한 '지역시장'의 형성과 발전에 관한 연구: 해주시장 사례를 중심으로" (북한대학원대학교 석사학위논문, 2012), 87~90쪽. 또한 북한당국은 개인들이 운영하는 배가 너무 많다고 판단하고 2004년 10월 국가에서 지정해준 외화벌이 단위가 아닌 배들은 철수하도록 지시를 내렸다고도 한다(좋은벗들 엮음, 『오늘의 북한, 북한의 내일』(서울: 정토출판, 2007), 80쪽).

58 "원래 법적으로 따지면 비경지에 풀이 있어도 걸려요. 옛날에는 비경지에 풀이 얼마 있어도 관리위원장, 작업반장 불러서 조졌어요. 근데 지금은 그런 일이 거의 없어졌지요"(북한이탈주민 49씨).

59 "비경지는 농장 토지로 등록은 돼 있는 땅이지요. 근데 생산계획을 안 줄 뿐이지. 이 땅에서는 수확고 대비 그게(채산성) 맞지 않잖아요. 그러니까 국가에서도 생산계획을 안 주지. 옛날엔 비경지에 뭘 심어 먹으려고도 안 했고 심어먹지도 못하게 했지요. 농장이 자기네 꺼(경지) 다뤄야 생산계획을 맞추잖아요"(북한이탈주민 49씨).

60 2013년 탈북 양강도 삼지연군 협동농장 출신 33씨.

61 좋은벗들 엮음, 『오늘의 북한, 북한의 내일』, 67~68쪽.

62 북한이탈주민 41씨는 이 사건이 유선방송(제3방송)을 통해 주민들에게 알려졌으며 공개처형 당시 평양을 포함한 전국의 농업부문 책임일꾼을 불러 단체로 참관시켰다고 하였다.

63 "최고인민회의대의원 포함 문덕군 종파사건 처벌", 『오늘의 북한 소식』, 제105호 (2008년 1월 28일).

64 "이 땅(비경지)은 크게 리윤 안 나는 땅이니까 빌려주고. 많이 리윤이 나는 땅은 안 되죠. 비경지니까 이거를 빌려주고 너네 심어라 그리고 30프로만 달라, 그러면 먹고. 이런 식이죠. 근데 그것도 힘 있는 사람이래야 가능한 거예요. 왜? 내가 반장한테 빌렸대도 관리위원장이 알면 안 되잖아요. 그리고 또 검찰에서 알면 안 되잖아요. 그니까 관리위원장하고 해서 하는 사람 있고, 반장하고 해서 하는 사람 있고 틀리죠. 예를 들어서 검찰 알아서도 안 되지요. 이런 일이 잘못 돼서 여기(남한)로

도망쳐 나온 사람도 다 있어요"(2013년 탈북 함경북도 경원군 출신 49씨).

65 북한이탈주민 40씨의 사례는 협동농장의 외부 노동력 조달 측면에서도 조명할 필요가 있다. 최근 협동농장들은 '정노력' 감소에 따른 부족한 노동력을 충당하기 위해 농장 외부인에게 토지(경지 또는 비경지) 경작을 사실상 위탁시키는 일이 늘고 있기 때문이다.

66 "실지 개인들한테 주면 정말 열심히 해서 농사도 잘 되지만 분조에선 실지 솔직히 분조원들이 누가 그렇게 투신하나요. 그렇게 안 한단 말이예요. 그러니까 농장원들이 그저 출근 하는 흉내뿐이지. 자기한테 차례지는 몫이 없으니까"(북한이탈주민 40씨).

67 북한이탈주민 27씨.

68 "北 국유지도 사적 거래. 농장간부, 뇌물 받고 땅 넘겨", 『데일리NK』, 2015년 6월 11일.

69 개인이 합법적으로 상행위를 하기 위해 기관기업소 또는 군부대에 개인 이름과 신분을 등록해두는 것을 말한다(박일수, "'고난의 행군' 이후 개인 소유권 변화에 관한 연구"(북한대학원대학교 석사학위논문, 2006), 78쪽).

70 북한이탈주민 2씨.

71 윤인주, "북한의 사유화 현상 및 동학에 관한 연구: 시장을 매개로 한 사적 부문의 확장을 중심으로"(고려대학교 대학원 박사학위논문, 2013), 139~162쪽.

72 '관모봉회사' '천하지본' 등의 회사를 통해 함경북도 내 35%의 협동농장이 중국과의 합작농사를 하고 있다고 한다("북, 농업분야에도 중국 투자 활성화", 『자유아시아방송』, 2017년 5월 2일).

73 "국수기계, 그 다음에 강냉이 펑펑이 튀기는 기계, 이런 거는 개인들이 갖다놓고서 우리 농장에 (적을) 걸어놓고 수익금의 30프로는 농장에 넣고 70프로는 자기가 가지는 거 이런 식으로는 많이 하지"(2011년 탈북 함경북도 온성군 협동농장 출신 12씨).

74 북한이탈주민 48씨.

75 "북, 농민에 농기구용 고철수매 강요", 『자유아시아방송』, 2013년 4월 23일.

76 "소는 매매 못하지요. 소는 절대 못합니다. 소 잘못 되면 영창입니다. 소고기는 뭐, 못 먹어보지. 구제역이 한번 와 떠들 때, 소 죽은 거 땅에다 매몰했어요. 못 먹게 해요. 소고기 먹으면 역적입니다"(2011년 탈북 12씨).

77 "분조에서 빚이 잔뜩 하니까 소를 가져다 팔라고 하더라고요. 한 마리를 팔아서

2,500원 주더라고요, 중국돈으로. 그런데 나중에 중국 와서 보니까 소 한 마리에 1만 5,000원, 2만원해요. 다른 농장들에서도 가만 가만 팔아요. 농장의 소가 자꾸 없어지거든요? 자기네끼리 다 그렇게 파는 거예요"(2009년 탈북 양강도 협동농장 출신 19씨).

78 2011년 탈북 황해남도 신천군 협동농장 출신 27씨.

79 "농장 부림소 도적 기승", 『오늘의 북한 소식』, 제122호(2008년 5월 1일); "안주농장, 도적맞은 부림소 구입에 농민들 분배량 감소", 『오늘의 북한 소식』, 제270호 (2009년 3월 17일).

80 "김정일이가 최고사령관 명령으로 매 군단마다 외화벌이 원천과라는 데를 조직하라고 했어요. 자기네 군단 위수구역 안에. 거기서서 나오는 지하자원, 그 다음 약초들, 수산물이든 어쨌든 외화벌이를 할 수 있는 원천, 그거를 다 해가지고 군단들 자체로 외화를 벌어가지고, 돈을 벌어서, 지출을 하라고 방침을 줬어요. 그래서 다 합법화로 수출도 해서 외화를 벌어가지고 그 돈으로 너희 군단 자체로 피복이고 웬만한 거는 자체로 보장하라"(2015년 탈북 31씨).

81 백과사전출판사 편, 『광명백과사전 8권 조선의 지리』(평양: 백과사전출판사, 2009), 408쪽.

82 "농장하고 군대 외화벌이사업소하고 거래 많이 해요. 작업반장이나 리당비서나 응당적으로 거래를 해요. …… 농장 차원에서는 어차피 그 돈을 가지고, 그 금을 팔아서 자기네 영농준비를 하겠다, 비닐박막도 사고, 농장에 운전기 돌리니까"(북한이탈주민 31씨).

83 김정은, "사회주의농촌테제의 기치를 높이 들고 농업생산에서 혁신을 일으키자… 전국농업부문분조장대회 참가자들에게 보낸 서한(2014년 2월 6일)", 『로동신문』, 2014년 2월 7일.

84 "작업반장이 보안서장하고 같이 밀수를 했지요. 국가에서부터 돈 얼마 내라 해서 돈 내지 않습니까, 근데 국가에서 너네 양곡은 다치지 마라, 이거 부업을 해서 돈 벌어라 하는데 부업으로 무스거 돈 법니까"(2015년 탈북 17씨).

85 2015년 탈북 함경북도 회령시 출신 18씨.

86 함경북도 회령시의 경우 메스암페타민 소비인구가 최소 50%에서 많게는 70% 정도에 달할 것이란 조사결과가 있다. 그러나 같은 국경지역인 온성군은 메스암페타민 소비인구가 20%, 양강도 혜산시는 30% 등 지역적 편차가 큰 것으로 보인다(이관형, "북한 주민들의 마약 소비 실태: 북한이탈주민 심층면접 결과를 중심으로", 『북한 주민의 마약 사용 실태 현황과 과제』(북한인권정보센터 주최 북한 마약문제 조사결과 발표 세미나 2016년 12월 1일) 33~36쪽.

87 부경생 외,『북한의 농업』(서울: 서울대학교출판부, 2001), 206쪽.

88 권태진, "북한에 대한 농기자재 지원방향",『농촌경제』, 제23권 제2호(2000), 87쪽.

89 '자재공급체계'란 경제의 여러 부문에서 생산되는 생산수단을 통일적으로 장악하고 각 생산단위들에 그것을 계획적으로 분배하며 그 이용을 통제하는 국가기구들의 사업체계를 말한다. 김일성은 1961년 12월 1일 개최한 조선로동당 중앙위원회 제4기 제2차 전원회의 확대회의 결론에서 "자재공급은 계획 실행을 보장하기 위한 가장 중요한 행정조직사업이라고 할 수 있다. 우리가 조직사업에 대하여 많이 말하지만 자재를 원만히 대주는 것보다 더 중요한 조직사업은 없다"고 지시하였다. 이에 따라서 농업협동조합경영위원회들은 자재공급체계를 확립하기 위해 노력하였다("농업협동조합경영위원회들에서 자재공급체계를 철저히 확립하기 위하여",『로동신문』, 1962년 10월 14일).

90 '자재상사'는 상업적 형태를 통하여 생산수단의 계획적 공급을 실현하는 전문적인 자재공급기관이다. 북한에서 자재상사는 대안의 사업체계를 만들면서 조직되었으며, 조직단위에 따라 중앙상사, 부문상사, 지방상사로 구분한다. 자재상사는 아래 사업단위로 분상사와 공급소들을 가진다. 예컨대 평양시농촌경리위원회 산하 '자재상사'는 시 주변 협동농장들의 농사차비에 필요한 영농용 기자재들을 확보하여 직접 농장에까지 날라다 준다(『로동신문』, 1963년 1월 12일).

91 북한 민법(2007년 수정) 제105조(자재공급계약의 체결)는 "1. 기관, 기업소, 단체는 국가의 자재공급계획에 기초하여 자재를 주고받는 행위는 자재공급계약에 따라 한다. 2. 자재공급계약은 대안의 사업체계의 요구와 자재를 주고받는데서 상업적형태를 리용할데 대한 국가적요구에 맞게 맺고 리행하여야 한다"고 규정하고 있다(장명봉 편,『2015 최신 북한법령집』, 347쪽).

92 김영훈·권태진·남민지,『북한 농업·농촌 실태와 대북 농업지원 방향 연구-협동농장을 중심으로』(서울: 한국농촌경제연구원, 2009), 39쪽.

93 부경생 외,『북한의 농업』, 207쪽.

94 도농촌경리위원회는 부서 명칭이 'ㅇㅇ처', 협동농장경영위원회는 'ㅇㅇ과'이다 (북한이탈주민 43씨).

95 홍민 외,『북한 전국 시장 정보: 공식시장 현황을 중심으로』, 18쪽.

96 "종자는 종자관리처에서 따로 (공급)해줍니다. 기름은 연유상사에서 해주고. 연유상사는 자재상사 근처에 있다(위치해) 보니 잘 알고 있습니다"(북한이탈주민 48씨).

97 장명봉 편,『2015 최신 북한법령집』(서울: 북한법연구회, 2015), 810~811쪽.

98 "자재상사의 경우 군별로 대상합니다. 그러니까 군 안에서 농촌분야에 종사하는 사

람들(군협동농장경영위원회 산하 자재공급소)이 저희한테 와서 자재를 받아가야 하지 않습니까. 그런데 실제로 농사짓는 사람들이 우리한테 올라와서 자재를 받아가는 율이 많습니다"(2015년 탈북 양강도농촌경리위원회 출신 48씨).

99 "아무래도 군에 내려갔다가는, 군에서 분할해서 다시 리까지 나가야 하니까, 너무나도 농간질이 많고 하니까, 매 리에서 한명씩 해서 도(자재상사)에 올라와서 자재를 받아가고 이렇게 하는 게 많습니다. 농간질도 농간질이지만 비료를 한 차씩 공급해준다 하면 군에서 그걸 책임질 수 있는 능력이 못 됩니다. 연료를 대야 하고 차를 대야하는데, 여기(남한)처럼 운수기재가 많고 하지 못하니까 (군에서는) 너희(리)가 쓸 양은 비료 한 차이기 때문에 너희가 차 한 대에 휘발유까지 넣어서 (도에) 올라가서 받아 가라 이런 식으로 전달합니다"(북한이탈주민 48씨).

100 "도 농촌자재상사에서 흥남비료랑 거래한다고 하면 직접적으로 흥남비료랑 사업하는 게 아니고 중앙을 거쳐서 주게끔 되어 있어서 중앙에서 너희, 걔네가 오면 주라 하는 식을 흥남에다 얘기하면 그 다음에 중앙에서는 우리 상사에다는 행표를 공급해줍니다. 그거 받아서 흥남비료에 가게 되는 거지요"(북한이탈주민 48씨). 48씨에 따르면 도 농촌자재상사가 흥남비료에 제출하는 것은 정확히는 '자재수불증'이라고 한다.

101 2011년 탈북 15씨는 대표적인 행표시장의 공간적 장소로 평양시 모란봉구역을 들었다. 이곳에서는 남한의 기차표 암표상인 같은 행표 거간꾼을 쉽게 만날 수 있다고 한다.

102 박영자 외, 『북한 기업의 운영실태 및 지배구조』, 170쪽.

103 "농장에서도 쌀이나 축산물, 농산물을 일정한 정도로 자기네가 시장에 내다 팔 수 있는 정도가 되면서, 남새나 과일이나 이런 것들도 시장가격으로 처리할 수 있게 되면서 점점 행표 거간꾼들이 없어지게 된 거죠"(북한이탈주민 15씨).

104 "우리가 평균 한 번 (자재 받으러) 나갈 때마다 돼지 5~6마리는 싣고 나갔죠. 청진에다가 돼지 2마리는 팔아서 현금을 마련해서 현금으로 주고 3마리는 그대로 주고"(북한이탈주민 12씨).

105 "비료를 받는다고 하면 단천시 38개 농장 중에 어느 농장은 계획(비료공급계획)이 남흥화학비료공장에 떨어졌다, 어느 농장은 흥남비료공장에 떨어졌다 그러면 부위원장은 1년 열두 달 내내 출장 나가서 살아요. 농장에선 부위원장, 너 이번에 나가서 수고하는데, 술 100리터, 벼 한 가마니 정미해서 쌀 50키로 가지고 나가라 하고 조금 보장해줘요. …… 결제는 행표 결제를 하면서도, 그게 뒷구멍으로 들어가야, 제대로 받아오는 거예요"(함경북도 단천시 협동농장 출신 43씨).

106 "항생제 같은 것도 원래는 수의방역소에서 공급해줘야 되는데, 예전엔 그랬어요. …… 이제는(2008년) 아, 이놈들이 "우리도 이제는 도 방역소 약품과에서 이거 시장가격으로 사왔다" 이 따위 소리를 한단 말이죠. 그럼 어떻게 해요. "야, 축산반장, 강냉이 이번에 한 30키로 달라, 그렇지 않으면 너네가 내다 팔아서 항생제를 사올래?" 이런 식으로 "시장가격보다 방역소 가격은 좀 싸니까 양곡을 팔아서 돈 나한테 달라. 그럼 항생제 한 대에 3,000원이면 3,000원, 100원이면 100원 해서 (수의방역소에서) 사오겠다." 하고 …… 물고기 새끼 사오는데. "야, 이건 행표 아니다, 현금으로 달라고 한다" 그러면 농장 안에서 돈 좀 깔고 있는 사람들 있거든. 그 사람들한테 얼마 돈 빌리는 거로 축산지도원이 부기장이나 부기원한테 영수증 써놓고 돈 빌려서 이렇게 사서"(북한이탈주민 43씨).

107 북한이탈주민 41씨는 농업상사의 정식 명칭이 '(평양시) ○○구역 농업상사'라고 하였다. 시·군 단위에 존재하는 자재공급소로 추정된다.

108 "상사들은 …… 농작물을 갖고 있는 단위들과 거래하면서 응당히 줘야 될 것을 가지고 세도를 써서 주는 거죠. 또 농장은 응당히 국가에 들어가야 될 낟알을 뽑아서 우리 상사에 갖다 주고"(2014년 탈북 41씨).

109 "상사는 상사대로 내가 이 농장에 100을 준다고 장부에는 남기지만 실제로는 50을 주는 식으로 하죠. 그런 방향으로 해야 (농업상사)소장도 '먹을 알'이 있고 관리위원장도 '먹을 알'이 있고 …… 농장들에서도 비닐박막 이런 거 개인매매한 것을 기관에게서 받아온 수치에다 말하자면 '엎어말이'를 하는 거죠. 장부 작성 상은. 그래야만 뭔가 법적으로 제기되면 '상사에서 받아온 겁니다'라고 할 수 있는 거지"(북한이탈주민 41씨).

110 "관리위원회에서 뗄 거 다 떼고 분조한테는 예를 들어 이번 달에 비료 500키로 주면서 사정이 이렇게 저렇게 됐으니까 한 600키로로 안자, 600키로를 받은 걸로 하자 이렇게 하죠. 분조에서도 눈감아줘야죠. 현장에다가 비료를 어떻게 쳤는지까지는 검열을 안 합니다"(양강도 삼지연군 협동농장 출신 33씨).

111 "밭 갈아야 할 때 연유가 10톤이 필요하다고 하면, 국가에서 대주는 건 50프로 미만이란 말입니다. 10톤 요구하면 3~4톤 공급해줍니다. 50프로도 못 해주고 자체로 하라고, 비료도 요구하는 수준에서 놓고 볼 때 50프로? 그나마 양강도는 비료 공급에서 전국에서 두 번째로 많이 들어간다고 합니다"(2015년 탈북 양강도농촌경리위원회 자재상사 출신 48씨).

112 "우리 회령시 같은 거는 자체로 팥기(팥)를 수출작목으로 심는단 말입니다. 중국에다가 수출해가지고 영농자재를 사들여온다고 합니다. 시 차원에서 조직한

단 말입니다. 시 경영위원회에 수출을 전문으로 하는 수출사업소가 있단 말입니다"(북한이탈주민 17씨).

113 "북, 농업분야에도 중국 투자 활성화", 『자유아시아방송』, 2017년 5월 2일.

114 "북한, 지난해 중국산 쌀·비료 수입 2배 이상 급증", 『VOA』, 2017년 1월 26일.

115 이종규, "2016년 상반기 북한의 대외무역 동향과 대북제재", 『KDI 북한경제리뷰』, 2016년 7월호, 32쪽. 그러나 2017년 1~3월 북한의 중국산 비료 수입량은 6만 4,274톤으로 전년 동기(14만 8,654톤)에 비해 57%나 급감한 것으로 파악됐다("북한 3월 중국산 곡물 수입 크게 증가", 『VOA』, 2017년 5월 3일). 국제제재 여파 속에 북한당국의 비료 수입 확대방침이 계속되는지는 관찰이 필요하다.

116 "2002년도에 함경남도 홍원에 갔더니 거기 사람들은 자재가 나오는 게 없더라고요. 홍원 같은 쪽에서는 그래도 함흥에 그 비료공장들 있지 않습니까. 그 비료공장들이 전기 없어서 몇 프로 생산량 내지도 못하고 우리 국경연선 농촌실태보다 더 막연하더라고. 생산량도 절반의 절반도 안 되고"(함경북도 온성군 협동농장 출신 12씨); "평남도에 2011년에 가보니까 북한에서 생산되는 비료를 사용합니다. 황해도 같은 경우도 같습니다. 그러니 30프로나 공급돼도 괜찮다고 할 정도로 양강도에 비해서 더 떨어집니다. 거기(평남도)는 아직도 다 수공업적으로 농사를 짓습니다"(양강도 출신 48씨).

117 때문에 온성군당 책임비서는 2014년 2월에 열린 전국농업부문분조장대회에서도 토론자로 참여할 만큼 최근 들어 정치적 위상이 매우 높아졌다고 한다. 그러나 당시 군당 책임비서는 다리가 아파 행사장에 참석하지 못했다고 한다(북한이탈주민 39씨).

118 함경북도의 곡물 생산이 실제로 늘었는지 확인이 필요하지만, 북한 매체는 2014년 함경북도에서 알곡생산계획을 103%를 넘쳐 수행하고 최고수확년도 수준을 돌파했다고 대대적으로 보도하였다("동해지구 북변땅에서 최고수확년도 수준을 돌파한 비결", 『로동신문』, 2015년 1월 15일; "함경북도 알곡생산 과거 최고기록 릉가", 『조선신보』, 2015년 2월 2일).

119 북한이탈주민 17씨.

120 "우리는 국경이니까. 이 중국 화교들 많이 나와 있어요. 화교들 집에 가면 뭐 비료 같은 건 뭐 부르는 데로 있어요. 농사에 쓸 수 있는 비료, 살초제 그 다음에 일체 자재까지 다, 걔네한테 없는 게 없어요. 항상 창고에 쌓여 있고. 뭐 반장들, 관리위원장들이 와서 몇 십 톤씩 물어가지요"(2015년 탈북 함경북도 온성군 출신 39씨).

121 2013년 탈북 21씨.

122 2015년 탈북 17씨.

123 "농자재는 비료도 다 밀수로 들어갈 거예요. 개인들이. 온성 사람들은 두만강 얼음타고 건너서 합법적으로 보위부에서 밀수시켰다두만요, 마을에서. 친척 있는 사람들로 조직하고는. 조직적으로 가만히 넘어갔다가 3일 후에 들어올 때 무조건 비료 한 사람씩 50키로면 50키로 가지고 나와라. 뭐 이렇게 해서 도강을. 98년도 이때는 우리 친구네 가시집(처가집)이 온성 삼봉이라는 덴데 거기서 그렇게 했어요. 10명이면 10명 통째로 모아서 그 얼음 타고 비료 줄줄 끌고 들어오면 되니까. 97년도에 보면 아줌마들이 배낭 매고 줄 타고 갔어요"(함경북도 청진시 출신 44씨).

124 2014년 탈북 평안남도 출신 16씨.

125 장명봉 편, 『2015 최신 북한법령집』, 811쪽.

개성공단을 통해 본 남북 협력공간에서의
노사관계 협의구조 연구

박 천 조*

I. 들어가며

일반적으로 노사관계는 행위주체 간에 협의의 과정을 거쳐 긍정적인 결과를 도출하기도 하고 상호이익을 극대화 하는 과정에서 다양한 분쟁과 갈등을 유발하기도 한다. 즉, 노사관계는 협의, 갈등, 분쟁, 조정이라고 하는 상호작용의 과정을 거치게 되는데 그 과정에서 행위주체 간의 협의 결과에 따라 협력적이거나 대립적으로 전환된다.

이러한 협의의 과정에서 협의구조의 형성과 역할은 중요한 지점이다. 협의구조의 형성은 대화와 협의를 활성화 하여 오해와 정보 부족으로 인한 갈등을 사전에 방지하는 차원에서도 매우 중요한데 협의구조를 형성할 때 상층과 하층 간에 보완관계가 극대화 되도록 해야 한다.[1] 협의구조는 거시적 차원에서 논의되어야 할 내용과, 미시적 차원에서 논의되어야

* 개성공업지구지원재단(북한학박사), laborpark@empas.com/laborpark@naver.com

할 내용에 따라 각각 다양한 층위가 형성된다. 이러한 층위별 협의는 협의의 효율성을 높이고 각 층위에 맞는 주제를 효율적으로 논의함으로써 투입-과정-산출이라고 하는 노사관계시스템의 경로에서 '과정'의 영역을 구축하게 된다.

앞으로 살펴보고자 하는 개성공단은 우리 기업들이 북한 노동력을 대규모로 고용하여 생산활동을 전개한 공간으로서 노사관계 측면에서 보자면 기업과 근로자라고 하는 행위주체들이 상호작용을 진행한 공간이었다. 그 결과 개성공단의 운영과 관련하여 각각의 층위별로 다양한 이슈 제기와 함께 협의가 진행되었다.

특히 사회주의 국가인 북한과 자본주의 국가인 남한과의 협력공간이라는 특성 때문에 노사관계 측면 외에 정치적 측면도 존재했었다는 점에서 협의구조는 상시적으로 가동된 측면이 있었다. 그러나 층위별 협의를 상위, 중위, 하위의 개념으로 구분했을 때 모든 층위가 원활하게 가동되지는 못하였고 이러한 협의구조의 한계는 개성공단의 노사관계를 협력적으로 전개하는데 일정한 한계를 가져오기도 하였다.

본 논문은 이러한 문제의식 하에 2004년부터 2016년까지 12년간 가동되었던 개성공단에서의 노사관계 내용들을 토대로 향후 남북이 협력적으로 운용할 또 다른 형태의 공간에서 적용될 수 있는 노사관계 구조와 층위별 협의 내용을 제시해 보고자 한다. 즉, 개성공단과 유사하게 북한 지역에 위치하고 북한의 법제도적 영향력 아래 있으면서 남북 공동으로 개발하는 방식으로 남북협력공간이 조성될 경우 향후 협의구조는 어떻게 형성하고 각 층위별로 분담해야 할 협의의 내용들은 무엇이어야 할 것인지 살펴보고자 한다.

II. 선행연구 검토

개성공단의 노사관계 속에서 협의구조와 관련한 분야는 자료의 희소성과 접근성 문제로 인해 선행연구를 찾기 힘든 어려움이 있다. 이런 점에서 선행연구는 노사관계와 관련된 연구와 남북협력공간에서의 발전방향에 관한 연구로 구분하여 검토해 볼 수 있다.

노사관계와 관련한 연구로는 박천조(2014)[2]를 들 수 있다. 박천조는 개성공단의 노사관계를 던롭의 노사관계시스템 이론과 Korchan-Katz-Mckersie의 KKM이론 등을 토대로 행위주체-상호작용-결과에 이르는 모형을 도출 후 다양한 사례와 설문을 중심으로 설명하고 있다. 동 논문은 노사관계 주요 요소에 대한 설명과 함께 개성공단에서의 각종 상호작용 사례를 소개하고 있어 개성공단의 노사관계 수준을 이해하는데 참고가 되고 있다. 그러나 현상에 관한 일반적인 사항을 중심으로 서술되고 있고 우리가 논하고자 하는 협의구조의 형태나 층위별 협의 내용의 구성 등에 대해서는 구체적인 언급이 없다. 행위주체-구조-상호작용의 방식으로 전개되는 노사관계에서 '협의구조'가 행위주체나 상호작용의 관계에서 차지하는 의미와 중요성을 다루지 못한 한계가 있다.

남북 경제협력 공간에서의 발전방향에 대한 연구로는 장환빈(2014)[3]과 정유석(2015)[4]을 들 수 있다.

장환빈은 외국 파트너와 공동 개발한 국제적 공단이라는 측면에서 유사성을 지니고 있는 개성공단과 중국 소주공업원구를 비교 분석하였다. 동 논문은 국제공동개발과 관련하여 파트너 간 신뢰, 파트너 간 갈등, 파트너 경험의 학습, 파트너 네트워크 활용 등을 주요 결정요인으로 보았다. 이러한 요인에 맞춰 양 공단을 비교한 결과 소주공업원구의 경우 결정요인을 잘 활용해 큰 성과를 낸 반면 개성공단은 남북 관계의 불신이 지속됨에 따라 공단 개발 등에 영향을 주어 개발성과의 한계를 가져오고 있음을 설명하고 있다. 동 논문을 통해 도출 가능한 부분은 국제공동개발의 경우 파트너와의 상호 협의 체계 구축과 이를 통한 신뢰 형성이 무엇보다 중요하다는 점이다. 동 논문의 경우에는 '협의구조' 측면에서 소주공단의 개발주체인 중국과 싱가폴의 형태를 설명하고 개성공단과의 유사성을 비교함으로서 협의구조를 이해하는데 도움을 주고 있다. 다만, 동 논문은 협의구조를 비교하며 상호 협의체계 구축의 필요성을 강조하고는 있으나 우리가 살피고자 하는 노사관계 측면에서의 협의구조와 구체적 협의내용을 살피는 데는 한계가 있다. 즉, 신뢰 형성은 모든 협의체계에서 전제가 되어야 할 부분이긴 하나 우리가 논의하고자 하는 '노사관계' 분야에서의 협의구조는 신뢰 형성을 전제로 어떠한 방식으로 전개할 것인지 구체적 논의가 필요한 부분이기 때문이다.

정유석은 개성공단 주재원들을 대상으로 한 설문조사를 통해 개성공단의 제약요인과 대응방향을 소개하고 있다. 단기적 제약요인으로는 노동력 공급, 불합리한 체계, 기업 적응을, 중장기적 제약요인으로는 생산 효율성 저하와 문화, 노무관리 등을 들고 있다. 그러면서 이의 대응방향으로 적정임금과 노무관리, 기숙사 건설, 임금직불제 등을 제시하고 있다. 그러나 이는 노사관계의 환경적 요소에 해당하는 내용으로 공단 운영 전반의 문제점과 시사점을 도출하고 있어 우리가 살피고자 하는 노사관계에서의 협의구조와는 연구 범위에서 차이가 있다. 동 논문은 개성공단의 노사관계 환경을 살피고 이를 반영한 협의구조 형성과 층위별 협의 내용을 도출하는 데는 의미가 있을 수 있으나 본 논문에서 다루고자 하는 협의구조 방향과는 차이가 있다.

이상의 선행연구를 통해 우리는 개성공단 노사관계 일반에 대한 사항을 이해(박천조)하거나, 타 공단 관리구조와의 비교(장환빈), 다양한 환경

요소 확인(정유석)이라는 유의미한 결과들을 얻을 수 있다. 그러함에도 선행연구들은 본 논문에서 다루고자 하는 '개성공단 노사관계에서의 협의구조'와 이를 바탕으로 제시될 향후 '남북 협력공간에서의 협의구조'의 도출과는 차이가 존재한다. 이에 본 논문은 기존 제도, 사례 등의 자료 분석 과정을 통해 '개성공단 노사관계에서의 협의구조'를 점검하고 향후 전개될 '남북 협력공간에서의 협의구조'와 '협의내용'을 제시함으로써 협력적 노사관계 구축을 위한 방향을 제시해 보고자 한다.

III. 개성공단 협의구조

1. 특징

개성공단은 개발, 관리운영 등 전 분야에 있어 협의의 방식을 통해 운용되었다. 법률과 제도는 상호 협의의 과정을 뒷받침하고 있는데 개성공업지구법과 남북 간 체결한 4대 합의서(투자보장, 이중과세, 분쟁해결, 청산결제)가 대표적이라고 할 수 있다.[5] 4대 합의서를 기준으로 개성공단은 공단 개발, 기반시설, 통행·통신·통관, 노무, 세무, 법무, 건축, 기업 관리 등 다양한 분야에서 남북 간 협의를 진행하였다. 이러한 남북 간 협의는 정부 당국 간 협의를 비롯해 현지 기관 간 협의 등 중층적 협의의 형태를 보이는데 이러한 협의 구조의 작동이 개성공단 운용의 핵심임을 알 수 있다.

이러한 협의 구조의 작동은 개성공단이 자본주의와 사회주의의 결합이라고 하는 이질적 체제의 결합임과 동시에 자본과 기술, 토지와 노동이라고 하는 생산요소간의 결합이라는 특징에 기인한다. 상호 이질적인 체제와 생산요소들의 결합은 어느 일방의 입장이나 요구가 관철되기 보다는 상호 협의의 방식이 적용될 수밖에 없는 구조였다. 다만 남북 간 협의라는 방식에 대해서는 인식을 같이 하면서도 구체적인 구조나 내용, 권한 위임 등에 대해서는 명확한 방향성이 없는 상황에서 상층에서의 합의내용이 현장과는 다소 유리되기도 하는 등 적용상의 한계가 발생하기도 하였다.

개성공단은 이질적인 체제와 생산요소들의 결합과 함께 '공단' 이라는 방식으로 운용되었던 '경제협력' 사업으로서 기업과 근로자라고 하는 이익집단이 결합했던 공간이라는 특징도 존재한다. 기업과 근로자의 결합은 노사관계를 형성하게 되고 각각 자본과 노동 측을 대신하여 임금, 고용 등 주요 이슈를 두고 빈번하게 갈등과 조정의 과정을 발생시켰다. 이러한 특징 때문에 개성공단은 남북 간 '경제협력'이라고 하는 측면과 '노사관계'라고 하는 측면의 복합적인 결합으로 상호 협의와 합의의 과정이 개성공단 내 타 사업 분야에 비해 일상적으로 진행되었다. 즉, 남북 협력공간의 다양한 사업 분야 중에서 공단 개발, 기반시설, 통행·통신·통관 등 다른 영역에서의 협의가 주로 '정부(남북 당국)-현지 지도·관리기관' 간 협의에 집중되었다면 노사관계의 영역은 '정부(남북 당국)-현지 지도·관리기관-기업·근로자' 등으로 협의 주체가 확대되었고 그 과정에서 다양한 협의와 합의의 과정이 발생하였다.

2. 층위별 협의 상대방

개성공단 협의구조 내에서 층위별 협의수준은 Cawson의 방식에 따라 거시 수준(macro level), 중위 수준(meso level), 미시 수준(micro level)으로 구분할 수 있다.[6] 거시 수준은 사회경제적인 이슈를 논의하는 협의체이고, 중위 수준은 지역·업종 차원의 협의체이며, 미시 수준은 기업·작업장·소단위 조직 차원의 협의체이다. 이러한 구분에 의할 경우 개성공단 노사관계의 행위주체는 거시 수준에서는 개성공단 남북 공동위원회, 중위 수준에서는 현지 기관인 중앙특구개발지도총국과 개성공업지구관리위원회, 그리고 미시 수준에서는 우리 기업과 북한 근로자로 구분할 수 있다.

개성공단 남북 공동위원회는 개성공단 잠정중단 시기인 2013년 7월 6일부터 8월 14일까지 진행된 회의 결과 「개성공단의 정상화를 위한 합의서(2013.8.14.)」와 후속 합의서인 「개성공단 남북 공동위원회 구성 및 운영에 관한 합의서(2013.8.28.)」에 의해 만들어졌다. 개성공단 남북 공동위원회는 공동위원회 산하에 '출입·체류 분과위원회', '투자보호 및 관리운영 분과위원회', '통행·통신·통관 분과위원회', '국제경쟁력 분과위원회'를 두었다. 이중 노사관계와 관련된 분야를 다루는 분과위원회는 '투자보호 및 관리운영 분과위원회'였다.

이러한 당국 차원의 기구와 달리 개성공단 현장에서는 북한이 제정한 개성공업지구법(제21조~제26조)에 의해 중앙공업지구지도기관인 중앙특구개발지도총국과 공업지구관리기관인 개성공업지구관리위원회 중심으로 운영되었다. 중앙특구개발지도총국과 개성공업지구관리위원회는 북한의 특수경제지대 관계법제에 의하면 '중앙과 현지관리기구 체계'이고 그 외 라선경제무역지대, 황금평·위화도 경제지대는 '중앙과 지방, 현지관리기구 체계'의 형태를 띠고 있다.[7] 이 형태는 북한의 특수지대 관리기구제도 운용의 기본원칙이라 할 수 있는데 개성공업지구법에 의하면 중앙특구개발지도총국과 개성공업지구관리위원회 모두 북한이 구성하여 운영하는 체계이나 현실적으로는 중앙특구개발지도총국은 북한이, 개성공업지구관리위원회는 남한의 인원과 재원이 투입되어 운영하였다.[8] 한편 이 두 조직은 현지 지도·관리조직이면서도 '근로자'와 '기업'의 이익을 각각 대변하는 입장을 수행하였다. 달리 말하면 개성공업지구법상으로는 수직적 위계의 모습을 보이고는 있으나 각각 정부의 권한을 위임받아 현장을 관리하면서 서로 다른 이익집단의 입장을 대변하는 역할을 담당하고 있었다.

기업들의 이해와 요구를 수렴하는 이익집단으로는 사단법인 개성공단 기업협회(이하 "기업협회"라 한다.)와 개성공업지구법에 의해 조직된 기업책임자회의(이하 "기업책임자회의"라 한다.)가 있다. 기업협회와 기업책임자회의는 조직설립의 법적근거나, 목적, 성격, 위상, 구성원, 운영방식, 활동영역 등에서 근본적인 차이가 있다. 기업협회는 남쪽에서 사단법인 형태로 운영되는 조직체로서 기업들로부터 회비를 징수하여 운영하고 있으나 가입률이 매우 높지는 않은 상황이다. 기업협회는 일상적으로는 이사회 회의를 통해 현안 논의와 의결을 진행하고 중요 사항에 대해서는 총회의 과정을 거쳐 결정한다. 설립목적은 회원 간 협력 활성화, 고용유지 및 인적교류, 정보교류, 권익옹호, 친목도모 등이다. 이에 반해 개성공단 현지에서는 개성공업지구 관리기관 설립운영규정 제16조에 의해 개성공업지구 기업책임자회의라는 명칭으로 기업 단체가 운용되었는데 개성공업지구 기업책임자회의에는 모든 기업이 의무가입 대상이 된다. 이러한 개성공업지구 기업책임자회의는 북한 근로자나 중앙특구개발지도총국에 대해 전체 입주기업을 대표하여 "지구의 개발 및 관리운영과 관련하여 제기되는 중요 문제들을 토의하고 대책(개성공업지구 관리기관 설립운영규정 제16조)"을 마련하는 역할이 주어졌다.

이러한 우리의 기업 단체에 대응하여 외부로 드러난 북한의 근로자 단체는 없었으나 개별 기업의 경우 근로자를 대표하는 종업원대표가 있었다. 실제 북한 근로자들의 이해를 대변하는 종업원대표들은 매일 2차례 정도 소위 '총화'를 통해 집단적으로 회의를 진행하였는데 이러한 과정을 통해 중요사항에 대한 토의와 결정을 진행한 것으로 보인다. 종업원대표들은 이러한 과정을 통해 타 기업에서의 근로조건 등을 비교함으로써 소속 사업장 내에서 이를 요구하고 관철하는 방식으로 대응하였다.

3. 층위별 협의 내용

1) 개성공단 남북 공동위원회

개성공단 남북 공동위원회 중 노사관계와 관련된 영역은 구체적으로는 '투자보호 및 관리운영 분과위원회'에서 논의되었다.

남북 공동위원회는 총 6차례(2013.9.2, 9.10, 9.16, 12.19, 2014.6.26, 2015.7.16), 노사관계를 다루는 실무분야인 투자보호 및 관리운영 분과위원회는 총 2차례(2013.9.4, 11.13) 진행이 되었다. 그리고 분쟁해결 기구인 상사중재위원회도 총 2차례(2013.12.27, 2014.3.13) 진행이 되었다.

2013년 8월 14일 체결된 「개성공단의 정상화를 위한 합의서」2. ②은 "남과 북은 개성공단에 투자하는 남측 기업들의 투자자산을 보호하고, 위법행위 발생시 공동조사, 손해배상 등 분쟁 해결을 위한 제도적 장치를 마련한다."고 규정하였다. 아울러 3. ②은 "남과 북은 개성공단 내에서 적용되는 노무·세무·임금·보험 등 관련 제도를 국제적 수준으로 발전시켜 나간다."고 하여 남북 공동위원회에서 논의되는 부분이 '제도 마련'과 함께 '노사관계적 사항'임을 명시하였다. 이후 2013년 8월 28일 체결된 「개성공단 남북공동위원회 구성 및 운영에 관한 합의서」 제2조(공동위원회 기능) ②은 "개성공단 운영과 관련한 제도 개선을 추진하며 당국간에 해결해야 할 현안 문제들과 쌍방이 제기하는 문제들을 협의·해결한다."고 하여 역시 '제도 마련'이 남북 공동위원회의 논의 영역임을 명시하고 있다. 아울러 제4조(분과위원회 구성 및 운영) ③은 「투자보호 및 관리운영 분과위원회」의 기능에 대해 "투자자산을 보호하기 위하여, 위법행위 발생시 공동조사, 손해배상 등 상사분쟁 문제들과 노무·세무·임금·보험·환경 보호를 비롯하여 개성공단의 관리운영을 국제적 기준에 맞게 발전시켜 나가기 위한 문제들을 협의·해결한다."고 하여 '노사관계적 사항'의 협의 주체는 「투자보호 및 관리운영 분과위원회」임을 명시하였고 월 1회 개최를 원칙으로 하였다.

2014년 6월 제5차 회의 이후 2015년 7월 16일 개성공단 남북 공동위원회 제6차 회의가 열렸고 당시 논의 의제는 임금 문제를 비롯해 3통(통행·통신·통관) 문제, 근로조건 개선 문제(도로 및 남북 연결도로 개보수, 탁아소, 북측 진료소 확충, 임산부 영유아 대상 보건·의료 분야 지원 등) 등 이었다. 임금 문제의 경우 2014년 11월 북한이 개성공단 노동규정 13개 항목을 개정하고 2015년 2월 최저임금 인상률 5% 상한선 폐지를 주장하면서 촉발됐다. 북한은 개성공단 북측 근로자의 최저임금을 기존 70.35달러에서 74달러로 5.18% 인상해야 한다는 입장이었다. 반면 우리 정부는 개성공단 임금 문제는 남북 협의를 통해 풀어야 할 사안이라는 원칙에 따라 남북 협의를 제안했었다. 하지만 북한은 이에 대해 '주권 사항'이라는 논리를 내세워 협의에 응하지 않았다. 결국 당시 협의는 임금 및 3통 문제의 진전 없이 결렬되었으며 전면중단 시점인 2016년 2월 까지 재개되지 못하였다.[9]

〈표 1〉 개성공단 남북 공동위원회 협의·합의 내용(노사관계 분야)

일 시	논의 주체	협의·합의 내용
2013.8.14	남북 당국 실무회담	ㅇ 「개성공단의 정상화를 위한 합의서」 2. ② 체결 - 개성공단 투자 기업들의 투자자산 보호, 위법행위 발생시 공동조사, 손해배상 등 분쟁 해결을 위한 제도적 장치 마련
		ㅇ 「개성공단의 정상화를 위한 합의서」 3. ② 체결

일 시	논의 주체	협의·합의 내용
		- 개성공단 내 적용되는 노무·세무·임금·보험 등 관련 제도를 국제적 수준으로 발전
2013.8.28	남북 당국 실무회담	○「개성공단 남북공동위원회 구성 및 운영에 관한 합의서」제2조(공동위원회 기능) ② 체결 - 개성공단 운영 관련 제도 개선 추진, 당국 간 해결해야 할 현안 문제들과 쌍방이 제기하는 문제들을 협의·해결
		○「개성공단 남북공동위원회 구성 및 운영에 관한 합의서」제4조(분과위원회 구성 및 운영) ③ 체결 - 투자보호 및 관리운영 분과위원회는 투자자산을 보호하기 위하여, 위법행위 발생시 공동조사, 손해배상 등 상사분쟁 문제들과 노무·세무·임금·보험·환경보호를 비롯하여 개성공단의 관리운영을 국제적 기준에 맞게 발전시켜 나가기 위한 문제들을 협의·해결
2013.9.2	남북 공동위원회 제1차 회의	○ 분과위원회 및 공동위원회 제2차 회의 개최 일정 등 합의 - 상설사무처 구성운영에 관한 합의서, 공단 재가동 일정 협의
2013.9.4	남북 공동위원회 투자보호 및 관리운영 분과위원회 제1차 회의	○ 상사중재위원회 구성, 운영 문제
2013.9.10	남북 공동위원회 제2차 회의	○ '개성공단 남북공동위원회 사무처 구성 및 운영에 관한 합의서' 채택 -「개성공단에서의 '남북상사중재위원회 구성·운영에 관한 합의서' 이행을 위한 부속합의서」채택 - 기업 피해 관련 2013년 세금, 북측 근로자의 임금 처리 방식 협의 - 9.16 부터 기업들이 시운전을 거쳐 재가동
2013.9.16	남북 공동위원회 제3차 회의	○ 개성공단 남북공동위원회 사무처 개소 위한 실무협의 9.24 개최 - 공동 투자설명회를 10.31 개성공단에서 개최 - 내주 통행·통신·통관 및 출입체류 분과위 개최
2013.11.13	남북 공동위원회	○ 남북 상사중재위원회 구성

일 시	논의 주체	협의·합의 내용
	투자보호 및 관리운영 분과위원회 제2차 회의	- 3개월 내 상사중재위원회 구성, 6개월 내에 중재인 명부 교환
2013.12.19	남북 공동위원회 제4차 회의	○ 재가동 이후의 합의 사항 이행 여부 점검 - 10월 말 무산된 남북 공동 투자설명회를 내년 1월 말에 개최
2013.12.27	개성공단 상사 중재위원회 제1차 회의	○ 남북 상사중재위원회 구성 - 2014.3.10까지 조정 대상의 범위와 조정 신청 자격 등 구체적인 중재 규정 마련. 중재재판부를 구성할 중재인 명단(각 30명) 교환
2014.3.13	개성공단 상사 중재위원회 제2차 회의	○ 세부 중재 절차 및 북측 중재인 명부 전달 문제
2014.6.26	남북 공동위원회 제5차 회의	○ 주요 현안 사항 협의 - 우리측은 3통 문제, 2013년 세금면제 이행, 상사중재위의 조속한 가동 촉구, 공동위 및 분과위 개최 등 - 북측은 개성공단 관련 제도개선 문제, 공단 관리운영 문제 제기
2015.7.16	남북 공동위원회 제6차 회의	○ 주요 현안 사항 협의 - 임금 문제, 3통(통행·통신·통관) 문제, 근로조건 개선 문제(도로 및 남북 연결도로 개보수, 탁아소, 북측 진료소 확충, 임산부 영유아 대상 보건·의료 분야 지원 등) 등

이상의 내용을 통해 개성공단 남북 공동위원회와 투자보호 및 관리운영 분과위원회의 경우 노사관계 측면에서 보자면 '임금 및 근로조건 개선'과 관련한 각종 '제도 마련'에 대한 논의가 진행되었다는 점을 확인할 수 있다. 아울러 우리가 주목해야 할 점은 남북 공동위원회 관련 모든 합의내용에서 "~협의·해결한다."고 하여 협의의 과정을 중시하고 있다는 점이다.

2) 중앙특구개발지도총국과 개성공업지구관리위원회

중앙특구개발지도총국과 개성공업지구관리위원회의 협의 내용들로는 법률 규정을 통해 확인할 수 있다.

〈표 2〉 중앙특구개발지도총국과 개성공업지구관리위원회 협의 내용

구 분	유 형	내 용
개성공업지구 노동규정 제11조(노력알선료)	채용 및 해고	노력알선료는 노력알선기업이 공업지구관리기관과 협의하여 정한다.
개성공업지구 노동규정 제39조(사고발생시의 조치)	노동보호	중앙공업지구지도기관은 공업지구관리기관과 협의하여 사고심의를 조직 진행하여야 한다
노동보호세칙 제43조(노동보호물자공급 사업협의)	노동보호	중앙공업지구지도기관은 보고받은 내용 가운데서 중요한 문제들이 있거나 노동보호물자공급 사업을 현실발전의 요구에 맞게 개선하여야 할 경우 공업지구관리기관과 협의하고 필요한 대책을 세울 수 있다.
노력채용 및 해고세칙 제9조(노력알선료)	채용 및 해고	노력알선료는 노력알선기업이 공업지구관리기관 또는 기업과 협의하여 정하며 기업으로부터 받을 수 있다.

개성공업지구 노동규정 제11조(노력알선료)는 "노력알선료는 노력알선기업이 공업지구관리기관과 협의하여 정한다."고 되어 있는데 노력알선기업이 사실상 중앙특구개발지도총국의 산하기관임을 고려한다면 노력알선료는 쌍방의 협의를 통해 정해지는 것임을 알 수 있다.

제39조(사고발생시의 조치)는 "중앙공업지구지도기관은 공업지구관리기관과 협의하여 사고심의를 조직 진행하여야 한다."고 하여 사고발생시 조치도 협의사항으로 정하고 있다.

개정 노동규정에서는 삭제되었으나 제25조(종업원의 월 최저노임)도 "종업원 월 최저노임을 높이는 사업은 공업지구관리기관이 중앙공업지구

지도기관과 합의하여야 한다."고 하여 합의사항으로 정한 바 있다. 이후 개정 노동규정에서는 삭제되었으나 2015년 8월 17일 중앙특구개발지도총국과 개성공업지구관리위원회 간에는 월 최저노임 관련 합의와 함께 임금체계 개편에 관한 부분, 교착상태에 빠진 남북 공동위원회 가동 관련 의견 등이 포함되어 있어 노동규정 개정에도 불구하고 현지 지도·관리기관 간 협의가 이루어졌다.

한편 중앙특구개발지도총국과 개성공업지구관리위원회와의 최저임금 협의는 2007년 최초 합의 이후 2015년까지 총 8회 진행된 바 있다.

임금 문제와 관련하여 중앙특구개발지도총국은 2009년 상반기 200~300불 수준의 임금인상 등 요구조건을 제시한 바 있고 개성공업지구관리위원회는 이를 거부하였다. 북한으로서는 임금 문제에 관한 당국 간 협의 필요성을 주장한 것인데 당시 우리 측은 임금 문제는 개별 기업이 결정할 사항으로 이에 대해 정부가 개입하는 것은 부적절하다는 점을 들어 대응하였다. 이후 2009년 7월 24일 공업지구 월 최저노임은 실무접촉에서 포괄적으로 협의해야 할 사항이었으나, 실무접촉이 재개되지 않음에 따라 일단 월 최저노임을 종전대로 진행하자며 9월 10일 협상을 시작하였고 그 결과 월 최저임금 인상시기인 8월 1일 로부터 상당 기한이 경과한 9월 16일 단 2차례의 협의를 통해 최저임금이 확정되었다.

기존 개성공업지구 노동규정과 시행세칙에는 중앙특구개발지도총국과 개성공업지구관리위원회 간의 협의 및 합의조항이 다수 있었으나[10] 이후 개정된 시행세칙에는 개정 노동규정에 따라 해당 조항들이 변경되었다.

3) 기업과 종업원대표

기업과 종업원대표 간의 협의 내용들도 노동규정이나 시행세칙과 같이 법률 규정을 통해 확인할 수 있다.

<표 3> 기업과 종업원대표 협의 내용

구 분	유 형	내 용
노동규정 제4조 (노동조건의 보장)	일반규정	기업은 종업원들에게 안전하고 문화위생적인 노동조건을 보장하고 그들의 생명과 건강을 보호한다.
노동규정 제5조 (노임의 제정)	노동보수	종업원의 노임은 종업원 월 최저노임에 기초하여 기업이 정한다.
노동규정 제13조 (노동규칙의 작성과 실시)	채용 및 해고	기업은 종업원대표와 협의하고 모든 종업원에게 적용하는 노동규칙을 작성하고 실시할 수 있다.
노동규정 제21조 (노동시간의 준수)	노동시간 및 휴식	연장작업이 필요한 기업은 종업원대표 또는 해당 종업원과 합의하여야 한다.
노동규정 제31조 (상금의 지불)	노동보수	기업은 세금을 납부하기 전에 이윤의 일부로 상금기금을 조성하고 일을 잘한 종업원에게 상금 또는 상품을 줄 수 있다.
노동규정 제33조 (산업위생조건의 보장)	노동보호	기업은 고열, 가스, 먼지, 소음을 막고 채광, 조명, 통풍 같은 사업위생조건을 보장하여야 한다.
노동규정 제36조 (노동안전기술교육)	노동보호	기업은 종업원에게 노동안전기술교육을 준 다음 일을 시켜야 한다. 노동안전기술교육기간과 내용은 업종과 직종에 따라 기업이 정한다.
노동규정 제37조 (노동보호물자의 공급)	노동보호	기업은 종업원에게 노동보호용구, 작업필수품 같은 노동보호물자를 제때에 공급하여야 한다. 노동보호물자의 공급기준은 기업이 정한다.
노동규정 제48조 (분쟁해결방법)	부칙	노동과 관련하여 생긴 의견상이는 당사자들 사이에 협의의 방법으로 해결한다. 협의의 방법으로 해결할 수 없을 경우에는 노동중재절차로 해결한다.
노동보호세칙 제40조 (노동보호물자공급절차)	노동보호	노동보호용구와 작업필수품과 식품, 세척제, 기타 약품 같은 것의 공급절차와 방법은 기업책임자와 종업원대표가 협의하여 정한다.
노동시간 및 휴식세칙 제17조 (산후휴가기일 조절 경우)	노동시간 및 휴식	이상적인 해산사유가 있을 경우에는 종업원대표와 협의하여 산후휴가기일을 조절할 수 있다.
노동보호세칙 제28조 (건강에 맞는 직종선택)	노동보호	기업은 종업원들의 체질에 맞지 않는 일을 하거나 해당 직종이 건강보호에 맞지 않을 경우 종업원의

구 분	유 형	내 용
		제기에 따라 종업원대표와 협의하여 그의 체질에 맞는 적당한 부문에 옮겨주어야 한다.
노동보호세칙 제33조 (가정부인 종업원 시간외 노동시 협의)	노동보호	기업은 가정부인종업원에게 노동시간밖의 노동, 쉬는 날의 노동, 이동작업 같은 일을 시키지 말아야 한다. 그러나 부득이하여 일을 시키려 할 경우 종업원대표와 해당 종업원과 협의하여야 한다.
노력채용 및 해고세칙 제24조(종업원의 직제, 직종 변경)	채용 및 해고	기업은 종업원대표와 협의하고 종업원의 직제와 직종을 변경시킬 수 있다.
노력채용 및 해고세칙 제25조(노동규칙의 작성과 적용절차)	채용 및 해고	기업은 종업원대표와 협의하여 이 세칙 제26조의 내용을 밝힌 기업 노동규칙을 실정에 맞게 작성하고 적용하여야 한다.
노력채용 및 해고세칙 제27조 (노동규칙의 수정보충)	채용 및 해고	기업은 종업원대표와 협의하여 노동규칙을 수정보충 할 수 있다.

우리는 개성공업지구 노동규정과 노동세칙의 내용을 통해 개별 기업에서의 기업과 종업원대표의 협의 내용은 채용 및 해고, 근로시간 및 휴식, 노동보수, 노동보호 등 전반적인 부분임을 알 수 있다. 이런 점에서 보면 기업과 종업원대표의 경우 임금 및 근로조건 전반에 관해 일상적인 협의의 주체라는 점을 알 수 있다.

예를 들어 개성공단에서는 자본주의 사회에서의 일반적인 노사관계와 같이 임금과 복리후생과 같은 근로조건 문제가 주요 이슈가 되었다. 특히 기본급과 최저임금이 동등한 상황에서 임금 보전 수단으로서 성과급 수준에 대한 논의나 가처분 소득으로 활용이 가능했던 노동보호물자에 대한 협의가 많았다.

4. 평가

1) 위계적 측면

협의구조와 관련된 법적근거로는 '개성공업지구법'과 '개성공단 남북 공동위원회 구성 및 운영에 관한 합의서'를 들 수 있다. '개성공업지구법' 제21조는 개성공단 현지를 관리 운영하는 행위주체에 대해 명시하고 있으며 2002년 제정되었다. 법률에 의하면 '공업지구에 대한 관리는 중앙공업지구지도기관의 지도 밑에 공업지구관리기관이 한다.'고 하여 위계상 우리 인원들이 파견되어 운영되는 개성공업지구관리위원회의 상급기관으로 규정되어 있다. 이러한 법적근거는 상호 동등한 위치에서의 관리운영 보다는 중요사항 결정시 북한이 상급기관으로서의 입장을 강조하며 개입할 수 있는 요인이 된다. 즉, 외형적으로는 상호 동등한 협의를 강조하더라도 결정적인 상황에서는 상급기관의 입장이 관철되는 결과를 낳게 된다. 이후 2015년 12월 16일 통지된 관리기관 설립운영 규정 시행세칙 제2조도 이러한 위계를 다시 강조하고 있다.

'개성공단 남북공동위원회 구성 및 운영에 관한 합의서'는 남북 당국 간의 주요 사안에 대한 협의를 위해 2013년 8월 체결되었는데 남북 당국 간 합의의 성격을 지니고 있어 그 위계가 동등하게 보장되어 있다. 그러나 이 합의서가 체결되기 전까지 상당한 기간 동안 노사관계 현안에 대한 당국 간의 협의구조는 없었고 현지기관인 중앙특구개발지도총국과 개성공업지구관리위원회 간의 협의를 통해 처리해 나가는 방식이었다. 결국 당국 차원에서 논의되어야 할 사항은 유보되거나 현지 기관 수준에서 논의되는 방식이었다. 그러나 동 체계를 통한 협의가 6차에서 중단될 만큼 아직까지 북한은 공동위원회 체계를 활용하여 중요사항을 협의하는 데는 익숙하지 않아 보인다. 다만, 2015년 최저임금 합의 과정에서 주요 임금

체계의 개편과 공동위원회를 통한 지속적인 협의의 내용이 합의된 것은 향후 공동위원회를 통한 논의의 가능성을 열어 놓은 것으로 이해된다.[11]

2) 층위 간 연계 측면

개성공단의 노사관계는 관리구조면에서 보자면 주요 당사자인 '기업'과 '근로자' 외에 '정부'가 있으나 행위주체 간의 연계성 면에서 상호 차이가 있다. 통상 정부는 기업과 근로자 사이에서 중재자의 역할과 함께 그들의 이익을 대표하는 역할을 수행하는데 우리 정부와 기업의 경우 자본주의적 노사관계와 같이 독립적 성격이 강한 반면 북한 정부와 근로자의 경우 강한 연계성으로 자본주의적 노사관계로는 설명할 수 없는 구조임을 알 수 있다. 즉, 개별 기업이 독자적인 협상력을 바탕으로 북한 근로자와 주요 사항을 협의하기에는 한계가 있다는 점을 알 수 있다.

이는 외형적으로는 노사관계의 일반적인 행위주체인 노-사-정 간의 3자적 관계로 보이나 실질에 있어서는 양 국가의 개입 정도에 따라 2자 또는 3자의 행위주체로 변화될 수 있다. 즉, 우리 당국-기업, 북한 당국-근로자라는 2개의 행위주체를 형성하거나 우리 당국, 기업, 북한 당국-근로자라는 3개의 행위주체를 형성한다. 특히 3개의 행위주체를 형성하는 후자의 측면에서 보자면 북한 당국과 근로자의 연계는 매우 강한 형태를 보이게 된다.[12] 이러한 연계성의 차이는 결국 우리 기업과 근로자 간의 협상력에도 상당한 영향을 준다. 우리 정부와 기업 간의 연계성이 약한 이유는 기본적으로 노·사·정이 각각 독립된 지위를 가지고 있다고 보는 자본주의적 노사관계 시각에 기인한다고 할 수 있다. 이에 반해 북한 당국은 외형적으로는 노사관계에 개입하지 않는 것처럼 보이나 직간접적인 방법을 통해 이를 관철하고 있다. 북한 정부와 근로자의 연계성은 예를 들어

2015년 북한이 개정된 노동규정의 시행을 관철하는 과정에서도 확인해 볼 수 있다. 2015년 2월 북한은 2014년 개정된 노동규정에 따라 2015년 3월부터 ①최저노임의 74달러 인상, ②가급금이 포함된 사회보험료 15% 계산 등을 통보한 바 있다. 이와 관련하여 지급시점이 다가오자 북한은 인상된 수준의 임금을 미지급하는 기업들을 대상으로 잔업 거부, 태업 등을 통한 압박을 진행한 바 있다.[13]

한편 우리 기업들은 북한 근로자와의 협상과정에서 우리 관리기관의 적극적 개입을 선호하였다. 특히 우리 기업들이 관리기관에 지원을 요청한 분야는 근로자들의 요구에 대응하기 위한 것으로 중앙특구개발지도총국과의 협상, 임금 및 노동보호물자의 결정, 시장친화적 제도 구축, 생산 및 품질 향상과 같은 분야로 확인되고 있다. 기업들이 기업 외부적인 분야 뿐 아니라 내부적인 분야인 임금 및 노동보호물자의 결정에 대해서도 지원을 요청하고 있다는 점은 우리 기업들이 북쪽과의 일상적 협상과정에서 상당한 부담을 느끼고 있었던 것으로 짐작할 수 있다.[14]

3) 협의내용 측면

협의내용은 협의구조의 형성여부에 따라 그 내용이 구성된다. 그러나 개성공단은 위계적 측면에서 설명한 바와 같이 중위 수준(중앙특구개발지도총국-개성공업지구관리위원회)과 미시 수준(기업-근로자)에 비해 거시 수준의 형성이 상당 기간 부재했던 측면이 있다.

이로 인해 협의내용이 임금과 근로조건, 노동보호 등 상호 이익의 극대화 측면에서 미시 수준에 머무는 사례가 많았고 개성공단 필지별 용도 문제나 보건의료 지원 같은 일반계획, 노동력 공급이나 인프라 보완과 같은 공단 운영과 같은 내용 등에 대해서는 논의가 진전되지 못하는 한계가 있었다. 중위 수준과 미시 수준에서도 노동생산성, 근로조건, 기업관리, 산업안전, 근로감독 등 세분화 된 분야에서는 논의가 구체화 되지는 못했다.

또한 정치군사적 문제 등과 연계되어 협의내용이 확장성을 갖지 못하는 한계도 노출되었다. 예를 들어 개성공단 인근 지역과의 연계를 통한 발전방안은 5.24 조치 이후 내륙과의 연계가 단절됨에 따라 추진될 수 없었고 기업의 사회적 책임과 같은 부분도 정치사회적 마찰과 맞물려 확장시키지 못했다. 2012년 북한 지역의 수해 발생시 모금을 통해 인도적 지원을 한 바는 있으나 일시적 지원에 그쳤으며 사회적 책임 수준으로의 지원까지 발전된 바는 없다.

한편 북한 근로자들은 임금 및 근로조건 요구에 있어 통상적인 자본주의 사회에서의 방식과는 차이가 있었다. 예를 들어 우리의 경우 임금협상은 1년, 단체협상은 2년 등과 같이 일정한 협약기간이 도래한 시점에 그동안의 요구를 모아 협상을 진행하는 방식이나 개성공단은 북한 근로자들의 일상적인 요구와 함께 이의 관철을 위해 단체행동을 빈번하게 진행했었다. 즉, 제품 생산 방식이 변경될 때마다 새로운 임금 및 근로조건을 요구하는 방식으로 태업 등이 발생하기도 하였는데 이러한 부분들은 분쟁의 일상화를 가능케 하는 요소이기도 하였다.[15]

4) 협상력 측면

거시 수준인 개성공단 남북 공동위원회나 중위 수준의 경우 상호 동등한 지위에서 협상이 진행된 반면 미시 수준인 기업 단위에서는 기업의 협상력이 상대적으로 약한 측면이 있었다.

협상력 약화의 주요 요인으로는 첫째, 노동력 공급의 불안정성을 들 수 있다. 개성공단은 노동집약적 산업이 밀집되어 있기에 노동력의 확보여부에 따라 생산성이 증가할 수 밖에 없는 구조였다. 이로 인해 노동력 공급이 부족한 개성공단은 노동력 공급자인 근로자 중심의 시장이 형성되어 있었다고 할 수 있다. 즉, 노사관계에서 우리 기업들이 감안해야 할 주요한 요인이 될 수 밖에 없었고 이는 협상력 측면에서 보았을 때 노동력 공급자(근로자)>수요자(기업)의 결과를 나타내는 주요 요인이 되었다.[16]

둘째, 우리 기업들의 임가공 생산 방식을 들 수 있다. 자체 상표를 확보하지 못한 기업들이 다수인 상황에서 주문 기업들의 요구에 의해 단납기 방식의 생산활동을 진행해야 하는 우리 기업들의 경우 납기 차질은 향후 물량 확보 등 기업 운영에 심각한 영향을 주게 된다. 결국 이러한 한계로 인해 미시 수준에서는 생산 차질이 발생하지 않도록 근로자들의 요구에 최대한 반응해야 하며 상대적으로 협상력이 약화되는 결과를 초래한다.

셋째, 우리 기업들의 관리수준이다. 우리 기업들은 개성공단 내 현지 법인을 생산기지로 활용하고 있으며 생산관리 중심의 인력을 배치하였다. 이로 인해 주요 노사관계 협상에서 별도의 전문 부서와 인력을 두고 운용하는 남쪽의 기업과 달리 생산관리 인력들이 북한 근로자와의 협상에 임할 수 밖에 없는 구조로 상대적으로 협상력이 취약하였다. 아울러 개성 현지 법인 대표자에게 권한을 위임하기 보다는 모기업 대표가 전권을 행사하는 구조를 지니고 있어 협상력은 더욱 약화되었다.

Ⅳ. 남북 협력공간에서의 협의구조[17]

1. 협의 층위

북한의 특수경제지대 관리 및 운영과 관련된 법률에 의하면 공단 관리 체계는 기본적으로 지도기관과 관리기관을 두어 운영한다. 이러한 점을 감안한다면 향후 남북 간 협력공간이 북한 지역에 조성될 경우 별도의 법률 제정이 없는 이상 현재와 유사한 체계가 운영될 것이라는 점을 상정해 볼 수 있다. 이 경우 관리구조는 거시 수준과 중위 수준, 미시 수준으로 나누어 볼 수 있다.

거시 수준은 남북 당국자로 구성된 공동위원회가 수행함이 적절해 보이나 필요에 따라서는 중위 수준의 협의구조가 거시 수준의 협의구조를 대체하는 방식도 검토해 볼 수 있다. 즉 기본적으로는 남북 공동위원회의 틀을 활용하면서도 과거 남북 공동위원회의 회의 단절 사례에서 볼 수 있듯이 회의 체계가 가동되지 못할 경우 현지의 남북 관리기관이 중위 수준

<표 4> 협의 구조

수 준	세부 내용
① 거시 수준 (macro level) ⇕	남북 공동위원회 및 분과회의
② 중위 수준 (meso level) ⇕	현지 관리기관-기업 단체-근로자 단체(기업 단체 내 업종별 협의체와 해당 업종 북한 종업원대표 협의체-남한 관리기관 내 기업지원 담당 부서-북한 관리기관 내 담당 부서)
③ 미시 수준 (micro level)	개별 기업 및 작업장

에서 진행하던 실무협의의 결과를 거시 수준으로 상향시켜 합의하는 방식도 검토할 만하다.[18]

　중위 수준은 기본적으로 개성공단에서의 중앙특구개발지도총국과 개성공업지구관리위원회와 같이 정부의 권한을 위임받은 현지 남북 기관들과 기업 단체가 수행하는 것이 적절해 보인다. 다만, 거시 수준에서 밝힌 것처럼 중위 수준의 협의 결과를 거시 수준의 합의내용으로 갈음하는 방식도 유연하게 검토할 필요가 있어 보인다. 기업 단체의 경우에도 기본적으로 기업 단체가 중위 수준에 결합하되 필요시 업종별 대표들이 중위 수준에 결합하는 방식을 모색해 볼 수도 있다. 예를 들어 개성공단의 경우 섬유봉제, 기계금속, 전기전자, 화학, 기타(비금속광물, 식품)로 구성되어 있었다. 이러한 업종 구분에 따라 기업 단체 내 업종별 협의체와 해당 업종 북한 종업원대표 협의체, 남북 현지 관리기관의 해당 담당 부서가 결합하는 구조도 적절해 보인다.

　미시 수준에서는 개별 기업·작업장별 수준의 근로자 조직과 사용자와의 협의를 통해 노사 간의 이해관계를 조정하는 방식이 될 것이다.

　한편 중위 수준이 거시 수준과 미시 수준을 이어주는 매개체적 역할을 수행한다는 점에서 중위 수준의 역할을 강화할 필요성도 제기된다. 즉 거시 수준에서의 협의와 중위 수준에서의 협의 간의 연계 시스템을 구축하고 이를 통한 중층적 협의구조를 만드는 것이 중요하게 제기된다. 중위 수준의 경우 해당 협의결과를 미시 수준이 잘 준수할 수 있도록 하며 거시 수준에는 하위의 의견을 구체적이고 명확하게 전달하는 등 이해관계자들에게 합의 가능한 안들을 제시해 주는 역할을 수행할 수도 있기 때문이다.

　한편 기업 단체의 거시 수준으로의 참여 문제가 제기될 수 있다. 그러나 통상 개별 이익단체의 요구가 해당 정부 및 현지기관으로 사전 수렴되고 있음에 비춰 기업 단체의 상위 수준으로의 참여는 부적절하다고 할 수 있다. 다만, 북한 정부·근로자와 체결하게 될 사회협약과 같은 부분에서는 상위 수준에서도 참여시켜 추진하는 것이 가능할 것으로 판단된다.

2. 협의 내용

남북 협력공간에서 협의 가능한 내용들은 어떠한 것들이 있을까? 이를 위해서는 남북 협력공간 만의 특징적 요소들을 살펴 볼 필요가 있다.

첫째, 남북 협력공간의 공간적 보편성을 들 수 있다. 남북 협력공간이 개성공단과 같은 모델임을 상정한다면 남북 협력공단은 기본적으로 북한의 제도가 적용되는 공간이다. 따라서 사회안전망, 실업 등의 문제는 기존 북한 사회에서의 사회정책과 경제정책 같은 내용들이 그대로 적용될 수밖에 없다는 점이다. 이 점에서 남북 협력공간에서의 협의 내용에 사회보험, 실업과 같은 북한의 사회정책과 경제정책은 협의의 주제가 될 수 없다.

둘째, 남북 협력공간의 운용과정에서의 특수성이다. 남북 협력공간은 외국 투자기업을 유치하기 위해 북한 내 다른 지역과는 구분된 공간으로 별개의 제도와 생산 인프라가 구축되어 있다는 점이다. 그런 점에서 최저임금, 휴가 등 남북 협력공간 내부의 노사관계와 관련된 부분에 대해 독립된 협의안건으로 삼을 수 있다.

셋째, 남북 협력공간에 투입되는 노동력의 특수성이다. 남북 협력공간에 투입되는 노동력은 통상 노인, 장애인, 근로 빈곤층 등과 같은 사회 취약계층이 투입되기 보다는 노동가능인구 중 북한 당국의 검증과정을 통과한 노동력이 공급될 것이다. 이런 점에서 사회 취약계층에 대한 보호 문제는 남북 협력공간 내에서는 고려되지 않아도 된다. 물론 여성 노동력도 통상적인 사회 취약계층에 포함되나 기업의 전략적 필요성이나 진출

산업의 특수성에 의해 대규모로 투입될 수 있는 점을 고려할 때 여성 근로자 보호 제도의 지속적 관리감독 등을 통해 보호할 수 있을 것이다.

넷째, 남북 협력공간 주변지역과의 연계 및 사업 확장성이다. 기본적으로 남북 협력공간은 협력공간 내부에서의 생산활동에만 국한된 것이 아니라 외부와의 연계를 통한 배후도시의 발전적 전망과 함께한다. 즉, 기존 시가지 내 공장·기업소 등과의 사업연계를 통해 발전방향을 모색하는 것을 전제로 한다. 이러한 점을 고려할 때 인접 지역과의 산업적 연계 및 발전방안, 보건의료, 환경문제, 교육훈련, 인프라 개발 등은 정부 간 협력이나 기업의 사회적 책임(CSR : Corporate Social Responsibility)[19] 차원에서 논의 가능한 영역이다.

다섯째, 남북 협력공간이 경제협력 방식을 활용한 공간이라는 점이다. 경제협력이라 함은 기본적으로 기업과 근로자라고 하는 노사관계가 전제가 되는 개념이다. 이 과정에서 근로자의 임금 및 근로조건 문제와 함께 기업의 생산성 제고라는 점이 제기된다. 또한 남북 협력공간이 저임금 노동력을 활용하는 임금경쟁력에 기반한 모델일 경우 우리는 노동력 공급 문제, 사업장 내에서의 근로자 관리 문제, 인사경영권 보장 문제, 쟁의행위와 관련된 문제, 교섭요구사항과 같은 문제도 논의 주제로 삼을 수 있다. 아울러 장시간 노동, 산업안전 문제 등과 같은 개별 근로자와 보호, 공동 연구 문제도 논의 가능한 영역이 될 수 있다.

<표 5> 수준별 협의 가능 분야

수 준	세부 내용	
① 거시 수준 (macro level)	일반 계획	개발계획, 환경계획, 필지별 용도계획, 인근 지역 산업 연계 계획, 보건의료 지원계획 수립
	체제 연관	종업원대표 문제, 임금 체계·항목, 교섭 절차·방식·협약 유효성 문제, 교육훈련 문제, 노동규정 위배 문제
	공단 운영	노동력 공급, 인프라 보완 문제, 노동중재제도(분쟁해결기구)
	기타	기업의 사회적 책임(CSR)
② 중위 수준 (meso level)	노동생산성	생산성 및 품질 향상 기준 설정
	근로조건	임금 및 근로조건 인상 규모·시기
	기업관리	기본 자료 제출 문제(인적사항 확인 등), 주요 징계 기준
	산업안전	산업안전 기준 설정
	근로감독	근로감독 기준 설정
③ 미시 수준 (micro level)	노동생산성	생산성 및 품질 향상 실행 방안
	근로조건	개별적 임금 및 성과급 수준 논의, 기업 복지·노동보호 물자 지급 방안
	기업관리	근태관리 확립 방안
	산업안전	산업안전 점검 방안
	근로감독	근로기준 준수 방안

이러한 특징적 요소를 기준으로 거시, 중위, 미시 수준별로 협의 가능한 분야는 <표 5>와 같이 정리해 볼 수 있다.

거시 수준에서는 행위주체들 사이에서 발생할 수 있는 주요 갈등 이슈들을 해결하기 위한 제도적 방향과 관련된 안건을 개발할 필요가 있다. 우선 개성공단 사례에서 보듯 거시적 개발계획, 환경계획, 필지별 용도계획 등도 논의의 내용이 될 수 있을 것으로 보인다. 그 외 협력공간 인근 지역과의 협력개발 문제도 논의 될 수 있는데 구체적으로는 협력공간 주변의 개발문제, 인도적 지원문제, 농업협력 문제, 기반시설 문제 등도 함께 논의될 수 있을 것이다. 기금 조성이나 현물제공, 재정 기여 문제 등도 논의될 수 있다. 다음으로 북한 체제와 연계된 부분에 대한 협의도 가능할 것으로 보인다. 예를 들면 종업원대표의 기업 배치시 유사업종 경력 보유자 배치 문제(불합치자에 대한 기업 거부권 행사 보장), 노동규정 위배 사항(노력동원 등) 재발 방지 문제, 임금 및 근로조건 인상시기 정례화 방안(상시 분규 상태 방지), 종업원대표 교체시 인수인계 기간 보장, 교육훈련 개발 기준 등이다. 또한 거시적인 측면에서의 노동력 공급과 관련된 문제, 이의 해결을 위한 인프라 구축 문제 등의 협의도 가능할 것이다.

중위 수준의 내용으로는 거시 수준에서 확정된 내용의 가이드라인 제공으로 이러한 협의 시스템의 제도화가 무엇보다 중요하다. 특히 중위 수준의 경우 거시 수준과의 다양한 채널 확보 및 교류·협력을 위한 네트워크 설정이 중요하게 제기된다. 중위 수준에서는 노동생산성 및 품질 향상 기준 설정, 임금 및 근로조건 인상 시기·규모, 간식 규모·종류, 주요 징계 기준, 산업안전 기준 등이 논의 될 수 있다. 또한 기본 인적사항 자료 제출 의무화, 종업원대표의 장기 부재시 이를 대체할 인원(대직자) 편성 및 주요 사항에 대한 결정 권한 부여 방안 등도 협의 가능하다고 할 수 있다. 한편 기존 남북 협력공간의 운용방식 등을 감안할 경우 거시와 중위 수준의 내용은 혼용되어 논의될 수도 있을 것이다.

미시 수준의 경우에는 생산성 및 품질 향상 실행방안, 개별적 임금 및 성과급 수준 논의, 기업 복지·노동보호물자 지급 방안, 근태관리 확립 방안, 산업안전 점검 방안, 근로기준 준수 방안 등에 대한 협의가 가능할 것이다.

이러한 협의내용의 적용방식과 관련해서는 우리 내부적으로는 정부-

현지 관리기관-기업 간 '정책협의'를 우선하면서도 보조적으로는 북한과 각
종 지원 분야에서의 '사회협약' 적용 방식을 모색할 필요가 있어 보인다.

3. 이행 절차

협의사항의 합의 이행 절차는 ① 합의 구조 형성 → ② 영역별 내용
합의 → ③ 추가 보장영역 논의 → ④ 합의 이행여부 점검체계 구축으로
구성해 볼 수 있다. 즉, 합의의 실질적 효력을 거시 수준에서 보장하고
이러한 합의체계가 붕괴되지 않도록 안정화 시키는 노력이 필요한데 이
를 순차적으로 정리해보면 다음과 같을 수 있다.

〈표 6〉 합의 이행 절차

절 차	세부 내용	
① 합의구조 형성	거시	남북 공동위원회
	중위	남북 현지 관리기관-기업 단체-근로자 단체(또는 업종별 협의회)
	미시	사업장, 작업장
② 영역별 내용 합의	거시	주요 정책 방향 제시
	중위	세부 가이드라인, 지침 제시
	미시	기업 상황 반영한 세부 내용 협의
③ 추가 보장영역 논의	미시	핵심 쟁점 외 사항 기업 차원 논의
④ 합의이행여부 점검	거시 ⇔ 중위 ⇔ 미시	

합의 구조 형성과 관련해 거시 구조는 남북 당국 간 기구를 원칙으로
하며 필요시 권한을 위임받은 남북 현지 관리기관이 수행한다. 중위 구조

는 남북 현지 관리기관과 기업 단체로 구성하되 기업 단체의 경우 업종별 협의체가 이를 수행할 수도 있다. 그리고 미시 구조는 기업 내 노사 당사자로 구조를 구성할 수 있다.

영역별 내용 합의는 앞서 논의한 주요 층위별 내용에 맞춰 협의를 하되 먼저 거시 차원에서 주요 방향을 제시한 후 제시된 방향에 맞춰 중위 차원에서의 논의를 진행한다. 중위 차원에서는 일종의 가이드라인 또는 지침을 제시하게 되며 미시 차원에서는 이러한 가이드라인 또는 지침 하에 기업별 실정에 맞게 책정한다.

추가 보장영역에 대한 논의는 중위 수준에서 정리한 기본 핵심쟁점 들에 대한 지침을 내릴 경우 핵심 쟁점 외의 부분들에 대한 기업 차원의 유연한 논의를 의미한다. 예를 들어 임금 인상시 중위 수준에서는 기본적인 수준에 대한 합의를 도출하고 미시수준에서는 기업 특성에 맞는 추가 합의를 진행하는 것이다.

합의 이행여부 점검체계 구축은 이렇게 합의된 내용들이 적절하게 준수되고 있는지 점검하는 체계라고 할 수 있다. 이는 모든 층위에서의 정례 협의를 통해 확인하는 과정이 일반적이라 할 수 있겠는데 거시, 중위, 미시 수준에서는 상호 피드백 과정을 통해 점검하는 방안이 일반적이라 할 수 있다.

4. 의 미

1) 위계적 측면

개성공단 사례에서 보면 남북 당국 간 대등한 지위를 형성하고 있는 남북 공동위원회가 가동 9년만에야 합의에 이르게 되었고 이러한 거시 수준에서의 협의구조 지연은 중위 수준과 미시 수준에서의 협의가 현장 중심의 미시적인 논의에서 벗어나지 못하는 한계를 발생시켰다. 특히 중위 수준에 해당하는 중앙특구개발지도총국과 개성공업지구관리위원회의 관계는 법률상 우리의 관리기관이 북한 관리기관의 '지도'를 받도록 되어 있어 실제 협상 과정에서 여러 장애를 일으키기도 하였다.

그러나 협의구조 방향과 같이 거시 수준의 협의체계가 공단 조성 초기부터 조직되어 정례적으로 관리된다면 중위 수준의 법률근거에도 불구하고 남북 간 대등한 협의가 가능할 것이다.

한편 라선경제무역지대의 경우 초기부터 북한과 중국 간에 공동 관리·운영의 형태로 진행되어 현지관리기관의 위계문제가 발생하지 않았다는 점에서 향후 북한과의 협의여부에 따라 개성공단과는 다른 형태의 관리구조 형성도 가능할 것으로 보인다.

다만, 라선경제무역지대의 경우 지역적 인접성으로 인해 중앙(양국 정부 간 공동지도위원회)-지방(양국 성 인민위원회 간 공동개발관리위원회)의 협의구조가 가능했다는 점에서 향후 남북간 협력공간이 접경지역이냐 내륙지역이냐에 따라 다소간의 차이가 있을 것으로 예상된다.

2) 층위 간 연계 측면

이러한 협의구조는 우리 기업들이 지속적으로 요구해온 바와 같이 층위별 연계를 강화시킴으로써 북한 정부와 근로자의 연계에 대응한 협의구조가 가능할 것으로 보인다. 특히 노동중재 제도 등이 불비한 상황에서 우리 기업들은 상대적으로 북쪽과의 협의에 어려움을 느끼고 있었고 이의 해소과정에서 우리 측 관리기관의 적극적 역할을 요구하였는데 일상적인 협의와 그에 따른 조정과정에서의 개입까지 요구하기도 하였다. 결국 협상력이 약한 우리 기업의 입장에서 보면 노동자 조직의 협상에 대응할 수 있는 체계의 형성을 강하게 요구하고 있었던 것이다.

통상 해외에 진출한 기업들의 경우 근로자들의 협상 요구에 대응해 사용자 조직을 구성하여 공동 대응의 형태를 취한다. 즉, 자체적으로 사용자 조직을 구성하여 근로자들의 요구에 대응하는 구조이다. 그러나 개성공단의 경우에는 기업들이 이러한 수준까지는 이르지 못한 채 개별적으로 노사관계 협상에 참여하는 구조였는데 본 논문이 제시하는 바와 같이 남북 협력공간에서 새로운 협의구조를 형성할 경우 이러한 층위 간 연계가 더욱 강화될 수 있을 것이다.

3) 협의내용 측면

협의구조의 거시, 중위, 미시 수준으로의 재편은 각 수준에 맞게 협의 내용을 구성하게 하는데 이는 향후 남북 협력공간의 체계적 발전과 관리를 가능하게 할 것으로 보인다.

특히 개발계획이나 주변 지역 및 산업과의 연계 계획 등은 남북 협력공간 주변의 발전을 병행함으로써 북한으로 하여금 다양한 공단 개발의 유인 요소로 작용될 것이다. 아울러 종업원대표 문제나 임금 체계 등과 같은 부분은 체제 문제와 연동되어 기업의 생산 활동에 부정적 영향을 주던 요소였으나 이러한 부분이 거시 수준에서 협의되고 조정될 수 있다면 기업들의 생산성과도 연계되어 긍정적 효과를 일으킬 것으로 판단된다.

결국 이러한 거시 수준에서의 협의는 중위 수준과 미시 수준에서 기존에 논의되었던 노동생산성과 근로조건의 수준을 넘어 기업관리, 근로감독, 산업안전과 같이 노사관계 전반에 대한 심층적인 논의를 가능하게 함으로써 노사관계 전반에 선순환적 결과를 유도할 것으로 보인다.

4) 협상력 측면

협상력은 내부적인 요소와 환경적인 요소가 함께 맞물린 측면이 있는데 앞서 설명한 거시, 중위, 미시 수준에서의 위계 구조가 형성되고 그에 맞는 협의내용과 연계가 높아짐에 따라 한층 강화 될 것으로 보인다. 각각의 협의구조는 그에 맞는 정보력, 협상력을 가지고 있기에 거시, 중위, 미시 수준별로 각각의 위계체계에서 협의해야 할 내용들이 형성되는 것이다. 그러나 위계체계가 상이할 경우 상대적으로 낮은 위계 수준에 있는 행위주체는 정보력, 협상력 등의 취약으로 인해 항상 좋지 않은 협상결과를 가져올 수 밖에 없다.

예를 들어 우리 기업들의 협상력을 약화시킨 문제였던 노동력 공급의 경우 기본적으로 거시 수준에서 논의 후 결정되어야 할 영역임에도 불구하고 해당 수준에서 결론이 나지 못함에 따라 미시 수준의 기업들이 직접적으로 거시 수준과 협상을 전개하는 모양새가 취해지게 된다. 이러한 협상은 결국 좋은 결과를 가져오지 못한 채 기업들에게는 노사관계의 불안정 요소로 자리 잡게 된다.

그러나 향후 노동력 공급 문제 같은 내용들이 거시 수준에서 협의되어 명확한 규모와 공급 방향이 결정된다면 기업들에게 불리한 노사관계 환경이 사전에 해소되는 긍정적 효과가 있을 것으로 판단된다. 기업 차원에서는 해소할 수 없는 북한 체제적 요소가 반영된 사항들이 이미 거시적 수준에서 해소 내지는 완화됨에 따라 기업으로서는 본연의 협의내용인 생산성과 임금 문제 등에 집중하게 됨으로써 협상력이 복원되는 효과를 누릴 수 있다.

V. 결론

본 논문에서는 개성공단의 경험을 바탕으로 향후 전개될 남북 협력공간에서의 협의구조와 그 내용을 정리해 보았다.

물론 협의구조를 만들어 나감에 있어 실무적 차원에서 제기되는 문제점들이 있다. 예를 들어 남북 협력공간을 조성할 때 북한이 우리가 생각하는 방향에서의 협의구조 형성에 어느 정도 호응할 것인지 말이다. 그러나 라선경제무역지대 역시 북중 공동관리구조를 만들어 운영하였듯이 남북 간 공동 관리구조에 대해 북한이 긍정적인 입장을 밝힐 가능성도 높아 보인다. 특히 자기 자본으로 공단을 조성한 후 외국 기업을 유치하는 타국가의 경제협력 방식과 달리 북한은 외국 자본의 유치를 통해 공단을 개발하는 방식으로서 공동관리 방식은 어쩌면 당연한 것일지도 모른다.

중요한 점은 우리가 협의구조를 만들어 냄과 동시에 각 층위별 협의내용을 기업들의 공단 입주 전에 사전 확정함으로써 기업들의 생산 집중도를 높일 수 있도록 해야 한다는 점이다. 개성공단과 같이 기업 입주 후 상당 기간이 지난 후에야 법제도적 문제나 거시적 문제들을 논의할 틀이 만들어 진다면 이는 생산 외적인 문제로 인해 기업의 경영활동을 위축시키는 결과를 초래 할 수 있기 때문이다.

한편 이러한 협의구조는 거시, 중위, 미시 수준 간 선순환 구조를 통해 노사관계를 협력적 관계로 전환시킬 수 있을 것으로 보인다. 개성공단의 사례를 보면 제도가 미비한 가운데 미시 수준에서의 욕구 분출과 그에 대한 대응으로 기업들이 노사관계 불안정을 빈번하게 호소한 바 있다. 그러나 본 논문이 제시한 바와 같이 거시, 중위, 미시 수준 간 쌍방향식의 협의구조나 합의 내용의 이행여부 점검 절차가 마련될 경우 이러한 불안정이 해소됨으로써 대외적 신인도 또한 제고되는 효과가 있을 것으로 판단된다.

장기적으로는 최근 논의되고 있는 다자 협력을 통한 북한 내 공업단지 조성이나 북방 경제협력의 과정에서 본 논문이 제시한 협의구조를 바탕으로 우리 정부의 주도적 역할이 강조될 수 있는 방안도 모색할 수 있을 것으로 판단된다. 진출 기업들의 보호나 관리, 그리고 기업들의 조기 안착화 차원에서라도 우리 정부가 참여하는 관리구조 형성은 필수적이기 때문이다.

이 장의 주

1 조성재, "연대와 혁신의 노사관계", 『한반도 경제론: 새로운 발전 모델을 찾아서』(서울: 창비, 2007), p. 340.

2 박천조, 『개성공단 노사관계 연구』(북한대학원대학교 박사학위 논문, 2014).

3 장환빈, 『개성공업지구와 소주공업원구 비교』(북한대학원대학교 박사학위 논문, 2014).

4 정유석, 『통일경제특구 조성과 개성공단 발전에 관한 실증 연구』(고려대학교대학원 박사학위 논문, 2015).

5 예를 들어 2002년 제정한 개성공업지구법 제46조는 "공업지구의 개발과 관리운영, 기업활동과 관련한 의견 상이는 당사자들 사이의 협의의 방법으로 해결한다. 협의의 방법으로 해결할 수 없을 경우에는 남북 사이에 합의한 상사분쟁 해결절차 또는 중재, 재판절차로 해결한다."고 하여 남북 간의 협의를 강조하고 있다.

6 Cawson, Alan, *Organised Interests and the State: Studies in Meso-Coporatism*, (London & Beverly Hills: Sage Publications, 1985), pp. 11~14.

7 리광혁, "공화국특수경제지대 관리기구제도의 기본내용", 『김일성종합대학학보 (력사·법률)』 제58권 제2호(2012), pp. 100~103.

8 중국의 소주공단은 중국과 싱가포르 정부가 합작하여 조성한 공단으로 개성공단과 유사한 체계를 가지고 있었다. 예를 들어 소주공단은 협력체계로서 중국-

소주연합협조이사회, 지도체계로서 중국-싱가포르 쌍방 운영위원회, 관리체계로서 소주공단관리위원회, 개발체계로서 소주공단 개발그룹주식유한공사를 갖추고 있었다. 장환빈, "소주공단 발전사례를 통한 개성공단 활성화 방안", 『통일경제』 제2호(2014), pp. 25~33.; 북한의 라선경제무역지대도 정부간 협조지도체계로 북중공동지도위원회, 관리체계로 라선경제무역지대 공동개발 관리위원회, 개발경영체계로 라선경제무역지대 투자개발공사 등으로 구성되어 있었다. 최우진, "북한 나선경제특구의 개발과 관리에 관한 법제의 평가와 과제", 제210회 북한법연구회 월례발표회 발표자료(2015.2.26.).

9 중앙특구개발지도총국이 2015년 2월 24일 제시한 월 최저노임 관련 사항(2015년 3월 1일 부터 74US\$로 책정, 사회보험료는 가급금이 포함된 노임의 15%로 적용)은 2015년 8월 17일 개성공업지구관리위원회와 최종 합의된다. 당시 합의 내용은 ①월 최저노임을 2015년 3월분 노임부터 78.373달러로 인상, 사회보험료는 노동시간·직종·직제·연한 가급금을 노임에 포함하여 계산, ②직종·직제·연한 가급금은 구체적인 기준이 마련되는 때부터 적용하며 개성공업지구관리위원회와 중앙특구개발지도총국은 직종·직제·연한 가급금의 기준을 빠른 시일 안에 마련, ③최저노임 추가 인상 문제, 노임체계 개편 문제, 개성공업지구의 발전적 정상화와 관련된 제반 문제들은 남북 공동위원회에서 협의·해결 등이었다.

10 이러한 조항들로는 노동보수 분야의 월 노임 제정을 비롯해 노동보호 분야의 건강 보호시설 개선, 노동보호감독소 설치 및 구성, 제재 및 분쟁해결 방법들이 있었다.

11 실무기구로서 남북 공동위원회 사무처가 있지만 이는 남북 공동위원회의 회의 준비를 위한 집행단위에 불과하며 노사관계에서 드러나는 문제를 해소하기 위한 일상적 협의구조로 보기에는 한계가 있다.

12 박천조, 앞의 글, pp. 26~47.

13 박천조, 앞의 글, p. 22.

14 박천조, 앞의 글, p. 141.

15 박천조, 앞의 글, p. 134.

16 박천조, 앞의 글, p. 53. 개성공단에서의 노동력 공급 부족에 대한 문제점은 여러 전문가의 지적을 통해서도 확인할 수 있다. 홍양호, "개성공단 현황 및 정책적 함의와 개선과제", 남북물류포럼 제103회 전문가 초청 조찬포럼 발표자료(2015.3.5.), p. 4.; KDI, "2008년 남북경협에 관한 경협업체 및 전문가 대상 설문조사", 『KDI 북한경제리뷰』, 7월호(2008), p. 29.; 현대경제연구원, "개성공단 사업 평가, 전문가와 입주기업 설문조사", 『현안과 과제』(2012), pp. 1~13.

17 자본주의의 발전과 더불어 노사관계에서도 정부의 역할이 증대하고 있다. 정부는

노사관계에 있어 중재자와 사용자의 두 가지 역할을 수행한다. 중재자로서는 각종 입법이나 행정을 통하여 체계를 만들어 내고, 질서의 유지와 함께 갈등을 조율하는 역할을 한다. 사용자로서는 여러 공공기관 종사자들을 고용함으로써 스스로 사용자의 역할을 수행하기도 한다. 본 논문에서는 개성공단에서의 노사관계 사례에 비춰 보았을 때 남북 협력공간에서는 이러한 정부의 역할이 더욱 커질 것으로 판단하고 협의구조 형성 방향을 설명하고자 한다. 신수식·김동원·이규용, 『현대 고용관계론』, (서울: 박영사, 2010), p. 17.

18 이러한 협의 시스템은 유기적으로 연계될 필요가 있는데 일선 미시 수준에서 이해 관계자 간의 대화와 협의를 토대로 중위에서 거시 수준으로 의견을 상향시켜 나가고 거시 수준에서 이해관계 대표 간의 협의로 설정된 원칙과 합의가 미시 수준에서 준수될 수 있도록 하는 중층화 된 협의 시스템이 작동해야 한다. 선학태, 『사회적 합의제와 합의제 정치』, (광주: 전남대학교 출판부, 2011), pp. 74~75.

19 개성공단에서도 기업의 경영활동 과정에서 임금과 세금의 지불 외에 주변 지역민과 함께 할 수 있는 기업의 사회적 책임(CSR)을 어떻게 할 것인지 고민이 필요하다. 쉽게 고려될 수 있는 부분들로는 과거 인도적 지원 분야에 해당하던 의료, 의약품, 취약계층 지원 물품 등에 대한 지원 등이다. 해외 사례를 보면 개별 기업들이 노동력을 확보하기 위한 수단으로 이러한 활동을 하기도 하나 남북 협력공간에서는 경제공동체의 유지 차원에서 고민이 필요하다고 할 수 있다.

제2부

역사에 대한 질문들
(Questions for the Historical Issues)

1970년대 북한 수령제의 공식적 구조와 현실적 구조[*]

원 세 일[**]

I. 문제 제기

북한 정권이 1970년대에 유일사상체계와 유일지도체제를 확립한다는 명목으로 만들어 낸 정치제도는 현재까지 권력구조의 핵심으로 기능하고 있다. 그동안 우리 학계에서는 '수령제'라는 이름 아래 북한의 특유한 정치제도를 분석해 왔는데, 여러 연구들을 살피다 보면 이들이 그 기초부터 한 가지 관점을 공유하고 있음을 발견하게 된다. 그것은 수령제란 기본적으로 '당-국가체제 위에 수령을 얹은 구조'인데, 이러한 구조를 통해서 수령부터 주민까지 모든 사회가 하나의 유기체처럼 일원적으로 결합된다는 관점이다.[1]

이를 조금 더 자세하게 살펴보도록 하자. 현재 학계의 연구들은 수령

본 논문은 필자의 2017년 박사학위논문인 '1970년대 북한 수령제의 정치동학' 중 일부를 새롭게 편집한 것이다.

국회부의장실 비서관, dostols@naver.com

제가 갑산파가 숙청된 1967년 5월 당중앙위원회 제4기 제15차 전원회의를 통해 출현했다는 인식을 당연히 전제하는 경향이 있다. 그런 다음에 자연스럽게 1970년대에 일어난 제도변화의 과정을 1967년에 발생한 대변혁의 역사적 부속으로 간주한다. 그리고 결정적으로, 이 과정을 분석하기 위한 주된 자료로 주체사상이나 사회주의헌법과 같이 북한 정권이 공표한 규범들을 선정한다. 이렇게 되면 수령제의 역사를 김일성·김정일의 정치적 구상이 질서정연하게 실현된 과정과 동일시하기 쉽다. 김일성과 김정일이 제도변화에 대한 발상을 떠올리고, 이를 당규약·헌법·주체사상 등으로 실현한 다음에, 문제점을 발견해서 더 정교하게 제도와 이념을 변화시켜 나가는 순차적인 과정이 곧 수령제의 역사였다고 암묵적으로 간주하는 것이다.

그러나 실제로 작동한 수령제는 당규약·헌법·주체사상 등과 같은 공식적인 규범들에 나타난 모습과는 매우 상이했다. 특히 수령제를 당-국가체제 위에 수령이 얹힌 구조로 이해하면서, 영도체계 등의 북한 용어를 통해 이 구조의 운영원리를 설명하는 방식은 비현실적이다. 현실적으로 수령의 권력이 절대적으로 작동하려면, 먼저 수령과 이해관계를 공유하면서 오직 그의 명령에만 복종하는 사람들과 기관들이 필요했고, 다음으로 이 사람들과 기관들이 실세가 되어 체제의 여타 부분을 압도할 수 있어야 했으며, 마지막으로 이 실세들이 수령이 아니라 자신들의 독자적인 이익을 추구할 가능성이 차단되어야 했다. 이러한 정치적 목표들은 당-국가체제의 집체적 원리에 바탕을 둔 당규약이나 헌법, 또는 추상적이고 관념적인 주체사상을 통해서는 구현될 수 없었다.

이런 맥락에서, 필자는 수령제가 철저하게 개인독재의 원리에 의거해서 국가의 권력과 자원을 수령이 독점하기 위한 '수령직할제도'를 통해서 수립되었다고 주장한다. 수령직할제도란 북한 정권이 말하는 유일지도체제를 더욱 현실적으로 지칭하기 위해 도입한 용어인데, 수령이 직접 관할하는 집단과 기구를 통해 자의적으로 권력과 자원을 분배할 수 있도록 고안된 공식적·비공식적 제도를 모두 지칭한다.[2] 그리고 필자는 이 개념에 의거해서, 수령제의 기본적인 형태는 당-국가체제 위에 수령을 얹은 구조가 아니라 당-국가체제 사이에 수령직할제도를 삽입한 구조라고 주장한다. 이 글은 이러한 주장을 해명하기 위한 것인데, 먼저 기존의 연구에서 수령제의 구조를 어떻게 파악했는가를 제시한 다음에 필자가 주장하는 수령제의 현실적 구조에 대해 설명하도록 하겠다.

II. 수령제의 공식적 구조

1. 당-국가체제와 수령

1940년대 북한의 정치제도는 소련 군정의 강한 영향 아래 설계되어 소련식 당-국가체제에 뿌리를 두었다. 당-국가체제(party-state system)란 노동자계급의 선진부대인 당이 일당독재의 원칙에 따라 국가기구 및 사회단체를 지도하는 체제를 말한다. 북한의 당-국가체제에서 수령은 독특한 지위를 지닌다. 이 수령이란 용어는 러시아어인 'vozhd'를 번역한 것으로, 레닌 시대만 해도 당의 지도자 집단을 지칭하는 복수의 개념이었다.[3] 그런데 이 용어는 북한에서 집단이 아니라 최고통치자 한 명을 의미하게 되었고, 스탈린주의와 맞물려 일찍부터 김일성의 개인숭배를 위해 활용되었다.

알려진 바에 따르면, 김일성을 수령으로 호칭하는 관행은 군에서부터 유래했고 전쟁을 거치면서 당내에서 확산되었다.[4] 그렇다고 하더라도

1967년 이전만 해도 수령은 초법적인 위상을 갖지는 않았으며, 김일성의 개인독재도 당의 이름을 빌려 행해졌다. 다시 말해, 김일성은 당의 조직·사상·노선 등을 독점했다는 의미에서 개인독재를 펼쳤지만 사회주의체제의 핵심이라고 할 수 있는 당의 우월성을 다른 어떤 권위로 대체하려 하지는 않았다. 그런데 1967년 이후로 수령은 사회 전체가 숭배해야 하는 이름이 되면서 사정은 달라졌다. 수령은 '최고 뇌수'와 '어버이'가 되면서 당보다도 우월한 위상을 갖게 되었고, 사회 전체의 무조건적인 충성을 요구했다.

이러한 개인숭배의 확산은 곧 사상과 문화적인 차원을 넘어 정치제도를 폭넓게 변화시키는 동력이 되었다. 특히 북한 정권은 수령 김일성을 절대적인 존재로 격상시키는 과제를 어떻게 기존의 이념체계와 법체계 속에서 구현할 것인가를 고민해야 했다. 김일성은 이미 확고한 독재권력을 보유하고 있었으나, 이 권력을 대내외적으로 정당화하고 후손에게 안정적으로 물려주기 위해서는 신중한 제도화가 필요했다. 이것이 정치제도의 신설과 개편이 활발했던 북한의 1970년대가 해결하려 했던 과제 중하나였다.

이런 맥락에서 많은 연구자들은 1970년 제5차 당대회의 당규약(이하 70년 당규약)과 1972년 사회주의헌법(이하 72년 헌법)이 수령의 개인독재를 정치제도로 구현한 중요한 계기였다고 평가한다. 대표적으로 스즈키는 이 두 법을 상세하게 분석해서 수령제를 "북한에 스탈린체제가 도입된 후 프롤레타리아독재라는 사회주의체제의 특징을 지닌 동시에 당국가시스템 위에 수령을 추대한 북한의 독특한 정치체제"로 정의했다.[5] 이 정의는 현재 연구자들이 자주 인용하는 것으로, 말했듯이 수령제를 '당-국가체제 위에 수령을 얹은 구조'로 파악하는 관점이 학계에서 폭넓게 수용되었다.

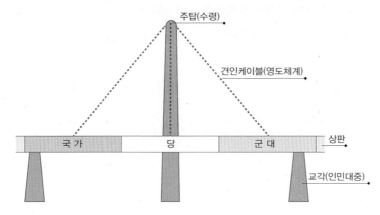

〈그림 II-1〉 수령제의 사장교 모형

출처: 이기동, "수령제의 지속성과 변화", 김갑식 외, 『김정은 정권의 정치체제: 수령제, 당·
정·군 관계, 권력엘리트의 지속성과 변화』(서울: 통일연구원, 2015), p. 15.

하나의 연구를 예로 들어 보겠다. 최근의 연구에서 이기동은 수령제가
"수령이 권력의 구심점이 되어 권력엘리트들을 견인하는 구조"라고 정의
하면서 위의 모형을 제시했다. 이 모형을 보면, 수령을 상징하는 주탑이
당을 관통하여 군림하듯 솟아 있고, 영도체계라는 견인케이블을 통해 당·
국가·군대라는 세 가지 상판을 일원적으로 통제한다.[6] 결국 이 모형은 당-
국가체제가 그대로 존속하되 영도체계라는 운영방식을 통해서 수령의 구
속을 받는 모습을 수령제의 구조로 제시하는 것이다. 그렇다면 이러한 구
조에 대한 이해는 어디서부터 도출된 것일까? 그것은 바로 혁명적 수령관
이나 사회정치적 생명체론 같은 사상규범, 그리고 당규약이나 헌법과 같
은 법규범을 분석한 결과이다.[7]

군이 위의 모형을 지목해서 인용한 이유는 일부러 비판을 가하기 위해
서가 아니라, 이 연구가 현재 학계에서 수령제를 이해하는 방식을 분명히
보여 주기 때문이다. 각기 세부적인 내용과 강조점은 다를지라도, 현재 많

은 연구들이 큰 틀에서는 위에서 인용한 연구와 같은 방식으로 공식 규범을 기준으로 한 수령제의 모형을 제시하거나 당연한 듯이 가정한다.

2. 1970년대 북한의 당규약·헌법과 스즈키의 분석

이제부터 우리는 1970년대의 북한 규범들을 분석한 스즈키의 연구를 개관할 것이다. 이러한 작업의 목적은 수령제에 대한 기존의 설명이 현실과 큰 차이가 있음을 보여 주는 데 있기 때문에, 비록 생략과 압축으로 인한 왜곡의 위험이 있더라도, 그 요점만 간략하게 제시하는 데 그칠 것이다.

1) 1970년 당규약

먼저 아래의 내용은 70년 당규약에서 권력구조에 관한 규정들은 발췌해서 요약한 것이다.

> (1) 서문: 조선로동당은 사람들과의 사업·계급노선·군중노선을 당 사업의 기초로 삼고, 청산리정신과 청산리방법을 관철한다고 규정했다.
> (2) 제2장 제11조: 조선로동당이 '민주주의 중앙집권제' 원칙에 의하여 지도기관은 민주주의적으로 선거하되 하급 조직은 상급 조직에 절대 복종하도록 규정했다.
> (3) 제2장 제13조: 각급 당위원회는 '해당 지역 또는 생산적 단위의 최고 지도기관이며 참모부'라고 밝히고, 각급 당조직은 자립적으로 토의·결정하되 당의 노선에 어긋나서는 안 된다고 규정했다.
> (4) 제2장 제14조: 당조직의 최도지도기관이 당대회와 당중앙위원회라고 규정했다.

(5) 제3장 제21조·제23조: 당대회는 4년에 1회 당중앙위원회가 소집하고, 당중앙위원회는 당중앙위원회 전원회의를 6개월에 1회 이상 소집한다고 규정했다.

(6) 제3장 제25조·제26조·제27조: 당중앙위원회 정치위원회는 전원회의와 전원회의 사이에 모든 사업을 지도하고, 당중앙위원회 비서국은 당내 문제를 토의·결정하며 그 집행을 조직·지도한다고 규정했다. 또한, 당중앙위원회 군사위원회는 군대 및 군수사업을 조직하며 군사력을 지도한다.

(7) 제4장 제33조: 도(직할시)위원회는 유일사상체계를 철저히 확립하는 사업을 조직·지도하며, 하급 당위원회와 공장·기업소·교육기관 등의 활동을 지도·검열한다고 규정했다.

(8) 제5~6장: 시(구역)·군의 당조직과 행정·생산 단위의 기층조직에 대해 유일사상체계를 철저히 확립하고, 당원들과 근로대중을 주체사상으로 튼튼히 무장시키고, 행정·경제사업을 지도하는 임무를 규정했다.

(9) 제8장 제51조: 내각과 중앙기관에 조직된 정치국(정치부)이 당원들과 노동대중에게 정치교양사업을 유일적으로 조직·지도하도록 규정했다.

스즈키가 당규약을 검토하면서 수령제와 관련해서 주목했던 부분은 당 내에서 수령이 권력을 행사하는 방식에 관한 내용이다. 명시적인 조항은 없더라도, 수령은 당에서 총비서·정치위원회 위원장·군사위원회 위원장을 당연히 겸직한다. 이를 통해서 수령은 인사권, 정책결정권, 이데올로기 해석권, 재정권, 정보력, 선전·선동, 군사력에 대한 통수권을 독점할 수 있다. 이처럼 겸직을 강조하는 관점은 영도체계라는 추상적인 설명에 비해 구체적으로 수령제의 운영원리를 해설하는 기제가 된다. 이에 따라 이를 둘러싸고 학계에서는 상당한 논란이 벌어졌는데, 뒤에서 수령제의 규범적 모형을 제시하면서 이를 살피게 될 것이다.

당규약은 수령이 중·하층 권력구조에서도 당조직을 통해 사회의 각 분야를 장악한다는 것을 밝히고 있다. 특히 제4~6장은 공장·기업소를 비롯해서 국가기구와 사회단체에 대한 당의 지도를 규정하고 있다. 그리고 당조직들은 당규약이 계속해서 곳곳에서 강조하는 유일사상체계에 따라 수령의 교시에 절대적으로 복종한다. 따라서 '사회·국가 → 당 → 수령'이라는 복종의 체계가 수립된다.

스즈키는 이를 두고 수령이 당조직을 신경·혈관으로 이용하여 최고 뇌수로서 당과 사회를 하나의 유기체로 영도할 수 있게 된다고 설명했다.[8] 이런 규정들은 실제적으로 지방당위원회가 수령의 지시를 수령해서 행정기구와 사회에 전파하는 역할을 수행했기에 분명히 현실의 한 측면을 반영하고 있다. 그러나 이러한 규정이 있다는 것과, 신경을 통해 전달된 뇌의 지시가 팔과 다리를 움직이듯 실제로 수령의 지시가 이러한 제도적 연결망을 통해서 전 사회를 일사불란하게 움직였는가는 별개의 문제이다.

이런 스즈키의 분석과 별도로, 필자는 당규약과 관련해서 당의 집단지도체제 문제에 주목해야 한다고 생각한다. 우선 1950~60년대를 거치면서 효력을 잃은 규정들이 여전히 존속하고 있음을 알 수 있다. 단적인 예로, 당대회와 당중앙위원회는 이미 유명무실해진 상태였음에도 명목적인 위상은 여전히 인정되었다.

더욱 중요한 문제는 정치위원회의 형해화였다. 여러 협의체 가운데 특히 정치위원회는 집단지도체제를 핵심적으로 구현해야 하는 기구였다. 여기에는 당의 총비서와 비서, 정부의 총리와 부총리, 당·군·정의 장관급 이상 고위간부들이 참여한다. 원칙대로라면, 이들은 각자의 분야를 대표해서 정책초안을 제출하고 정치위원회에서 이 초안이 토의를 거쳐 수정·보완된 다음 당의 공식적이 정책이 되어야 한다. 그런데 사실 정치위원회의 기능은 1960년대부터 김일성의 개인독재가 확고해지는 것과 반비례해서 내실이 점차로 없어졌다. 김일성은 유일사상체계를 전면에 내세운 이후에도 계속해서 당의 협의체를 가동했으나, 수령의 교시가 곧 법이 되는 상황에서 당조직의 기능은 수령의 의도를 잘 해석해서 충실히 실행하는 것으로 변질되었다. 이 기능은 굳이 협의체의 양식을 지닐 필요는 없었고, 이에 따라 각 기관과 분야에서 만든 정책초안이 김일성과 김정일에게 결재를 받은 다음에 협의체에서 형식적인 합의가 이뤄지는 방식으로 유명무실해졌다.

특히 뒤에서 살펴보겠지만 1970년대에 수령직할제도가 수립되면서 당의 권력구조가 조직지도부를 중심으로 수직적으로 위계화되고 각 부서 간 수평적 협력과 소통이 차단되면서 당의 집체적 정책결정체계는 완전히 기능을 상실했다. 그리고 김일성 사망 이후 김정일은 이러한 외관상의 절차도 준수하지 않고 협의체의 기능을 아예 정지시켜 버렸다.

2) 1972년 사회주의헌법

다음으로 수령제를 국가제도의 차원에서 구현하고 있는 72년 헌법을 검토한다. 헌법의 내용은 방대하기 때문에 정치제도와 관련된 내용만을 압축적으로 선별했다.

> (1) 제1장 제7조: 주권자인 근로인민은 자기의 대표기관인 최고인민회의와 지방 각급 인민회의를 통하여 주권을 행사한다고 규정했다.
> (2) 제1장 제9조·제10조: 국가기관들은 민주주의 중앙집권제 원칙에 의하여 조직·운영되며, 프롤레타리아독재를 실시한다고 규정했다.

(3) 제1장 제11조·제12조: 국가는 청산리정신, 청산리방법, 천리마 운동을 관철해서 사회주의건설을 최대한으로 다그쳐야 한다고 규정했다.

(4) 제4장 제49조: 공인의 원리와 의무는 <하나는 전체를 위하여, 전체는 하나를 위하여>라는 집단추의원칙에 기초한다고 규정 했다.

(5) 제4장 제61조: 혁명투사, 혁명열사가족, 애국열사가족, 인민군 후방가족, 영예군인들은 국가와 사회의 특별한 보호를 받는다 고 규정했다.

(6) 제5장 제73조·제76조: 최고인민회의는 조선민주주의인민공화 국의 최고주권기관으로서 주석과 정무원 총리를 비롯한 국가 요직을 선출하고, 헌법·법령을 채택하며, 인민경제발전계획을 승인하며, 국가예산을 승인하고, 전쟁을 결정한다고 규정했다.

(7) 제6장 제89~98조: 주석은 국가의 수반이며 국가주권을 대표 한다. 임기는 4년이다. 중앙인민위원회를 직접 지도하고, 필요 해 따라 정무원회의를 소집·지도한다. 군의 최고사령관이자 국 방위원회 위원장으로서 국가의 무력을 지휘·통솔한다. 법령을 공포하고, 명령을 내며, 특사권을 행사하며, 타국과의 조약을 비준·폐기한다. 그리고 주석은 이러한 사업에 대하여 최고인민 회의 앞에 책임을 진다.

(8) 제7장 제100~103조: 주석이 수장인 중앙인민위원회의는 국가 주권의 최고지도기관이다. 정책을 세우고, 정무원과 지방의 사 업을 지도하며, 사법·검찰·국방·정취보위 사업을 지도하며, 정 무위원과 군사간부를 임명·해임하고, 행정구역을 정하고, 전시 상태를 선포한다.

(9) 제8장 제107조·제109조: 정무원은 최고주권기관의 행정적 집 행기관이다. 인민경제발전계획을 작성하며, 지속기관과 지방의 사업을 지도하고, 예산을 편성하며, 화폐·은행 제도를 운영하 고, 인민무력건설 사업을 한다.

(10) 제9장 제115조·제125조: 지방인민회의는 지방주권기관으로

서 해당 지역 안에서 국가기관·기업소·사회협동단체의 사업을 지도한다.

(11) 제9장 제128조·제130조: 지방인민위원회는 자기 사업에 대하여 해당 인민회의와 상급 인민위원회에 대해 책임을 진다. 지방인민회의는 모든 행정사업을 조직·집행하며, 지방의 인민경제발견계획을 수립하며, 지방예산을 편성한다.

위의 내용을 보면, 사회주의체제에서 국가기구를 운영하는 방식이 기재되어 있음을 알 수 있다. 권력구조의 면에서 가장 중요한 내용은 민주주의 중앙집권제와 프롤레타리아독재일 텐데, 이는 국가기구에 대한 당이 우위에 서는 당-국가체제의 원칙을 밝힌 것이다. 이와 함께, 수령제의 이상을 담은 구호인 '하나는 전체를 위하여, 전체는 하나를 위하여'가 명시된 것도 눈에 띤다.

이 가운데 스즈키는 주석 직위의 신설을 특히 강조했다. 주석은 국가원수일 뿐만 아니라 중앙인민위원회, 정무원, 재판소와 검찰, 군을 모두지도할 수 있는 막대한 권한을 지닌다. 그는 "주석제의 본질은 수령을 직접 국가의 수반으로 모시고 국가에 대한 수령의 유일적 령도를 확고히 보증하는 국가기구적 제도"라고 설명한 북한 법학자의 설명을 인용하면서주석의 헌법적 지도는 수령의 유일적 영도 그 자체이고, 모든 국가기관은그것을 실현하는 수단이라고 규정했다. 이런 관점에서 그는 수령제가 72년 헌법에 의해 국가제도로 완성됐다고 말한다.[9] 이 설명에 대해서는 곧그 적실성을 따져 보게 될 것이다.

주석을 선출하고 통제한다고 규정된 최고인민회의에 대해서도 간략하게 언급하는 게 좋겠다. 당에서 당대회가 유명무실했듯이 최고인민회의도실제적인 기능을 하지 못했다. 헌법상에 규정된 권한에도 불구하고 최고인민회의는 당의 결정을 추인하는 역할에 그쳤다. 최고인민회의에는 법제위원회, 예산위원회, 외교위원회 등이 설치되어 있으나 이들 위원회는 당·군·정의 간부들로 채워지고 별도로 정책을 검토할 전문적인 부서나 인력도 갖고 있지 않기 때문이다. 이런 측면에서 황장엽은 당중앙위원회 비서는 자신이 역임했던 최고인민회의 의장과 비교가 안 될 정도로 중요한 직책이라고 말한 바 있다.[10] 실제로 북한의 법체계가 유일사상체계에 종속된 이후에 최고인민회의에서 당이 결정한 정책에 대해 대의원들이 자유롭게 의견을 개진한 사례는 전혀 발견되지 않았다.[11]

3. 수령제의 규범적 모형

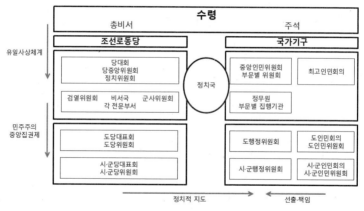

〈그림 Ⅱ-2〉 수령제의 규범적 모형
* '→'는 법적으로 조직 간에 통제가 행해지는 방향을 나타냄.

<그림 Ⅱ-2>의 그림은 스즈키의 분석을 중심으로 당규약과 헌법에 나타난 수령제의 구조를 간략하게 시각화한 것이다.[12] 이 그림을 보면, 스즈키가 말하려고 한 바가 무엇인지가 한 눈에 포착된다. 외견상으로 당규약과 헌법은 당-국가체제의 전형성을 보존하고 있다. 민주주의 중앙집권제

원칙에 따라 당은 수평적으로 동급의 행정기구를 지도하고, 당과 행정부 안에서는 상급기관이 수직적으로 하급기관을 지도한다. 또한, 행정부는 인민회의로부터 선출됨으로써 당의 지도 외에 별도의 민주적 통제를 받는다. 그리고 결정적으로, 수령은 최상층부에서 당-국가체제의 운영을 전반적으로 관할한다.

그렇다면 수령은 어떻게 거대한 당-국가체제의 운영을 혼자서 총괄할 수 있는가? 수령과 당-국가체제를 잇는 고리는 두 가지다. 하나는 당규약과 헌법의 지향하는 이념인 유일사상체계이고, 다른 하나는 수령이 당연하게 차지하는 총비서와 주석 직위이다.[13] 수령은 유일사상체계를 통해 초법적이고 절대적인 권력을 갖고, 이어서 유일사상체계를 추종하는 당규약과 헌법에 규정된 총비서·주석 직위를 통해 제도적인 지위와 권한을 획득하는 것이다. 이렇게 보면 최고 뇌수이자 인민들의 아버지인 수령의 초법적인 지위는 현실적인 법조항 속에서 모순 없이 구현된 것처럼 보인다. 그러나 더 자세히 살펴보면, 여기에 해결하기 어려운 문제가 숨어 있다는 것을 알 수 있다.

스즈키는 개인독재와 사회주의가 유기적으로 결합될 수 있었던 비결로 유일사상체계와 함께 수령이 공식적인 최고직위를 모두 겸직한다는 것을 특히 강조한다. 수령은 당에서는 당중앙위원회 총비서·정치위원회 위원장·군사위원회 위원장이고 국가기구에서는 정무원·군·사법기관을 지도하는 주석이기 때문에 당조직과 국가기구의 공식성을 유지하면서도 실제로는 이들을 수족처럼 부릴 수 있게 된다는 것이다. 이처럼 수령의 최고직위 독점에서 수령제의 운영원리를 찾는 설명은 현재도 많은 연구자들이 그대로 따르고 있는 방식이기도 한다. 사실 유일사상체계나 영도체계 등 수령이 당-국가체제를 이끄는 방식을 묘사하는 북한의 용어는 매우 추상적이고 도식적이어서 실질적인 의미를 갖기가 힘들다. 따라서 실제적인 제도의 차원에서 수령의 지배를 보장하는 기제를 찾다보니 문헌상으로 권력의 내용이 명시된 최고직위가 강조된 것으로 보인다.

그런데 스즈키의 해석은 학계에서 단순하게 수용되진 않았다. 당-국가체제에서 당의 총비서와 국가의 주석이라는 두 최고직위가 있는데 어떤 직위가 더 중요한가에 대한 논쟁으로 번진 것이다.

주석직이 수령체제의 핵심이라고 주장하는 입장에서는, 아마도 스즈키도 이런 입장에 가까울 텐데, 수령이 여러 직위를 보유하고 있더라도 결국 모든 분야를 총괄하는 주석 직위를 통해 일원적으로 통치체계를 구축했다고 주장한다.[14] 이런 관점은 현재까지 젊은 연구자들에게 계승되고 있는데, 한 예로 "무엇보다 수령의 헌법적 지위를 보장하는 국가주석제의 신설은 '수령체제'의 법적 제도화를 규정한 것으로써 수령의 유일적 영도를 보장하는 중요한 제도적 토대가 되었다."는 설명을 들 수 있다.[15]

그러나 이는 법적으로나 현실적으로나 잘못된 주장이다. 먼저 법적으로, 주석은 군의 최고사령관을 겸직하고 중앙인민위원회와 정무원을 지도하지만 그 권한은 헌법에 의해 부여된 것이다. 또한, 연임의 제한은 없지만 임기는 4년으로 한정되어 있다. 선출 역시 최고인민회의를 거쳐야 하며, 그 사업 또한 최고인민회의에 책임을 져야 한다. 이 모든 규정이 아무리 형식적이라고 할지라도, 주석은 최소한 법적으로는 한정된 권한을 보유하기 때문에 수령의 절대적 위상과는 분명한 차이가 있다. 더욱이, 당-국가체제에서 국가기구는 당의 지도를 받기 때문에 국가의 주석이 당의 총비서를 능가하는 권한과 위상을 보유하고 있다고 말하기도 어렵다.

현실적으로도 북한에서는 이미 1950~60년대부터 국가의 행정체계는 김일성 개인과 일부 당조직에 의해 무력화되었다. 당위원회의 통일적 지도체계와 대안의 사업체계 등 선행적으로 이뤄진 제도변화는 국가기구가 아니라 당을 중심으로 일원적인 지시체계가 형성되었음을 말해 주고 있다. 이러한 경향은 1970년대 이후에 더욱 심화되고 전면화되었다. 그렇다면 국가기구의 수장인 주석은 현실적인 권력구조에서도 정점에 있는 직위는 아니었던 것이다. 이런 맥락에서 황장엽 역시 "수령독재하에서 주석은 사실상 아무런 실권이 없는 상징적 존재"라고 평가한 바 있다.[16]

당의 총비서라는 직위가 수령제의 핵심이라는 주장은 어떠한지 살펴보자. 대표적으로 정성장은 다음과 같이 설명한다.

> "1972년 헌법으로 권력의 중심이 당에서 정부로 이전되었다거나, 김정일 시대에 당의 위상이 실추되고, 당-국가체제가 당·군·정 역할 분담체제로 변화하였다는 등의 부적절한 해석들이 제시되었다. 또한 국내 연구들 가운데는 '당의 영도'와 '수령의 영도'를 분리해서 양자를 단절적으로 이해하려는 시각들이 많다. 그러나 북한은 오히려 '당의 영도는 곧 수령의 영도'라고 강조함으로써 당의 영도와 수령의 영도를 동일시하고 있다."[17]

이에 따라서 자연스럽게 다음과 같은 견해가 도출된다.

> "당의 총비서는 형식적으로는 비서국을 총괄하는 직위에 불과하지만, 실질적으로는 당의 수위이자 북한의 최고권력을 상징하는 직위이다. 1972년에 국가주석직이 신설되었고, 1998년의 헌법개정으로 위상이 높아진 국방위원회 위원장직이 '국가의 최고직책'으로 불려지게 되었지만, 당-국가인 북한에서는 국가의 어느 직위보다도 당총비서가 우위에 있게 된다."[18]

수령제에 있어서 총비서의 직위가 갖는 중요성은 대단히 크다. 특히 실권이 미약했던 국가기구와 달리 당조직은 실제적으로 수령제의 핵심축이었기 때문에 총비서의 직위에서 수령제의 운영원리를 찾는 관점은 현실과도 상당히 부합하는 것처럼 보인다.

　그러나 우리는 수령제의 핵심이 주석인가 총비서인가를 따지기에 앞서 당규약이나 헌법의 직위를 수령의 권력과 동일시하는 관점부터 재검토할 필요가 있다. 이것은 개인독재가 당-국가체제와 모순 없이 결합한다는 전제에서만 합리화될 수 있는 관점인데, 사실 이러한 모순 없음은 실제적으로나 명목적으로나 많은 법조항들을 평면적으로 나열했기에 만들어진 착시 현상에 불과하다. 물론 수령이 주요 직위를 독점한 것에는 당과 국가기구에 대한 개인적인 지배를 합법화하는 의미가 있었다. 수령은 교시를 내릴 때 사안에 따라 적합한 직위를 통한 것도 사실이다. 수령은 어떤 사안에서 총비서의 직위로, 또 어떤 사안에서는 주석의 직위로, 또 다른 사안에서는 군의 최고사령관 직위로 지시를 내렸다. 그러나 이러한 법적인 직위가 실제적인 정책결정체계와 그대로 일치한다고 추정하는 것은 무리가 있다.

　예를 들어, 김일성이 경제문제에 대해 지시한다고 해 보자. 직위를 기준으로 생각하면, 먼저 수령은 당의 요구에 따라 주석으로서 내각에 정책수립을 명령한다. 그리고 정책안이 마련되면 이번에는 당의 총비서가 되어 당중앙위원회를 통해 이를 승인한다. 그리고 다시 주석의 직위로 돌아와 정무원 회의를 소집해서 이를 지방의 행정기구들이 시행하도록 지도한다. 그리고는 또 다시 당으로 돌아와 정치위원회의 위원장이 되어 비서국의 전문부서들이 지방의 당조직을 통해 행정기구의 활동을 검열하고 사상사업을 펼치도록 지도한다. 이렇게 직위를 오가는 것은 불편하고, 비효율적며, 경우에 따라서는 우스꽝스럽기까지 하다. 수령제가 추구한 일사불란한 지시체계가 수령이 당-국가체제의 여러 직위를 복잡하게 오가는 방식으로 구현되었으리라고 상상하기는 어렵다. 그렇다면 우리는 당연히 공식 직위가 아니라 실제의 권력을 기준으로 간략하고 효율적인 절차가 따로 마련되었으리라고 추론하게 된다.

III. 수령제의 현실적 구조

1. 수령제의 현실적 모형

우리는 당의 총비서가 중심이든 아니면 국가의 주석이 중심이든, 김일성과 김정일이 원했던 일원적인 지시체계가 성립하려면 일단 당-국가체제의 기본적인 구조가 어그러질 수밖에 없다는 점을 유의해야 한다. 만약 당-국가체제의 복잡한 조직·운영체계를 그대로 두고 수령이 주요 직위를 독점하는 것만으로 수령제의 여러 문제가 해결된다고 말한다면, 이는 김일성이 거대한 관료집단과 방대한 양의 업무를 완벽하게 통제할 수 있다는 얘기가 된다. 이것은 현실적으로 불가능하다. 왜냐하면 수령이 모든 현장에 대해 세세한 정보를 입수한 다음에 전문적인 지식을 갖추고서 적합한 결정을 내리거나, 아니면 당과 국가기구가 알아서 수령의 막연한 지시를 이해하고 일사불란하게 이를 실천으로 옮긴다는 얘기인데, 전자는 수령이 초인적인 능력을 가져야만 가능하고 후자는 간부들이 독심술을 할 수 있어야 가능하기 때문이다.

우리는 이와 같은 오류를 피하기 위해서 정권이 수령제를 통해 무엇을 의도했던가를 되짚어 봐야 한다. 당시에 김일성의 독재는 이미 확고하게 성립되어 있었기 때문에 수령제를 단순히 독재를 강화하기 위한 제도로 파악하는 관점은 설득력이 약하다. 그렇다고 수령제의 여러 제도들이 독재를 치장하기 위한 겉치레에 지나지 않는다고 간주하기에는 변화의 내용이 너무나 근본적이었다. 수령제 건설에 있어서 김정일의 세습이 중요한 목적이었다는 것에는 틀림이 없지만 여기에만 시야를 한정한다면 그와 상관없는 많은 제도까지 변화한 이유를 찾을 수 없다.

이처럼 여러 가능한 답안들을 제거해 나가다 보면 우리는 수령제의 본질이라고 할 만한 명제에 도달하게 된다. 그것은 당-국가체제의 복잡한 운영원리와는 다른, 단순하고 직선적인 새로운 지시체계를 창안하는 것이었다. 이에 관해서 조국통일민주주의전선의 부국장과 정무원의 부부장 직위를 역임한 신경완은 결정적인 증언을 전한다.[19] 1974년 10월에 열린 제5기 제9차 전원회의에서 있었던 일이다.

> "9차 전원회의에서 김정일은 '당·군·정권의 모든 문제를 나에게 집중시키고 나의 결정과 지시에 따라 처리, 집행되고 보고되는 일사불란한 지도체계와 무조건 복종하는 조직규율을 세워야 한다'고 제시했다. 이것이 유일지도체제의 핵심이었다. 김정일이 조직·사상·구체적 실무에 이르기까지 모든 문제를 관장하겠다고 선언한 셈이다. 김정일은 당내부 사업지도서와 당조직, 부서, 직능조정 등을 통해 당사업체계를 대폭 수정해 당조직을 꽉 조였고, 이를 통해 자신의 통치기반을 강화했다. 김정일은 조직지도부의 권한을 대폭 강화해 간부들에 대한 인사권을 장악했다. 또 중앙과 지방에 대한 검열사업을 대폭 강화함으로써 자신이 간부사업을 좌지우지할 수 있게 만들었다."[20]

우리는 신경완이 '유일지도체제의 핵심'이라고 지목한 내용에 주목할 필요가 있다. "모든 문제를 나에게 집중시키고 나의 결정과 지시에 따라 처리, 집행되고 보고되는 일사불란한 지도체계와 무조건 복종하는 조직규율을 세워야 한다."는 말은 그 어떤 설명보다도 수령제의 핵심을 잘 드러내고 있다. 수령제는 엄격한 전체주의적 정치구조를 지향했다. 그 정치구조는, 북한식의 미사여구를 빼고 핵심만 말한다면, 독재자가 모든 일을 직접 관할할 수 있도록 지시와 보고의 체계를 극단적으로 중앙에 집중시킨 형태였다. 전국에서 모든 정보는 일원적으로 수렴되어 어떤 왜곡이나 지연이 없이 독재자에게 보고되어야 했다. 또한, 독재자가 중앙에서 내린 세세한 지시는 일원적으로 확산되어 역시 어떤 왜곡이나 지연도 없이 현장에서 바로 실행되어야 했다.

수령은 독립적인 지시체계를 통해 당-국가체제의 복잡한 절차를 생략하고 직접 현장에 영향을 미치기를 원했고, 또한 독립적인 재정체계를 통해 국가예산과는 별도로 개인적인 통치자금을 확보하기를 원했다. 그 결과 수령은 당-국가체제 위에 군림하는 것으로 만족한 것이 아니라 당-국가체제 한가운데에 자신이 직접 현장을 관할하도록 고안한 여러 제도를 삽입했다. 그것은 수령과 당중앙이 직접 그 세세한 활동을 감시하고 통제할 수 있도록 소수의 집단과 기관으로 구성된 지시·보고·감시체계였으며, 국가행정의 체계는 물론 당의 체계와도 이질적인 것이었다. 이것이 필자가 강조하는 수령직할제도이다.

아래의 그림은 이 개념에 의거해서 필자가 주장하는 수령제의 현실적 구조와 운영방식을 압축적으로 표현한 것이다.[21] 이 그림을 통해서 말하려 한 것은 수령과 그의 선택을 받은 소수의 세력이 당-국가체제를 수직적·수평적으로 지배하면서 권력과 자원을 독점하는 구조이다. 특히 조선로동당과 국가기구 사이에 여러 직할통치의 기제들이 삽입되어 양쪽을 모두 지배하고 있는 것에 주의해 주길 바란다.[22] 평양에서는 수령과 당중앙의 측근들이 실세로 군림하면서 공식적인 서열과 상관없이 당과 국가기구를 모두 지배한다. 특히 1970년대 이후 김정일의 측근들이 배치된 조직지도부는 국가체제를 김정일의 직할통치를 전국적으로 확산시키는 역할을 맡았다. 이들은 당규약이나 헌법에 규정된 내용을 무시하면서 정책의 결정을 독점하고, 정보의 유통을 관리하며, 전국 각지의 당조직과 행정기구에 명령을 발신한다. 지방에서는 지방당위원회의 당비서와 중앙당에서 파견된 지도원들이 평양에서 온 명령을 수신한 다음에, 수령의 대리인으로서 현장에서 행정기구들의 업무를 감시하거나 대행한다.

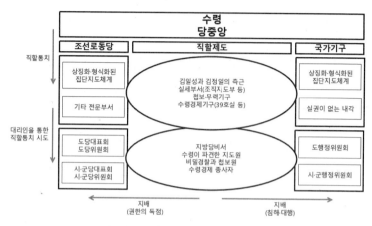

〈그림 Ⅲ-1〉 수령제의 현실적 모형

아마도 이 지점에서 수령직할제도의 중심이 조직지도부와 지방위원회라는 당조직이라면 그 내용이 당-국가체제와 다를 바가 무엇인지, 굳이 이러한 별도의 개념규정이 필요한지에 대해 의문이 제기될 수 있을 것이다. 이에 대한 필자의 대답은 비록 조직의 명칭이 같더라도 기능·목표·정체성·원리 등이 달라졌다면 그 조직을 더 이상 이전 조직과 같다고 볼 수 없다는 것이다. 이 문제는 상당히 예민하게 포착해야 할 사안이기 때문에, 특별히 신제도주의의 개념을 빌려 오는 것을 양해 바란다.

신제도주의에서 말하는 제도변화의 양상 중에 '전환(conversion)'이라는 현상이 있다. 이 현상은 제도가 처음에 설계된 것과는 다른 기능과 목표에 종사하게 되는 것을 말한다. 민주주의국가를 가정할 때, 상황의 변화나 설계의 결함으로 인해 제도가 한계를 드러내는 경우 행위자들이 집단행위를 통해 제도의 운영방식에 압력을 가하는 경우가 이에 해당한다. 처음에 제도의 설립에 참여하지 못한 세력이 뒤늦게 힘을 얻게 되어 제도적 영향력을 행사하는 경우에도 이런 현상이 발생할 수 있을 것이다. 독일의 직업훈련제도가 대표적인 예가 된다. 이 제도는 19세기 말에 보수적인 가내수공업자들의 입지를 강화하고 노동운동을 견제하려는 목적으로 만들어졌다. 그러나 100여년이 지난 현재는 정반대로 노동조합이 영향력을 행사할 수 있는 원천이자 노동자와 기업이 사회적 통합을 이루는 주요 제도로 작용하고 있다.[23]

신제도주의는 수십 년 이상의 장기적인 변화를 대상으로 삼는 이론이기에 여기에 적용하는 것이 조심스럽지만, 그럼에도 불구하고 이 개념은 수령직할제도를 이해하는 데 확실히 도움이 된다. 이 전환이란 개념이 말해 주는 것은 동일한 명칭의 제도라도 하더라도 사회적 기능과 목표가 달라진다면 그 제도는 더 이상 과거와 동일하지 않다는 것이다. 더구나, 같은 체제 안에서의 변화가 아니라 체제의 성격이 전환됨에 따라 그 핵심제도가 변화한 것이라면, 그 제도의 본질은 과거와 달라졌다고 보는 것이 맞을 것이다.

수령직할제도에서 핵심적인 역할을 맡은 조직지도부나 지방당위원회 등은 분명히 이전에도 존재했던 당과 국가의 공식 기구들이다. 하지만, 이러한 기구의 기능과 목표는 수령제 아래서 노동자계급의 이익을 추구하고 사회주의를 구현하는 것에서 수령의 의사결정을 전국적 단위에서 실현하고 일체의 정치적 다원성을 배격하는 것으로 전환되었다. 이 과정에서 당규약이나 헌법에서 정한 규정과 절차는 쉽게 무시되고, 당-국가체제의 이원성과 집체성은 형해화됐다. 이러한 제도변화는 주체사상이나 당규약·헌법에 명료하게 나타나 있지 않고, 매우 부분적으로 반영되었을 뿐이다. 그러나 바로 이 비공식적인 제도들이 수령제의 핵심으로 기능했다.

2. 수령직할제도의 상층 권력구조

수령직할제도와 관련된 제도변화는 광범위해서 이 짧은 글에서 모두 검토할 수는 없다. 수령직할제도가 어떤 식으로 형성되었는가를 살피기 위해서 이 글에서는 평양(권력구조의 상층)에서 벌어졌던 제도변화만을 다루기로 하겠다.

김정일은 1970년대 중반부터 본격적으로 "모든 문제를 나에게 집중시키고 나의 결정과 지시에 따라 처리, 집행되고 보고되는 일사불란한 지도체계와 무조건 복종하는 조직규율"을 만들겠다는 구상을 실천에 옮겼다. 바로 이 조직의 문제가 수령제 건설의 핵심이 되었고, 그 과정은 사회주의의 관료제를 수령의 관료제로 변모시키는 것이었다. 사회주의는 기업과 시민의 자유로운 활동을 허용하지 않고 모든 사회적 요소가 중앙정부의 계획에 따라 통제되도록 조직되는 행정체계를 지닌다는 점에서 자본주의와 뚜렷하게 다르다. 자본주의에서 행정은 사회를 움직이는 여러 동인 가운데 하나이지만, 사회주의에서 행정은 거의 유일한 동인이 된다. 이런 의미에서 사회주의체제는 관료제를 통해 다양한 분야가 마치 단일기업의 하부단위처럼 조직되어 운영되는 것이 핵심이라고 볼 수 있다.[24] 여기서 단일기업이란 표현은 단순한 비유가 아니라, 사회의 모든 생산관계를 하나의 기업과 같은 단위로 묶어 다층적인 위계질서에 종속시켰다는 점에서 실질적인 의미를 지닌다.

수령직할제도는 이런 중앙집권성을 더욱 강화시켜서 단일기업으로 조직된 사회를 다시 독재자 개인이 유일하게 지배하는 것을 목표로 했다. 1970년대에 김정일이 후계자의 지위를 활용해서 새롭게 추진했던 변화는

1960년대까지 남아 있던 얼마 안 되는 자율성까지 말살해서 수령과 당중앙의 뜻에서 벗어나는 어떤 일도 발생할 수 없도록 지시·보고·감시·처벌에 관한 여러 제도를 개편하는 것이었다. 김정일은 몇몇 기구를 신설하기도 했지만, 주로 기존의 제도에서 일부는 강화하고 일부는 무력화시킴으로써 상호 간의 실질적 우열관계를 조정하는 방식을 택했다. 그럼에도 불구하고 그 변화의 폭은 컸는데, 조직의 위계형태가 당-국가체제에서 벗어나서 새롭게 짜였기 때문이다.

이상의 결과를 단적으로 표현하면, 아래와 같이 공식적 권력기구의 서열과는 무관한 새로운 개념의 조직도를 그려볼 수 있다.

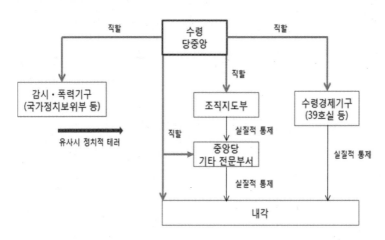

〈그림 Ⅲ-2〉 수령직할제도의 상층조직

위의 그림을 보면, 당-국가체제의 운영원리는 무시되고 새로운 방식의 지시체계가 수립되었음을 알 수 있다. 특히 중앙당과 내각이 수평적으로 조직된 것이 아니라 수직적으로 조직되었으며, 조직지도부가 다시 기타 전문부서들에 대해 위계적으로 상위에 있음을 유의해 주길 바란다. 수령

산하의 모든 부서와 기구는 전문적인 기능에 따라 분할된다. 수직적 계선을 따라서는 활발하게 지시와 정보가 오간다. 그러나 수평적 차원에서는 실질적인 의사소통이나 협업이 이뤄지지 않는다. 따라서 모든 정보는 수령에게 수렴되며, 모든 지시는 수령으로부터 발신되는 일원적인 체제가 구축된다. 특히 그림이 표현하는 것처럼, 조직지도부 등의 직할기구는 공식 규범에 규정된 내용을 훨씬 초월한 위상과 권한을 보유했다. 이러한 현상은 이들이 당이나 인민이 아니라 수령과 당중앙을 옹위하는 독재기구로서의 역할을 부여받았기 때문에 가능했다. 또한, 39호실이나 국가정치보위부 등 특수한 독재기구들은 중앙당과 별도의 계선으로 조직되었다는 것도 유의해 줬으면 한다. 아래의 내용은 각 기구가 어떻게 수령직할제도로 변화했으며, 그 역할과 기능은 무엇이었는가를 정리한 것이다.

1) 조직지도부

김일성은 자주 현지지도와 대중운동을 통해 공식적인 정책결정절차를 건너뛰었지만, 다른 한편에서 그는 당과 국가의 집단지도체계가 완전히 해체되지 않도록 하는 데도 신경을 썼다. 이러한 배려는 정책을 결정하는 공식적인 회의에 관련 기구의 수장을 참석시키거나 현지지도에 그들을 대동하는 방식으로 이뤄졌다. 김정일은 독재권력을 이어받으면서 공식적인 서열이나 정책결정체계를 존중할 생각이 전혀 없었다. 그리고 김일성도 자신의 후계자가 그만의 방식으로 당을 새롭게 바꿔가는 것을 막을 생각이 없었다. 김정일이 원했던 것은 머릿속에서 구상한 내용을 말이나 글, 혹은 암묵적인 신호로 표현하면 그것을 곧바로 법령으로 바꿔서 모든 단위에 강제할 단순명료한 지시체계였다. 그 중심이 당의 전문부서들이었고, 특히 조직지도부였다.

먼저 조직지도부가 1960년대부터 꾸준히 위상이 강화되었다는 점부터 지적할 필요가 있겠다. 김일성은 1962년에 다음과 같이 강조했다.

> "당을 꾸리며 당을 움직이는 사업을 주로 하는 부서는 어느 부서입니까? 그것은 조직부, 선전선동부이며, 특히 조직부가 이 사업을 합니다. 당사업이 잘 되고 안 되고 하는 문제는 당위원장, 당위원회의 활동에 달려있으며, 특히 당조직부의 역할에 크게 달려있습니다."[25]

김정일은 이러한 김일성의 관점을 더욱 강력하게 시행에 옮겼다. 그는 후계자에 내정되자 당의 조직체계와 사업체계의 개편에 착수했다. 특히 김일성이 '당을 움직이는' 부서로 강조한 조직지도부는 김정일이 수장으로 취임하면서 4~5명의 제1부부장과 10여명의 부부장, 300명의 직원으로 구성된 거대 조직으로 확장됐다. 먼저 세부적인 내용을 살피고, 다음으로 이러한 개편이 무엇을 의미했는가에 대해 논하기로 한다.

먼저 조직지도부의 2인자들이라고 할 수 있는 제1부부장의 역할을 보면 이 부서가 큰 틀에서 어떻게 조직되었는가를 알 수 있다. 당시 제1부부장들의 역할은 생활지도 담당, 검열 담당, 인사 담당, 본부당 담당 등으로 분담됐고, 이후 1990년대에 군사 담당과 사법·검찰 담당이 추가되었다.[26] 리관필, 염기순, 현철규, 장성택 등이 제1부부장을 거친 실세로 알려진 인물들이다.

더 자세하게 살펴보면, 우선 김정일은 조직지도부의 당생활지도과를 중앙기관 부문, 인민무력 부문, 사법·검찰 부문, 재외 부문 등 사회 각 분야에 대한 지도를 세분화하는 방향으로 확대·개편했다. 그리고 북한 전역에 시행되던 생활총화제도의 주기를 월 기준에서 2일 및 주 기준으로 변경하고 업무는 물론 사생활의 모든 문제를 당조직에 의거하여 처리하도록 했다.[27] 과거의 생활총화는 형식적인 차원에 그쳐 불참자가 많았다. 그러나 1970년대 중반부터는 생활총화가 실질적으로 강화되었고, 당원들은 촘촘하게 짜인 생활체계를 준수해야 했다.

또한 김정일은 조직지도부에 검열과를 신설하고 유일사상체계 확립 현황을 검열할 수 있는 전권을 부여했다. 이미 중앙당에 검열위원회가 있었는데, 김정일은 검열위원회는 당 내부를 대상으로 하고 조직지도부 검열과는 국가기구와 사회 모든 분야를 대상으로 하도록 업무를 분담했다. 그러나 김정일의 후계체제가 공고화되면서 조직지도부 검열과의 권한은 당내까지 확대되었고 따라서 검열위원회는 사안을 최종적으로 처리한다는 형식적인 기능만 수행하게 되었다.[28]

조직지도부의 통보과 역시 신설된 부서로 모든 부분과 단위들에서 발생한 모든 상황을 김정일에게 보고하는 역할을 맡았다. 통보과의 신설로 김정일은 당생활지도과를 통해 당원과 주민의 일상을 정기적으로 보고받는 체계 외에 임의의 특이사항에서도 즉각 보고받을 수 있는 체계를 하나 더 갖게 되었다. 이만이 아니라 국가보위부, 3대혁명소조 등 김정일은 자신이 직접 관할하는 보고체계를 다수 가동시켰다.[29]

인사권은 관료집단을 통제할 수 있는 힘의 원천이다. 따라서 인사권의 실질적인 행사절차는 정치질서를 파악하는 중요한 단서가 된다. 1970년대 이전만 해도 북한 정권에서 집체적 지도 원칙이 부분적으로 지켜지고 있었음을 확인할 수 있다. 중앙당의 간부부가 간부의 인사를 주관했으며, 그 초안은 당의 정치국과 비서국에 제출되어 집체적인 합의를 통해 최종적으로 결정되었다. 또한 중앙의 인사가 아닌 기타 분야에서 자체적으로 인사의 재량권을 행사할 수 있었다.

이에 대해서도 김정일은 직속기구인 조직지도부가 당의 간부와 국가기구의 국장급 이상 간부에 대해 인사를 주관하고 모든 고위층 인사는 자신의 비준을 받도록 제도를 변경했다. 이를 위해 각 단위들의 인사에 대한 재량권을 중앙에 집중시키고 비서국이 이를 종합·지도하도록 했다. 조직지도부에는 간부과를 신설해서 간부부로부터 고위 간부에 대한 인사권을 이양 받도록 했다. 그리고 간부부와 조직지도부 간부과가 작성한 인사초안 중에서 비서국 합의대상들의 인사는 자신에게 제출하여 재가를 받도록 함으로써 비서국의 인사합의 기능을 결재제도로 전환시켰다. 1970년대 말부터는 김정일이 정치국 위원 등 최고위급의 인사에 대해서만 김일성과 상의하고 나머지는 독자적으로 처리했다고 전해진다.[30]

이상과 같은 일련의 변화들이 목표한 것은 분명하다. 그 목표란 김정일이 조직지도부를 더 강력한 독재기구로 만들어서 당 내부의 모든 권력관계를 독점하고 당을 수족과 같은 일사불란한 조직으로 변모시키는 것이었다. 그런데 여기서 김정일이 왜 기존의 제도를 있는 그대로 활용하는 대신에 굳이 공을 들여서 새로운 조직구조를 만들었는가를 생각해 볼 필요가 있다.

가장 중심적인 이유는 당-국가체제는 대단히 복잡한 통제계선을 만들어 낸다는 데 있다. 행정 분야가 비대한 사회주의체제에서는 당관료와 국가관료의 부패와 타락을 막기 위해서 다양한 통제방안을 고안한다. 북한에서는 이러한 경향이 더욱 심했는데, 특히 1970년대에는 당과 행정기관 모두에서 간부들을 통제하는 기제가 중첩적으로 강화되었다. 비록 각 통제계선마다 관할하는 내용이 명목적으로는 구별되어 있다고 한들, 간부의 입장에서는 생활과 업무의 다양한 내용들이 자로 잰 듯이 서로 구분될 수 있는 것이 아니었다. 간부가 여러 권력기구로부터 다중의 통제를 받는다면 도대체 어떤 지시를 따라야 하는가에 대해 혼란이 생길 수밖에 없다. 이렇게 되면 김일성과 김정일이 원하는 일원성은 조성되기 어렵다.

조직지도부는 여기에 명료한 해답을 제시한다. 자신들이 김정일의 뜻을 전하는 부서이니 자신들의 지시가 다른 어떤 기구의 지시보다 우선한다는 것이다. 황장엽이 지적했듯이, 조직지도부는 다른 부서가 쓰지 못하는 '지도'라는 명칭을 독점하면서 일원적인 수령의 지시체계를 '조직'하는 역할은 맡는다.[31] 조직지도부는 인사와 검열이라는 막강한 권한을 바탕으로 어떤 부서도 수령의 뜻에서 이탈할 수 없도록 통제했고, 이런 위세를 바탕으로 그 부서를 지도하다가 마음에 들지 않으면 아예 그 부서의 업무를 대행하기까지 했다.

결국 김정일이 조직지도부를 확대하면서 원했던 바는 당-국가체제의 복잡한 통제체계를 무력화시키고 자신의 뜻이 유일한 권력으로 작동하는 단순한 통제체계를 통치의 중심으로 삼는 것이었다. 김정일이 관료집단을 자신이 입력한 명령을 충실히 이행하는 기계로 만들기를 원했다면, 조직지도부는 그 기계의 중앙처리장치(CPU) 역할을 하도록 설계한 것이다.

김정일은 수령제에서 조직지도부가 어떻게 다른 기구들을 지배할 수 있었는가를 직접 명확하게 설명한다.

"조직부가 해당 당위원회의 중심에 서서 전반적인 사업을 옳게 장악통제하여야 합니다. 조직부는 각 부서가 집행위원회와 비서처회의에 제기하는 문건들, 아래당조직에 내려보내는 지시문들을 미리 검토하고 합의를 주며 지도소조를 조직하고 파견하며 회의, 강습 같은것을 조직하는것도 통일적으로 장악통제하는 체계를 세워야 합니다. 우리가 아래에 내려간 담당지도원들의 사업을 조직지도부 책임지도원들에게 집중시키도록 한것도 저마다 주인노릇을 하려는 편향을 없애고 배합작전과 협동작전을 더 잘하도록 하기 위하여 취한 조치의 하나입니다. 우리는 조직지도부 지방지도과 책임지도원들에게 당중앙위원회 조직지도부 파견원이면서 당중앙위원회의 대표의 권한을 주었습니다."[32]

위의 글에서 말하는 것처럼, 지시문을 미리 검토하고 지도소조를 파견하며 강습을 조직하는 권한을 지닌 조직지도부는 중앙에서나 지방에서나 당중앙위원회의 '대표'였고, 더 정확하게 말해서 김정일의 대리인이었다. 조직지도부는 수령제가 지향하는 일원성의 중심이었으며, 그 누구도 주인이 될 수 없고 오직 김일성과 김정일만이 주인임을 북한 전역에서 증명하는 실세 중의 실세였다.

다시 강조하지만, 독재정권에서는 공식적인 서열이 아니라 독재자의 말을 가까운 곳에서 들을 수 있는 사람들이 실세가 된다. 조직지도부는 김정일의 지시가 내려오는 가장 중요한 계선이었다. 아무리 고위직이더라도 김정일의 내심이 무엇인가를 파악하기 위해서는 조직지도부에게 의존할 수밖에 없었다. 이로 인해 당규약상으로는 일개 전문부서에 불과한 조직지도부가 수령제에서 가장 강력한 기구가 되었다.

2) 기타 실세 당조직과 국가기구

조직지도부 외에 중요했던 직할부서로 먼저 서기실을 꼽을 수 있다. 서기실은 각 분야에서 올라온 보고가 김정일에게 이르는 관문의 역할을 했고, 일정·의전·경호·연회·사생활·비자금까지 담당했다. 당중앙위원회의 비서국이 정책적인 기능을 했다면 서기실은 인접한 거리에서 개인비서의 역할을 했던 것으로 보인다.

1960년대에 김정일을 정치적으로 성장시킨 요람이었던 선전선동부 역시 여전히 김정일의 핵심 직할기구로서 정치사상사업을 주도했다. 김정일은 유일지도체제를 세우기 위해서는 조직지도부와 선전선동부가 유기적으로 연결되어 사업을 펼쳐야 한다고 강조했다. 일찍이 김일성은 조직지도부와 선전선동부의 관계를 의사와 약사의 관계에 비유한 적이 있다. 김정일은 이를 언급하면서 ,조직지도부는 당생활을 장악하고 결함과 원인을 과학적으로 분석하는 의사의 역할을 맡아야 하고, 선전선동부는 이에 기초하여 결함을 고치는 데 맞는 사상교양을 하는 약사의 역할을 맡아야 한다고 말했다.[33]

이밖에 인사를 담당했던 간부부, 외교를 담당했던 국제부, 대남기구인 통일선전부·사회문화부·작전부·조사부, 재정경리부, 3대혁명소조지휘부 등도 김정일의 직접적인 관리를 받으면서 수령제의 실세기구로 작동했던 부서들이다.

이에 비해 중앙당에서 중공업부와 경공업부, 무역재정부와 같이 경제정책을 담당하던 부서들은 기능이 축소되거나 통·폐합되었다. 이는 당의 위상이 강화됨에 따라 경제 분야에서 관료주의와 행정대행 등의 부작용이 나타나는 것을 방지하기 위해서였다. 불필요한 기구와 사람이 많을수록 권한이 남용될 수 있다고 보고 기구와 간부의 수를 줄인 것이다.[34] 1973년 신년사에 김일성은 중앙집행기관들을 통합한 이유에 대해 "국가, 경제기관들의 사업에서 기관본위주의와 지방본위주의를 없애고 생산에 대한 통일적인 지도를 보장하기 위한 중요한 조치"라고 밝힌 바 있다.[35] 중앙당의 변화 역시 이에 보조를 맞춘 것으로 보인다.

앞에서도 설명했듯이, 당의 주요 전문부서들은 신속하게 김정일이 직접 등용한 측근들로 채워졌지만 당·군·정 전반에 걸쳐 보면 김일성과 김정일의 측근들이 혼재되어 있었다. 특히 1970년대에는 인민무력부장 최현, 총참모장 오진우, 총정치국장 리용무 등 김일성의 측근들이 군을 장악하고 있었다. 따라서 중앙당의 전문부서들이 실세였다고 해서 군까지 좌지우지할 수 있었던 것은 아니다. 선군정치 이전에도 군은 당관료들에 대해 독립적인 위치에 있었으며 수령의 직접적인 관리를 받았다. 군에서도 점차적으로 오극렬을 비롯한 김정일의 세대가 중용되었고, 점차적으로 혁명 1세대를 대체했다.

중앙국가기구 가운데서는 리종목, 허담, 김충일, 강석주, 전인철 등이 활동한 외교부가 김정일의 영향이 두드러진 부서였다. 전체적으로 보면 경제 분야에서 유독 김정일의 측근이 적었다는 점이 눈에 띤다. 최영림, 강성산, 김환, 김달현, 김정우 등 당과 국가기구의 핵심 경제간부들은 김정일과는 거리가 있는 김일성의 측근들로 분류된다.[36] 증언에 따르면 국가경제기구의 행정관료는 조직지도부가 아니라 중앙당의 경제부서에서 인사권을 보유했다고 한다.[37] 이는 김정일이 국가기구의 경제관리에 관여하지 않았다는 뜻이 아니다. 그는 원칙과 이론에 얽매이는 행정관료들보다는 자신이 선호하는 정치적인 방식으로 사상사업을 펼칠 당관료들에게 경제를 맡겼다. 황장엽은 이에 대해 "김정일은 모든 분야에서 당의 독재를 강화함에 따라 경제관리는 경제를 모르는 당 일꾼들이 좌지우지했으며, 그 결과 북한의 경제는 엉망진창이 되고 말았다."고 지적했다.[38]

3) 감시·폭력기구

독재정권에는 독재자 개인을 위해 은밀하게 움직이는 기구들이 있다. 독재자에게 정보를 수집해 주는 첩보기구, 반체제인사들에게 폭력을 행사하는 무력기구, 독재자에게 통치자금을 마련해주는 재정기구 등이 이에 해당한다. 특히 전자의 두 기능을 묶어서 체제보위기구라고 할 수 있는데, 1970년대 북한에서 이런 조직은 권한과 규모가 강화되었고 김일성과 김정일에게만 직속되었다. 북한의 대표적인 체제보위기구로 국가정치보위부(현재 국가안전보위성)와 사회안전부(현재 인민보안성)를 들 수 있다. 이들 기관 역시 차츰 권성린, 리진수, 심창환 등 김정일의 측근들이 장악해 나갔다.

〈표 III-1〉 1970~80년대 국가정치보위부의 승격과 개편

1962년~73년 (정치보위국)	사회안전부	주 정적을 숙청하는 폭력기구로 67년 갑산파를 숙청한 후 70년 까지 전 주민을 핵심, 동요, 적대의 3개 계층으로 분류·관리	
1973.03. (국가정치보위부)	73년 2월 15일 사회안전부 산하 정치보위국을 국가정치보위부로 승격할 데 대한 지시를 내림. 그해 5월 독자적인 정보사찰기구인 국가정치보위부로 승격, 정무원 내 독립적으로 신설	사회치안 문제는 사회안전부, 반체제사건은 국가정치보위부가 담당, 북송된 재일동포와 일부주민들 속에서 체제비난의 목소리를 잠재우기 위한 면이 있음. 김일성은 국가정치보위부를 내는 것과 동시에 군대 내에도 정식 출범. 무력부에는 보위국, 호위국에는 보위부가 생겨 군인들의 사상과 동향을 감시하는 대내정보사업을 함.	중앙에 국가 정치보위부, 각 도에 정치 보위부, 시·군마다 시·군 정치보위부를 조직
1982년 (국가보위부)	1982년 4월 최고인민회의 제7기 1차 회의에서 인민무력부 및 사회안전부와 같이 정무원에서 분리되면서 국가보위부로 개칭, 지도체계는 중앙인민위원회에 직속, 실적적으로는 모든 당사업을 당에 보고하고 당의 지시대로만 움직임	기존의 국가정보위부는 당기관과 당일꾼까지도 감시하고, 행정사업도 좌지우지했지만 이 시기에 오면서부터는 반체제 사건과 관련 없는 다른 사업에는 일체 관여하지 못하게 함으로써 오직 김정일의 직접적인 통제만을 받도록 함.	

출처: 체제통합연구회 편, 『북한체제의 이해』(서울: 명인문화사, 2009). p. 193; 안희창, "김정일시대 북한의 사회통제 연구", p. 103에서 재인용.

<표 III-1>에 인용한 표를 보면 국가정치보위부가 1970~80년대에 수령제 건설과 맞물려서 김정일의 직속기구로 소속과 역할이 전환되는 것을 확인할 수 있다. 국가정치보위부는 1973년에 경찰 기능을 하는 사회안전부에서 체제보위 부문을 분리·확대한 기구로서, 유일사상체계의 확립

과 유지에 저해되는 모든 요소를 사전에 색출하고 제거하는 역할을 맡았다. 김정일은 이 국가정치부위부의 중요성을 정확하게 파악하여 당과는 분리된 직할기구로 만들어서 간부들의 간섭을 금지시켰다. 사회안전부가 주민들에게 노출되어 있는 기관인 데 비해, 국가정치보위부는 비밀리에 각종 정치사찰과 공작활동을 수행했다. 부원들은 최하위 공장기업소까지 배치되어 비밀경찰과 같이 암약하면서 유언비어·불만·비방 등을 퍼뜨리는 사람들을 잡아냈다. 용의자는 누구든 아무런 법적 절차 없이 구속할 수 있다고 전해진다.[39]

4) 수령경제기구

수령을 위한 사회를 건설하는 과정에는 많은 돈이 들었다. 수령과 당 중앙은 자주 간부들에게는 사치품을, 주민들에게는 생필품을 선물하면서 포섭 정책을 펼쳐야 했다. 김일성을 숭배하는 대규모 기념비·건축물 등도 전국 곳곳에서 건설했다. 북한에서 1970년대에 외화벌이운동이 처음 시작되었다는 것은 수령제의 구축 과정과 밀접한 연관이 있다. 처음에 정권은 주민들로부터 금붙이를 걷어 들이거나 주민들을 송이버섯 채취와 같은 노동으로 내몰아서 통치자금 문제를 해결했다. 그러다 수령의 우상화 사업과 선물정치에 갈수록 돈이 많이 들어가면서 경제기구들까지 외화벌이에 동원되기 시작했다.

독재국가에서 독재자는 국가의 금고에서 마음대로 돈을 끌어 쓸 수 있다고 생각하기 쉽지만, 당-국가체제와 계획경제를 채택하고 있는 북한에서 독재자가 개인적인 자금을 마련하는 일은 간단하지 않았다. 독재자금은 엄청난 규모에도 불구하고 출처·용도·액수 등이 비밀에 부쳐져야 했기 때문이다. 김정일은 이 문제를 공식적인 제도 안에서 해결할 수 없었고, 따라서 몇몇 제도를 신설하거나 전환해서 국가재정의 흐름 일부를 변경해야 했다.[40] 이로 인해서 등장한 것이 인민경제 및 군경제와 구분되는 '수령경제'이다. 수령경제는 왕정의 궁정경제에 비견되는 개념으로, 수령 개인의 통치자금 마련을 위한 직속경제체계를 뜻한다.

수령경제를 구축하기 위해 김정일은 필요한 자금을 공식적인 예산에서 별도로 독립시켜서 직접 관리하기로 했다. 우선 중앙당 경리부를 재정경리부로 확대·개편했다. 이와 함께 국가예산과 당비 외에 독립적인 재정원천을 확보하기 위해 무역성 산하에 평양상사를 설치했다. 이 기관은 무역거래를 통해 벌어들이는 수익을 재정경리부에 입금시켰다. 또한 전국의 주요 협동농장과 유색금속광산, 제련소, 수산사업소 등에 재정경리부에 소속된 직장이나 작업반을 두고 통치자금을 벌어들이도록 했다. 이 재정경리부 가운데 외화벌이 부분은 1978년 39호실로 분리되었고, 평양상사는 조선대선영합사로 개편되어 39호실에 소속됐다.[41]

재정경리부와 39호실이 확대되면서 국가경제에 속해 있던 주요 공장과 기업체들이 통째로 이들에 흡수·편입되는 사례가 늘어났다. 송이버섯, 전복, 오징어와 같은 고소득 외화벌이 품목들도 모두 39호실의 수출품목으로 등록되어 일반 기업이나 단체, 개인들은 접근이 금지되었다. 또한 1970년대 말부터는 평양과 각 도 소재지에 해외여행객을 대상으로 하는 상점을 개설했는데, 이 또한 39호실 소속이었다.[42]

다른 수령직할기구와 마찬가지로 39호실 역시 당-국가체제의 원칙을 수시로 침해했다. 내각의 경제계획을 추진해야 할 노동력은 39호실이 추진하는 사업에 접수되었고, 인민경제를 위해 종사해야 할 사업체들은 39호실 산하에서 독재자의 통치자금을 벌어들이는 기관으로 전환되었다. 황장엽은 이에 대해 다음과 같이 평가했다.

"수령의 봉건적 개인독재체계는 경제분야에서도 봉건적 소유관계를 부활시키고 있다. 북한에서 생산수단은 사회적 소유(국가적 소유와 협동적 소유)라고 하지만 실지에 있어서는 봉건적 소유에 가까운 것으로 변질되고 있다. 당권을 장악한 김정일은 당의 경제라는 것을 국가경제로부터 분리시켜 자신의 개인소유와 같이 만들었다. 여기에는 가장 수익성이 많은 기업소들이 망라되어 있으며 특히 외화벌이에 유리한 기업들이 포함되어 있다."[43]

수령경제 문제가 중요한 이유는 이후 북한의 재정구조를 바꾸는 주요한 원인이 되었기 때문이다. 수령 직속의 지시체계가 행정기구를 무력화시키고 당관료가 전횡을 일삼는 토양을 조성했듯이, 수령 직속의 경제체계는 권력자들이 주민을 수탈하고 계획경제의 근본을 훼손하는 환경을 조성했다. 물론 공식적으로는 계획경제체계가 여전히 가동되었다. 그러나 수령의 개인적인 지시가 모든 행정절차를 압도하는 상황에서, 수령의 통치자금을 마련하는 과제는 당과 내각에서 마련한 계획을 수행하는 것보다 우선시될 수밖에 없었다. 특히 1980년대 후반부터 이런 현상이 뚜렷해졌는데, 이 문제가 공산주의권의 붕괴와 맞물리자 북한의 경제체계는 회복하기 어려울 정도로 와해되었다.

5) 연회

우리는 이러한 직속기구들 말고 김정일의 지시가 내려오는 비공식적인 경로를 하나 더 알고 있어야 한다. 그것은 김정일이 가신들과 술을 마시는 자리인 연회이다.

여러 증언에 따르면, 김정일이 주최한 연회는 곧 정책을 토의하고 결정하는 회의체였다. 김정일은 신뢰하는 측근들을 연회에 초대해서 자연스럽게 여러 의견을 청취하고 지시를 내렸다. 그러면 이러 지시들이 곧 '담

화'나 '말씀' 등으로 논리와 문법이 정리되어 공식적인 행정명령으로 하달되거나 발표되었다.[44]

이 연회의 역할도 과소평가해선 안 된다. 이 문제는 중앙의 수령직할 제도가 수직적인 위계질서를 극단적으로 강조한다는 것과 긴밀한 연관이 있다. 조직에서 통치자에게 직속으로 종속된 각 전문부서는 상하관계에서는 정보의 교환이 활발하지만 병렬적으로 배열된 부서들 사이에서는 유의미한 접촉을 하는 경우가 드물다. 따라서 오직 통치자의 조율을 통해서만 협업과 조화를 이룰 수 있다. 또한 수직적으로 일원화된 조직형태에서 각 전문부서들은 서로를 평등한 존재로 인식하기 때문에 다른 부서가 우월한 지위를 차지하는 것을 허용하지 않으려는 경향이 있다.[45] 결국 부서 이기주의에 의해서 지속적으로 긴장이 축적되기 마련이고, 어떤 식이든 이 긴장을 해소하거나 완화시킬 자리는 필요하다.

왕정에서 연회가 단순하게 왕과 신하들이 즐기는 자리가 아니라 충성심을 증명하거나 은밀하게 이해관계를 조정하는 자리였듯이, 김정일의 연회도 비슷한 역할을 했다고 볼 수 있다. 또한, 아무리 유일지도체제를 내세웠더라도 김정일도 가신들의 솔직한 조언이 필요한 때가 있었을 것이다. 김정일은 당과 국가의 공식적인 회의를 무력화시키는 대신에 개인적으로 가신들을 위해 개최한 연회가 그 기능의 일부를 수행하도록 했다. 편안한 분위기를 만들어서 가신들이 집무실에서 자신에게 말하기 어려웠던 문제를 털어 놓도록 유도하고, 가신들끼리도 서로에 대해 쌓였던 불만을 표출하는 것을 허용해서 자신이 보는 앞에서 갈등이 조정될 수 있도록 한 것이다.

이렇게 김정일이 개인적으로 호혜를 베푸는 은밀한 자리가 공식적인 회의를 대체하게 되면 자연스럽게 김정일과 친밀한 사람들이 정책결정과정에서 강한 영향력을 갖게 된다. 공식적인 서열과 무관하게, 연회나 여러 비공식적인 자리에서 김정일과 독대해서 자신의 의견을 피력할 수 있는 인물은 영향력을 행사하는 반면에 이러한 기회를 얻지 못하는 인물은 권력의 핵심으로부터 소외되는 것이다. 연회에 참석한 사람 중에는 차관급이 많았는데, 이로 인해 조직 내에서는 장관과 차관 사이에 위화감이 조성되고 질서가 혼잡해질 수밖에 없었다. 현성일은 여기에는 상하 간부들 사이에 사적 연대와 조직화의 가능성을 차단하고 충성경쟁을 유발하려는 김정일의 의도가 있었다고 설명한다.[46]

IV. 결론

어떤 체제에서나 지배세력은 공식 규범을 통해 보편적인 가치와 질서에 대해 얘기하지만, 현실에서는 자신들이 지향하는 가치와 질서를 배타적으로 추구하는 경향이 있다. 이에 따라 실제로 구현되는 정치체제의 동학은 공식 규범이 말하는 것보다 혼란스럽고 복잡하기 마련이다. 그런데 이러한 현상이 나타나는 정도는 정치체제마다 다르다. 여기에서 한 가지 확실한 것은 정치적 의사결정방식이 국민 다수의 뜻에서 멀어질수록 규범의 내용도 현실에서 멀어진다는 사실이다. 그렇다면 우리는 북한의 공식 규범들이 말하는 정치적 내용에 대해서도 신뢰하기가 어렵게 된다.

현재 학계에서는 수령제를 '당-국가체제 위에 수령을 얹은 구조'로 파악하면서, 수령이 '영도체계'를 통해 북한 사회를 하나의 유기체와 같이 일원적으로 지배한다는 관점이 폭넓게 확산되어 있다. 이는 분명히 북한의 당규약·사회주의헌법·주체사상 등을 기준으로 삼아 형성된 관점이다. 이러한 경향에 속한 연구들은 수령제의 실제적인 기제나 분열적인 양태를 부인하지는 않았으나, 그보다는 수령 중심의 당-국가체제와 그 유기체적인 일원성을 훨씬 더 빈번하게 강조함으로써 결과적으로 북한 정치의 현실적 동학을 제대로 포착하지 못했다

물론 1970년대 이전에도 북한에서는 규범과 현실의 괴리는 존재했음을 지적해야 할 것 같다. 그러나 당시만 해도 공식적인 당-국가체제는 광범위하게 가동되고 있었으며, 간부들과 주민들은 마르크스-레닌주의를 실제적으로 받아들이고 있었다. 그러나 1970년대에 수령제로 이행하면서 사회에 대한 정권의 지배는 확연하게 달라졌다. 정권은 노골적으로 전 사회에 수령에 대한 개인숭배를 강요했으며, 이를 위해 외부의 관찰자들에게는 잘 포착되지 않는 은밀한 조치들을 추가해 나갔다. 북한의 사상규범과 법규범이 수령의 독재를 거의 종교적으로 정당화하는 내용으로 일색화된 반면, 구체적으로 수령제를 작동시키는 기제는 상당 부분이 성문화되지 않은 형태로 남았다.

특히 공식 규범에서 말하는 것과 달리 북한의 당-국가체제는 1960년대부터 그 실질성과 유효성을 뚜렷하게 상실하기 시작했다. 당이 국가기구의 기능을 침해하거나 대행하는 경향은 갈수록 커졌고, 김일성이 집단결정체계를 무력화시키고 독단적으로 체제를 운영하는 경향 역시 갈수록 증가했다. 그리고 1970년대에 이르면 그 변화의 정도는 과거의 수준을 초월해서 아예 당-국가체제를 형해화시키고 김일성·김정일이 간편하게 체제를 직할할 수 있도록 새로운 통치제도를 구축했다는 데 이르렀다. 이때도 당조직이 중심이 되었지만, 그 정치적 목표·조직형태·운영방식을 고려할 때 이 직할제도는 분명히 당-국가체제의 제도들과는 이질적인 것이었다.

여기에서 과연 규범과 현실 가운데 어디에 초점을 두고 수령제를 이해할 것인가라는 문제가 제기된다. 규범과 현실이 구분하기 어렵게 섞여 있

을지라도, 규범에서 많은 현실적인 요소들이 누락되어 있다면 우리는 규범과 현실의 차이를 충분한 강도로 조명해야 한다. 만약 이러한 차이를 무시하거나 경시한다면 북한이 1970년대부터 점증적으로 노출해 온 규범과 현실, 이념과 실제, 원칙과 실행의 괴리라는 문제를 마땅한 비중으로 포착할 수 없을 것이다. 그렇게 되면 우리는 규범과 현실의 경계를 모호하게 만들어 버리고, 결국 실제로 존재하는 수령제가 아니라 문서로만 존재하는 수령제에 대해 말하는 셈이 된다. 지금까지 분석의 중심이 되었던 수령직할제도란 개념은 바로 이러한 문제의식에서 출발했음을 다시 한 번 강조한다.

이 장의 주

1 그 대표적인 연구로 스즈키 마사유키(鐸木昌之)의 '수령제 사회주의'론과 이종석의 '유일체제'론을 들 수 있다. 이밖에 김근식, 김갑식, 정성장, 정영철 등 다른 여러 학자들도 정도의 차이는 있지만 북한 정치제도의 구조와 일원성에 대한 관점을 공유한다고 말할 수 있다.

2 수령직할제도란 명칭은 북한의 1950~60년대 경제관리방식에서 수령제의 기원을 찾은 김연철의 연구 가운데 '수령의 직할관리'라는 용어를 차용한 것이다. 북한 정권은 유일지도체제란 용어를 통해 사회주의 당-국가체제가 수령의 초법적인 권력에 모순 없이 복속한다는 논리를 펼친다. 하지만 수령의 개인독재는 당-국가체제와는 분명히 다른 원리에 의거했기에 수령직할제도란 별도의 명칭이 필요했다.

3 이종석, 『조선로동당 연구: 지도사상과 구조 변화를 중심으로』(서울: 역사비평사, 1995), p.144.

4 김용현에 따르면 1948년 2월 8일 조선인민군 창설식에서 총사령 최용건이 수령 호칭을 사용한 것이 공식적인 최초 사례이다. "『로동신문』을 통해 본 북한의 수령제 형성과 군사화", 『아세아연구』, 제48권 제4호(2005), p. 122~123.

5 스즈키 마사유키, 유영구 역, 『김정일과 수령제 사회주의』(서울: 중앙일보사,

1994), p. 268.

6 영도체계는 기존의 연구들이 수령제의 운영방식으로 자주 강조하는 개념이다. 다른 예를 보자; 스즈키는 "수령이 당을 영도하고 당은 대중 속에서 피와 신경 같이 둘러쳐져 수령의 의사를 전달한다. 그에 답하여 하는 생명체로 단결하여 목적을 향해 매진한다. 그것이 수령의 영도예술이다."라고 말한다. 그에 따르면, 영도예술은 정치노선을 실현하기 위한 대중의 조직·동원 방법과 수완의 총체를 지칭하는 용어로서, 사람에 대한 사상개조를 통해 사회경제적 목적을 달성하는 북한 특유의 방식을 집약하는 개념이다. 스즈키, 위의 책, p. 269; 이승열도 수령제는 영도체계로서 '수령-당-국가'의 단일성을 강조하고, 통합체계로서 '수령-당-인민대중'의 일체성을 특징으로 한다고 말한다. 이승열, "후계자 정치와 그 현재적 함의", 서보혁·이창희·차승주 편, 『오래된 미래? 1970년대 북한의 재조명』(서울: 선인, 2015), p. 27.

7 이기동, "수령제의 지속성과 변화", 김갑식 외, 『김정은 정권의 정치체제: 수령제, 당·정·군 관계, 권력엘리트의 지속성과 변화』(서울: 통일연구원, 2015), pp. 19~44.

8 스즈키, 『김정일과 수령제 사회주의』, pp. 84~88.

9 스즈키, 『김정일과 수령제 사회주의』, pp. 91~92; 인용된 북한 법학자의 글은 방개문, "주석제를 기본으로 하는 새로운 국가기관체계는 주체사상을 구현한 가장 혁명적이고 인민적인 우월한 사회주의국가 기구체계", 사회과학출판사 법학편집부 편, 『조선민주주의인민공화국 사회주의헌법 연구론문집』(평양: 사회과학출판사, 1973), p. 181.

10 황장엽, 『나는 역사의 진리를 보았다』(서울:시대정신, 2010), p. 234.

11 현성일, 『북한의 국가전략과 파워엘리트』(서울: 선인, 2007), pp. 402~403.

12 스즈키가 『김정일과 수령제 사회주의』에서 제시한 조직도는 이보다 훨씬 상세하다. 위의 그림은 당-국가체제를 명료하게 부각시키기 위해서 군·사법기관·근로단체 등은 생략했다. 또한, 한 눈에 체제의 구조와 운영방식을 개관하는 데 초점을 맞췄기 때문에 세부적인 부서들을 생략했다.

13 군의 최고사령관도 수령이 차지하는 최고직이지만, 이 글에서 군은 분석의 대상이 아니기에 언급하지 않았다.

14 김정일 정권에서는 국방위원장, 김정은 정권에서는 국무위원장 직위가 김일성 정권의 주석 직위에 상응한다.

15 이승열, "북한 '수령체제'의 변화와 '수령승계방식'의 한계에 관한 연구", 북한대학

원대학교 박사학위논문(2009), p. 46.

16 황장엽,『나는 역사의 진리를 보았다』, p. 337.

17 정성장, "조선로동당의 위상과 역할", 세종연구소 북한연구센터 엮음,『북한의 당·국가기구·군대』, pp. 141~142.

18 정성장, "북한의 정치변동: '선군정치'와 당·군관계를 중심으로",『정상회담 이후의 북한: 남북 관계의 변화와 전망』(서울: 경남대학교 극동문제연구소, 2002), pp. 56~57.

19 손광주,『김정일 리포트』(서울: 바다출판사, 2003), p. 113; 신경완은 필명으로 원래의 성은 박 씨이며 1998년에 사망했다.

20 정창현,『곁에서 본 김정일』(서울: 김영사, 2000), p. 143.

21 앞에서 여러 제약과 당-국가체제의 문제에 집중하기 위해서 군과 기타 분야를 제외했음을 미리 밝힌 바 있다. 또한, 이 그림에서는 최고인민회의 등 유명무실한 국가 대의기구도 생략했다.

22 앞에서 제시한 이기동의 사장교 모형에서도 주탑으로 표현된 수령은 당을 중심으로 당-국가체제 한가운데를 관통해서 군림하는데, 위의 그림에서 수령직할제도가 당-국가체제를 관통하는 것도 이와 별 차이가 없다고 비판할 수도 있다. 여기에 대해 필자는 외관상의 유사점은 인정하지만, 표현하는 바에 중요한 차이가 있음을 말하고자 한다. 사장교 모형에서는 비록 관통 구조가 표현되긴 했지만, 본질적으로는 수령이 영도체계를 통해 당-국가체제를 통제한다는 관점을 채택하기 때문에 당-국가체제위에 수령을 얹은 구조라는 스즈키 모형과 큰 차이가 없다. 따라서 그림에서 주탑이 어떤 실질적인 의미가 있어 보이진 않고, 단지 수령이 당을 중심으로 군림한다는 것을 표현하는 의미를 지니는 것으로 보인다. 이에 대해서 필자는 영도체계라는 북한식 개념이 수령제의 실제적인 원리를 포착하지 못한다고 간주하며, 영도체계로 수령과 당-국가체제가 이어져 있다는 설명도 거부한다. 수령직할제도가 당-국가체제를 관통하는 모습은 개인독재라는 이질적인 제도가 당-국가체제라는 기존의 구조를 형해화시켰다는 명제를 표현하기 위한, 그리고 수령제가 일원적인 구조라는 관점에 분명하게 반대하는 명제를 표현하기 위한 묘사라는 것에 유의해 주길 바란다.

23 Wolfgang Streeck and Kathleen Thelen, "Introduction: Institutional Change in Advanced Political Economics", James Mahoney and Dietrich Rueschemeyer, ed., *Beyond Continuity: Institutional Cange in Advanced Political Economics* (New York: Oxford University Press, 2005), pp. 18~30; 이종찬, "제도변화에 대한 이론적 고찰: 후기 신제도주의의 쟁점과 한계",『한국정치학회보』, 제48집 제1호(2014), pp. 169~171; 하연섭, "신제도주의의 이론적 진화와 정책연구",『행정

논총』, 제44권 제2호(2006), pp. 227~229.

24 박형중,『북한의 정치와 권력: 지배관계의 기원과 개념, 구조와 동태』(서울: 백산자료원, 2002), p. 73.

25 김일성, "당조직사업과 사상사업을 개선강화할데 대하여(1962. 3. 8)."『김일성 저작선집 3』(평양: 조선로동당출판사, 1968), p. 297.

26 현성일,『북한의 국가전략과 파워엘리트』, p. 231.

27 김정일, "전당에 새로운 당생활총화제도를 세울데 대하여(조선로동당 중앙위원회 조직지도부 책임일군협의회에서 한 연설, 1973. 8. 21)",『주체혁명위업의 완성을 위하여 2』(평양 조선로동당출판사, 1987), pp. 450~451; 현성일,『북한의 국가전략과 파워엘리트』, p. 120.

28 현성일, 위의 책, p. 121.

29 위의 책, p. 122.

30 위의 책, pp. 121~122; 정창현,『곁에서 본 김정일』, p. 158.

31 황장엽,『어둠의 편이 된 햇볕은 어둠을 밝힐 수 없다』(서울: 월간조선사, 2001), p. 68.

32 김정일, "당사업을 근본적으로 개선강화하여 온 사회의 김일성주의화를 힘있게 다그치자(전국당조직일군강습회에서 한 결론, 1974. 8. 2)",『주체혁명위업의 완성을 위하여 3』(평양: 조선로동당출판사, 1987), p. 221.

33 위의 글, p. 220.

34 현성일,『북한의 국가전략과 파워엘리트』, p. 124.

35 김일성, "신년사(1973. 1. 1)",『김일성 저작집 28』(평양: 조선로동당출판사, 1984), p. 7.

36 현성일,『북한의 국가전략과 파워엘리트』, pp. 244~246.

37 정창현,『곁에서 본 김정일』, p. 146.

38 황장엽,『나는 역사의 진리를 보았다』, p. 278.

39 정창현,『곁에서 본 김정일』, p. 174; 윤대일,『악의 축 집행부 국가안전보위부의 내막』(서울: 월간조선사, 2002), pp. 50~52; 안희창, "김정일시대 북한의 사회통제 연구", 동국대학교 대학원 북한학과 박사학위논문(2014), pp. 104~105.

40 황장엽,『북한의 진실과 허위』(서울: 시대정신, 2006), pp. 95~96.

41 현성일,『북한의 국가전략과 파워엘리트』, p. 125.

42 위의 책.

43 황장엽, 『북한의 진실과 허위』, p. 95.

44 현성일, 『북한의 국가전략과 파워엘리트』, p. 222.

45 Alexander Cooley, *Logics of Hierarchy: The Organization of Empires, States, And Military Occupations* (Ithaca: Cornell University Press, 2005), p. 26~27.

46 현성일, 위의 책, p. 223.

북한군 '당위원회'의 발전과정과 정치적 역할*

김 성 주**

Ⅰ. 서론

1. 문제 제기

"우리의 원칙은 '당이 철포(鐵砲)를 지휘한다'는 것이며, 철포가 당을 지휘하는 것은 결코 허락할 수 없다"라는 마오쩌둥의 언명은 사회주의 국가에서 당과 군대의 관계를 극명하게 표현해 준다. 사회주의 국가에서 지배정당은 국가와 군대, 대중단체 같은 모든 기관이나 조직들을 감독하고 조정하며 지도하는 역할을 통해 혁명의 전위대적 역할을 수행한다. 그런데, 군대의 경우 '조직화된 무장력'의 원천으로서 당의 정치적 목표 달성을 위한 중요한 수단임과 동시에, 당의 헤게모니를 위협할 수 있는 잠재적 도전세력이라는 상반된 성격을 보유하고 있다.

'당-국가체제(Party-State System)'를 표방하는 사회주의 국가의 지배정

---

* 본 논문은 필자의 논문인 "북한군 '당위원회'에 관한 연구: 형성과 발전과정, 기능을 중심으로", 『국방연구』 제60권 제3호(2017), pp. 1~24를 수정 발전시킨 것임.
** 북한대학원대학교 북한학박사, mount2744k@naver.com.

당은 특히 군대에 대한 완전한 통제력을 가지지 못할 경우, 이를 당-국가 체제의 심각한 결함으로 간주하고 다양하고 정교한 군 통제 방안을 강구한다.[1] 따라서, 대부분의 사회주의 국가들의 지배정당들은 군대를 '당의 무장력'으로 규정하고, 군대에 당의 대표자를 파견하거나 당조직을 설치하는 방식으로 군대를 통제하는 체계를 갖추고 있다. 이런 측면에서 군대에 대한 당의 통제는 지배정당의 영도에 대한 군대의 복종을 보장하는 중요한 기제라고 할 수 있다.[2]

콜코비츠(Kolkowicz)는 사회주의 국가에서 당의 군대 통제 수단으로 긍정적인 것(특권의 부여, 정치적 혜택)과, 예방적인 것(교화, 감독, 조작 등의 사용, 불안과 불신의 조성), 그리고 부정적인 것(위협, 협박, 공갈)의 세 가지로 구분하였다.[3] 그리고 펄뮤터(Perlmutter)와 레오그란데(Leogrande)는 군대 내 이중 명령체계(dual command)의 도입, 군 간부 임명에의 관여, 군 지휘관의 당 고위직 선출, 군대 안에 당 조직 설치 및 정치교육 체계 구성 등을 당의 군 통제 수단으로 들고 있다.[4]

북한 역시 사회주의 국가들의 일반적인 현상과 다르지 않게 '당의 확고한 군 통제 체계'를 갖추고 있다. '조선인민군은 조선노동당의 혁명적 무장력'이라는 노동당 규약 상의 군대에 대한 성격 규정이나, "군대는 당의 령도를 생명선으로 하며 당의 영도를 받아야만 군력 강화도 력사적 사명 수행도 이루어 낼 수 있다"[5]라는 주장은 이러한 통제 체계를 잘 나타내 준다. 북한의 노동당 역시 군대 내 정치위원 제도를 통한 이중적 지휘 체계와 감시체계의 확립, 당위원회와 같은 군대 내에 당 조직의 설치, 고위 장성의 당 정치국 일원으로의 참여, 군인에 대한 경제적 우대와 같은 제도적 장치를 통해 군대를 통제하고 있다.

그런데, 그 동안 남한 학계에서는 노동당의 군대 통제력을 유지하는 가장 중요한 요소를 '총정치국'으로 대표되는 정치기관으로 바라보았다.

즉, 노동당의 지시를 받는 군(軍) 정치기관의 군대에 대한 지도와 감시가 북한군(軍)이 '당의 군'이라는 정치적 성격을 견지하는 데 가장 중요한 역할을 담당한다는 것이다. 그렇지만 앞에서 살펴본 것과 같이 노동당의 군대에 대한 통제는 다양한 수단이 존재하며, 지도와 감시라는 강제적인 수단뿐만 아니라 동의와 충성심 고양을 바탕으로 한 '예방적' 또는 '유인(誘引)적' 수단도 존재한다.[6]

노동당의 군대에 대한 '유인적'이면서도 '예방적' 성격의 통제수단으로 '각급 부대 당위원회를 통한 집체적 지도체계'를 들 수 있다. 그러나 지금까지 남한에서는 '북한군 당위원회는 북한군 각급 부대의 최고 영도기관'이라는 원론적 수준의 연구는 존재하였으나, 북한군 당위원회의 실제 기능과 역할, 정치적 의미에 대해서는 깊은 연구가 이루어지지 않았다. 따라서 이 연구는 북한군 당위원회 제도의 변천 과정과 기능, 역할에 대해 검토하고, 나아가 북한의 '당-군 관계'나 '북한군의 정치적 성격' 차원에서 가지는 의미에 대해 고찰하는 것을 목적으로 한다. 이를 위한 연구방법으로는 문헌조사를 기초로, 북한군 당위원회 활동의 실태 파악을 위해 북한군 출신 탈북주민 5명에 대한 면접조사를 병행하였다.[7]

2. 선행연구 검토

지금까지 북한 또는 북한군의 당위원회에 대한 연구는 주로 북한에서 생활한 경력이 있는 연구자들을 중심으로 이루어졌다. 먼저 현성일은 조선노동당의 조직체계와 운영, 사회통제 방식에 대한 연구에서 민간 부문의 당위원회를 통한 집체적 지도체계에 대해 설명하고 있다. 현성일은 중앙당의 전원회의부터 지방이나 말단조직의 각급 당위원회를 통한 집체적 지도체계는 해당 당조직책임자의 지도 밑에 해당부문의 모든 행정업무를

당의 정책과 노선에 따라 집행하도록 당적 지도를 강화해 나가기 위한 수단이라고 설명한다.[8]

최주활은 조선인민군의 조직체계에 대한 연구에서 북한군 내의 당조직 및 정치기관 운영체계에 대해 기술하고 있다. 이 연구에서 최주활은 조선인민군의 최고 영도기관은 조선노동당 조선인민군당위원회이라고 설명한다. 즉, 당규약 상 인민군당위원회는 군대 내 당조직의 상급조직이며 군단, 사단, 연대, 대대마다 당위원회가 조직되어 있고, 당위원회는 해당 부대의 집체적 영도기관이라는 것이다.[9]

곽인수는 조선노동당의 당적 지도 체계에 관한 연구에서, 북한군의 경우 각 군사령부는 물론이고 말단 전투단위인 중대에 이르기까지 노동당의 의결기관인 각급 당위원회와 집행기관인 정치부를 구축해 놓고 이를 통해 군대를 당적으로 지도한다고 기술하고 있다. 조선노동당은 군대 내에 구축한 당조직체계를 바탕으로 정책적 지도, 당조직 지도, 인사권을 통한 통제 등을 통해 조선인민군을 당적으로 지도한다는 것이다.[10]

이성현은 북한에서 군대와 유사한 무력기관의 성격을 가지고 있는 인민보안성의 당위원회와 정치국의 조직체계 및 역할에 대해 조사하였다. 이성현은 북한의 모든 기관, 단체들과 마찬가지로 인민보안성 내의 당 조직도 당 및 행정, 근로단체 간부들과 당원 대표들로 구성된 집단 지도체제로서의 당위원회와, 당비서 등 전문 당 일꾼들로 구성된 상설 당 기관으로서의 당위원회, 즉 정치국으로 구분된다고 주장한다. 그리고 성 당위원회가 집단적 지도기관으로서 주로 전원회의, 총회 등 대표자회의 등을 통해 노동당의 노선과 정책 집행을 위한 대책을 토의하고 결정을 채택하는 정책결정 기구의 역할을 수행한다면, 정치국은 휴회기간 상시적으로 정책집행을 감독하며 당원들의 당 생활을 장악, 통제하는 실질적인 당 기관의 기능을 수행한다고 기술하고 있다.[11]

그런데, 이성현은 인민보안성 당위원회는 비상설 집단지도기관으로 상징적 성격의 집행부만 구성되어 있고, 당원들의 당 조직 및 사상생활에 대한 장악과 통제, 모든 인사권의 행사, 입당비준, 당위원회 소집과 정책 토의 결정 등에 관한 실무적 조직사업 같은 실질적 권한은 당 책임비서가 아닌 정치국장에게 있다고 주장한다. 즉, 인민보안성의 모든 업무와 활동 은 최고 지도기관인 성(省)당위원회가 제시한 기준과 방향에 따른다고 하지만, 현실적으로 당의 장악과 통제, 지도 감독은 정치국의 몫으로 되어 있다는 것이다. 그러나 이러한 주장은 집체적 지도체계의 의미를 평가절 하하고 집행기관인 정치국의 역할만 부각하는 문제점을 내포하고 있다고 평할 수 있다.[12]

또한 북한의 당-군 관계의 역사적 변천과 군대 내의 정치기관의 역할 에 대한 국내학자의 연구로는 서동만, 이대근, 유영구의 연구들이 있다.[13] 그러나 이 연구들은 노동당의 군 통제 수단으로서의 북한군 당위원회의 기능과 역할에 대해서는 깊이 있게 다루지는 못하고 있다. 이러한 선행연 구 검토 결과를 바탕으로 다음에서는 북한군 당위원회 제도의 발전 과정 과 정치적 역할에 대해 살펴 보기로 한다.

II. 북한군 당위원회의 형성과 변화

1. 인민군 창설과 '당위원회' 제도의 도입

북한군이 창설 초기부터 '조선노동당의 군대'임을 명시적으로 내세운 것은 아니었다. 예를 들어 1946년 10월 북조선노동당 중앙상무위원회는 "(북한군의 전신인) 보안훈련소 철도경비대는 북조선 인민의 민주개혁을 보장하는 전인민의 군대인 바 이 군대의 당군화를 방지하고 군대의 통일적 통솔권을 보장하기 위하여 대오 내에 각 정당 조직을 두지 않을 것"을 결정한 바 있다.[14] 또한, 김일성은 1948년 2월 8일 조선인민군 창건 기념 연설에서 조선인민군은 '특정 정파의 군대'가 아닌 '인민의 군대'임을 표방했다.[15] 이 같은 창설 초기 당-군의 분리는 당시의 정치적 상황이 통일전선을 추구하고 있었고, 김일성이 속한 만주파가 아직 당 내에서 주도권을 장악하지 못하여 다른 파벌들의 군대 내 영향력 확대를 경계했기 때문으로 볼 수 있다.[16]

그렇다고 당시 조선노동당이 북한군의 통제를 위한 내부 활동을 완전히 포기한 것은 아니었다. 각급 부대에 군인들의 정치사상교육 및 노동당 노선과 정책의 해설 침투 등을 담당하는 문화부가 설치되었고, 1949년 5월 27일에는 내각결정 60호에 의해 군대 내 문화부는 중대 단위까지 확대되었다. 다만 이 시기 군대 내 당 활동은 비공식적이었으며 군 지휘체계와는 아무런 관련이 없는 당 내부 활동에 국한되었다.[17]

북한군 각급 부대에 조선노동당의 당조직인 당위원회가 설치된 것은 6·25전쟁 기간 중이었다. 당시 낙동강까지 진출했던 북한군의 패퇴가 시작된 이후, 1950년 10월 21일 열린 조선노동당 중앙위원회 정치위원회에서는 "인민군대의 군사규률을 강화하고 전투능력을 높이며, … 군인들에 대한 정치교양사업을 강력히 전개하기 위해" 인민군 내에 당 단체를 조직하고 그 역할을 높이기로 결정했다. 이 회의에서 김일성은 "인민군대내에 당단체가 없었기 때문에 인민군대에 대한 당의 령도를 실현하며 부대의 전투력을 강화하는 사업을 잘하지 못하였"다고 지적했다.[18] 당시 북한 지도부는 인민군의 무질서하고 황망한 후퇴 과정에 직면하여 군에 대한 당의 통제력 강화 조치를 취하였던 것이다.

이후 군대 내 노동당 조직은 민족보위성 문화훈련국이 총정치국으로,

각급 부대 문화부는 정치부로 개편되었으며, 구분대와 부대들에 정치부 부대장과 정치부 구분대장 직제가 설치되었다. 또한 중대에는 당세포, 대대에는 대대당위원회, 연대에는 연대당위원회가 설치되었고, 사단과 군단, 총정치국에는 당조직 문제를 심의결정하기 위한 비상설위원회를 설치하도록 하였다. 그러나 당시까지만 해도 여전히 지휘관은 부대 내 최고책임자였으며, 군대에 대한 당의 통제도 불충분한 상태였다. 고위 군관의 당회의 불참이 잦았으며, 사단과 군단에는 당위원회를 대리하는 기능 조직만 있었을 뿐 당위원회가 구성되지 않았다. 부대 당위원회 책임비서도 지휘관이나 정치위원이 맡지 않고 정치부 조직지도원이 맡아 당위원회의 권위가 높지 않은 상태였다.[19]

2. 종파의 숙청과 당위원회의 전면적 설치

1) 군대 내 종파의 숙청과 당위원회의 기능 확대

1950년대 말까지 북한에서는 항일운동의 경험, 세력 기반 등에 따라 여러 정치적 파벌이 존재하였다. 그리고 각 파벌의 특성에 따라 민족해방운동에 대한 역사적 평가, 정권의 성격, 군대의 정체성 등에 대한 견해도 다양하였다. 군대 내에서도 김일성의 만주파가 주요 직책을 장악하고 있었으나, 여전히 연안파와 소련파 등 여러 파벌 출신의 군인들이 세력을 형성하고 있었다.[20] 이러한 상황 속에서 '군대의 정체성'과 관련해, 조선인민군은 항일무장투쟁 뿐만 아니라 국내 반일농민운동을 계승해야 한다는 주장과, '노동당의 군대'가 아닌 '통일전선의 군대'라는 주장이 제기되었다.

김일성을 중심으로 한 만주파는 1956년 8월 종파사건을 계기로 다른 파벌에 대한 숙청을 단행하였고, 1958년 초부터는 군대에 대한 종파 숙청

작업을 시작하였다. 이즈음 노동당 중앙위원회 상무위원회는 군대 내의 정치사업에 대한 검열을 실시하였고, 김일성은 "군대 내에 일부 불건전한 사상"에 대한 명백한 반대 입장을 표명했다.[21] 이어 1958년 3월 8일에는 "인민군대내 당정치사업을 강화"할 문제를 토의하기 위하여 당중앙위원회 전원회의가 소집되었고, 이 회의에서 김일성은 당 중앙위원회 검열 결과, 총정치국이 당 중앙의 결정과 지시들을 군대 내에 잘 침투시키지 않는 등 군대 내 당 사업에는 결함이 많았다고 지적했다. 이로 인해 군대 내 연안파 세력에 대한 숙청이 이어졌고, '군대 내 당 정치사업의 결함' 책임을 물어 소련계인 총정치국장 최종학이 교체되었으며 많은 소련계 군인들이 소련으로 망명 또는 자원 귀국하였다. 김일성은 당시 군대 내에 발생한 문제의 원인이 군대의 주요 직위자들을 "지도하며 교양하며 통제하는 기관"이 없었던 것 때문으로 지적하고, 이를 개선하기 위해 "인민군대 내에 보위성으로부터 사단, 련대에 이르기까지 당 위원회 제도를 내와야" 한다고 강조하였다.[22] 이러한 조치는 북한군 창군 시부터 이어져 내려오던 소련식 군내 정치사업방식, 즉 군사단일제(유일관리제)에 대한 비판이었으며, 당위원회회 설치를 통한 당의 통제력 강화 조치의 시작이기도 하였다.[23]

이 조치의 특징은 인민군대 내 당위원회 제도의 전반적인 확대와 함께, 각급 부대 당위원회의 정치기관에 대한 집체적인 감독과 통제, 그리고 지휘관, 간부들의 당사업 참여를 통한 당의 통제체제 확립이라고 요약할 수 있다. 당의 노선을 충실히 집행하지 않았다고 비판받았던 총정치국은 인민군당위원회에서 토의 결정된 문제를 집행하는 의무만 가지며, '인민군당위원회의 사업부서'라는 위치로 격하되었다. 이런 방식으로 군단, 사단, 연대의 당위원회도 각급 부대의 정치기관을 통제하게 되었다. 또한, 종래에는 각급 당위원회에 부대장과 정치부대장이 포함되지 않았지만 새

로운 제도에서는 반드시 당위원회에 소속되어 당의 통제를 받게 되었다.[24]

이후 김일성은 군대에서 최고조직은 '당위원회'임을 다시 한 번 강조하며, 당위원회를 단순한 협의기관이 아닌 "집체적인 군사정치적 령도기관"으로 위상을 부여하였다.[25] 당시의 군대 내 당위원회의 전면적 설치는 군대의 개별간부가 김일성의 지도력에 반대할 만큼의 영향력을 행사하는 것을 차단하고, 군대가 당의 결정을 집행하는 도구로만 남도록 할 필요성에서 나온 것이라고 볼 수 있다. 또한 총정치국과 같은 집행기구가 중앙당으로부터 자율성을 갖고 군내 당사업을 사실상 좌지우지하는 방식이 아니라 당위원회라는 집체적 지도기관이 각급 부대를 이끌어 가도록 변화를 가한 조치였다.[26] 이에 따라 각급 부대 당위원회의 역할은 군사사업과 군사행동 지도, 군사훈련계획 작성, 군활동 감시, 인사관리 등 전면적으로 확대되었고, 군사지휘관과 정치지휘관은 당위원회의 토론 결과를 명령·집행하는 기능적인 역할의 수행자로 약화되었다.

2) 중국의 '군대에 대한 당 통제 강화'와 북한에의 영향

1956년 흐루시초프의 집권 이후 중국과 북한이 소련을 수정주의로 비판하면서 소련과의 관계가 냉각된 것도 북한이 군대 내 '당위원회의 집체적 지도체계'를 강화하게 된 배경이 되었다. 즉, 1950년대 후반 중국과 북한의 군대에 대한 정치사업은 소련의 방식을 무조건적으로 수용하는 교조주의를 비판하고, 소련으로부터의 탈색을 모색하는 방향으로 진행되었다.[27]

중국에서는 1950년대 중반부터 군대의 현대화와 군사지휘관 중심의 유일관리제를 추구하는 세력과 공산당의 군대 통제 및 정치사상교육을 중시하는 세력 간의 갈등이 존재했었다. 한국전쟁에 참전하여 미군과의 교전을 통해 현대전을 경험했던 펑더화이(彭德懷, P'eng The-huai)는 1954년 9월 국방부장에 취임한 후 소련으로부터 무기와 장비를 수입하고, 의무병역제와 유급제/계급제를 시행하는 등 군의 전문화 정책을 추구하였다.[28] 또한, 그는 군을 정규군제로 개편하는 과정에서 당의 군에 대한 지나친 통제권은 군 작전에 방해가 된다하여 이를 제한하였고, 이러한 시도는 마오쩌둥(毛澤東, Mao Tsetung)의 군사노선과 마찰이 발생할 수밖에 없었다.[29]

이러한 상황 속에서 1956년 6월 중국공산당 중앙은 마오쩌둥의 "우리의 학습 개조(改造我們的學習)", "당 기풍의 정돈(整頓黨的作風)" 등 5개 문건을 하달하면서 전군(全軍)의 군사공작분야, 특히 훈련분야의 소련 교조주의와 형식주의의 학습태도를 비판하였다.[30] 그리고 이 시기에 중국에서는 '군중당위제도(軍中黨委制度)'에 기초를 둔 '당위원회의 집단적 지도하의 분담책임제(黨委集體領導下的首長分擔責任制)'가 시행되었다.[31] 이 제도는 대대급 이상 단위 부대에 군당위원회를 구성하고 군내의 모든 중요한 업무에 대하여 토론을 거쳐 결정한 후에 집행하게 되는 데, 정치위원은 정치에 관한 업무를, 군사지휘관은 군사업무에 대하여 각각 책임을 지는 제도였다.[32] 즉, 당에 의한 정치적 지도와 군사지휘관의 지휘권을 병립시키면서, 중국군이 '당군(黨軍)'인가 아니면 '국군(國軍)'인가를 둘러싼 딜레마를 해소하고자 하는 것이었다. 이 제도는 1950년대 말까지 계속되다가 1959년 펑더화이가 해임되고 린뱌오(林彪, Lin Biao)가 새로운 국방부장으로 취임함과 함께, 군대에서 정치사상공작과 당위원회 제도를 강화하는 방향으로 변화하였다. 1963년 3월 발표된 중국군 '정치공작조례'는 "인민해방군에 대한 당의 절대적 지도를 실현하기 위해서" 당위원회 제도를 강화하는 것을 목적으로 하고 있으며, 제2조에는 "부대 내의 모든 중대한 문제는 긴급의 상황에서 수장이 임기응변적으로 판단할 수 있는 것 이외에 모든 문제는 우선 당위원회의 토론으로 결정한다"라고 규정하고 있다.[33] 이처럼 1950년대 중반 북한의 '군대 내 종파의 숙청'과 중국의 '친소련파 세력의 숙청'은 모두 군대에 대한 당의 정치적 통제를 강화하고 소련의 영향력으로부터 탈피함으로써, 김일성과 마오쩌둥의 지도력을 강화하려는 목적에서 발생한 현상으로도 평가할 수 있다.[34]

3. 군벌관료주의자들의 숙청과 당위원회 제도의 정착

1960년대에 들어서며 북한은 중-소 갈등으로 인한 북-중-소 북방 3각 동맹의 균열, 한-미-일 남방 3각 동맹의 강화, 남한의 5·16 군사정변 등으로 안보환경이 급격히 악화되었다. 이에 대응하여 북한 정권은 1962년부터 경제·국방건설 병진노선을 제기하는 등 국방력 중시정책을 추진하였다.

한편, 정착의 기미를 보이던 북한군의 당위원회 제도도 1962년에 들어서면서 다시 유명무실해지기 시작했다. 소련 프룬제 군사대학 유학파로서 민족보위상이 된 김창봉은 막 추진되기 시작한 경제·국방건설 병진노선 등 군사우선주의에 힘입어 군대 안에서 지휘관 유일관리제를 강조하였다. 서서히 기세를 올리던 정치군관들은 다시 머리를 수그렸으며 군대의 기본 목표인 '전투력 강화'가 최우선 과제로 강조되었다.[35] 그러나 1960년대를 휩쓸었던 북한의 군사우선주의는 군부 세력의 숙청과 함께 약화된다. 1969년 1월 6일부터 14일까지 평양에서 열린 인민군당위원회 제4기 제4차 전원회의를 계기로 소련군 식의 군사제일주의를 주장하던 민족보위상 김창봉과 총정치국장 허봉학, 제1집단군 사령관 최민철 등이 숙청되고 최현과 오진우 등 김일성 직계들이 군대를 장악하게 된다.[36] 당시 회의에서 김일성은 김창봉 등이 당의 군사노선을 반대하고 군대 내 당조직을 유명무실화하였으며, 수정주의 및 군벌주의의 조장했다고 비판하였다.

김일성은 이 회의에서 인민군에 마지막 통제장치를 덧씌운 '정치위원제'를 도입할 것을 지시하였다. 이 회의에서는 군단, 사단, 연대에 정치위원을, 대대, 중대에 정치지도원을 두는 등 모든 부대 단위에 정치위원, 정치지도원을 두기로 결정하였다. 정치위원은 부대 내의 모든 문제에 관해 지휘관과 동등한 지위가 부여되었으며, 당위원회에서 토의한 다음 부대장과 정치위원, 참모장 세 사람의 서명으로 집행하게 되었다.

한편 지금까지 국내 학자들은 1969년 인민군당위원회 제4기 제4차 전원회의를 계기로 당에 의한 군 통제 체계에 대한 제도적 정비가 일단락되었다고 보고 있다. 이대근은 1969년의 정치위원제 도입을 골자로 한 제도적인 군대 내 당 통제 장치는 1970년 당규약 및 1972년 헌법에 반영됨으로써 일단 완결되었고, 이후 제도적인 군대 내 당 통제 장치는 변하지 않았다고 기술하고 있다.

김용현 역시 1969년 '군부 강경파 숙청 사건' 이후 군 정치 부문은 완전히 당에 귀속되었으며 김일성 유일체계 구축의 물리적 조치들이 완결되었다고 평가하고 있다. 정영태 등도 1969년 이전까지 군대 내 당조직과 그 이후의 당 조직은 완전히 다른 모습을 띠고 있으며, 결국 이 시기를 기준으로 북한군대 내 당 조직이 완성되었다고 평가한다.[37]

그러나 근본적으로 군대에 대한 당의 영도를 강조하는 당위원회 제도에는 군사지휘관의 불만이 내재할 수밖에 없었으며, 군사지휘관과 정치장교 간의 구조적 갈등은 한 두 번의 제도적 정비로 완전히 해소되기는 어려웠을 것이다. 북한의 '당위원회의 집체적 지도체계' 역시 1969년 정치위원제의 도입으로 제도적 정비는 일단락되었지만 실제 현장에서 완전히 정착되기 위해서는 추가적인 시간이 필요했던 것으로 보인다. 이는 1969년 이후 북한문헌에서 당위원회의 지위와 기능에 대한 언급이 지속된 것에서도 유추할 수 있다. 먼저, 김일성은 1969년 10월에 "지난 날에 비하여 당위원회사업이 많이 개선되었지만 아직 제 궤도에 들어서지 못하고" 있다고 언급하며, 당위원회의 집체적 지도를 강화하기 위해 대대급 부대에 초급당위원회 집행위원회를 설치할 것을 결정하였다.[38]

그리고 김정일 역시 후계자 시절에 군대에서 당위원회의 집체적 지도에 대한 강화 필요성을 언급하였다. 1972년 10월 한 정치위원과의 담화에서 김정일은 "당위원회의 집체적지도를 강화하는데도 깊은 주의를 돌"릴 것을 주문하며, 이를 위해 당위원회 위원들을 "당의 사상으로 철저히 무장하고 당성이 강하며 발전성이 있는 일군들로" 꾸릴 것과, "당위원회 비서처회의를 정상적으로 운영"할 것 등을 지시하였다.[39] 이어 1974년 1월 12일 총정치국 책임일군과 한 담화에서 김정일은 "인민군당위원회 제4기 제4차전원회의 확대회의 이후 인민군대안에서 군벌관료주의와 개별적간부들에 대한 환상과 아부 아첨을 없애기 위한 투쟁을 힘있게 벌려 적지 않은 성과를 거두었지만 … 아직도 일부 일군들과 군인들속에는 관료주의를 부리거나 개별적간부들을 환상적으로 대하며 아부아첨하는 현상과 요소가 완전히 없어지지 않고" 있다고 지적하고 있다.[40]

이후 1975년에 이르러서야 비로소 당위원회 제도가 비로소 안정적으로 정착되어 갔음을 추론할 수 있는 발언이 등장한다. 1975년 1월 총정치국 책임일군들과 한 담화에서 김정일은 "지금 우리 대오안에는 인민군대에 대한 당의 령도를 거부하는 사람은 물론 없습니다. 그러나 군대의 특성을 운운하면서 인민군대에 대한 당의 령도를 달가와하지 않는 경향은 없지 않습니다. 우리는 지난날의 교훈을 잊지 말아야 하며 인민군대에 대한 당의 령도를 약화시키려는 사소한 현상에 대해서도 경각성을 높이고 견결히 투쟁하여야 합니다"[41]라고 언급하고 있다.

1971년부터 1975년까지의 조선인민군 창건 기념 경축대회에서 한 보고에서도 시기별로 발언 수준의 차이가 발견된다. 예를 들어 1971년에는 "인민군대안의 당조직들과 정치기관들을 튼튼히 꾸리고 당사업을 간부들과의 사업, 당원들과의 사업, 군인들과의 사업으로 철저히 전환시키며 모든 당조직들을 산 전투적조직으로 만들며 당위원회의 집체적지도기능을 더욱 높이도록" 해야 함을 강조하고 있다. 1972년에는 "오늘 인민군대안에는 당의 유일사상체계가 꽉 들어차" 있다는 언급이 등장하였고, "인민군대와 인민경비대 장병들은 혁명적인 조직생활에 성실히 참가"할 것을 강조하고 있다. 1975년에 들어와서는 "당위원회"나 "혁명적 조직생활"과 같은 용어는 등장하지 않고, 대신 "인민군대를 주체사상으로 일색화하기 위한 사업을 더욱 심화발전"시켜야 한다는 내용이 등장하고 있다.[42]

즉, 1969년 군벌관료주의자들의 숙청 이후에도 최소 1974년까지 북한 지도부는 김정일의 후계 구축과 맞물려 북한 지도부는 군대 내 당위원회의 정착을 위해 지속적인 관심을 기울였으며, 1975년 경에 이르러서야 어느 정도 안정 상태에 다다랐음을 추정해 볼 수 있다. 북한군의 당위원회 제도 도입 및 발전 과정을 시대별로 정리해 보면 <표 1>과 같다.

〈표 1〉 북한군 당위원회 제도의 발전 과정

	1950~1958년	1958~1962년	1962~1969년	1969~1975년
역사적 배경	다양한 혁명전통의 존재	수정주의자 숙청	군벌관료주의자 득세	유일사상체계 확립
당위원회 제도의 변화	제도 도입기	제도 강화기	제도 갈등기	제도 정착기

한편, 1974년 2월 조선노동당 중앙위원회 제5기 제8차 전원회의에서 김정일이 후계자로 추대된 이후 북한군의 정치사업은 '전군의 주체사상화'와 함께 김정일의 '유일적 영도'를 실현하는 것에 중점을 두고 진행되

었다. 이는 북한군을 당과 수령에게 충실한 혁명군대로 만들고 나아가 김정일의 군에 대한 장악력을 높이기 위한 목적인 것으로 볼 수 있다.

이에 따라 북한의 노동당은 군대의 당정치사업에서 김정일의 유일관리제를 실현하는 것을 기본원칙으로 내세우고 1976년 5월 당정치사업과 관련한 모든 문제들을 당에 보고하고 유일적인 결론에 따라 처리하도록 하는 조치를 취하였다. 그리고 이듬해인 1977년 8월 20일 당중앙위원회 정치위원회는 북한군 총정치국에 대한 김정일의 지도를 강화할 수 있는 새로운 체계와 질서를 세우도록 하였다. 이에 따라 총정치국에 대한 당중앙위원회의 지도사업이 진행되었으며, 북한 문헌은 이후 군대안의 당 정치사업체계가 정연하게 세워지게 되었다고 기술하고 있다.[43]

그러나 1977년 당시까지도 김정일은 일부 군사지휘관들 사이에 과거의 군벌관료주의의 여독이 남아있다고 지적한 후, 이에 대한 개선책으로 당정치사업의 강화를 주문하고 있다. 김정일은 8월 20일 당중앙위원회 정치위원회가 열린 지 얼마 지나지 않아, 군대에 대한 당정치사업의 문제점을 보다 구체적으로 지적하고 있다. 그 내용은 "개별적간부들에게 환상을 가지거나 아부아첨하는 현상"들이 여전히 나타나며, "일부 군단장, 사단장을 비롯한 책임적인 군사간부들은 당생활에 성실히 참가하지 않고 당적통제도 잘 받으려고 하지" 않으며, "일부 정치일군들속에서는 행정대행을 하는" 현상들이 나타나고 있는 등 "아직도 인민군대안의 일부 지휘관들속에는 반당반혁명분자들이 부식하여놓은 군벌관료주의의 여독이 없어지지 않고"있다는 것이었다.

이에 따라 김정일은 당정치사업에서 엄격한 당규율을 세우고, 정치일군들의 사업방법과 작풍을 개선할 것 등의 "군벌관료주의의 여독을 뿌리뽑기 위한 투쟁"을 강하게 독려하였다.[44] 1960년대부터 북한 정권은 군대 내의 군벌관료주의 현상을 없애려고 지속 노력해 왔지만, 1970년대 말까지도 완전히 해소되지 않은 채 잔존하였던 것이다. 이러한 김정일의 지적은 북한군에서 군사지휘관의 전문적인 군대 지휘와 당에 의한 정치적 통제라는 대별되는 두 영역의 갈등이 얼마나 뿌리 깊게 존재했는지를 잘 보여주는 사례라고 할 수 있다.

또한 이러한 역사적 경험은 사회주의 국가에서 당 관료와 전문 군사지휘관들 사이에 '혁명 완수'나 '체제 보위'를 위한 협력도 존재하지만, '전문 군사 영역'에 대한 간섭을 둘러 싼 반목도 필연적으로 내재한다는 특징을 북한도 공유하고 있었음을 알 수 있게 한다.

이와 같은 상황에서 1970년대 후반까지도 북한 정권은 군대에 대한 김정일의 영도체계를 더욱 공고히 하는데 노력을 기울였다. 1979년 12월 열린 조선인민군당위원회 제6기 제20차 전원회의 확대회의에서는 북한군에 김정일의 영도체계를 더욱 튼튼히 세워 당의 군대로서의 풍모를 철저히 갖추도록 할 데 대하여 강조하였으며, 이에 따라 군대 안의 당 정치사업이 김정일의 유일적영도체계를 더욱 철저히 세우는 것에 집중하게 되었다.

북한 문헌은 이러한 노력의 결과로 김정일이 후계자로 추대된 1974년부터 6차 당대회가 열린 1980년까지의 기간 동안 "전군 주체사상화 위업이 적극 추진됨으로써 인민군대는 수령의 군대, 당의 군대로서의 면모를 훌륭히 갖추어나가게" 되었다고 평가하고 있다.[45] 즉, 북한군에서 당위원회 제도를 통한 노동당의 군 통제는 1970년대 말까지 이어지며 군대의 당군화를 확고히 하고 나아가 수령의 군대, 후계자의 군대로 발전시키는 정치적 역할을 수행한 것이다.

Ⅲ. 북한군 당위원회의 운영과 정치적 역할

1. 각급 부대 당위원회의 구성과 활동 실태

앞 장에서 살펴본 북한군의 당위원회는 현재는 어떻게 운영되고 있으며, 그 기능과 역할은 무엇일까? 이 질문에 답하기 위해 먼저 북한의 노동당 규약을 토대로 북한군 각급 부대의 당위원회 구성 및 사업 내용을 추정해 보고, 이어 북한이탈주민 인터뷰를 통해 보다 세부적인 운영 실태와 기능에 대해 살펴보기로 한다.

먼저 노동당의 지방 및 기층 조직과 관련한 북한 노동당 규약에 내용은 다음과 같다.[46] 지방의 도(道), 시(市), 군(郡)에는 당위원회가 설치되며, 기층조직으로는 당원이 5명부터 30명까지 있는 단위에서는 당세포를, 31명 이상 있는 단위에서는 초급당을, 초급당과 당세포 사이에 당원이 31명 이상 있는 생산 및 사업단위에는 부문당을 조직한다. 또한 초급당, 부문당, 당세포의 조직 형식만으로 기층당조직을 합리적으로 조직할 수 없을 때에는 초급당과 부문당 사이의 생산 및 사업단위에 분초급당을 조직한다.

그리고 이렇게 구성된 당조직의 회의체 소집 시기는 도당위원회 전원회의는 넉달에 한 번 이상, 시·군당위원회 전원회의는 석달에 한 번 이상 소집한다. 도·시·군당위원회 집행위원회는 한달에 두 번 이상 열린다. 기층당조직의 경우 당세포총회와 당세포위원회는 한달에 한 번 이상, 초급당·분초급당·부문당 총회는 석달에 한 번 이상, 초급당·분초급당·부문당 위원회는 한달에 두 번 이상 하며, 집행위원회가 조직된 초급당·분초급당에서는 한달에 위원회는 한 번 이상, 집행위원회는 두 번 이상 개최하도록 규정되어 있다.

한편 당규약 상 북한군 안의 당조직에 대해서는 "조선인민군 각급 단위에는 당조직을 두며 그를 망라하는 조선인민군 당위원회를 조직한다"라고만 나와 있으며, 구체적인 조직 단위와 회의 개최 시기는 명시하지 않고 있다. 하지만 기존 연구자료 및 탈북민 진술 등을 참고하면, 북한군에는 조선인민군당위원회를 최정점으로 군단 - 사단 - 연대 당위원회, 대대 초급당위원회, 중대 당세포가 설치된 것으로 보인다.[47]

북한군 내 설치된 당조직들의 사업에 대해서도 ① 군대 안에 당의 사상과 영도의 유일성을 보장 ② 간부대열과 당대열을 튼튼히 꾸리며 당원들에 대한 당생활조직과 지도를 강화 ③ 당원들과 군인들에 대한 사상교양사업 강화 ④ 당위원회의 집체적 지도를 강화 ⑤ 군인들 사이에 관병일치와 군민일치 발양 등을 제시하고 있다. 1980년대 이후 개정된 노동당 규약에서는 모두 군대 내 당조직의 기능 중 하나로 '당위원회의 집단(체)적 지도 강화'를 명시하고 있어, 북한군의 당위원회를 통한 집체적 지도 체계는 1960년대 말 이후부터 현재에 이르기까지 북한군 내에서 지속적으로 유지되고 있는 것으로 보인다.[48]

탈북민 인터뷰 결과에 따르면 북한군의 당위원회는 노동당 규약에 규정되어 있는 기층당 조직의 회의 주기와 비슷하게 운영되는 것으로 보인다. 예를 들어 대대급 부대의 경우, 대대 초급당총회는 분기 1차 이상 개최하여야 하며, 초급당총회 사이에 대대 초급당 집행위원회를 1월에 2차이상 개최해야 한다. 대대급 부대의 경우 초급당위원회 위원은 대대장, 참모장, 정치지도원, 청년지도원, 후방부대대장, 군사부대대장 등으로 구성된다. 대대 초급당위원회 집행위원회는 대대장, 참모장, 정치·보위지도원을 중심으로 부대 상황에 따라 관련자가 추가되어 구성된다. 중대의 경우 당세포총회는 1개월에 1회 이상 개최하여야 하며, 당세포총회 사이에 중대 당지도분조회의를 월에 3차 이상 개최해야 한다. 중대 당지도분조회의는 중대장, 정치지도원, 소대장, 사관장 등으로 구성된다(면접대상자 B, D).

그러면 북한군의 당위원회 위원들은 어떻게 선출, 구성되는가? 면접자의 진술에 의하면 당위원회에서 위원의 보선 등이 필요할 경우, 당위원회를 소집하고 상급부대에서 지도원이 파견된 아래 위원들이 선거를 통해 선출하는 과정을 거친다고 한다(면접대상자 A, D). 물론 실제적으로는 새로운 정치위원이 내려오면 상부에서 이미 당위원회 비서로 내정된 상태이나, 당위원회에서 형식적인 선거 절차는 반드시 거쳐야 한다는 의미이다. 대대의 경우 대대 정치지도원이 내정되어 내려오면 상급부대 당일꾼의 참관 아래 대대 초급당위원회 부비서가 초급당 총회나 집행위원회를 개최하여 선출 및 임명 절차를 진행한다고 한다. 초급당위원회의 집행위원도 참모장이나 작전참모, 중대장 중에서 선출하는데, 대부분 당비서인 정치위원이 사전에 선출할 인원을 통보한 다음에 회의에서 거수투표 절차를 거친다고 한다. 당연히 이 상황에서 반대의사 표출은 거의 불가능하다고 볼 수 있다. 그러나 총회나 집행위원회에서 입당 심사나 대학 입학 추천을 할 경우 대상자의 자질이나 성품 등에 대한 기초적인 수준의 의견 제시는 이루어진다고 한다(면접대상자 B, C).

대대 초급당위원회나 연대, 사단 당위원회의 책임자인 비서는 정치위원이나 정치지도원이 맡고 군사지휘관이 부비서를 맡는 것이 대부분이다. 그러나 극소수의 경우에는 군사지휘관이 비서를 맡는 사례도 존재한다. 이러한 경우는 군사지휘관이 김정일의 신임을 받고 있거나 능력이 출중할 경우에 해당한다. 면접대상자 B의 경우 북한군 복무시 한 부대를 방문했는데 당위원회 비서가 군사지휘관인 경우를 보고 매우 특이하여 이유를 물어보았더니 "해당 지휘관이 김정일의 신임을 크게 받아서 그렇다"는 답변을 들었다고 한다. 이러한 사례는 정치위원과 같은 정치군관이 해당 부대 당위원장을 겸하며 당무(黨務)의 실권을 장악하는 것이 일반적이나, 1960년에 김일성이 말한 것처럼 "당위원장은 군사간부가 해도 정치간부가 해도 좋으며 반드시 정치부장이 한다는 것은 있을 수 없다"는 원칙이 유효함을 보여 준다고 할 수 있다.

한편, 각급 부대의 당원 수는 대략 군인 10명에 당원 1명의 원칙 선에서 결정되는데 실제적으로는 그보다 약간 더 많은 수가 당원 자격을 가지는 것으로 보인다. 중대의 경우 대략 군인 100명당 당원은 10~20명 내외로, 대대의 경우 군인 300~500명 당 당원수는 50명 내외 정도로 구성된다. 한 가지 더하여 주목해야 할 점은, 과거 김정일 정권 시기에 중앙당 차원에서 당대회나 당중앙위원회 전원회의가 장기간 개최되지 않았으나, 북한군의 경우(사회 각 기관도 마찬가지로) 하부단위의 당위원회는 무조건 규정대로 개최되고 그 임무와 역할을 그대로 수행하고 있었다는 점이다(면접대상자 B, C, D).

2. 당위원회의 정치적 역할

북한에서 노동계급의 당은 혁명과 건설을 전적으로 책임지고 모든 사업을 조직지휘하는 혁명의 참모부로 규정된다. 이러한 당의 역할은 각급 당조직들의 해당 부문, 해당 단위에 대한 지도를 의미하는 '당적 지도'를 통하여 실현된다. 그리고 '당위원회의 집체적 지도'는 '당적 지도'의 구체적인 한 형태로서, 당의 정책을 관철하기 위하여 해당 부문, 해당 단위의 최고지도기관으로서의 당위원회가 수행하는 기본 활동이며 사업이다. '당위원회의 집체적 지도'를 실현한다는 것은 각급 당위원회들이 자기 부문, 자기 단위 앞에 나서는 모든 문제들을 개별적 사람들의 의사에 의해서가 아니라 당정책에 근거하여 집체적으로 토의하고 사업방향을 결정하며 그 집행을 장악지도하는 당적 지도의 기본 요구를 구현해 나가는 것을 의미한다.[49]

북한군에서도 당위원회는 제도 도입 이래 현재까지 군사업무에 대한 지도와 통제 기능을 유지하며 각급 부대의 최고정책결정기구의 역할을 수행하고 있다. 북한군 당위원회의 주요 기능은 입당 심사, 표창, 승진, 조동(인사 이동), 제대, 대학추천 등 주요 인사사업을 비준하며 그 외 군대의 모든 사업을 심의하고 결정하는 것이라고 요약할 수 있다.[50]

또한 당위원회는 책벌도 결정한다. 북한군에서 책벌은 행정적·법적 책벌과 함께 당적 책벌이 존재한다. 당적 책벌은 군인이 저지른 과오의 정도가 심해 무거운 책벌이 필요할 경우 당위원회 지도분조회의나 집행위원회 등에서 추가적인 책벌을 결정하는 것이다. 그런데 면접조사에 따르면 일정한 잘못을 범한 사람들은 행정적 책벌보다 당적 책벌을 받는 것을 훨씬 더 꺼려한다고 한다. 왜냐하면 당적 책벌을 받을 경우 당 개인문건에 기록이 남아 죽을 때 까지 쫓아다니고 사회에 나가서의 취업, 자녀들의 진학이나 입당 등에까지 영향을 미치기 때문이다(면접대상자 D).

이와 같은 당위원회의 기능이 북한군에서 실제적으로 어떻게 이루어지고 있는가에 대해 북한 인민무력부 기관지인 ≪조선인민군≫의 보도 내용을 통해서도 확인할 수 있다. ≪조선인민군≫ 2009년 7월 17일자에는 북한군 어느 구분대의 '수령 위대성 교양사업' 소식을 전하면서 "당조직에서는 날자별로 교양사업계획을 구체적으로 세우고 정치일군들이 군인들속에 들어가 교양사업을 활발히 벌리도록 했다"라고 보도하고 있다. ≪조선인민군≫ 2009년 8월 2일자에는 북한군 한 부대의 당조직 사업을 소개하면서 "부대당조직에서는 … 로작에서 제시된 전투적 과업을 철저히 관철하기 위한 조직정치사업을 짜고들어 힘있게 벌려왔으며", "당조직의 대책에 따라 당생활총화, 당적분공 등 당조직생활의 모든 고리가 이 사업에로 적극 지향"되고 있으며, "부대당조직의 대책에 따라 부대책임일군들이 중대를 더욱 강화하기 위한 사업에 힘을 넣고 있다"라고 보도하고 있다. 또한, ≪조선인민군≫ 2009년 8월 29일자에서는 "당조직에서는 모든 부서들이 중대에서 자기 전문부분을 강화하기 위한 사업을 월마다 계획에 넣고 그것을 무조건 실현하도록 장악지도사업을 짜고들었다"라고 보도하고 있다.[51] 즉, 북한군의 당위원회는 당규약에 규정된 군인들에 대한 당생활지도, 사상교양사업을 기본으로 수행하며, 중요 현안에 대한 조직정치사업과 해당 부대의 사업 전반에 대한 장악지도사업을 수행하고 있음을 알 수 있다.

그러면 북한의 군인들은 이러한 당위원회의 집단적 지도체계에 효능에 대해 어떻게 생각하는가? 부대 생활 속에서 당일꾼과 군사일꾼의 관계 그리고 당위원회의 지위에 대해 면접대상자(B)는 다음과 같이 진술하고 있다.

> "북한군에서 군권보다 당권이 훨씬 더 강하다. 군인에 대한 표창, 승진, 입당 등의 주요 인사권이 모두 당위원회와 정치부에서 가지고 있다고 할 수 있다. 북한군은 행정(참모부), 정치, 보위의 세 기능이 서로 견제하며 군을 유지하고 있는데, 특히 정치·보위부의 권한이 막강하고 이것을 최종적으로 당위원회가 조정과 지도 역할을 한다고 볼 수 있다."

다른 면접대상자(C)는 북한군에서 당위원회의 집체적 지도체계를 유지하는 이유에 대해 "어떤 사안이 이미 결정이 되었지만 토의와 선출이라는 형식적 절차를 거쳐 정치적 정당성을 확보하고, 당원들 역시 비록 제한적이나마 당활동에 열심히 참여함으로써 승진이나 보직 이동 등에 도움을 받으려는 생각에 형식적인 절차에도 불구하고 이를 충실히 따른다"고 진술하였다. 또 다른 면접대상자(A)는 당위원회의 긍정적 역할에 대해 다음과 같이 진술하였다.

"전술훈련 등을 나갈 때는 사전에 당위원회 집행위원회를 열어 세부적인 계획을 논의하는데, 정치부에서 하전사들에 대한 사상교양 강조나 지나친 훈련으로 인한 하전사들의 피로도 등을 감안하여 지휘관에게 일정 조정 등의 의견을 제시하기도 한다. 또한 농촌지원 등을 나갈 때는 정치부에서 인민들 지역에 함부로 들어가지 말 것 등을 강조하는 등 부대 전반에 대한 많은 토의가 이루어진다."

이러한 진술은 북한군의 당위원회가 비록 민주적인 절차는 상실한 형식적인 절차로 변질되었지만, 최소한의 의견수렴과 토론의 절차를 거치고 군인들에게 당원에 지위에 대한 긍정적 인식을 주입시켜, 군에 대한 당 통제를 동의하게 하는 역할을 하고 있음을 시사한다. 즉 북한군의 당위원회는 군사 분야에 대한 당의 통제를 제도적으로 보장하고, 지휘관과 참모 등 군사일꾼들을 당 업무에 참여시킴으로서 당의 통제에 순응하고 나아가 당군화를 적극적으로 지지하게 하는 정치적 역할을 수행하는 것이다. 또한, 이에 더하여 당위원회를 통해 정치-보위-행정의 세 가지 독자적인 지휘계통으로 나뉘어져 서로 감시, 견제하는 구조에서 나아가, 각자의 업무 분야를 인정하면서 의견을 조율하고 갈등을 조정, 통합하는 역할 또한 담당한다고 볼 수 있다. 이러한 당위원회의 역할을 종합하면 1장에서 언급한 군인들을 교화하고 감독하여 당의 통제에 순응, 지지하게 하는 예방적이고 유인적인 역할을 수행한다고 할 수 있을 것이다.

그러나 이러한 당위원회 제도가 긍정적인 측면만을 가지고 있는 것은 아니다. 태생적으로 군사일꾼과 정치일꾼과의 대립을 무마하고 조정하려는 목적으로 만들어진 당위원회 제도는 군사 전문분야에 대한 군사일꾼의 정치일꾼에 대한 불신을 완전히 해소하지는 못한다. 또한, 형식화·의례화 된 의사결정이 지속될 경우 일반 군인들의 당위원회 기능에 대한 신뢰도가 낮아진다는 문제점을 내포하고 있다. 먼저 군사일꾼의 정치일꾼과에 대한 불신은 군인들의 내면 속에서 여전히 강하게 존재하는 것으로 보인다. 예를 들어 지휘관 출신의 면접대상자(A, D) 들은 정치일꾼에 대해 "평화로운 시기니까 그들이 시키는 대로 하지만, 전쟁만 일어나면 가만히 있지 않는다"라고 생각했다거나, "정치일꾼들은 몸은 쓰지 않고 펜대만 움직이는 놈들"이라고 불신했다고 하며, 대부분의 군사일꾼들이 비슷한 속마음을 가지고 있다고 진술했다. 또한 형식화·의례화된 토의 절차에 대해, "토의는 없고 윗사람들이 결정한 것에 손만 든다(면접대상자 A)"라든가, "정치위원에게 해코지 당할 것이 두려워 반대 의견은 생각도 못한다(면접대상자 B)"라는 등의 불만을 표출하였다. 이러한 진술은 당위원회가 예방적 역할을 수행하고 있지만, 북한군 내부에는 당위원회나 정치위원 제도에 대한 불만과 불신이 잠재되어 있다는 것을 보여주고 있다. 그리고 이러한 불만과 불신은 군사적 긴장 강화나 군사주의 확산 등으로 군사일꾼들의 영향력이 확대될 때, 또는 군대에 대한 당의 통제보다 군사 전문성이 강하게 요구될 때 더 적극적으로 표출될 수 있을 것이다.

IV. 결론

사회주의 국가에서 당의 군대에 대한 통제는 군대가 당의 정책을 일관되게 집행하고, 정치사상교육을 통해 군인들의 사기를 제고하는 등의 목적을 가지고 있다. 그러나 이러한 통제체계는 군대를 당에 헌신적이고 충성적인 무력 수단으로 만드는 긍정적인 기능과 함께, 군사지휘관의 자율성을 억제함으로써 군대의 전문성과 현대화를 지연시키는 부정적 기능도 가지고 있다. 따라서 사회주의 국가에서는 당의 군 통제라는 절대적 명제를 유지하면서도 부정적 기능을 최소화하려는 노력을 지속했다.

북한은 여타 사회주의 국가들과 마찬가지로 당-국가체제를 유지하고 있으며, 북한군 역시 '당의 군대'라는 성격을 강하게 견지하고 있다. 지금까지 남한 학계에서는 북한군이 당의 군대라는 성격을 유지하게 만드는 주요한 기제로 인민군 총정치국과 각급 부대 정치부로 이어지는 정치기관의 감시·통제적 기능을 지목해 왔다. 그러나 북한군에서는 총정치국의 상시적 지도 및 통제, 감시활동 외에 당위원회를 통한 집체적 의사결정기능도 일상적으로 이어져 왔다. 북한군에 대한 노동당의 통제와 북한군의 '당의 군대'라는 성격 유지에는 각급 부대에 설치된 당위원회의 집체적 지도 기능과 협의, 선출 기능도 일정한 역할을 수행하고 있는 것이다. 이러한 당위원회의 기능은 군인들로 하여금 군대에 대한 당의 통제에 순응하게 하는 '유인적, 예방적' 수단에 가깝다고 할 수 있다.

또 한 가지 주목할 점은 김정일 집권 시기에 당대회, 정치국 회의, 당중앙위원회 전원회의 등 중앙당 차원의 협의체가 오랜 시간 동안 제 기능을 하지 못했음에 비해, 군대의 경우 각급 부대 당위원회는 정상적인 기능을 변함없이 수행해 왔다는 점이다. 이는 선군정치 시기에 당의 영향력이 축소되었고, 군대의 위상이 확대되었다는 '군 우위론'을 반박할 수 있는 논거가 될 수 있을 것이다.

덧붙여 이 연구가 기존 연구의 견해를 보강한 점으로 다음의 두 가지를 들 수 있다. 첫째 1958년 도입된 북한군의 당위원회 제도의 도입 배경은 당시 중국과 북한에서 나타난 소련과의 관계 악화와 수정주의 노선의 배격, 자국 지도자의 사상 확산 등으로 볼 수 있다. 둘째, 군대 내 당위원회에 대한 기존 연구는 1969년에 관련 제도가 완비되었다고 보았으나, 본 연구에서는 최소한 1970년대 중반에 이르러서야 후계체제의 구축과 함께 현장 속에서 완전히 정착된 것으로 논의를 확대하였다.

그렇다면, 북한군의 당위원회 제도가 우리에게 주는 시사점이나 정책적 함의는 무엇일까? 비록 당위원회 제도가 당의 군 통제에 대한 예방적 기능을 수행하지만, 사회주의 체제 당-군관계의 본질적 특성으로 인해 군사지휘관과 정치장교 사이에 갈등도 상시적으로 내재될 수밖에 없다. 특히 역사적인 경험은 군대의 전문화나 현대화를 강력히 추진할 때 군사지휘관과 지배정당과의 갈등이 심화되었음을 보여 준다. 반대로 당의 강력한 군대 통제는 군사모험주의나 쿠데타 같은 대내외 도발을 억제할 수 있는 효과도 가지고 있다. 이러한 점을 비추어 볼 때, 향후 우리는 북한군의 현대화 추진과 당 정치사업간의 관계, 북한의 군종 또는 병종별 당 통제 수준의 차이 등을 세밀히 관찰함으로써 북한군의 정책적 또는 전략적 변화를 좀 더 이른 시간에, 더 심층적으로 파악할 수 있을 것이다.

이 장의 주

1 Roman Kolkowicz, *The Soviet Military and the Communist Party* (Princeton, New Jersey: Princeton University Press, 1967), p. 2.

2 이러한 사회주의 국가의 당-군 관계는 사르토리(Giovanni Sartori)가 제시한 '정당국가체계'의 성격에서도 살펴 볼 수 있다. 사르토리에 의하면, 사회주의국가의 당-국가체제와 같은 정당국가체계는 (복수정당이 존재하는 정당체계와 달리) 하위체계의 자율성을 허용하지 않는 특징을 가진다. 단일정당은 독립적 하위체계를 형성하지도 않지만, 보다 원칙적으로 단일정당의 형태를 취하는 것 자체가 하위체계의 자율을 저지하기 위한 것이다. 즉, 다당제인 '정당체계'는 이견(dissent)을 인정하고 반대(opposition)를 제도화하는 반면에, '정당국가체계'는 이견의 타당성을 부인하고 반대를 저지할 뿐이다. Giovanni Sartori 著, 어수영 譯, 『현대 정당론』(서울: 동녘, 1986), pp. 75~76.

3 Roman Kolkowicz, *The Soviet Military and the Communist Party*, pp. 28~30.

4 Amos Perlmutter and William M. Leogrande, "The Party in Uniform: Toward a Theory of Civil-Military Relations in Communist Political Systems", *The*

American Political Science Review Vol. 76, No. 4 (December 1982), p. 786.

5 김철우, 『김정일장군의 선군정치』(평양: 평양출판사, 2000), p. 50.

6 물론 북한군에 설치된 정치기관 역시 지도와 감시 기능을 통해 예방적 역할을 수행한다고 볼 수 있다. 그러나 필자는 정치기관의 통제 수단이 일방향적인 지도와 감시를 통해 군대의 수동적 동의를 유발하는 측면이 강한 반면, 당위원회의 집체적 지도체계는 협의를 통한 자발적 동의 측면이 더 강하다고 생각한다. 이러한 의미에서 필자는 당위원회의 통제 성격을 나타내는 용어로 '유인(誘引)적'이라는 단어를 사용했다.

7 북한이탈주민 면접조사는 2010년 이후에 탈북한 북한군 소위(1명), 상위(2명), 소좌(1명), 중좌(1명) 출신의 총 5명을 대상으로 진행하였다. 이하부터 면접대상자는 하위 계급 순으로 각각 면접자 A, B, C, D, E로 기호를 부여하여 호칭한다.

8 현성일, "북한사회에 대한 노동당의 통제체계", 『북한조사연구』 제1권 제1호 (1997), p. 27.

9 최주활, "북한군 조직체계 분석: 총정치국·총참모부·인민무력부 간의 관계를 중심으로", http://www.sejong.org/service/total_search.php#none (검색일: 2017. 6. 20.).

10 곽인수, "조선노동당의 당적 지도에 관한 연구", 경남대학교 북한대학원 석사학위논문(2003), pp. 99~109.

11 이성현, "북한 인민보안성 당위원회와 정치국의 조직체계와 역할", 『북한조사연구』 제6권 제2호(2002), pp. 34~68.

12 뒤에서 자세히 논하겠지만 노동당 규약 상 집행위원회가 조직되어 있는 각급 (초급) 당위원회는 한 달에 두 번 이상 집행위원회를 개최하도록 되어 있다. 한 달에 두 번 이상의 개최 시기는 비상설보다는 오히려 상설기구 쪽에 가깝다고 볼 수 있다. 북한의 군대 내 정치조직에 대해 상세히 분석한 유영구의 연구에서도 '회의체 기구인 각급 당위원회에는 상설적 기구로 집행위원회(혹은 비서처회의)를 두고 있다'라고 설명하고 있다. 이는 북한의 각급 당위원회가 비상설적인 협의체 기능만을 수행하고 있지 않음을 반증한다. 유영구, "북한의 정치-군사관계의 변천과 군내의 정치조직 운영에 관한 연구", 『전략연구』 제4권 제3호(1997), p. 104.

13 서동만, "북한 당군관계의 역사적 형성: 한국전쟁 이후부터 1961년 전후 시기까지를 중심으로", 『통일문제연구』 1996년 하반기호; 이대근, "조선인민군의 정치적 역할과 한계: 김정일 시대의 당·군 관계를 중심으로", 고려대학교 대학원 박사학위논문(2001); 유영구, "북한의 정치-군사관계의 변천과 군내의 정치조직 운영에 관한 연구", 『전략연구』 제4권 제3호(1997).

14 "군대내 당조직에 관하여: 북조선로동당 중앙상무위원회 제9차 회의 결정서(1946년 10월 21일)", 『북한관계사료집 30』(서울: 국사편찬위원회, 1998), p. 37.

15 김일성, "조선인민군창건에 제하여: 조선인민군열병식에서 한 연설(1948년 2월 8일)", 『김일성저작선집 1』(평양: 조선로동당출판사, 1967), p. 189.

16 창설 초기 북한군의 정치적 성격에 대한 논의는 이대근, 『북한 군부는 왜 쿠데타를 하지 않나』(서울: 한울, 2003), pp. 46~48; Lee Suk-Ho, *Party-Military Relations in North-Korea: A Comparative Analysis* (Seoul: Research Center for Peace and Unification of Korea, 1989), p. 161; 최완규, "북한 당·군 관계의 역사적 배경과 변화", 북한연구학회 편, 『북한의 군사』(서울: 경인문화사, 2006), pp. 36~42를 참조할 것.

17 창설기 북한군의 지휘체계는 군사지휘관이 군대문제 전반을 책임지고 이끌어가는 '군사단일제'였다. 군사단일제는 정규 지휘관이 모든 군사명령을 내리고, 문화부라는 정치조직은 이를 수정, 거부할 권한이 없었으며, 문화부장도 군사지휘체계에 속하여 그 통솔을 받았다. 1949년 5월 27일 발표된 내각결정 60호도 '문화부 중대장은 중대장에게 복종해야 한다'고 명시되었고, 문화부의 임무는 '지휘관의 방침을 정치적으로 잘 실행하도록 지원하는 것'으로 제한되었다. 즉, 당시까지 문화부는 형식상 여러 병과 중의 하나로 취급되었고, 아직 군대를 감시 통제하는 군 정치조직의 성격으로까지 나아가지는 못했다고 할 수 있다. 이대근, "조선인민군의 정치적 역할과 한계: 김정일 시대의 당·군 관계를 중심으로", pp. 49.

18 김일성, "인민군대내에 조선로동당 단체를 조직할데 대하여: 조선로동당 중앙위원회 정치위원회에서 한 결론(1950년 10월 21일)", 『김일성저작집 6』(평양: 조선로동당출판사, 1980), p. 147.

19 이대근, "조선인민군의 정치적 역할과 한계: 김정일 시대의 당·군 관계를 중심으로", pp. 50~52.

20 군대 내 연안계는 1955년 4월 그 중심인물이었던 방호산이 '전쟁 막바지에 전투의 실책' 등의 이유로 숙청되어 세력이 약화되었으나 여전히 민족보위부상 김웅, 공군사령관 왕련, 리권무, 장평산, 리익성, 최인 등의 야전 지휘관들이 존재하였다. 이즈음 소련계는 구성원들간의 횡적 연계는 다소 약한 편이었으나 총정치국장 최종학을 필두로 민족보위부상 겸 해군사령관 한일무, 작전국장 유성철, 포병사령관 김봉률, 공병국장 박길연, 병기국장 리활용, 해군참모장 김칠성 등이 포진해 있었다. 서동만, "북한 당군관계의 역사적 형성: 한국전쟁 이후부터 1961년 전후 시기까지를 중심으로", pp. 163~164.

21 김일성은 1950년 2월 8일 조선인민군 창설 10주년을 맞아 제324군부대를 방문한

자리에서, 인민군이 연안파의 ≪독립군≫, 국내파의 ≪독립동맹≫, ≪의용군≫이나, 길주·명천 농민운동을 계승해야 한다고 주장한 총정치국 부국장 김을규를 신랄히 비판하고, 조선인민군은 오직 "조선로동당에 의하여 령도"됨을 강조하였다. 김일성, "조선 인민군은 항일 무장 투쟁의 계승자이다: 조선 인민군 324군부대 관하 장병들 앞에서 한 연설(1958년 2월 8일)", 『김일성선집 5』(평양: 조선로동당출판사, 1960), pp. 308~320.

22 이 회의에서 김일성은 "인민군부대들에서의 당사업이 정치부의 유일적인 지도를 받는 체계로 되어 있어 정치부가 웃기관에만 매여있고 집체적 지도와 통제 밑에 있지 않는 것, 군관 당원들을 당조직생활을 통하여 일상적으로 교양하고 단련시킬 수 있도록 당조직체계가 구축되지 않은 결함이 발생"했다고 언급했다. 그리고 이러한 결함 발생의 제도적 배경을 "(지금까지 인민군대에는 초급당조직만 있었는데) 인민군대내 초급당단체들이 당원들의 당 생활을 장악하고 통제할수 있도록 강화되지 못하였고 또한 정치기관들이 당이 내세운 방향에 근거하여 사업을 독자적으로 조직지도 할만한 수준에 이르지 못한 조건" 때문이었다고 지적했다. 김일성, "인민군대내 당 정치사업을 개선강화하기 위한 과업: 조선로동당 중앙위원회 전원회의에서 한 결론 (1958년 3월 8일)", 『김일성저작집 12』(평양: 조선로동당출판사, 1981), pp. 159~167.

23 서동만, "북한 당군관계의 역사적 형성", p. 169.

24 김일성, "인민군대내 당정치사업을 개선강화하기 위한 과업: 조선로동당 중앙위원회 전원회의에서 한 결론", pp. 167~168.

25 김일성, "인민군대내에서 정치사업을 강화할데 대하여: 조선로동당 인민군위원회 전원회의 확대회의에서 한 연설(1960년 9월 8일)", 『김일성저작집 14』(평양: 조선로동당출판사, 1981), p. 351.

26 이대근, "조선인민군의 정치적 역할과 한계: 김정일 시대의 당·군 관계를 중심으로", pp. 55~57.

27 고유환 외, 『로동신문을 통해 본 북한 변화』(서울: 선인, 2006), p. 97. 당시 김일성도 새로 도입된 북한군의 당위원회 제도는 소련의 유일관리제와는 차별된 제도임을 부각하며 군대의 정치사업에서 '교조주의'를 반대하고 '주체'를 철저히 세울 것을 강조하였다. 즉, 지난 시기에는 "다른 나라의 본을 따서 당정치사업은 정치일군들에게만 맡기고 군사일군은 군사사업만 하도록 하였"으나, 지금은 "군대내에 당 위원회가 조직되어 군사일군들도 당 사업에 참가하고" 있다는 것이다. 김일성, "인민군대내 당정치사업에서 교조주의를 반대하고 주체를 세울데 대하여: 조선인민군 군단이상 군사, 정치 일군들과 한 담화(1959년 5월 16일)", 『김일성저작집 13』(평양: 조선

로동당출판사, 1981), p. 298; 이 같은 김일성의 언급은 1956년 마오쩌둥이 군사 훈련분야에서 소련 교조주의와 형식주의의 학습태도를 비판한 것과 맥을 같이 한다.

28 기세찬, "中國 黨-軍關係에 관한 一考察: 당과 군의 관계의 변화와 현재의 특징", 『국방연구』 제55권 제4호(2012), p. 33.

29 김익도, "중국인민해방군의 정치위원제도와 당·군관계", 부산대학교 『師大論文集』 제29편(1984), p. 118; 당시 중국 지도부 및 중국 군대 안에서 군사력의 현대화 및 군대의 전문성 강화론자들과 정치사상교육 중시론자 사이에 깊은 갈등이 존재하였다. 예를 들어 1956년 9월 열린 중국공산당 제8차 전국대표대회에서 총정치부 부주임 탄청(譚政, T'an Zheng)은 "외국의 경험을 기계적으로 받아들이는 것은 바람직하지 못하다"라고 발언한 바 있으며, 1958년 6월 1일 중국인민해방군의 기관지인 해방군보는 "(일부 장교들이) 현대전의 급박성과 복잡성을 강조하며 당위원회제도가 군사지휘관의 판단을 방해할 요소가 있음을 강조했으며, 심지어는 공공연하게 당위원회 제도의 폐지를 주장했다"고 보도했다. Ellis Joffe, *Party and Army: Professionalism and Political Control in the Chinese Officer Corps, 1949~1964* (East Asian Research Center Harvard University, 1967), pp. 43, 61.

30 기세찬, "中國 黨-軍關係에 관한 一考察: 당과 군의 관계의 변화와 현재의 특징", p. 33.

31 '군중당위제도(軍中黨委制度)'는 항일전쟁기의 1929년 마오쩌둥에 의해 창안·채택되었으며, 1931년 '정치위원제'가 실시됨에 따라 개폐되었지만, 1956년 이후 본격적으로 실시되어 오늘에 이르고 있다. 서동만, "북한 당군관계의 역사적 형성: 한국전쟁 이후부터 1961년 전후 시기까지를 중심으로", p. 175.

32 이건일, "중공에 있어서의 당, 군관계", 『공산권연구논총』 창간호(1968), p. 120.

33 모리 가즈코 著, 이용빈 譯, 『현대 중국정치: 글로벌 강대국의 초상』(파주: 한울, 2013), p. 283.

34 한편, 소련에서도 1957년 10월에 국방상 쥬코프(Zhukov)가 군사부문에 대한 당 활동가들의 간섭에 반대하면서 직업군인제를 확립하고 정치장교의 역할을 최소화하는 작업을 추진하다 해임된 사건이 발생하였다. John Clayton Reppert, *The Political Officer in Communist Military Units* (George Washington University, 1982), p. 81; 이 사건은 중국에서의 펑더화이 숙청과 함께 당시 사회주의 국가에서 군사전문가(expert)들의 독립성 확대 시도에 맞서 당 지도부(red)가 군 통제력 유지를 위해 강력하게 대응한 사례들로 볼 수 있을 것이다. 1960년대 후반 북한에서 발생한 군벌관료주의자들의 숙청도 이러한 맥락에서 바라볼 수 있다.

35 소련의 프룬제(Frunze, Mikhail Vasilyevich)는 정치장교의 역할을 축소하고 군사

지휘관의 위상을 강화한 대표적인 유일지휘관제 주장자라고 할 수 있다. 따라서 소련의 프룬제 군사대학에 유학했던 김창봉은 프룬제의 사상에 많은 영향을 받았을 것으로 추정해 볼 수 있다. 인민군당위원회 제4기 제4차 전원회의에서 김일성은 김창봉에 대해 "인민군당의 조직이 무력하게 되고 당중앙위원회를 이탈하게 하고 당과 정부에서 간섭 못하게" 하였다고 비판하고 있다. 김일성, "인민군당 제4기 제4차 전원회의시의 김일성 결론 연설(1969년 1월 6일~1월 14일)", 『김일성군사논선』(북한연구소, 1979), p. 89.

36 정영태 외, 『북한의 부문별 조직 실태 및 조직문화 변화 종합연구』(서울: 통일연구원, 2011), pp. 206~207.

37 이대근, "조선인민군의 정치적 역할과 한계: 김정일 시대의 당·군 관계를 중심으로", p. 66; 김용현, "1960년대 북한체제의 위기와 군사화의 대두", 경남대학교 북한대학원 編, 『북한현대사 1』(서울: 한울, 2004), p. 449; 정영태 외, 『북한의 부문별 조직 실태 및 조직문화 변화 종합연구』, p. 208.

38 당시 김일성은 "군대안의 정치일군들이 당정치사업에서 형식주의를 없애지 못한데로부터 당사업을 사람과의 사업으로 전환시키지 못하고 있으며 군인대중속에 심화시키지 못하고" 있으며, "정치사업을 정치상학이나 하고 군인들을 사무실에 불러다 담화나 하는것으로 대치"하고 있다고 지적하고 있다. 김일성, "현정세와 인민군대 앞에 나서는 몇가지 정치군사과업에 대하여: 조선인민군 대대장, 정치부대대장, 대대사로청위원장대회에서 한 결론(1969년 10월 27일)", 『김일성저작집 24』(평양: 조선로동당출판사), pp. 259~279.

39 김정일, "부대 정치위원의 임무: 조선인민군 군부대 정치위원과 한 담화(1972년 10월 17일)", 『김정일선집 2』(평양: 조선로동당출판사, 1993), p. 464.

40 김정일, "전군에 당의 유일적지도체제를 철저히 세울데 대하여: 조선인민군 총정치국 책임일군과 한 담화(1974년 1월 12일)", 『김정일선집 6(증보판)』(평양: 조선로동당출판사, 2010), 3쪽; 한편 이 담화에서 김정일은 "관료주의와 개별적간부들에 대한 환상과 아부아첨은 인민군대안에 당의 유일적지도체제를 세우는데서 매우 유해롭고 위험한 장애물로 되고있습니다"라고 언급하고 있다. 이러한 언급은 북한군에 대한 당의 통제 강화는 결국 수령이나 후계자의 군권 확립이 일차적인 목적임을 보여주는 사례라고 할 수 있을 것이다.

41 김정일, "전군을 김일성주의화하자: 조선인민군 총정치국 책임일군들과 한 담화(1975년 1월 1일)", 『김정일선집 5』(평양: 조선로동당출판사, 1995), p. 6~7.

42 『로동신문』(1971. 2. 8.), (1972. 2. 8.), (1975. 2. 8.).

43 조선로동당출판사, 『조선로동당력사』(평양: 조선로동당출판사, 2004), p. 412.

44 김정일, "현시기 인민군대당정치사업에서 나서는 몇가지 문제: 조선인민군 총정치 국 책임일군과 한 담화(1977년 8월 29일)", 『김정일선집 8(증보판) (평양: 조선로 동당출판사, 2011), pp. 129~131.

45 조선로동당출판사, 『조선로동당력사』, p. 414.

46 통일부, 『북한 제7차 당대회 자료집』(2016), pp. 515~519.

47 북한군 내 당조직과 관련하여, 곽인수는 "군사령부로부터 군단, 사단까지의 단위에 는 시, 군급 당위원회와 같은 인사권과 입당권을 가진 당위원회가, 연대와 대대에는 초급당위원회와 같은 기능을 수행하는 당위원회가 조직되어 있으며, 중대에는 당세 포가 조직되어 있다"라고 주장하고 있다. 곽인수, "조선노동당의 당적 지도에 관한 연구", p. 100; 반면, 심영삼은 연대급 이상의 부대에는 당위원회, 대대에는 초급당 위원회가, 중대와 소대에는 당세포 및 당분조가 조직되어 있다고 설명하고 있다. 심영삼, "김정일 정권의 군사기구 및 정책수립·집행과정", 경남대학교 북한대학원 박사학위 논문(2011), p. 88; 이 두 주장의 차이는 시대별 차이도 있을 수 있는 바, 본 연구에서는 탈북자 면접 결과 등을 종합하여 심영삼의 견해를 따르도록 한다.

48 통일부, 『북한 제7차 당대회 자료집』, pp. 520~521.

49 사회과학출판사, 『주체사상총서 9 영도체계』(평양: 사회과학출판사, 1985), pp. 148~153.

50 북한 외교관 출신은 현성일은 김정일 시기에 조선노동당의 정치국이나 중앙위원회 같은 집체적 지도체계가 유명무실화된 특징이 있으나, 이와 대조적으로 하부 단계 에서는 당위원회 집행위원회가 일정한 역할을 수행하였다고 기술하고 있다. 즉, 지 방이나 하급 당위원회들의 집행위원회는 해당 지역이나 기관의 당 책임비서와 비서 들 뿐 아니라 행정 및 경제부문 책임자들과 근로단체 책임자들, 군부 및 보안 책임 자들로 구성되어 있다. 이들은 당 규약에 따라 정기적으로 소집되는 당위원회 집행 위원회에 참석하여 필요한 정책 및 인사문제 등을 협의하고 결정한 역할을 한다. 물론 이들이 회의에서 하는 발언이나 의사표시가 절대로 김정일의 정책과 의도에서 추호도 벗어날 수 없지만 회의를 사회하는 책임비서나 기타 개별적 간부들의 독단 과 주관을 막는 데서는 일정한 역할을 한다고 볼 수 있다. 현성일은 이러한 것들은 결국 지방이나 하부단계에서 개별적 간부들이 권력을 행사하거나 그 어떤 분파적 행동을 하지 못하도록 상호견제와 통제 및 감시체제를 유지하기 위한 김정일의 의 도에서 비롯되었다고 주장한다. 현성일, "북한노동당의 조직구조와 사회통제체계에 관한 연구: 『당의 유일사상체계 확립의 10대 원칙』을 중심으로", 한국외국어대학교 석사학위 논문(1999), p. 60.

51 『조선인민군』(2009. 7.17.), (2009. 8. 2.), (2009. 8.29.).

남과 북: 두 개의 주권국가와
통일지향 특수관계의 길항*

이 제 훈**

I. 들어가며

남북관계는 복잡하고 오묘하다. 국제법적으론 남과 북은 두 개의 주권 국가이다. 대한민국과 조선민주주의인민공화국이라는 서로 다른 국가 이름으로 유엔에 따로 가입했다. 하지만 남과 북은 서로를 '외국'은커녕 온전한 주권국가로도 인정하지 않는다. 두 개가 아니면 하나인가? 그렇지도 않다. 남과 북은 서로에게 '우리나라'도, '남의 나라'도 아니다. '통일을 지향하는 과정에서 형성되는 잠정적 특수관계'라는 모호한 표현으로 상호관계를 규정한다. 요컨대 남과 북은 '하나'가 아니며, '둘'도 아니다. 2인3

* 이 글은 필자의 박사 학위 논문 "노태우 정부의 북방정책과 비대칭적 탈냉전: 남·북·미 3각 관계와 3당 합당의 영향을 중심으로"(북한대학원대학교, 2016년 1월) 의 제3장(북방정책과 비대칭적 탈냉전) 제2절(두 개의 주권국가와 통일지향 특수관계) 내용을 압축·보완한 것이다.
** <한겨레> 편집국장(북한학 박사), rayhope1965@gmail.com

각 또는 샴쌍둥이의 '따로 또 같이'다. 세계적으로 유사 사례를 찾기 어려운 이런 이상야릇한 관계는, 실존사회주의 국가의 체제전환과 '탈냉전'의 거센 바람이 지구촌을 휩쓸던 1990년대 초반 당시 남쪽의 노태우 정부와 북쪽의 김일성 정부의 협의·합의의 결과물이다. 남쪽 처지에서 보자면, 노태우 정부 북방정책의 '성과'다.[1]

국제법적으로는 두 개의 주권국가이되 서로를 '통일을 지향하는 잠정적 특수관계'로 간주하는 이런 상호규정은, '3년 전쟁'을 치른 두 분단국가의 과거와 현재에 뿌리를 박고 있을 뿐만 아니라, 미래를 열어갈 씨앗을 품고 있다는 점에서 중요하다. 무엇보다 1948년 두 개의 분단 정부 수립이래 최초의 남북 당국 간 상호관계 규정일뿐더러, 지금껏 현실에서 규정력을 발휘하고 있다는 점에서 중요하다. 이 모순어법으로 가득한 문제적 상호관계 맺기는 어떻게 이뤄진 것일까? 남과 북은 각각 무슨 생각과 의도로 이런 상호관계 규정에 합의한 것일까? 사반세기가 지나 그 역사를 되짚는 일은, 미궁에 갇힌 남북관계의 출로를 모색하는 실마리다.

II. 유엔 동시 가입과 두 개의 주권국가

유엔 가입 문제는 노태우 정부 북방정책의 핵심 목표의 하나였다. 유엔 가입은 1948년 분단 이래 남과 북 두 '분단 정부'의 오랜 숙원 사업이기도 했다.[2] 노태우 정부 시기 유엔 가입 문제와 관련한 남과 북의 공식 견해는 '남북한 유엔 동시 가입, 동시 가입이 여의치 않으면 한국 단독 가입'(남)과 '통일 뒤 가입, 통일 전에는 남북 단일 의석 가입'(북)으로 팽팽히 맞섰다. '하나가 되려면 먼저 둘이 있다는 것을 인정하자'는 남쪽과

'조선은 하나'라는 북쪽의 대립이다.[3] 결과는 남쪽 방침의 관철이다. 1991년 9월 17일 오후 3시 25분(한국시각 18일 새벽 4시 25분) 제46차 유엔총회는 대한민국과 조선민주주의인민공화국의 유엔 가입을 만장일치로 승인했다.[4] 영문 표기 순에 따라 북한이 160번째 회원국, 남한이 161번째 회원국이 되었다.

남과 북의 유엔 동시 가입은 대외적 측면과 남북관계 측면에서 유엔 가입 이전과 이후로 분명하게 나뉘는 중대한 역사적 의미를 지닌다. 첫째, 한반도에 두 개의 주권국가가 있다는 국제적 공인이다. 이로써 남과 북은 1948년 각각 두 개의 분단 정부를 세운 이래 43년 만에 적어도 국제무대에서는 서로를 국가적 실체로 인정할 수밖에 없게 됐다. 이에 따라 유엔 가입국으로서 유엔헌장을 준수해야 할 의무를 지게 됐다. 둘째, 교차 승인의 환경이 조성됐다는 의미도 크다. 한반도 주변 강국인 미국 중국 소련 일본이 모두 남북의 유엔 동시 가입을 지지함으로써 한-소 및 한-중 수교, 북-미 및 북-일 수교를 추진할 밑돌이 놓인 셈이다. 셋째, 북한이 줄곧 주장해온 '하나의 조선'론과 '즉각적인 2체제 연방제 통일' 방안이 논리적 근거와 현실성을 상당 부분 잃게 되었음을 뜻한다.[5]

문제는 유엔 동시 가입이 근본적인 측면에서 남과 북의 합의에 따라 진행된 것이 아니라는 점이다. 합의보다는 당시 국제 정세의 변화를 등에 업은 노태우 정부의 힘에 의한 관철의 측면이 강했다. 이는 탈냉전 초기 남과 북이 시대의 변화에 맞춰 관계를 재정립하는 과정에서 상호 신뢰보다는 힘의 대결에 더 의존했음을 뜻하는 것이기도 하다. 실제 남과 북은 유엔 동시 가입으로 국제법적으로 두 개의 독립된 주권국가임을 인정받았고, 이런 인정을 서로 묵인했음에도 국제 무대가 아닌 남북 상호 관계에서는 서로의 국가적 실체를 인정하려 하지 않았다.

노태우 정부가 유엔 가입 방침을 본격적으로 실행에 옮긴 건 1991년 들어서다. 1988년 서울올림픽의 성공적 개최와 1990년 한-소 수교로 유엔 가입의 분위기가 무르익었다는 판단에 따른 행동이었다. 노태우 대통령은 1991년 1월 8일 연두기자회견에서 "금년에도 남북한의 유엔 동시 가입을 위한 노력을 계속할 것이나, 끝내 북한이 응하지 않을 경우 우리만이라도 먼저 가입토록 추진할 것"이라고 밝혔다.[6] 아울러 노 대통령은 그해 1월 24일 외무부의 '1991년도 주요 외교 정책 추진 계획' 보고 때 이상옥 장관한테 "1991년 중에는 유엔 가입을 반드시 실현하라"고 지시했다.[7] 북한의 반대로 남북한 동시 가입이 불가능하다면, 한국 단독 가입을 강행하겠다는 뜻이다.

남북 간에 유엔 가입 문제를 둘러싼 사전 협의가 없었던 것은 아니다. 북한은 한-소 수교 직후인 1990년 9월 5일 서울 강남구 인터콘티넨탈호텔에서 열린 제1차 남북고위급회담에서 유엔 가입 문제를 한-미 팀스피리트 훈련 중지 문제, 방북 구속자 석방 문제와 함께 '3개항의 긴급 과제'로 제기했다. 이에 따라 남과 북은 세 차례에 걸쳐 판문점 중립국감독위원회 회의실에서 '유엔 가입 문제와 관련한 남북 실무대표접촉'을 했다.

이는 1차 남북고위급회담 때 북한 쪽이 제기한 '단일의석 하의 유엔동시가입' 방안과 관련한 구체적 설명과 협의에 양쪽이 동의한 데 따른 것이다. 1차 실무접촉은 1990년 9월 18일 남쪽의 임동원 대표와 북쪽의 최우진 대표를 중심으로 이뤄졌다. 이 때 북쪽은 7개항으로 이뤄진 '단일의석 유엔 가입 방안'을 제시했다. 남과 북이 1990년 유엔에 단일 의석 가입을 신청하며, 대표권은 남과 북이 한 달 주기로 엇바꾸어 행사하거나 공동으로 할 수 있으며, 합의된 문제는 공동으로 찬부를 밝히되 합의되지 못한 문제는 기권한다는 등의 내용이다.[8]

북쪽은 이 실무대표접촉에서 유엔 동시 가입은 '분단을 고착화'하고 남북 간에 대결과 불신을 첨예화할 것이라 주장했다. 유엔 가입 문제가

'남북고위급회담의 운명과 직결되는 매우 중요한 일'이라고 압박하기도 했다. 반면 남쪽은 독일과 예멘의 예를 들어 북쪽의 분단 고착화 주장을 논박하고, 남북의 유엔 동시 가입은 "통일이 될 때까지 暫定的 措置를 말하며, 어디까지나 상호 실체를 인정하는 바탕위에서의 統一指向的 特殊關係 維持를 전제로 한 것"이라 설득했다.[9]

남과 북은 이후 1990년 10월 5일과 11월 9일 두 차례 더 실무대표접촉을 했으나 접점을 찾지 못했다. 북쪽은 유엔 동시 가입은 '분단을 고착화하는 분열정책'이라는 견해를 고수했고, 남쪽은 "(북쪽이) 實務代表接觸을 계속함으로써 우리측의 유엔가입을 지연시키겠다는 의도"라고 봤다.[10] 결국 세 차례의 실무대표접촉은 가시적인 성과를 내지 못하고 중단됐다.

사실 북쪽의 '남북한 유엔 동시 가입 = 분단 고착화, 분단 합법화' 논리는 역사에 비춰 자기모순적인 것이었다. 한국전쟁 직후 북쪽이 '남북한 유엔 동시 가입'을 추진한 선례가 있기 때문이다. 북한은 소련이 제출하는 형식을 빌려 1956년(결의안 S/3887)과 1958년에 남북한 유엔 동시 가입을 권고하는 결의안을 제출했으나 유엔 안전보장이사회에서 각각 찬성 1-반대 9(기권1), 찬성 1-반대 8(기권2)로 부결된 바 있다.[11]

이러던 북쪽은 1973년 6월 23일 박정희 대통령이 '평화통일외교정책 선언'(6·23선언)을 통해 "국제연합의 다수 회원국의 뜻이라면 통일에 장애가 되지 않는다는 전제하에 우리는 북한과 함께 유엔에서의 한국 문제 토의에 북한 측이 같이 초청되는 것을 반대하지 않는다"고 밝히자, 그해 8월 28일 남북조절위원회 북측 위원장 김영주 명의의 성명을 통해 6·23 선언을 '두 개의 조선 책동'이라 비난하며 폐기를 요구하고, 일체의 남북대화 중단을 일방적으로 선언했다.[12]

이후 북쪽은 남북한 유엔 동시 가입은 '두 개의 조선'을 용인하는 분단 고착화, 분열 책동이라 비난하며 반대해왔다. 1990년대 초반 유엔 가입 문제를 둘러싼 남과 북의 힘겨루기 국면에서 김일성 북한 주석은 1990년 5월 24일 최고인민회의 제9기 제1차 회의 시정연설을 통해 "북과 남이 제각기 유엔에 들어간다면 국제무대에서 조선의 분렬을 합법화하고 조국 통일에 새로운 장애와 난관을 조성하게 될 것"이라며 "만일 조선의 통일이 실현되기전에 북과 남이 유엔에 들어가는 경우에는 두 개의 의석으로 제각기 들어갈것이 아니라 통일위업에 리롭게 하나의 의석을 가지고 공동으로 들어가야 할 것"이라고 '유엔 단일 의석' 가입론을 새롭게 제기했다.[13]

하지만 정세는 점점 북한 쪽에 불리하게 돌아갔다. 고르바초프 소련 대통령은 1991년 4월 20일 제주도에서 열린 노태우 대통령과 단독 정상회담 자리에서 "한국 가입 문제가 유엔안보이사회에서 제기될 경우 소련이 거부권을 행사하는 일이 없을 것임을 노 대통령에게만 밝"혔다.[14] 이어 그해 5월 15~19일 장쩌민 중국 공산당 총서기가 모스크바를 방문해 고르바초프와 회담 때 남북한의 유엔 가입 문제에 대해서 협의했다고 언론에 보도됐고, 그에 앞서 5월3~6일 리펑 중국 국무원 총리가 방북해 연형묵 북한 총리한테 "올해도 유엔총회 기간 한국이 다시 유엔 가입을 신청하면 중국은 더 이상 반대 태도를 유지하기 어렵다.

그리고 한국이 단독 가입에 성공하면 북한이 이후 가입하려 해도 어려움이 따를 것이다"라고 말했다. 연형묵 총리는 이에 별다른 반응을 보이지 않았으나, 김일성 주석은 5월 4일 리펑 총리와 만나 유엔 가입 문제와 관련해 '북한은 중국과 협조적으로 협력해나갈 것'이라고 했다.[15] 북한의 핵심 동맹국이자 후견국인 소련과 중국이 모두 '한국의 유엔 단독 가입을 막을 수 없으니 남북한 유엔 동시 가입을 수용하라'고 한 셈이다.

소련과 중국의 남북한 유엔 동시 가입 방안 지지는, 북한 쪽을 당혹스럽게 하기에 충분했다. 하지만 소련과 중국 모두 남북한의 유엔 동시 가입을 토대로 한-중 및 한-소 수교와 북-미 및 북-일 수교, 곧 교차승인의 길을 열려 했다는 점에서 북한의 처지를 전면적으로 외면한 행보로 볼 수는 없다.

결국 북한은 1991년 5월 27일 외교부 대변인 성명을 통해 유엔 동시 가입 추진으로 전격적으로 태도를 뒤집는데, 그 와중에도 '하나의 조선'론을 포기하지 않았다. 북한은 외교부 성명에서 "남조선당국자들이 기어이 유엔에 단독으로 가입하겠다고 하는 조건에서 이것을 그대로 방임해둔다면 유엔무대에서 전조선민족의 리익과 관련된 중대한 문제들이 편견적으로 론의될 수 있고 그로부터 엄중한 후과가 초래될 수 있다"며 "조선민주주의인민공화국 정부는 남조선당국자들에 의하여 조성된 이러한 일시적난국을 타개하기 위한 조치로서 현단계에서 유엔에 가입하는 길을 택하지 않을 수 없게 되었다"고 밝혔다.[16]

북쪽은 유엔 가입 직후 발표한 외교부 성명에서도 "유엔가입의 국제적 공간을 리용하여 나라와 민족의 분렬을 영구화, 합법화하려는 시도가 명백해진 조건에서 우리는 이로부터 초래되는 엄중한 후과를 막기 위하여 유엔에 가입하는 결단적인 조치를 취하였다"며 "하나의 민족, 하나의 국가, 두 개 제도, 두 개 정부에 기초한 련방제방식으로 나라의 통일을 실현하는 것이 현 단계에서 누구에게나 접수될수 있는 가장 공명정대하고 합리적인 방안"이라고 주장했다.[17]

요컨대 세 불리 탓에 어쩔 수 없이 유엔 동시 가입을 수용하는 것일 뿐, '하나의 조선'론을 포기할 생각이 결코 없다는 주장이다. 북한의 이러한 정세 인식과 대응 양태는 이후 남북고위급회담, 핵 문제 해법 모색 과정에서 지속적으로 문제적 요인으로 작용한다.

북한은 남북한 유엔 동시 가입 쪽으로 전격적으로 방향을 선회한 뒤로는 미국의 반대로 남한만 유엔에 가입하고 북한의 유엔 가입은 무산되는 상황을 회피하는 한편으로, 유엔 가입을 미국과 관계를 개선하는 징검돌로 삼으려 애썼다. 북한은 외교부 성명 발표 직후인 1991년 6월 17~20일 첸치천 중국 외교부 부장의 방북 때 남북한의 유엔 동시 가입을 하나의 결의안으로 묶어 처리해주기를 바라며, 만일 미국이 남한과 북한의 유엔 가입을 별도의 결의안으로 처리하자고 하면 중국이 이에 강력하게 반대하고, 미국이 북한 가입을 부결시키면 중국도 한국 가입에 반대표를 던져달라고 요청했다. 김일성 주석은 첸치천 중국 외교부장과 묘향산에서 만나 유엔 가입 문제를 하나의 결의안으로 처리하지 않으면 '미국은 반드시 핵사찰 문제를 내세워 부결권을 행사할 것이고, 그렇게 되면 북한의 입장은 매우 어렵게 된다'고 걱정했다.[18]

북한 외교부가 유엔 가입 방침과 관련한 성명을 외부에 공표한 1991년 5월 28일 전인천 주오스트리아 북한대사가 한스 블릭스 국제원자력기구(IAEA) 사무총장을 방문해 북한이 국제원자력기구와 핵안전협정 체결을 위한 교섭을 개시하겠다는 공식 문서를 건넨 건 이런 인식과 판단에 따른 '예방 조처'로 볼 수 있다.[19]

남북한 유엔 동시 가입은 북한의 '분리 표결, 미국의 거부권 행사'에 대한 공포감이 상징하는 바, 남과 북의 신뢰와 협조는커녕 관련 당사국의 긴장 속에 이뤄졌다. 중국 등은 남과 북의 유엔 가입 과정에서 돌발 상황이 발생해 북한의 유엔 가입이 무산되는 상황을 방지하려 부심했다. 중국은 남북한의 유엔 가입을 하나의 결의안으로 묶어 처리하며, 결의안 처리 과정에서 연설이나 입장 설명 발언이 있게 되면 남과 북 어느 일방이 받아들이기 어려운 사안이 제기될 위험이 있으니 연설이나 입장 설명 발언을 생략하는 게 좋겠다는 의견을 한국 쪽에 전해왔다.[20]

남과 북은, 동서독이 1973년 동시 유엔 가입 뒤 바로 옆자리에 앉은 선례와 달리, 나란히 앉기보다는 영어 국명 알파벳순-한국(ROK), 북한

(DPRK)에 따라 멀찍이 떨어지는 쪽을 택했다. 노태우 정부는 유엔 가입 직후 정부 대변인(최창윤 공보처장관) 성명을 통해 "이번에 남북한이 유엔에 가입한 것은 통일될 때까지의 잠정 조치"임을 거듭 강조했으나, 북한은 남북한의 유엔 동시 가입은 '하나의 조선'에 위배되는 분단 고착화와 분열 정책이라는 태도를 고수했다. 요컨대 유엔 동시 가입은 남과 북 사이에 신뢰를 쌓기보다는 오히려 인식의 골을 거듭 확인하는 한편 불신의 싹을 키웠다.

그러나 남과 북의 유엔 가입은 냉전기의 무질서한 체제 경쟁과 갈등을 넘어 국제사회의 책임있는 일원으로서 평화와 공존, 발전을 지향할 수 있는 튼튼한 외교적 기반이자 제도 마련의 계기가 됐다고 할 수 있다. 아울러 남과 북은 유엔 헌장의 당사국이 됨으로써 무력행사 금지를 규정한 유엔헌장 제2조 4항에 따라, 상호 군사적 충돌을 억제할 국제법적 의무를 지게 됐다.[21] 유엔이라는 국제무대에서의 상호 국가성 인정은 이후 남과 북이 남북기본합의서 체결로 나아가는 밑돌이 됐다고 할 수 있다.

반면 남북의 상호 신뢰와 공존 의지가 아닌 힘의 우열을 동력으로 한 유엔 동시 가입 과정은 이후 탈냉전 초기 새로운 남북관계 정립의 앞길이 순탄치 않을 것임을 예고한 것으로 볼 수 있다. 아울러 남과 북의 유엔 동시 가입을 적극 지지한 소련과 중국의 애초 구상과 달리 온전한 교차승인(한-중 및 한-소 수교, 북-미 및 북-일 수교)이 무산됨으로써 남북한의 유엔 동시 가입에 담겨 있는 남과 북의 화해협력과 평화공존의 잠재력이 충분히 발현되기보다 오히려 새로운 위기의 불씨를 키우게 됐다.

이점에서 남과 북의 유엔 동시 가입은 노태우 정부 대변인(최창윤 공보처장관) 성명의 "온 국민의 성원 속에 추진해온 북방 외교의 가장 큰 성과"라는 자찬 일색의 평가와 달리, 새로운 위기로 번질 불씨를 품고 있었다는 점에 주목할 필요가 있다. 요컨대 남북관계의 국제무대에서의 제도화라는, 남북관계 개선과 한 단계 도약의 돌파구는 '승리의 환호'(남)와 '공포와 적의'(북)가 뒤엉킨 가운데 불안한 앞날을 예고하고 있었다.

<표 1> 남북한의 유엔 가입 경과

시기	주체 및 내용	결과
1949년 1월 19일	한국 고창일 외무장관 서리(한국의 유엔 단독 가입 신청)	소련 거부권 행사(안보리에서 찬 9, 반 2)
1949년 2월 10일	북한 박헌영 외무상(북한의 유엔 단독 가입 신청)	부결(안보리에서 찬 2, 반 8)
1956년 9월 9일	미국 등 13개국 공동 제안(한국 가입 안보리 재심 요청)	소련 거부권 행사
1956년	소련(남북한 동시 가입 권고 결의안, S/3887)	부결(안보리에서 찬 1, 반 9, 기권 1)
1958년	소련(남북한 동시 가입 권고 결의안)	부결(안보리에서 찬성 1, 반대 8, 기권 2)
1973년 6월 23일	박정희 대통령(북한의 유엔 가입 반대 않는다 천명, 6·23선언)	
1973년 8월 28일	남북조절위원회 북측 위원장 김영주(6·23선언은 '두개의 조선 책동'이라며 유엔 동시 가입 반대, 단일 국호에 의한 유엔 가입 주장)	
1975년 8월 6일, 9월 21일	한국 유엔 가입 재심 요청	부결(안보리에서 8월 6일은 찬성 7, 반대 6, 기권 2로, 9월 21일은 찬성 7, 반대 7, 기권 1로)
1991년 5월 27일	북한 외교부(유엔 (동시) 가입 신청 방침 천명)	
1991년 7월 8일	북한(유엔 가입 신청서 제출)	
1991년 8월 5일	한국(유엔 가입 신청서 제출)	
1991년 8월 8일	남북한 동시 가입 (단일) 결의안	안보리서 만장일치 채택
1991년 9월 17일	남북한 유엔 동시 가입 (단일) 결의안	46차 총회서 만장일치 승인 (북한 160번째 회원국, 한국 161번째 회원국)

* 자료 : 외교통상부, 『한국외교 60년 1948~2008』 등 종합

III. 남북기본합의서 전문 협의와 통일지향 특수관계

남과 북은 유엔 동시 가입 직후인 1991년 12월 13일 전문과 25개 조항으로 이뤄진 '남과 북의 화해와 불가침 및 교류·협력에 관한 합의서'(남북기본합의서)에 합의했다. 남북기본합의서 내용은 모두 중요하다. 다만 가운데서도 원칙적으로나 현실적으로 가장 중요한 조항은 전문의 남북관계 규정이다. 3년간 전쟁을 치른 뒤 적대해온 남과 북이 탈냉전 초기 최초의 총리급 당국 간 공식 대화에서 상호관계를 어떻게 정립하느냐는 그 자체로 중요하다.

이보다 더 중요한 점은, 남북기본합의서가 후속 실천이 제대로 이뤄지지 않아 사실상 '죽은 합의서' 취급을 받고 있긴 하지만, 전문의 남북관계 규정만큼은 매우 강력하고도 현실적인 규정력을 발휘하고 있기 때문이다.[22] 따라서 남북고위급회담 시기 남과 북이 무슨 의도로, 어떤 과정을 거쳐 기본합의서 전문의 남북관계 규정에 합의할 수 있었는지를 꼼꼼하게 재검토해볼 필요가 있다.

남과 북은 남북기본합의서 전문에서 남북관계를 이렇게 규정하고 있다.[23]

> 남과 북은 분단된 조국의 평화적 통일을 염원하는 온 겨레의 뜻에 따라, 7·4남북공동성명에서 천명된 조국통일 3대원칙을 재확인하고, 정치 군사적 대결상태를 해소하여 민족적 화해를 이룩하고, 무력에 의한 침략과 충돌을 막고 긴장 완화와 평화를 보장하며, 다각적인 교류협력을 실현하여 민족공동의 이익과 번영을 도모하며, 쌍방 사이의 관계가 나라와 나라 사이의 관계가 아닌 통일을 지향하는 과정에서 잠정적으로 형성되는 특수관계라는 것을 인정하고, 평화 통일을 성취하기 위한 공동의 노력을 경주할 것을 다짐하면서, 다음과 같이 합의하였다.

여기서 핵심은 "쌍방 사이의 관계가 나라와 나라 사이의 관계가 아닌 통일을 지향하는 과정에서 잠정적으로 형성되는 특수관계"라는 어구이다. 흔히 '통일지향 특수관계'라고 불린다. 그런데 고위급회담 협의 경과를 되짚어보면, 남과 북은 애초 이런 남북관계 규정을 고위급회담 합의서에 명기할 생각이 없었거나, 있었더라도 그리 적극적이지는 않았던 것으로 보인다. 1차 고위급회담에서 남쪽이 내놓은 '남북관계 개선을 위한 기본합의서(안)'나 2차 고위급회담에서 북쪽이 내놓은 '북남불가침에 관한 선언(초안)'에는 남북관계를 새롭게 규정하는 내용이 담겨 있지 않다.[24]

> 南과 北은
> 분단된 조국의 統一과 민족의 和解를 염원하는 온 겨레의 뜻에 따라 신뢰구축과 긴장완화를 통해 南北關係를 改善하고 평화통일을 성취하기 위한 공동의 노력을 경주할 것을 다짐하면서 다음과 같은 기본 사항에 합의하였다.
> (남, '남북관계개선을 위한 기본합의서(안)' 전문 부분)

> 북과 남은 조선반도에 조성된 긴장상태를 가시고 전쟁을 방지하며 나라의 평화와 통일을 이룩하려는 일치한 념원으로부터 출발하여 7·4공동성명에 밝혀진 자주, 평화통일, 민족대단결의 조국통일 3대원칙을 재확인하고 철저히 준수하며 상대방에 존재하는 사상과 제도를 인정하고 존중하며 상대방의 내부문제에 간섭하지 않을데 대하여 확약하면서 다음과 같이 엄숙히 선언한다.
> (북, '북남불가침에 관한 선언(초안)' 전문 부분)

이렇듯 남과 북이 1차와 2차 회담에서 제시한 합의서 초안의 전문엔 회담에 임하는 양쪽의 주된 관심사가 뭔지를 유추할 수는 있지만, 남북관계의 재정립에 필요한 새로운 규정과 관련한 어구는 발견할 수 없다. 다만 남쪽은 2차 회담에서 북쪽이 1차 회담 때 제시한 "세가지 원칙적 문제"(7·4공동성명의 자주·평화·민족대단결 원칙 재확인·준수, 민족공동의 이익 우선, 회담 진전에 저촉되는 일 하지 않음)를 반영한 합의서 전문 규정을 새로 제시했다.[25]

> 南과 北은
> 분단된 조국의 평화적 통일을 念願하는 온 겨레의 뜻에 따라 7·4 南北共同聲明의 정신에 입각하여 民族共同의 利益을 추구하고 民族和解를 이룩하는 방향으로 대화를 성실히 推進하며 남북간에 긴장상태의 완화와 상호신뢰의 구축을 통해 남북관계를 개선하고 平和統一을 성취하기 위한 공동의 노력을 경주할 것을 다짐하면서 다음과 같은 基本事項에 合意하였다.

남과 북은 2차 회담 직후 북쪽의 제안으로 세 차례(1990년 9월 18일, 10월 15일, 11월 9일)에 걸쳐 판문점 중립국감독위원회 회의실에서 '유엔 가입 문제와 관련한 실무대표접촉'을 진행했는데, 이때 기본합의서 전문의 '통일지향 특수관계'와 관련한 첫 논의가 이뤄졌다. 이 실무대표접촉에서 북쪽은 '하나의 조선론'에 입각해 단일의석에 의한 유엔 가입이라는 기존 태도를 반복했고, 남쪽은 "남과 북이 함께 유엔에 가입하자는 것은 통일이 될 때까지의 暫定的 措置를 말하며, 어디까지나 상호 실체를 인정하는 바탕위에서의 統一指向的 特殊關係 維持를 전제로 한 것"이라고 맞섰다.[26]

기본합의서 전문의 '잠정적' '통일지향' '특수관계'라는 중요 단어가 이미 남쪽 대표단의 발언에 담겨 있다. 이 실무대표접촉의 남쪽 대표였던 임동원은 자신의 회고록에서 "남북관계의 성격을 '통일 지향적 특수관계'로 유지해야 한다는 개념은 내가 여기서 처음으로 주장한 것"이라고 밝혔다.[27] 기본합의서 전문의 '특수관계론'이 남북의 유엔 동시 가입에 따른 후속 조처의 성격을 띠고 있음을 유추할 수 있다. 하지만 이 실무대표접촉 뒤 진행된 3차 회담에서 남쪽은 기존에 제시한 합의서 초안의 전문을 다듬어 내놨을 뿐, 남북관계의 직접적 재규정에 적극적 관심을 보이지 않았다.

그러다 장기 공전 중이던 고위급회담의 4차 회담 준비를 위해 세 차례 (1991년 8월 5일, 8월 10일, 8월 16일)에 걸쳐 판문점 평화의 집과 통일각을 오가며 진행한 남과 북의 실무대표접촉에서 기본합의서 전문과 관련해 의미 있는 변화가 나타났다. 이 실무대표접촉은 남과 북의 유엔 동시 가입이 사실상 확정됐고, 실제 유엔 가입(1991년 9월 17일)이 임박한 시점에 이뤄졌다. 북쪽은 1차 실무대표접촉 때 제시한 '북남불가침에 관한 선언(초안)'에서 기존의 전문 내용을 사실상 유지했다. 반면 남쪽은 2차 실무대표접촉 때 내놓은 '남북관계 개선을 위한 기본합의서(수정안)'의 전문에 이전에는 없던 "雙方間의 關係가 통일을 지향하는 과정에서 잠정적으로 형성되는 特殊關係라는 점을 인정하고"라는 구절을 추가했다.[28] 한해 전쯤 '유엔 가입 문제와 관련한 실무대표접촉'에서 남쪽 대표단이 한 발언 내용이 드디어 남쪽 합의서 초안의 전문에 반영된 셈이다. 기본합의서 전문의 '특수관계' 규정과 관련한 첫 중요 변곡점이라 할 수 있다.

실제 남쪽은 남북한의 유엔 동시 가입 직후 열린 4차 회담에서 이 구절이 반영된 기본합의서 초안 전문을 제시했다. 북쪽도 4차 회담에서 양쪽의 합의서 초안을 북쪽 방식으로 통합해 내놓은 '북남 불가침과 화해 및 협력, 교류에 관한 선언(초안)'의 전문에서 남북관계 규정과 관련한 북쪽 견해를 처음으로 명시했다.[29] "쌍방 사이의 관계가 나라와 나라사이의 관계가 아니라는 것을 인정하고"라고 못박은 것이다. 남쪽이 기존에 제시한 '특수관계'는 언급하지 않았다.

大韓民國과 조선민주주의인민공화국은

분단된 조국의 平和的 統一을 念願하는 온 겨레의 뜻에 따라 7·4 南北共同聲明의 自主, 平和, 民族大團結의 統一 3원칙을 재확인하고

民族共同의 利益을 추구하고 民族和解를 이룩하는 방향으로 대화를 성실히 추진하며

긴장상태의 완화와 교류협력을 통한 상호신뢰의 구축을 바탕으로 相互關係를 開善하고 平和를 制度化하며

雙方間의 關係가 통일을 指向하는 과정에서 暫定的으로 형성되는 特殊關係라는 점을 인정하고

평화통일을 성취하기 위한 共同의 努力을 경주할 것을 다짐하면서 다음과 같은 基本事項에 合意하였다."(남, '대한민국과 조선민주주의인민공화국의 화해불가침과 교류협력에 관한 합의서(안)' 전문 부분, 밑줄은 인용자)

북과 남은 분렬된 조국의 평화적통일을 넘원하는 온 겨레의 뜻에 따라 7·4공동성명에서 천명된 조국통일 3대원칙을 재확인한데 기초하여 무력에 의한 침해와 충돌을 막고 완화와 평화를 보장하며 정치, 경제, 문화 등 각 분야에서 대결과 경쟁을 중지하고 민족적 화해와 단합, 공동의 발전을 도모하며 쌍방 사이의 관계가 나라와 나라사이의 관계가 아니라는 것을 인정하고 평화통일을 앞당겨 성취하기 위한 공동의 노력을 경주할 것을 다짐하면서 다음과 같이 선언한다.(북, '북남 불가침과 화해 및 협력, 교류에 관한 선언(초안)' 전문 부분, 밑줄은 인용자)

한편 남쪽은 4차 회담에서 제시한 기본합의서 초안의 전문에서 기존의 '남과 북'이라는 문구를 "大韓民國과 조선민주주의인민공화국"이라고 정식 국호를 명기하는 쪽으로 바꿨다. 남쪽이 남북관계를 '특수관계'라 규정하면서도 양쪽의 정치적 실체를 인정하자는 데 강조점을 뒀다면, 북쪽은 '조선은 하나다'라는 기존의 자기 주장을 기본합의서 전문에 명시하

는 쪽으로 태도를 정한 셈이다. 남쪽의 '특수관계' 규정과 북쪽의 '나라와 나라 사이가 아니'라는 규정 사이에 접점을 찾을 여지가 있는 반면에 남쪽이 새로 추가한 '대한민국과 조선민주주의인민공화국'이라는 구절과 북쪽의 '나라와 나라 사이가 아니'라는 규정은 상충한다. 다만, 남과 북 양쪽은 '평화(적) 통일'이 기본합의서의 궁극적 지향점이라는 데에는 일찌감치 공감했다고 할 수 있다.

남과 북은 5차 회담 준비를 위해 네 차례(1991년 11월 11일, 11월 15일, 11월 20일, 11월 26일)에 걸쳐 판문점 평화의 집과 통일각을 오가며 진행한 대표접촉에서 남북기본합의서 전문 내용에 사실상 합의한다.[30] 이 대표접촉 1차 접촉(11월 11일)에서 남쪽은 4차 회담 때 제시한 기본합의서 전문 내용을 다시 수정한 안을 제시한다.[31]

> 남과 북은 분단된 조국의 平和的 統一을 念願하는 온 겨레의 뜻에 따라 7·4 南北共同聲明의 자주, 평화, 민족대단결의 統一 3原則을 재확인하고 민족화해의 도모와 긴장상태의 완화 및 교류협력 추진을 통한 信賴構築을 바탕으로 相互關係를 개선하고 平和를 정착시키며 쌍방이 각기 국제연합 회원국으로 國際聯合憲章에 규정된 모든 의무를 수락한 사실에 유의하며 쌍방간의 관계가 統一을 지향하는 과정에서 暫定的으로 형성되는 特殊關係라는 점을 인정하고 平和統一을 성취하기 위한 共同의 努力을 경주할 것을 다짐하면서 다음과 같이 合意하였다.('남북 사이의 화해와 불가침 및 교류협력에 관한 합의서(안)' 전문, 밑줄은 인용자)

남쪽은 새로 제시한 기본합의서 초안 전문에서 '대한민국과 조선민주주의인민공화국'이라는 표현을 애초의 '남과 북'으로 되돌렸다. 대신 '쌍방간의 관계가 통일을 지향하는 과정에서 잠정적으로 형성되는 특수관계'

라는 구절 앞에 "쌍방이 각기 국제연합 회원국으로 國際聯合憲章에 규정된 모든 의무를 수락한 사실에 유의하며"라는 문구를 새로 집어넣었다. 이와 연동해 기본합의서 초안 본문에 "남과 북은 남북관계의 현실을 인정하는 토대위에서 相互 尊重한다"(제1조)와 "合意書 발효후 6개월 이내에 서울과 평양에 常駐連絡代表部를 설치한다"(제9조)는 내용을 새로 넣었다.

반면 북쪽은 이 대표접촉 1, 2차 접촉 과정에서 4차 회담 때 제시한 기본합의서 전문 내용을 고수하며 남쪽이 전문에 새로 추가한 문구를 강하게 문제를 삼았다. 북쪽 대표단은 1991년 11월 15일 판문점 평화의 집에서 진행된 2차 접촉에서 "'쌍방이 각기 국제연합 회원국으로 국제연합헌장에 규정된 모든 의무를 수락한 사실에 유의하며'라고 하는 것이 있는데 우리는 이의 명기가 불필요하다고 생각한다. 이게 남북한관계문제인데 국제관계문제는 언급하지 말자 그런 의견이다. 오히려 귀측에서 만들어놓은대로 본다면 우리가 만든 기본합의서가 국제기구 또 큰 나라들의 규제를 받는 것처럼 잘못된 인식을 줄 수도 있다"고 지적했다.[32] 북쪽 대표단은 아울러 "귀측의 안에서 잠정적 특수관계라는 것은 의미가 해박하지 못하다. 우리 안대로 명백히 나라와 나라 사이의 관계가 아니라는 것으로서 이렇게 밝히는 것이 좋겠다"고 제안했다.[33]

이와 관련해 남쪽 대표단은 "국제연합에 들어갈 때 남과 북이 각기 냈던 그 각서의 내용에 담겨진 것을 이 서문에 담으면 남북한관계에 있어 앞으로 평화를 정착시키고 긴장을 완화하고 신뢰를 구축하는 데 도움이 되면 됐지 뭐가 해로운가? 우리는 이 조항이 반드시 필요하다고 생각한다. 이것은 우리가 무슨 국제관계에다가 우리의 운명을 맡기는 것이 아니며, 국제연합헌장의 정신은 국제연합 회원국의 주권을 존중하는 데 있다. … 이것을 이용하면 분쟁해결에 관해서 아주 유권적이고 권위 있고 권능 있는 방법을 우리가 택할 수 있는 합의서가 나올 수 있는데 왜 이것을 안하려고 하는가?"라고 맞받았다.[34] 아울러 남쪽 대표단은 "과거 남북한 간의 관계라는 것은 국가와 국가간의 관계가 아니고 민족내부의 문제이다. 혹은 특수한 관계다. 이렇게 줄곧 이야기해 왔고, 귀측도 그렇게 이야기해 왔기 때문에 군이 특수관계라는 것을 인정한다는 것에 반대할 이유가 없다"고 덧붙였다.[35]

하지만 남과 북은 차이점을 부각하기보다는 접점을 찾는 쪽으로 움직였다.[36] 남쪽은 11월 20일 판문점 통일각에서 진행된 3차 접촉에서 북쪽의 태도를 고려해 '쌍방이 각기 국제연합 회원국으로 국제연합헌장에 규정된 모든 의무를 수락한 사실에 유의하며' 부분을 삭제하고, '통일을 지향하는 과정에서 잠정적으로 형성되는 특수관계'라는 남북관계 성격 규정 앞에 북쪽의 '나라와 나라사이의 관계가 아니며'를 추가한 절충안을 내냈다.[37] 아울러 기본합의서 초안 제1조의 '남북관계의 현실을 인정하는 토대위에서'라는 문구를 삭제하고 "남과 북은 서로 상대방의 體制를 존중한다"로 수정했다.[38]

남쪽은 11월 26일 판문점 평화의 집에서 진행된 4차 접촉에서 북쪽이 동서독식 대표부를 연상시킨다며 거부감을 내보인 '상주연락대표부'의 명칭을 '상설연락사무처'로 수정한 안을 내냈다.[39] 이에 대해 북쪽은 4차 접촉에서 상설연락사무처의 서울-평양 설치에 반대하며 대신 남과 북이 각기 판문점 자기쪽 지역에 '연락사무소'를 둘 수 있다는 의견을 밝혔다.[40] 북쪽은 4차 접촉에서 새로 제시한 기본합의서 초안의 전문에 남쪽의 주장인 '통일을 지향하는 과정에서 잠정적으로 형성되는 특수관계'라는 문구를 추가했다.

이렇듯 4차 접촉에서 남과 북이 제시한 기본합의서 초안의 전문 내용을 보면, 남북이 이미 이때 남북관계의 새로운 성격 규정에 사실상 합의했음을 알 수 있다. 남과 북이 각기 제시한 기본합의서 초안의 전문 부분

은 이렇다.[41]

南과 北은 분단된 조국의 平和的 統一을 念願하는 온 겨레의 뜻에 따라 7·4 南北共同聲明에서 천명된 祖國統 原則들을 재확인하고 정치군사적 대결상태를 해소하여 民族和解를 이룩하며 무력에 의한 침략과 충돌을 막고 緊張緩和와 平和를 보장하고 다각적인 교류협력을 실현하여 민족공동체의 利益과 繁榮을 도모하며 <u>쌍방간의 관계가 나라와 나라사이의 관계가 아니라 統一을 지향하는 과정에서 暫定的으로 형성되는 特殊關係라는 점</u>을 인정하고 平和統一을 성취하기 위한 공동의 노력을 경주할 것을 다짐하면서 다음과 같이 合意하였다.('남북사이의 화해와 불가침 및 교류협력에 관한 합의서(안)' 전문, 밑줄은 인용자)

북과 남은 분렬된 조국의 평화적통일을 념원하는 온 겨레의 뜻에 따라 7·4공동성명에서 천명된 조국통일 3대원칙을 재확인한데 기초하여 정치군사적 대결상태를 해소하여 민족적화애와 단합을 이룩하고 무력에 침해와 충돌을 막고 긴장완화와 평화를 보장하며 다방면적인 협력교류를 실현하여 민족공동의 리익과 번영을 도모하며 <u>쌍방 사이의 관계가 나라와 나라사이의 관계가 아닌 통일을 지향하는 과정에서 잠정적으로 형성되는 특수관계라는 것</u>을 인정하고 평화통일을 성취하기 위한 공동의 노력을 경주할 것을 다짐하면서 다음과 같이 합의하였다.('북남사이의 화해와 불가침 및 협력교류에 관한 합의서(초안)' 전문 부분, 밑줄은 인용자)

〈표 2〉 남북기본합의서 전문 협의 경과

회담	남	북	비고
1~3차 고위급회담	(남북관계 성격 규정 없음)	(남북관계 성격 규정 없음)	
4차 회담 준비	"雙方間의 關係가 통일	(남북관계 성격 규	

회담	남	북	비고
대표접촉 (1991년 8월 5일, 8월 10일, 8월 16일)	을 指向하는 과정에서 暫定的으로 형성되는 特殊關係라는 점을 인정하고"	정 없음)	
4차 고위급회담 (1991년 10월 22~25일)	"大韓民國과 조선민주주의인민공화국은 … 雙方間의 關係가 통일을 指向하는 과정에서 暫定的으로 형성되는 特殊關係라는 점을 인정하고"	"쌍방 사이의 관계가 나라와 나라사이의 관계가 아니라는 것을 인정하고"	* 남과 북, 유엔 동시 가입(1991년 9월 17일)
5차 회담 준비 1차 대표접촉 (1991년 11월 11일)	"남과 북은 … 쌍방이 각기 국제연합 회원국으로 國際聯合憲章에 규정된 모든 의무를 수락한 사실에 유의하며 쌍방간의 관계가 統一을 지향하는 과정에서 暫定的으로 형성되는 特殊關係라는 점을 인정하고"	"북과 남은 … 쌍방 사이의 관계가 나라와 나라사이의 관계가 아니라는 것을 인정하고"	
5차 회담 준비 3차 대표접촉 (1991년 11월 20일)	"남과 북은 … 쌍방간의 관계가 나라와 나라 사이의 관계가 아니라 統一을 지향하는 과정에서 暫定的으로 형성되는 特殊關係라는 점을 인정하고"		
5차 회담 준비 4차 대표 접촉 (1991년 11월 26일)		"북과 남은 … 쌍방 사이의 관계가 나라와 나라사이의 관계가 아닌 통일을 지향하는 과정에서 잠정적으로 형성되는 특수관계라는 것을 인정하고"	

* 자료＝통일부, 『남북대화』 제51~54권

남과 북이 기본합의서 전문의 새로운 남북관계 성격 규정에 합의한 것과 관련해선 크게 두 측면에서 되짚어볼 대목이 있다. 첫째, 3년간의 전쟁을 치르고 서로를 주적으로 간주하며 상대방의 정치적 실체를 인정하지 않아온 남과 북이 가장 민감한 쟁점에서 상대적으로 조기 합의에 이른 이유다. 남북은 5차 회담 이전에 전문을 포함해 대부분의 내용에 합의했지만 여전히 '미합의 8대 쟁점'이 남아 있었다.

둘째, 같은 분단국인 동서독 기본조약과 중국-대만의 사례에선 스스로를 약체로 인식한 동독과 대만이 '두개의 국가'를 주장하며 정치적 실체를 인정받으려 한 반면에 남과 북의 협의 과정에선 당시 힘의 열세 속에 남한에 의한 흡수통일의 우려가 컸던 북한 쪽이 오히려 '나라와 나라사이의 관계가 아니다'라는 주장을 끝내 고수한 이유와 배경이다. 두 쟁점의 규명과 관련해 현실적 측면에서 첫 쟁점은 남쪽의 판단과 전략이, 둘째 쟁점은 북쪽의 판단이 상대적으로 중요하다고 할 수 있다.

우선 두 쟁점의 규명에 앞서 남과 북의 기본합의서 전문 규정 합의에, 남과 북이 적어도 국제무대에선 두 개의 주권국가임을 천명하고 공인받은 1991년 9월 17일 유엔 동시 가입 사실이 가장 중요한 배경으로 작용하고 있었음을 전제할 필요가 있다.[42] 남북한 유엔 동시 가입은, 남과 북이 고위급회담 과정에서 새로운 남북관계의 성격 규정에 나서도록 강제하는 한편으로 북쪽의 '하나의 조선'론과 남쪽의 '두개의 실체'론을 절충할 수 있도록 촉매 구실을 한 것으로 평가할 수 있다.

남쪽은 기본합의서 전문 협상 과정에서 한때 '남과 북'을 '대한민국과 조선민주주의인민공화국'(4차 회담)이라 규정하고, "쌍방이 각기 국제연합 회원국으로 國際聯合憲章에 규정된 모든 의무를 수락한 사실에 유의하며"(5차 회담 준비를 위한 대표접촉)라는 문구를 삽입하기도 했으나, 북쪽의 문제제기를 받고는 이내 거둬들였다. 일단 주장의 강도에 비춰 북쪽한테서 합의를 이끌어내려는 협상 카드의 성격이 있었던 것으로 추정할수 있다.

하지만 이보다 더 현실적이고 근본적인 이유가 배경 요인으로 작용한 것으로 볼 여지가 있다. 노태우 대통령은 자신의 회고록에서 남북기본합의서 전문의 남북관계 성격 규정과 관련해 "북한을 권력 실체로는 인정하지만 국가로는 인정하지 않는다는 뜻이 있었다"며 "우리 헌법은 북한을 반(反)국가단체로 규정하고 있으며 '1민족 1국가'의 오랜 전통에 비추어서도 한반도에 두 개의 주권(主權)국가는 허용되지 않는다'라고 강조한 바 있다.[43] 노태우 대통령의 핵심 참모인 김종휘는 남북한의 유엔 동시 가입 등과 관련해 북방정책이 "'두개의 한국'을 최종 정책 목표로 정했다는 뜻이 아닙니다"라고 거듭 강조했다.[44] 박철언도 "북방정책은 절대 '두개의 한국'을 정책수단 또는 목표로 설정하지 않았습니다"라고 거듭 밝혔다.[45]

노 대통령의 발언이 직접적으로 시사하는 바, 북방정책 추진 핵심 주체들의 이런 발언은 국내적으로 '자유민주적 질서에 따르는 평화적 통일'을 규정한 1987년 개정 헌법, 무엇보다도 사실상 북한을 '반국가단체'로 규정하고 있는 국가보안법의 존재를 염두에 둔 것으로 볼 수 있다.[46]

따라서 남쪽으로선 남북한이 유엔에 동시 가입한 마당에 북쪽이 남쪽의 '통일지향의 잠정적 특수관계'론을 받아들인다면, 북쪽의 '나라와 나라사이의 관계가 아니다'라는 주장을 수용하지 못할 이유가 없다고 판단했을 수 있다. 북쪽으로서도 원하던 바는 아니지만 이미 남북한이 유엔에 가입한 상황에서 '하나의 조선'론의 다른 표현으로 여길 수 있는 '나라와 나라사이의 관계가 아니다'라는 표현이 포함된다면 남쪽이 먼저 제기한 '통일 지향 잠정적 특수관계'를 끝내 거부할 이유는 없었다고 볼 수 있다. 일종의 동상이몽(同床異夢)인 셈인데, '통일지향의 잠정적 특수관계'라는 남북관계의 새로운 성격 규정 합의의 이면에 남과 북 모두 국내 정치적 고려가 중요하게 작용했으리라는 추정이 가능하다.

이런 추론의 근거는, 남북기본합의서 채택 이후에도 남쪽이 국가보안법 등 냉전적 법률의 개폐에 나서지 않은 사실, 북쪽이 노동당 규약 서문의 "조선로동당의 당면목적은 공화국북반부에서 사회주의의 완전한 승리를 이룩하며 전국적 범위에서 민족해방과 인민민주주의의 혁명과업을 완수하는데 있으며 최종목적은 온 사회의 주체사상화와 공산주의사회를 건설하는데 있다"라는 전문 규정을 그대로 유지한 사실 등에서 찾을 수 있다.[47]

요컨대 남과 북 모두 유엔 가입과 남북기본합의서 채택에도 국가보안법과 노동당규약 서문의 존재가 상징하는 바, '냉전적 상호 인식'이라는 시대적 한계를 벗어나지 못한 셈이다. 물론 남쪽 내부 논의 과정에서 북쪽이 제시한 '나라와 나라사이의 관계가 아니다'라는 표현이 '하나의 조선'의 다른 표현이라며 수용해선 안 된다는 의견이 없지는 않았다. 하지만 국제사회에서 남북교역을 민족내부거래로 인정받으려면 그런 표현이 필요하다며 그 문제로 갈등하기보다는 남북기본합의서 조기 타결이 더 중요하다는 현실론이 다수였다.[48]

둘째 쟁점과 관련해 '하나의 조선'론은 당시 북쪽이 처한 딜레마적 상황을 드러낸다. 당시 북쪽은 냉전기 양대 동맹국인 중국과 소련이 남한과 급격히 가까워지는 등 불리하게만 돌아가는 정세에 대응해 남쪽에 의한 흡수통일의 위험을 제거해야 할 필요가 절실했는데, 그러자면 상호 실체 인정, 즉 '두개의 조선' 인정은 불가피했다. 하지만 이는 스스로를 조국통일의 구심으로 주장해온 공식 이데올로기의 기반을 근본적으로 훼손하는 일이기도 했다.

이 딜레마적 상황에서 북쪽은 흡수통일의 위험을 제거하고 난국을 헤쳐나가면서도 어떻게든 '하나의 조선' 논리를 포기하지 않을 길을 찾으려한 것을 볼 수 있다.[49] 김일성 주석은 통일 문제에 대해 "누가 누구를 먹거나 누구에게 먹히우는 문제가 아니"(1988년 신년사)라며 "런방공화국의 지역자치정부에 더 많은 권한을 부여하"(1991년 신년사)는 식으로 기존의 연방제 통일방안을 '느슨한 연방제' 쪽으로 조정하기도 했지만, '하나의 조선'론 자체는 포기하지 않았다. 북쪽의 이런 태도는 서독에 비해 열세에 있던 독일이 1958년부터 '2국가이론(Zweistaatentheorie)'을, 1971년부터는 아예 '2개 민족론(Zwei-Nationen Theorie)'을 내세우며 서독과 명백히 분리된 별개의 주권국가의 입지를 확보하려 한 선례와 대비된다.[50]

북한의 태도는 1991년 대만이 '국가통일강령'을 발표해 "중국은 하나이고 중화민국만이 유일한 정치 실체"라던 기존 논리를 버리고 "중국 내부에는 중공과 중화민국 두 개의 정치 실체가 존재한다"며 '두 개의 중국'론을 새롭게 정립한 것과도 대비된다.[51] 중국과 대만 당국은 1992년 11월 반관반민 협상기구인 중국 해협양안관계협회(해협회)와 대만 해협교류기금회(해기회)를 형식상 앞세운 회담에서 '양안은 하나의 중국(一個中國)이라는 원칙에 상호 동의하되 중화인민공화국(중국)과 중화민국(대만)이 각자의 해석에 따라 명칭을 사용(一中各表)한다'는 이른바 '92공식'(九二公式)에 합의했다. 이후 '92공식'의 해석 과정에서 중국은 '하나의 중국'에, 대만은 '각자 해석'에 방점을 찍고 있다. 대만은 1990년 5월 20일 리덩후이가 제8대 총통으로 취임한 이후 1991~2000년에 걸쳐 6차례나 헌법을 개정해 중국을 반란단체로 규정한 '동원감란시기임시조관'(動員戡亂時期臨時條款)을 폐지하고 '대만에서의 중화민국'이라는 개념을 강조하는 등의 방식으로 사실상 '두개의 중국'을 향한 지향을 강화하고 있다.[52]

이처럼 남과 북이 남북기본합의서 전문의 새로운 남북관계 성격 규정에 상대적으로 일찍 합의한 점이나 북쪽이 이 과정에서 '하나의 조선'론을 고수한 배경을 고려하면 '통일지향 잠정적 특수관계' 규정엔 일반의 생각보다 훨씬 복잡한 함수가 작용하고 있다고 보는 게 적절할 듯하다.

남북기본합의서 전문의 새로운 남북관계 성격 규정을, 이 성격 규정의 중요한 참고 사례 구실을 한 동서독 기본조약 등과 비교해보면 그 함의가 좀더 분명해진다. 우선 서독과 동독은 1972년 12월 21일 체결한 전문과 10개 조항으로 이뤄진 '기본조약(Grundlagenvertrag)'의 전문에서 "민족문제를 포함한 여러 가지 기본문제들에 대하여 견해의 차이가 있음에도 불구하고"라고 단서를 단 뒤, 제1조에서 "독일연방공화국과 독일민주공화국은 동등한 권리의 토대위에서 정상화된 선린관계(normale gutnachbarliche Beziehungen)를 발전시킨다"고, 제2조에서 "독일연방공화국과 독일민주공화국은 유엔헌장에 명시되어 있는 제반목표와 원칙, 특히 모든 국가의 주권·평등·독립·자주·영토보전의 존중, 인권보호 및 차별대우 금지 등을 지향한다"고 명시해 상대방의 정치적 실체와 상호 국제법적 의무를 폭넓게 인정·규정했다.[53] 이는 기본합의서 체결 당시 상대의 국가적 실체성을 인정하는 데 소극적이었거나 부정적이었던 남북한의 태도 및 접근법과 사뭇 다르다.[54]

이에 앞서 서독의 빌리 브란트(Willy Brandt) 총리는 1969년 10월 28일 연방의회에서 한 역사적 시정연설에서 "비록 獨逸땅에 두個의 國家가 存在한다고 해도 그것은 서로 外國이 아니며 그들의 相互關係는 오직 特殊한 性格을 갖는 것"이라고 선언했다.[55] 요컨대 동서독의 관계는 '두개의 국가인데 외국은 아닌 특수관계'라는 것이다.[56] 이는 궁극적으로 통일의 필요성을 전제하면서도, 남북기본합의서 전문의 '나라와 나라사이가 아닌 통일지향의 잠정적 특수관계'라는 규정보다 상대의 실체를 훨씬 적극적으로 인정·존중하는 방식이다.[57]

남북기본합의서 전문의 남북관계 규정은 분단 이래 처음으로 남북의 당국이 공개 회담을 통해 상호 관계를 공식 규정했다는 점에서 역사적 의미가 매우 크다. 아울러 현실의 남북관계에서 지금껏 민족내부거래, 여권을 사용하지 않는 인적 왕래 등 다양한 교류협력의 근거로 작용한다는 점에서도 의미가 크다.[58] 그러나 다른 한편으로 상호 정치적 실체 인정에 소극적이거나 부정적인 남과 북의 태도는 남과 북의 냉전적 법과 제도, 사회질서가 여전히 큰 힘을 발휘하는 데, 그 의도와 별개로, 결과적으로 기여하고 있다고 잠정 평가할 수 있다.[59]

Ⅳ. 마치며

남과 북의 유엔 가입은 냉전기의 무질서한 체제 경쟁과 갈등을 넘어 국제사회의 책임있는 일원으로서 평화와 공존, 발전을 지향할 수 있는 튼튼한 외교적 기반이자 제도 마련의 밑돌이 될 잠재력을 지니고 있었다. 하지만 온전한 교차승인에 실패함으로써, 남과 북의 화해협력과 평화공존의 잠재력은 현실화하지 못했다.

남과 북의 유엔 가입은 노태우 정부 북방정책의 남북관계 수준의 산출물이지만, 국제 수준의 산출물의 성격도 함께 지닌다. 한반도에 두 개의 주권국가가 존재한다는 국제적 공인이기 때문이다. 하지만 남과 북은 유엔 가입에 담긴 이러한 국제법적 공인을 남북관계에 그대로 적용하지 않았다.

남북기본합의서 전문의 '통일지향 특수관계'라는 분단 이래 최초의 성격 규정이 대표적이다. 남과 북은 기본합의서 전문에서 상호 관계를 '나라와 나라 사이의 관계가 아닌 통일을 지향하는 과정에서 형성되는 잠정적 특수관계'로 규정했다. 남북기본합의서가 채택·발효 직후 사실상 '죽은 합의서'의 처지를 벗어나지 못하고 있지만, 이 규정은 여전히 현실적 규정력을 발휘하고 있다. 분단사에서 남과 북 당국이 공식 합의한 유일무이한 남북관계 성격 규정이기도 하다. '통일지향 특수관계'에는, 분단을 넘어 통일을 지향하겠다는 의지가 담겨 있다. 하지만 남쪽의 국가보안법, 북쪽의 노동당 규약 서문의 존재가 상징하듯, 상대방의 정치적 실체를 적극적으로 인정하지 않으려는 '냉전적 상호인식'이라는 시대적 한계를 벗어나지 못한 것이기도 하다.

아울러 생각해볼 대목이 있다. 2015년 8월 5일 북한 최고인민회의 상임위원회는 "동경 127°30'을 기준으로 하는 시간(현재의 시간보다 30분 늦은 시간)을 조선민주주의인민공화국 표준시간으로 정하고 평양시간으로 명명한다. 평양시간은 2015년 8월 15일부터 적용한다"라고 결정했다고 <조선중앙통신>이 그해 8월 7일 보도했다. 요컨대 광복 70돌을 계기로 동경시를 기준으로 남과 북이 함께 쓰던 표준시를 북쪽에서는 30분 늦추기로 결정했다는 뜻이다. 북한 최고인민회의 상임위원회는 표준시 변경 결정을 담은 정령에서 "간악한 일본제국주의자들은 … 전대미문의 조선민족말살정책을 일삼으면서 조선의 표준시간까지 빼앗는 천추에 용서 못할 범죄행위를 감행하였다"고 밝혔다. 표준시 변경은 '일제 잔재 청산'의 일환이라는 주장이다.

하지만 김정은 체제 출범 4년차에 이뤄진 '평양시간' 제정의 배경을 북쪽의 공식 주장대로 이해하기는 어렵다. 고 김일성 국가주석과 김정일 국방위원장은 통치의 핵심 정당성을 '항일'과 '반미'에서 찾았다. 노동당 기관지인 <노동신문>엔 지금도 '항일빨치산의 회상기'가 비중 있게 실린다. 동경시 사용이 시급하게 청산해야할 '일제 잔재'였다면, 김일성·김정일 통치 시기에 바꾸지 않았을 리가 없다. 그러므로 김정은 체제에서 돌연 이뤄진 평양시간 제정의 실제 이유는 공식 주장과 다를 수 있다.

주목할 대목은 평양시간 제정으로 남과 북 사이에 30분의 시차가 발생했다는 사실이다. 이와 관련해 통일부 대변인은 '평양시간 제정' 관련 <조선중앙통신> 보도가 이뤄진 당일인 2015년 8월 7일 정례브리핑에서 "당면해서는 개성공단 출입경이라든지 남북교류 등에 약간의 지장이 초래될 것이며, 장기적으로 볼 때는 남북통합, 표준통합, 그리고 남북동질성 회복 등에 영향을 미칠 것"이라고 밝혔다. '평양시간' 제정을 계기로 남과 북 사이의 '이질성'이 강화할 위험이 크다는 지적이다.

김정은 체제 북한의 '평양시간 제정'은, "앞으로 서로 다른 시공간에서 살자"는 메시지를 담고 있는 것으로 해석될 여지가 크다. '조국통일'을 사실상 '제1의 국시'로 내세우는 북한이 '매우 강력한 남조선'을 상대하며 쌓였을 피로감과 흡수통일의 두려움이 느껴진다. 1991년 이후 30년 가까이 남북관계를 규율해온 '두 개의 주권국가'와 '통일지향 특수관계'의 길항을 어떻게 바꿔나갈지 고민할 때 염두에 둬야 할 '상징적 사건'이다.

이 장의 주

1 노태우 정부 '북방정책'은 '노태우 정부 시기 사회주의권 관계 정상화 외교와 대북정책, 관련 국내 법·제도 정비의 합'으로 규정할 수 있다. '북방정책' 개념과 관련한 상세 분석은 이제훈, 『노태우 정부의 북방정책과 비대칭적 탈냉전』, 31~38쪽 참조.

2 남한과 북한은 1948년 각기 '분단 정부'를 수립한 직후부터 국제법상 주권국가로 인정받으려고 치열한 '외교전'을 펼쳤다. 예컨대 남과 북은 '분단 정부' 수립 이듬해인 1949년 1월 9일(남한)과 2월 10일(북한) 각기 개별적으로 유엔 가입 신청서를 유엔에 처음으로 제출했다. 남한은 1948년 5월 10일 총선거의 '합법성'을 인정한 그해 12월 12일 유엔 결의의 여세를 몰아서, 북한은 이에 맞대응하는 차원에서 유엔 가입 신청을 한 것으로 볼 수 있다. 남한의 가입 신청은 안

전보장이사회에서 과반을 획득했으나 소련의 거부권 행사로, 북한의 가입 신청
은 안보리에서 과반을 획득하지 못해 부결됐다. 북한은 1949년 유엔 가입 신청
사실을『조선중앙년감 1950』의 일지에서 "(1949년 2월 9일) 朴憲永外務相 共和
國의 유·엔 加入을 要請하여 유·엔事務總長 트루그베·리-에게 打電"이라고만 짧
게 밝힐 뿐, 가입 신청의 이유와 명분 등 구체적 내용은 공개 문헌에서 더는 언
급을 하지 않았다. 다만 북한의 첫 유엔 가입 신청 전후 박헌영 외무상이 유엔
사무총장한테 보낸 서한을 보면, 남쪽 이승만 정부를 "傀儡政府"로, 북쪽 김일성
정부를 "朝鮮人民의 眞正한 代表"라고 주장하고 있다. 박헌영 외무상은 유엔사무
총장한테 보낸 여러 통의 서한에서 "1948年 8月에 南北朝鮮을 通하여 總選擧가
實施되었으며 이에 南北朝鮮 全體 有權者의 86.2%가 參加하였습니다. … 朝鮮民
主主義人民共和國 最高人民會議 및 統一政府가 創建되었으며 이는 南北朝鮮의 各異
한 政治的 方向을 가진 모든 重要한政黨 및 社會團體들의 代表者들과 南北朝鮮人
民의 各界各層의 代表者들을 網羅하고 있습니다"(1948년 10월 7일)라거나, "米國
政府는 …李承晩을 魁首로 하는 傀儡政府를 造作하였다. … 李承晩徒輩들이 朝鮮
에서 同族相爭의 內亂을 挑發하려고 試圖하고 있다는 事實 … 朝鮮 民主主義 人民
共和國 政府는 … 유·엔에서의 朝鮮問題討議에 參加하여 自己意思를 陳述할 可能
性을 朝鮮人民의 代表들에게 許與할 것을 數次 要請하였습니다. … 萬一 유·엔이 앞으
로 朝鮮人民의 變節者와 叛逆者들인 한줌도 못되는 集團의 貪慾的 利益만을 認定
하고 朝鮮人民의 意思와 志向을 無視한다면 朝鮮人民은 鬪爭을 停止하지 않을것이
며 自己가 가지고 있는 모든 手段을 다 하여 朝鮮으로부터 유·엔朝鮮委員團을 卽
時 撤去시키며 自體의 힘으로써 祖國을 民主主義的 獨立國家로 完全히 統一시키기
爲한 鬪爭을 繼續하는 것을 當然한 것으로 認定할 것이다"(1949년 10월 14일)라
고 주장했다.『조선중앙년감 1950』(평양: 조선중앙통신사, 1950), 73~75, 713쪽:
통일부 홈페이지 http://dialogue.unikorea.go.kr/home/data/kdialogue/1277; jsessionid
=E02EE25CC4069BA0BCC20D2861D8FD32(검색일: 2015년 8월 10일).

3 임동원,『피스메이커: 남북관계와 북핵문제 20년』(서울: 중앙북스, 2008), 185~
188쪽.

4 외교통상부,『한국외교 60년 1948~2008』(서울: 외교통상부, 2009), 181쪽: 노태
우,『노태우 회고록 下卷- 전환기의 大戰略』(서울: 조선뉴스프레스, 2011), 389쪽.

5 유엔 가입 훨씬 전인 1975년 출간된 북한의 한 문헌은 남북한 유엔 동시 가입
방안과 단일의석에 의한 유엔 가입 방안의 정치·외교적 의미를 이렇게 비교·분
석하고 있다. 남북한 유엔 가입 방안과 관련해선 "만일 북과 남이 따로따로 유
엔에 들어간다면 하나의 민족국가이던 우리 나라가 국제적으로 두 개 국가로
공인되고 비법적인 남조선괴뢰정권이 합법적인것으로 인정받게 된다. 따라서

민족내부문제였던 조국통일문제는 이후부터 국가간의 문제, 국제적인 문제로 바뀌어지며 조국통일을 위한 우리 인민의 투쟁은 《국제법》에 의하여 《비법화》 될 수 있으며 조선혁명의 기지인 북반부혁명력량의 결정적역할이 거세될수 있다"고 설명하고 있다. 반면 단일의석 유엔 가입 방안에 대해선 "《대한민국》이 조선반도에서 《유일한 합법정부》라는 1948년 유엔의 《결정》들과 미제의 남조선강점을 《합리화》한 모든 부당한 《결정》들 그리고 미제와 남조선괴뢰들간에 맺어진 온갖 매국조약들이 무효로 된다. 따라서 이 《결정》을 미끼로 하고 있는 《한일조약》도 밑뿌리부터 뒤집혀지게 되고 《한일조약》을 통하여 남조선에 대한 재침책동을 강화하고있는 일본군국주의자들의 《두개 조선》조작책동에도 치명적타격으로 된다"고 설명한다. 허종호, 『주체사상에 기초한 남조선혁명과 조국통일 리론』(평양: 사회과학출판사, 1975), 256~258쪽 참조.

6 대통령비서실, 『盧泰愚大統領演說文集.第3卷』(서울: 대통령비서실, 1992), 749~773쪽.

7 이상옥, 『전환기의 한국외교: 이상옥 전 외무장관 외교회고록』(서울: 삶과 꿈, 2002), 54쪽.

8 북쪽이 제시한 '단일 의석 유엔 가입 방안'의 7개항은 이렇다. "①유엔가입신청문제 북과 남은 올해 유엔에 단일의석으로 가입한다는 것을 공동으로 신청한다. ②대표권문제 대표권은 북과 남이 엇바꾸어가면서 행사하거나 공동으로 할 수 있다. 대표권을 엇바꾸어 하는 경우 그 주기는 한달로 할 수도 있고 합의에 따라 그 이상 할수도 있다. ③결의권행사문제 결의권행사는 북과 남 사이에 합의된 문제들에 대해서는 공동으로 찬부를 표시하며 합의되지 못한 문제들에 대해서는 기권하는 방법으로 처리한다. ④발언권행사문제 발언권 행사는 사전에 쌍방사이에 합의된 내용에 기초하여 대표로 선출된 측이 하도록 하며 필요에 따라 대표로 되지 않은 측도 보충 발언을 할 수 있다. 이 경우에 상대방을 비방중상하는 일이 없도록 한다. ⑤단일의석명칭, 기발 단일의석 명칭과 기발은 이미 북남체육회담에서 유일팀 명칭과 기발이 합의된 것을 고려하여 그것을 살리는 방향에서 명칭은 《코리아》(영어표기는 KOREA)로 하고 기발은 흰색바탕에 푸른색 우리 나라 지도로 하거나 다르게 할 수도 있다. ⑥의무리행 유엔에서 결의된 문제들에 대한 의무리행은 북과 남이 공동보조를 취하는 것을 원칙으로 하며 불가피한 경우에 상대방의 이익에 저촉되지 않는 한 각기 할 수 있다. ⑦유엔회비문제 유엔회비 등 분담금문제는 북과 남이 절반씩 분담하여 지불할 수도 있고 현재대로 할 수도 있다." "유엔에 북과 남이 단일의석으로 가입하기 위한 북남고위급회담 대표접촉 진행, 유엔에 북과남이 단일의석으로 가입하기 위한 제안", 『로동신문』, 1990년 9월 19일 4면.

9 국토통일원 남북대화사무국, 『남북대화 제51호』(서울: 국토통일원 남북대화사무국, 1990), 152~157쪽.

10 국토통일원 남북대화사무국, 『남북대화 제51호』, 162쪽.

11 외교통상부, 『한국외교 60년 1948~2008』, 180~181쪽.

12 統一院 南北對話事務局, 『南北韓 統一·對話 提議比較 第1卷 <1945~1987>』(서울: 統一院 南北對話事務局, 1991), 159쪽.

13 "우리나라 사회주의의 우월성을 더욱 높이 발양시키자 조선민주주의인민공화국 최고인민회의 제9기 제1차회의에서 하신 김일성동지의 시정연설", 『로동신문』, 1991년 5월 25일, 2~3면.

14 이상옥, 『전환기의 한국외교』, 68~69쪽.

15 첸치천(錢基琛), 유상철 역, 『열가지 외교이야기: 중국 외교의 대부 첸치천의 국제정치 비망록』(서울: 랜덤하우스중앙, 2004), 158쪽.

16 "조선민주주의인민공화국 정부가 유엔에 가입하는 길을 택하게 된 것은 남조선당국자들에 의하여 조성된 일시적난국을 타개하기 위한 조치이다. 조선민주주의인민공화국 성명", 『로동신문』, 1991년 5월 28일 3면.

17 조선민주주의인민공화국 외교부 성명, 『로동신문』, 1991년 9월 19일 1면.

18 첸치천, 『열가지 외교이야기』, 159쪽.

19 이상옥 당시 한국 외무장관은 이를 "(북한의) IAEA 핵안전협정 서명용의 표명은 당시 북한의 대미, 대일본 관계 개선에 최대 걸림돌이 되고 있던 핵 문제와 관련한 외교 전략적인 대응이란 측면뿐 아니라 유엔 가입 신청 결정에 따라 핵 문제가 유엔 가입에 차질을 가져올지 모른다는 우려와도 관련이 있었던 것으로 보였다"고 해석했다. 이상옥, 『전환기의 한국외교』, 90쪽.

20 이상옥, 『전환기의 한국외교』, 93쪽.

21 유엔 헌장은 제2조 4항에서 "모든 회원국은 그 국제관계에 있어서 다른 국가의 영토보전이나 정치적 독립에 대하여 또는 국제연합의 목적과 양립하지 아니하는 어떠한 기타 방식으로도 무력의 위협이나 무력행사를 삼간다"고 규정하고 있다. 외교통상부 조약국 편, 『국제법기본법규집』(서울: 외교통상부, 2007), 10쪽.

22 남북기본합의서 전문의 '특수관계론'은 남북기본합의서 15조의 '민족내부거래' 규정과 맞물릴 때 그 현실적 함의와 영향력이 좀더 분명해진다. 남북기본합의서 제15조는 "남과 북은 민족경제의 통일적이며 균형적인 발전과 민족전체의 복리향상을 도모하기 위하여 자원의 공동개발, 민족 내부 교류로서의 물자교류, 합작투자 등

경제교류와 협력을 실시한다"고 규정하고 있다. 통일부 남북회담본부, 『남북합의서
Ⅰ(2000년 이전)』(서울: 통일부 남북회담본부, 2007), 1-②-7쪽.

23 통일부 남북회담본부, 『남북합의서 Ⅰ(2000년 이전)』, 1-②-6쪽.

24 국토통일원, 『남북대화 제51호』, 54, 133쪽.

25 국토통일원, 『남북대화 제51호』, 100쪽.

26 국토통일원, 『남북대화 제51호』, 152~164쪽. 이 실무대표접촉의 대표는 남쪽이 임
동원, 북쪽은 최우진이었다.

27 임동원, 『피스메이커』, 187~188쪽.

28 통일원, 『남북대화 제53호』(서울: 통일원 남북대화사무국, 1991), 18쪽. 이 실무대
표접촉엔 남쪽에서 송한호 임동원이, 북쪽에선 백남준 최우진이 대표로 참여했다.

29 통일원, 『남북대화 제53호』, 59, 89쪽.

30 통일원, 『남북대화 제54호』(서울: 통일원 남북대화사무국, 1992), 7~28쪽. 이 대표접
촉의 대표단은 남쪽이 송한호 임동원 이동복, 북쪽이 백남준 최우진 김영철이었다.

31 통일원, 『남북대화 제54호』, 9~10쪽.

32 통일원, 『남북고위급회담 제2차 대표접촉 회의록』(서울: 통일원, 1991), 30~31쪽;
제성호, 『남북한 특수관계론: 법적 문제와 그 대책』(서울: 한울, 1995), 24쪽에서
재인용. 통일원이 작성한 이 회의록은 비밀 분류된 비공개 문서라 원문을 확인하지
못하고 이를 인용한 제성호의 책에서 재인용했다. 이하 이 회의록의 대화 인용은
제성호 책에서 재인용한 것이다.

33 통일원, 『남북고위급회담 제2차 대표접촉 회의록』, 34쪽; 제성호, 『남북한 특수관
계론: 법적 문제와 그 대책』, 24~25쪽에서 재인용.

34 통일원, 『남북고위급회담 제2차 대표접촉 회의록』, 33, 73쪽; 제성호, 『남북한 특수
관계론: 법적 문제와 그 대책』, 24~25쪽에서 재인용.

35 통일원, 『남북고위급회담 제2차 대표접촉 회의록』, 34쪽; 제성호, 『남북한 특수관
계론: 법적 문제와 그 대책』, 25쪽에서 재인용.

36 이와 관련해 임동원은 노태우 정부도 헌법 3조 영토조항에 따라 남북관계를 '두개
의 국가'로 보지 않았다고 설명했다. 임동원 인터뷰, 2015년 9월 24일.

37 통일원, 『남북대화 제54호』, 17~18쪽.

38 통일원, 『남북대화 제54호』, 18쪽.

39 통일원, 『남북대화 제54호』, 20쪽.

40 통일원, 『남북대화 제54호』, 24쪽.

41 통일원, 『남북대화 제54호』, 21, 24~25쪽

42 임동원은 "유엔 공동 가입이 남북관계에 결정적인 영향을 끼쳤다"고 말했다. 임동원은 "남과 북이 서로 상대방을 인정하지 않다가 유엔 가입으로 서로를 인정하게 됐다. 그런데 두 나라가 다른 나라인가라는 문제제기가 나오게 된 것이다. 그래서 국제사회에서는 서로 주권국가로 인정받고 인정하지만 남북관계는 서로 국가관계로 보지 말자고 서로 합의하게 된 것이다"라고 설명했다. 임동원 인터뷰, 2015년 9월 24일.

43 노태우, 『노태우 회고록 下卷』, 324쪽.

44 신욱희·조동준 편, 『구술사료선집7: 고위관료들, '북핵위기'를 말하다』(과천: 국사편찬위원회, 2009), 54쪽.

45 신욱희·조동준 편, 『고위관료들, '북핵위기'를 말하다』, 88쪽.

46 국가보안법에 따르면 북한은 '반국가단체'여서 화해하고 교류협력하는 공존의 파트너가 될 수 없다.

47 통일부, 『2004 북한개요』(서울: 통일부, 2003), 504~505쪽. 북한은 2010년 9월 28일 개최된 제3차 조선노동당 대표자회의에서 당 규약의 이 부분을 "조선노동당의 당면 목적은 공화국 북반부에서 사회주의 강성대국을 건설하며, 전국적 범위에서 민족해방, 민주주의 혁명의 과업을 수행하는데 있으며, 최종 목적은 온 사회를 주체사상화하여 인민대중의 자주성을 완전히 실현하는데 있다"로 개정했다. 기존 규약의 '사회주의 완전한 승리'를 '사회주의 강성대국 건설'로, '인민민주주의 혁명'을 '민주주의 혁명'으로, '공산주의 사회 건설'을 '인민대중의 자주성 완전 실현'으로 대체했다. 당 대표자 회의는 1966년 10월 제2차 회의 이후 44년 만에 열린 것이다. 통일부 북한자료센터; http://munibook.unikorea.go.kr/?sub_name=information &cate=3&state=view&idx=368&page=1&ste=.(검색일 2015년 11월20일).

48 남북고위급회담 대표였던 이동복은 자신의 회고록에서 이 표현을 둘러싼 노태우 정부 내부 논의 과정에서 "주로 외무부 쪽에서 '장차 남·북 간의 교역관계를 민족 내부 교역으로 가져가기 위한 근거로 활용하기 위해 그러한 표현의 설정이 필요하다'고 완강하게 주장했다"고 전했다. 이동복, 『통일의 숲길을 열어가며 2』(서울: 삶과 꿈, 1999), 82쪽. 이와 관련해 노태우 대통령도 회고록에서 남북기본합의서 전문의 특수관계론 합의에는 남북교역을 내부거래로 간주해 실리를 찾을 수 있다는 계산도 작용했다고 밝힌 바 있다. 노태우, 『노태우 회고록 下卷』, 324쪽.

49 김형기, 『남북관계 변천사』(서울: 연세대학교 출판부, 2010), 169~171쪽.

50 이효원,『남북교류협력의 규범체계』(서울: 경인문화사, 2006), 74~81쪽. 이 책은 이효원의 "南北漢 特殊關係論의 憲法學的 硏究", 서울대 박사학위논문(2006)을 보완해 단행본으로 출간한 것이다.

51 이상옥,『전환기의 한국외교』, 191쪽; 이효원,『남북교류협력의 규범체계』, 83~91쪽.

52 박대헌, "중국-대만의 통일정책: 대만의 통일정책(변화와 현황)을 중심으로",『헌법과 통일법』, 통권 3호(2013년 9월), 258~262쪽.

53 통일원,『법률로 본 독일 통일 연구』(서울: 통일원 통일정책실, 1995), 3~4, 283~284쪽. 이 책자는 당시 주독일 한국대사관이 작성해 본부에 보고한 내용을 통일원이 복제·발간한 것이다. 주독한국대사관은 이 보고서에서 동서독기본조약이 "불명확한 상태에 놓여있던 동서독관계를 포괄적이고도 명확하게 설정하였다는 점에서 큰 의미가 있다"며 "동 조약에서 서독은 동독의 국가성을 인정하고 상호경계선을 존중하는 대신 양자의 관계를 국제법상 독립된 국가간의 관계가 아닌 특수관계로 규정하였다. 이로써 쌍방은 단독대표권을 포기하고 동등한 입장에서 상호협력해 나갈 수 있는 토대를 마련하였다"고 평가했다.

54 『한겨레신문』은 남북기본합의서 채택과 관련한 사설에서 기본합의서 전문의 '나라와 나라사이가 아닌 통일지향의 잠정적 특수관계'라는 남북관계 성격 규정에 대해 "유엔 동시 가입으로 국제사회에서 공인받은 '한반도의 두 나라'라는 현실과 동떨어진 인식"이라고 지적했다. "평화공존을 통일로 승화시키자",『한겨레신문』, 1991년 12월 14일 2면. 독일 통일 과정에 대한 북한 당국의 공식 담론에 담긴 소극성과 부정적 태도에 대해선 김석향, "『조선중앙년감(1994~2004)』에서 서술하는 독일통일의 고정과 결과: 독일통일에 대한 북한당국의 공식담론 분석",『국가전략』, 제11권4호(2005), 125~148쪽 참조.

55 독일연방의회 제5차 회의 의정서(1969년 10월 28일). 통일원,『東·西獨 關係發展에 관한 報告 및 文書』(서울: 통일원, 1992), 77~78쪽. 이 책자는 서독 '독일내부관계성'이 1973년에 발간한 *Die Entwicklung der Beziehungen zwischen der Bundesrepublik Deutschland und der Deutschen Demokratischen Republik, Berichk und Dokumentation*을 통일원이 완역한 것이다.

56 동서독 기본조약의 '특수관계'의 의미를 최초로 유권해석 내린 것은 서독연방헌법재판소의 1973년 7월 31일 판결이다. 서독연방헌법재판소는 이 판결에서 동서독의 관계가 '대외적으로는 두 개의 국제법상 주권국가, 대내적으로는 민족내부의 특수관계'이며, 기본조약은 국제법상 조약으로서 법적 구속력이 있다고 판시했다. 이와 관련해선 제성호,『남북한 특수관계론: 법적 문제와 그 대책』, 19~20쪽; 이장희 등,『남북 합의 문서의 법적 쟁점과 정책과제』(서울: 아시아사회과학연구원, 2007),

8~12쪽; 이효원, 『판례로 보는 남북한관계』(서울: 서울대학교출판문학원, 2012), 517~518쪽 참조.

57 남한과 북한이 관계를 새롭게 정립하는 과정에서 유엔 동시 가입(1991년 9월 17일) → 남북기본합의서 체결(1991년 12월 13일)의 경로를 밟은 반면, 서독과 동독은 기본조약(1972년 12월 21일) → 유엔 동시 가입(1973년 9월 18일)의 경로를 밟았다. 이는 당시 관계 재정립을 주도한 쪽의 판단과 관련된 것으로 볼 수 있다. 남한은 유엔 가입을 우선 추진했고, 서독은 유엔 가입에 앞서 동독과 특수관계 정립을 추진했다. 다만 서독의 이런 선택은 제2차 대전 전승 4국의 존재, 요컨대 독일을 분단시킨 이들 전승 4개국이 독일의 통일에도 권한을 행사할 수 있다는 사실과 무관치 않다고 할 수 있다. 동서독과 남북한의 다른 경로는 추가 연구가 필요한 대목이다.

58 한국 정부는 남북 교역을 민족내부거래로 간주해 관세를 물리지 않으며 수출입 통계에 포함시키지 않는다. 남북 간 인적왕래에도 외교부가 발행하는 여권이 아니라 통일부가 발급하는 '방북허가증'이 필요하다. 국외여행으로 간주하지 않기 때문이다.

59 이와 관련해 박명규는 남북기본합의서의 '특수관계' 규정을 "사회주의권이 몰락하고 남북한 유엔 동시가입이 이루어진 상황에서 기존의 적대적 남북관계를 대체할 새로운 틀이 미처 창출되지 못한 과도기의 상태를 반영한 개념적 틀"로 규정하며, 남북관계의 세 차원(민족관계 적대관계 준국가관계) 및 남과 북의 점증하는 '비대칭성'을 두루 고려해 '비대칭적 분단국체제(asymmetrical divided states regime)'라는 새로운 개념을 고민할 필요가 있다고 제안한다. 박명규, 『남북경계선의 사회학』(파주: 창비, 2012) 참조. 한편 구갑우는 남북한 관계 이론들을 메타이론적으로 검토한 논문에서 한국사회의 다양한 세력이 '통일을 지향하는 분단의 극복', '국가성의 강화를 통한 공존', '국가성의 강화를 통한 분단의 극복'이라는 세 가지 선택의 기로에 섰다며, 이 과정에서 "단일민족국가가 아닌 '복합국가'와 같은 분단국가의 대안적 형태를 둘러싸고 다양한 상상력의 경쟁이 전개될 것"이라고 전망했다. 아울러 구갑우는 "분단국가의 두 구성요소인 분단과 국가가 적과 친구라는 정체성과 일대일 대응을 하는 것은 아니다"라고 전제한 뒤, "남북한 관계에 있어 역사적 구조의 이행이 발생하고 있지만, 인식의 변화는 발생하지 않는 경우를 보게 된다"며, 남북한 관계의 이론화는 '적극적 평화'와 '대칭적 통합'을 규범적으로 담지해야 하며 이를 현실화할 사회세력의 형성으로 이어져야 의미를 지닐 것이라고 지적했다. 구갑우, "남북한 관계에 대한 메타이론적 접근", 『비판적 평화연구와 한반도』(서울: 후마니타스, 2007), 109~143쪽 참조.

북한의 민주개혁과 탈식민적 조세제도의 형성, 1945~1949[*]

박유현[**]

Ⅰ. 서론

이 글은 북한 민주개혁 시기의 조세제도 형성 과정을 다룬다. 이 시기 북한은 조세수입 전부를 하나의 조세에 의해서 징수하는 단세제도(single-tax system)[1]를 추구했으며 식민지 경험, 유격근거지 경험, 소련군의 점령, 소련형 조세제도 등 제반 환경의 고려 속에서 탈식민적 조세제도를 형성했다. 이 시기 이후 북한은 한국전쟁, 사회주의 기초 건설 작업 등을 통해 조세제도의 식민적 유산을 없애 나가면서 소련제도를 받아들이는 작업을 병행했으며, 1974년 소득세를 마지막으로 세금제도를 폐지했다. 1945~1974년 기간에 해당하는 북한의 조세 정치사는 크게 (1) 민주

  * 본 논문은 필자의 박사학위논문 "북한의 조세정치와 세금제도의 폐지, 1945~1974"(북한대학원대학교, 2013)을 수정, 보완하여 현대북한연구 제20권 2호에 게재한 것임.
 ** 한국어-영어 국제회의 통역사(북한학박사), ke9714@gmail.com

개혁과 탈식민적 조세제도의 형성 단계(1945~1949), (2) 전란기와 사회주의 기초건설 단계(1950~1960), (3) 사회주의 전면 건설기와 세금제도의 폐지 준비단계(1961~1974)의 세 기간으로 구분할 수 있다. 이 중 본 연구는 제1단계에 해당하는 1945~1949년 기간의 탈식민적 조세제도 형성기를 다룬다.

세입과 세출을 하나의 순환 구조로 그려볼 때, 세출의 반원이 역동적인 만큼 세입의 반원은 탈력적(脫力的)이다. 지배자의 지출 선택과 관련한 부분에 대해서는 많은 연구가 존재하는 데 반해, 지배자의 세입 창출에 대한 연구가 희소한 것은 세입에 결락(缺落)되어 있는 역동성이 연구자들을 끌어당기지 못하는 요인으로 작용하기 때문이다. 범위를 38도선 이북 지역의 지배자로 좁혀보면 세입 창출에 대한 연구는 더욱 희소하다. 상술한 조건에 더해, 고질적인 자료의 부족 문제가 연구의 장애 요인이 되기 때문이다.[2]

본 연구는 이 같은 한계에도 불구하고, 조세제도의 형성 기간을 중심으로 북한의 조세 정치를 검토할 것이며, 필요시 일본·중국·소련의 사례와 비교분석할 것이다. 이를 통해 고전적 사회주의 체제의 원형인 구소련의 경험을 참조하여 분석을 수행하는 과정에서 1945년에서 1949년의 기간을 대상으로 한 기존의 북한 연구에서 조세 정치 부분의 공백을 채우는 것을 목표로 한다.

II. 이론 및 분석틀

1. 조세정치와 리비 모델

조세정치는 "조세정책 결정 과정에서의 정치"로 정의된다.[3] 조세정치에 주목함으로서 연구자는 조세정책을 둘러싼 지배자, 즉 '정치적 정책결정자'의 선호를 설명할 수 있다. 지배자는 조세정책을 통해 조세부담의 주 전가대상을 정하고, 부과할 조세의 수준과 구조를 조정한다. 자본주의 국가의 조세연구에서 정치적 정책결정자로서의 집권정당의 선호가 조세정책이 집행되는 과정에서 형성되는 복지 레짐을 결정하며 이 레짐에 대한 피드백이 선거를 통해 조세정치에 투입되는 환원구조를 이룬다.[4] 다만 사회주의 국가의 조세정치는 다당제 경쟁구조에 의해 작동하지 않아, 지배자의 담론생산 및 유통 과정에서 이를 유추할 수밖에 없다.

본 연구가 채용한 리비(M. Levi)의 이론에 의하면 "한 국가의 세입창출 역사는 그 국가의 진화의 역사"이다. 국가는 규모, 기능, 조직에 있어 여러 차례 변화를 겪은 복합적 기관으로, 국가의 특성은 영토가 한정되고 사회적 삶의 주요 측면들을 중앙에서 규제한다는데 있다. 모든 국가는 재산권, 그리고 징세권을 포함하는 공식적 규칙을 시행 및 강제한다.[5] 여기서 국가 연구의 출발점은 지배자가 된다. 지배자는 "지배하는 자, 즉 국가기구의 정점에 서서 그 정치체(polity)에 영향을 미치고 국가의 공공재 공급에 영향을 미치는 정책과 규정을 집행하는 자"로 정의된다.[6] 리비가 지배자를 강조하는 것은 국가제도에서 출발하지 않기 위해서이고, 지배자는 행위자들 또는 행위자들의 집합이라는 점을 주목하기 위해서이다.[7]

이 연구에 적용된 약탈자 지배 이론의 주요 시사점은 "지배자는 협상력을 높이는 구조를 고안, 공식화하고, 이를 통해 자신의 거래비용과 할인율을 낮추어 정치 거래가 주는 이익을 포착 하고 있다"는 것이다. 지배자들은 지배계급의 이익 또는 일반 복리와 중복될 수도 있지만 반드시 일치할 필요는 없는, 자신의 이익을 도모하는데 가장 효율적인 제도를 설계하는데, 더 구체적으로 말해 주어진 제약 요인의 범위 안에서 국가의 세입을 극대화할 수 있는 세입창출 정책을 설계한다. 그러나 상대적 가격이 바뀌면 거래 활성화를 가능하게 했던 제도가 거래를 방해하거나 수익을 낮추게 될 수도 있다. 그렇게 되면 지배자들은 국가 구조를 재설계하고 국가 정책을 새롭게 입안하게 된다.[8]

따라서 지배자의 세입창출능력을 저해하는 제약요인이 바뀌면 세입창출정책이 바뀌게 된다. 이들 제약요인은 크게 3가지로 구분된다. 첫째, 지배자의 상대적 협상력(relative bargaining power)이다. 강제적·경제적·정치적 재원의 통제 정도가 지배자가 가지는 상대적 협상력의 크기를 결정한다. 지배자는 때때로 협상력과 거래비용을 상쇄시키는 결정을 내리는데, 협상 자원을 동원하거나 강력한 동맹세력을 고립시킬 수 있을 때 낮은 거래비용으로 정책을 추진할 수 있다.[9] 둘째, 거래비용(transaction cost)이다. 정책 합의의 도출비용 및 정책 집행비용이 거래비용의 크기를 결정한다. 거래비용은 코어스(R. Coase)에 의해 사용이 확산된 개념으로 (1) (대상에 대한) 가격을 결정하는 비용 및 (2) 협상과 계약 체결에 소요되는 비용으로 구성되어 있다.[10] 리비의 모델에서 거래비용은 구성원의 납세 순응을 측정·감시·창조·실행하는 데 소요되는 제반 비용을 말한다. 지배자의 행정 경험 지식이 축적되면 거래비용이 낮아지지만, 지배자가 중재·협상·충족해야 할 요구가 늘어나면 거래비용은 높아진다.[11] 셋째, 할인율(discount rate)이다. 할인율은 의사결정권자의 시간지평(time horizon), 즉 앞으로 얼마간 더 통치 가능한가에 대한 지배자의 판단에 관련되어 있다. 지배자가 내리는 현재에 대한 미래의 가치평가가 할인율의 수준을 결정한다. 지배자가 미래를 안정적으로 평가할수록 할인율은 낮게 형성된다. 그러나 지배자가 미래의 지배를 낙관하지 않을수록, 그리고 미래에 대한 정보가 부실할수록 할인율은 높아진다. 할인율이 낮으면 통치의 안정성이, 높으면 불안정성과 치열한 경쟁이 나타난다.[12]

리비의 세입창출 모델을 그림으로 축약해 보면 다음의 <그림 1>과 같다. 지배자는 상대적 협상력이 높으면서 거래비용과 할인율이 낮으면 세입 극대화 정책을 강행하고, 반대의 경우 세입 극대화 정책에서 한 발 물러서게 된다. 세입 극대화 정책의 실시는 구성원에게 불리한 제도로의 전환을, 유보 또는 철회는 유리한 제도로의 전환을 의미한다.

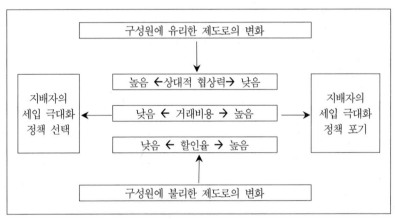

〈그림 1〉 리비의 세입창출 모델

출처: Levi, *Of Rule and Revenue*, pp.10~17의 내용을 그림으로 재구성함.

2. 사회주의 조세 이론의 전개

해방 후 수립된 북한 조세정책의 이론적 자양분은 맑스(K. Marx)와 레닌(V.I. Lenin)에게서 나왔다. 우선 맑스는 "고대 블레셋에서 근대 영국에 이르기까지, 주된 투쟁은 조세를 둘러싸고 일어났으며 부르주아 경제개혁에는 조세개혁이 반드시 포함 된다"고 해석했다. 그러나 조세제도 자체에 대해서는 "과세 형태의 어떠한 변형도 노동과 자본 사이의 관계에 중요한 변화를 낳을 수 없다"고 보았다. 조세의 철폐는 궁극적으로 국가의 철폐로 이어져야 하는데, 이는 한 계급의 조직화된 힘이 다른 계급들은 짓누를 필요가 사라진 상태를 말하는 것으로 계급 일소의 필연적인 결과로서 나타난다는 것이다.[13] 혁명에서 조세는 '사유재산에 대한 공격의 형태'로 사용될 수 있지만 그럴 경우에도 "새로운 혁명적 조치를 위한 인센티브가 되거나 구 부르주아 관계를 전복시키도록 사용해야 한다"는 것이 맑스의 혁명기 조세정책의 핵심이다.[14] 맑스는 예산의 원천을 조세수입으로 규정하고, 따라서 보통선거권이 예산에 미치는 효과는 예산이 조세에 미치는 효과와 같으며, 후자를 통해 '좋은 사회주의'의 실현 여부를 가릴 수 있다고 주장했다.[15]

혁명세력은 조세권의 확립을 통해 지배자로서의 정당성을 확보한다. 혁명군은 구성원들에게 조세수탈에 반대한 투쟁에 동참할 것을 호소하지만, 일단 권력을 장악한 이후에는 구성원이 감내할 만한 수준의 '적절한' 과세권을 행사하는 것으로 정당성을 확보해야 한다. 이 같은 의미에서 항일무장투쟁시기의 김일성은 중국공산당 당원이자 혁명 지도자로 활동했음에도 불구하고, 지배자로서의 정당성 확보에 대한 자각은 없었던 것으로 보인다. 김일성은 조세의 법제화에 반대했으며, 무기는 적들에게 탈취하고 식량은 인민의 자발성에 기대어 조달하는 방식으로 유격대를 유지했다고 주장했으며 일제 조세제도에 대한 비판 의식을 농민에 대한 정치교양사업에서 활용하는 수준에 머물렀다.[16] 김일성의 회고는 같은 시기 중국혁명을 지도한 마오쩌둥(毛澤東)의 조세정책을 근거로 추론할 때 두 가지의 해석이 가능하다. 김일성은 고령으로 기억에 착오를 일으켰거나,

항일유격근거지에서 조세정책이 집행될 당시 고위급 간부가 아니었던 관계로 중국공산당 중앙위원회의 방침을 정확히 숙지할 입장에 있지 않았던 것으로 보인다.[17]

국가의 조세권 행사로 돌아와, 혁명 후의 조세권 행사에 대해 맑스는 간접세의 완전한 폐지와 직접세로의 전반적 대체를 권고했다.[18] 간접세는 상품가격을 높이는데, 이는 상인이 상품가격에 간접세 금액뿐 아니라 자본에 대한 이자와 이윤까지 추가하기 때문이라는 것이다. 맑스는 '자치를 향하는 모든 경향'을 파괴하는 간접세의 역진적 성격을 경계했다.[19]

레닌은 10월 혁명 이전부터 맑스의 직접세 중심 과세원칙을 여러 차례 강조한 바 있다. 이르게는 1913년 사회민주주의자들에게 간접세의 전면 철폐 및 실질적인 누진적 소득세로의 대체는 "자본주의의 토대를 건드리지 않는 상태에서도 인구의 90%는 부담을 덜 수 있는 방법이며, 국내시장의 확대를 촉진하고 국가의 경제활동에의 개입을 배제해 사회의 생산력 발전에 거대한 촉매제로 작용할 것"이라고 말했다.[20] 하지만 혁명 직후의 소련은 이 같은 급진적 세제개혁을 수용할 수 있는 토대가 마련되어 있지 않았다. 첫 5년간의 누진소득세 중심의 전환 노력은 징수율을 오히려 10% 수준으로 급감시켰다.

그러나 레닌의 조세정책의 핵심은 직·간접세의 구분 또는 세금의 명칭에 있지 않았다. 레닌은 생산수단의 국유화 등 사회주의 개혁의 진전을 이끌 수 있는 기구의 마련에 있어서 조세가 차지하는 역할에 주목했다. 즉, 현실 사회주의 조세제도의 핵심을 사회주의 금융제도에서 찾은 것이다.[21] 납부세액 사정 및 징수 업무는 조세행정의 비용을 높이는 주범이다. 사회주의 개혁은 생산수단의 국유화를 통해 거래세, 이익공제금 등 세액 산정의 주된 부분을 국영기업과 협동조합의 '장부처리의 문제'로 돌릴 수 있으며, 이들 기관의 계정(debit account)에서 국가예산 계정(credit account)

으로 조세수입을 바로 이체시켜 징세업무를 '회계처리의 문제'로 축소시킬 수 있다.[22]

이같이 금융제도를 통한 조세행정이 원활히 수행되기 위해서는 국유화의 진전을 통해 국가예산 수입에서 주민세금 비중의 축소와 기업 경리의 발전이 있어야 한다. 이 같은 맥락에서 지방 소비에트의 징세기구로서의 역할 수행은 세무기구의 폐지와 사회주의 금융제도의 수립 사이의 과도기적 조치에 해당한다. 이 시기 소련의 조세제도는 일제 강점기의 조세제도와 더불어 북한이 1945~1949년 기간 중 수립한 인민민주주의적 조세제도의 원형이 되었다.

Ⅲ. 민주개혁과 주민세금

1. 세제정리(稅制整理)와 식민적 조세제도 유지

해방 후 북한의 조세제도에 있어 일제기의 유산은 1947년 2월의 '빅뱅 개혁'까지 대체로 그대로 작동했다. 김일성이 1945년 8월 20일 귀국을 앞둔 군사정치 간부 앞의 연설에서 "인민들의 수입과 생활 정도에 의거하는" 누진 소득세제의 도입 의사를 피력했고,[23] 10월 3일에는 평양로농정치학교 학생들 앞에서 한 강의에서 근로대중의 처지 개선 방안의 일환으로 가렴잡세의 폐지와 단일하고 공정한 세금제도의 실시를 약속했다.[24] 같은 달 16일, 북조선공산당 중앙조직위원회 제1차 확대집행위원회에서는 지주가 토지 소득세의 부담을 소작인에게 전가하는 것을 금지하고 "지주가 생활을 보장할 수 있을 정도"의 수준으로 새롭게 제정해 납부하도록 하는 결정을 채택했다. 소련군은 간접세 부과 중심의 일제 세제의 구조에는 큰 변화 없이 전시조치로 증징되었던 일부 세목에 대해서만 부분적인 손질을 가했다. 5도 행정국은 1945년 12월의 세제개편에서 소득세를 포함한 10개 세목만을 존치시키는 세제정리 작업을 단행했고, 1946년 8월까지 각급 세무서 기능은 그대로 유지했다. 5도 행정국은 후신인 북조선 임시인민위원회 설립으로 2개월 후 소멸하였기 때문에 1945년 12월의 세제개혁은 소련군이 주도한 처음이자 마지막 세제정리에 해당했다. 소련군은 조선총독부의 국세 세목 34종 중 총 13종의 세목의 존치를 결정했다. 전시조치로 마구잡이로 추가되었던 임시이득세·특별행위세 등의 세목은 징수가 중단되었으며 지방세 세목으로 인민세가 신설되었다.[25]

2. 농업현물세 도입과 현물납세 시행

식민지 조선에서의 '인민정부 수립의 과업'을 제기한 1936년 5월의 조국광복회 10대 강령은 소득 과세에 대한 입장을 포함하고 있지 않다. 김일성은 10대 강령에서 단지 구제도의 폐지 의지를 밝혔을 뿐으로, 1946년 3월 23일의 20개조 정강을 발표할 때 과세권 행사인 지배자로서 '단일하고도 공정한 세납제'의 제정 및 '누진적 소득세제'의 실시 방침을 내세웠다. 농업현물세의 실시는 20개조 정강 발표 이후 처음으로 사회주의적 조세정책 구상이 실천에 옮겨졌다는 데 그 의의가 있다.

해방 이후로부터 토지개혁을 거쳐 「농업현물세에 관한 결정서」가 발표된 1946년 6월 27일까지는 소작농에 대한 조세 공백 기간이다. 해방 전후의 통계에서 전 인구의 69.5%가 농촌거주자로 분류되고 그 중 다수인 77.7%가 소작농으로 집계된 것을 감안한다면,[26] 소련군과 김일성은 지배권 장악 후 1년 가까이 개인에 대한 소득세 과세를 포기한 것으로 간주할 수 있다. 농업현물세가 시행되기 전까지는 지주만이 소득세로 국세인 지조(地租)를 냈고, 소작농은 지방세와 근로 공출에 대해서 부담을 졌다. 소련군이 진주 직후인 9월 실시한 3.7제에 의하면, 소작농은 소작료로 수확고의 30%를 지주에게 납부했고, 일본인 지주의 농지를 부치고 있는 경우 국가에 대신 이를 납부했다. 이 시기 북한 지역의 지주 부르주아들은 조선인의 경우 대거 남한으로 이주하고 일본인의 경우 전원 일본으로 귀국했는데, 저항세력의 퇴출을 용이하게 하는 선택은 지배자의 상대적 협상력을 제고시켜 안정적인 통치를 가능하게 하는 효과가 있었다.

북한에 이식된 농업현물세는 1920년 2월 제9차 당대회에서 트로츠키가 제안했지만, 레닌의 반대로 좌절된 현물세 안에서 출발했다.[27] 1년 후 레닌이 농업현물세를 도입했을 때, 소련은 전시공산주의의 실패로 "국유화된 공장에서 대량 생산을 즉각적으로 실시할 수 없는 형편"에 처해 있었고, 도시민에 공급할 식량과 생산시설에 투입될 원재료가 절실히 필요했다.[28] 소련은 2년 후인 1923년 7월 농업현물세를 폐지하고 현금과 현물을 혼합하여 납부하는 단일농업세로 전환했다.[29] 농업현물세는 "전체 파종면적의 40%를 휩쓴 흉작"이라는 긴급상황에 대한 일시적인 조치였고,[30] 정상적인 경제가 작동하기 시작하자 금납제(金納制)로 전환되었으며 1932년의 대기근에도 불구하고 부활하지 않았다.[31]

소련이 처했던 당시의 조건은 해방 직후의 북한과 유사했다. 다른 점이 있다면 소련보다 북한의 농업현물세 실시 기간이 더 길었고 국가예산에서 차지하는 비중이 더 컸다는 것이다. 1946년 6월 27일 북한은 도시지역의 근로자 및 사무원에 대한 식량의 공급 및 예비식량 확보 목적에서 농업현물세를 신설했다. 임시인민위는 6월 27일 결정을 통해 농민들에게 각종 곡물 수확고의 25%에 해당하는 농업현물세만을 내고 나머지 75%는 자유재량으로 처분할 수 있도록 했다.[32] 과세방식은 일제기의 지가 기준에서 수확고 기준으로 전환한 것이지만, 대부분의 농민 납세자들은 세금을 처음 납부하게 되어 비교의 준거가 없었다. 다만, 세율이 당시의 3.7제의 소작료보다 5% 적었기 때문에 납세자 개인에게는 낮게 체감되었을 것으로 보이지만 건국후의 중국의 농민들에게 부과된 세율과 비교했을 때 두 배 수준으로 높았다.[33] 북한 지배자의 상대적 협상력이 높았다는 것을 확인할 수 있다.

한편, 한 나라의 조세제도에 있어 누가 세금으로부터 면제되는가는 중요한 문제이다. 조세부담의 추가 어느 집단에 기울어지는가를 결정하기 때문이다. 그런데 한국전쟁 전에는 북한의 농민 중 그 누구도 '소득에 의해' 농업현물세의 부과대상에서 제외된 적은 없다. 이 점에서 북한과 소련의 농업현물세가 다르다. 1921년 농업현물세가 도입될 당시 소련의 양곡생산은 1916년 7천 4백만 톤에서 그 절반 이하인 3천만 톤으로 감소한, 재앙 직전의 상태였으며, 조세당국의 세원 포착 및 과세 능력에는 심각한 문제가 있었다.[34] 이에 소련은 과세 원칙으로 설정된 과표와 구간을 현실에 맞추어 조정하는 대신 납세능력이 현저히 떨어지는 층을 대상으로 감면의 폭을 조정하는 방식을 택했다.[35] 반면 북한은 빈농을 포함하는 전 농민이 농업현물세의 담세자가 되는 제도로 출발했다. 북한의 경우 토지개혁으로 1인이 소유할 수 있는 토지의 규모를 5정보로 제한해 부농이라고 해도 15,000평의 토지를 보유한 것이 고작이었다. 빈농은 토지를 불하받아 끼닛거리를 걱정하던 가난에서 벗어날 수 있었다. 북한이 토지개혁과 함께 전 농민을 대상으로 단일세율을 부과한 것은 1921년 당시 소련이 추구했던 '부농의 절멸(絶滅) 문제'가 없었기 때문이다. 세율 부과에 있어 북한은 (1) 누진세율이 아닌 단일 세율로 시작했고 (2) 농지의 비옥도가 아닌 작물에 의해 차등을 두었으며 (3) 소득에 의한 면제 대상을 설정하지 않았다는 점에서 소련과의 차별성을 가졌다.

북한의 농업현물세 부과 비율은 25%의 단일 세율로 출발해서, 작물별로 상이한 세율을 부과하는 방식으로 총 6차에 걸쳐 개편되었다. 북한의 농민들은 농업현물세 납부에 대한 반대급부로 지세·수익세 등의 국세와 호별세·지세·가옥세·임야세 등의 지방세, 그리고 공출 등을 면제받았다.[36] 그러나 북한 고유의 단일세율에는 형평성의 문제가 있었다. 벼의 경작에서 이익이 다른 작물의 경작에 비해 높았기 때문이다. 이에 따라 1947년 5월의 법령 제24호(농업현물세 1차 개편)를 통해 논작물의 부과비율을 2% 높이고 전작물과 공예작물의 비율을 2% 낮추는 조치가 취해졌고, 작물별 세율을 통해 농민들의 농작물 실 수확고의 10~27%를 현물로서 차등 부과했으며 척박임지를 일구어 생활하는 화전민을 대상으로는 세율 10%를 부과했다.[37] 1949년 7월(농업현물세 2차 개편)에는 개간을 장려하기 위해 비화전민이 화전을 추가로 일구는 경우에도 같은 세율을 적용했다.[38] 일반농민의 화전 개간은 적어도 1954년까지 지속된 것이 확인된다.[39]

한편, '개간으로 인한 소득 증가'에 더불어 '노동력의 손실'에 대해서도 농업현물세 감면조치가 내려졌다. 북한 내각은 김일성의 1949년 5월 9일 내각 제14차 전원회의 교시에 따라 5월 9일 내각 결정 제45호「조선인민군대전사및하사관들의부양가족원호에관한결정서」와 5월 26일 시행세칙을 채택하고, 농민의 입대로 노력자를 잃게 된 가족에 대해 노력자 1명, 비노력자 4명 이상으로 되었을 경우에 한해 15~30%의 면세 혜택을 부여했다.[40]

3. 소득세 부과와 누진과세 원칙 구현

북한은 1947년 2월의 세제개혁에서 단세제도를 채택했다. 단세제도에 따라 소득 과세를 할 경우, 국가는 농민의 소득에 대해서는 농업세만을,

그 외 개인 납세자의 소득에 대해서는 소득세만을 부과하게 된다. 근대국가의 핵심은 소득세이고, 다시 소득세의 핵심은 세입창출 국가장치의 운영 즉 거래비용에 달려 있다. 농업현물세 항목에서 상술한 바와 같이, '사회주의적 축적'은 농민 수탈을 기본 전제로 한다. 산업화와 협동화가 진전됨에 따라 농민은 협동조합에 가입하거나, 이농을 선택하게 된다. 소련에서도 계급으로서의 쿨라크가 일소되면서 부농을 중심으로 도시지역으로 이주하는 인구가 늘었으며, 농업의 기계화 진척은 농업노동의 수요 축소와 빈농들의 도시 이주를 가속화시켰다.[41] 해방 이후 민주개혁을 추진하던 북한의 입장에서는 소련의 경험에 비추어 볼 때 앞으로 소득세의 부과 대상인 도시 근로자 및 사무원의 비중이 크게 늘어나게 될 것임은 미리 짐작할 수 있었을 것이다.

북한의 소득세는 조선총독부의 1934년 일반소득세에 뿌리를 두고 있으며, 1945년 12월 북조선 재정국의 총독부 조세 일부승계 방침(소득세 1차개편)에 따라 존치가 결정되었다. 자세한 내용은 확인되지 않으나 일반소득세의 1종(법인소득), 2종(원천과세소득), 3종(종합과세 개인소득) 중 3종에 대해서 영업세와 함께 개편할 방침이 정해진 것으로만 알려졌다.[42] 비슷한 시기 김일성은 재정국에 1945년 12월 지시를 내렸는데, 그 내용은 "소득세를 기본으로 하여 도시주민의 각 계층에 따르는 인민적인 세금항목을 설정하고 이 비율을 각각 차이나게 하도록" 하라는 것이었다. 이에 따라 인민위원회는 1946년 4월 1일 결정 제8호(소득세 2차 개편)로 일반소득세를 개인수익세로 개편하고, 노동소득 이외의 소득에 대한 개인수익세 및 영업세는 4회 분납하되 대상자가 매기 제출한 신고서를 토대로 세무기관이 3개월분 합계소득 금액을 결정, 부과하는 방식을 취했다.[43] 그러나 이 시기의 조세개혁은 일본의 국세체계에서 전시세제를 배제하고 단순화하여 소련의 제도를 기계적으로 대입한 한계를 지녔다. 당시에 부과된 실효세율은 지나치게 높았던 것으로 평가되며, 농업생산성의 향상과 징발량의 조정을 거친 후에야 비로소 안정화 될 수 있었다.[44]

1947년 2월 27일 북조선임시인민위원회 법령 제3호(소득세 3차 개편)로 제정, 공포된 「소득세법」은 주민의 소득을 근로소득, 사업소득, 자유소득의 3종으로 구분하고 북한에 거주하는 개인 및 사업단체를 대상으로 과세했다.[45] 소득세의 징수는 각도 인민위가 담당했고, 세금을 징수한 해당 도·시·면 인민위에는 인민위가 결정한 비례에 의해 지방교부금의 형태로 소득세 분여금을 교부했다.[46] 1949년 4월 재정상 최창익이 최고인민회의 제1기 제3차 회의 보고에서 공언한 바와 같이, "개인중소상업의 발전을 더욱더 보장하기" 위해 1949년 8월 최고상임위원회 정령(소득세 4차 개편)으로 소득세 감세 조치가 취해졌다.[47] 기업가, 상인, 자유업자에 대한 소득세 초과 누진율이 12~63%에서 10~55%로 저하되었다.[48] 세율은 그 전보다 19.7% 낮아졌고 노동자·사무원들에 대한 소득세 부과 방식이 6~20%의 단순 누진제에서 4~14%의 초과 누진제로 개편되었다.[49] 또 4차 개편은 처음으로 소득세 부과 면제 대상을 지정했는데, 500원 이하의 소득자가 이에 해당하였다.

1947년 7월 1일 자 북로당의 미소공위 답신안은 북한이 통일 한국에 대해 구상한 소득세 과세 원칙을 선언적으로 나타내고 있다. 근로소득세는 "노동자, 사무원들이 받는 임금 등의 급료소득에 대하여 원천과세제도를 쓰되 세율을 누진을 할 것"이, 사업소득세는 "개인 및 법인단체의 사업에 의한 총소득에 대하여 누진율로써 과세할 것"이, 그리고 기타 소득세에 대해서는 "저술가, 자유노동자의 직업소득과 건물대부 소득 법인단체로부터의 배당금 등에 대하여 누진율로 부과할 것"이 명시되었다.[50]

4. 등록세 개정과 식민적 제도 존치

1947년 2월 27일 북조선인민위원회 법령 제 4호로 제정, 공포된「등록세법」은 1945년 3월 15일 개정된 일제 총독부제령 제4호「조선등록세령」을 일부 수정해 만든 것이다. 새「등록세법」은 대부분 조항을 1944년 4월 1일 개정된 조선등록세령에서 그대로 원용했다. 은급채권 등 채권에 대한 등기와 철도저당, 어업권·광업권 등의 등기 등 일제의 유산을 제외하고 단순화시켰을 뿐이다. 부과 세율도 거의 달라지지 않았다. 단, 건당 등록세액으로 확정금액이 부과되는 항목의 경우 화폐가치 변동 등을 고려해서 전체적으로 상향 조정되었다.[51] 북한은「등록세법」에서 기존의 부동산에 관한 등기 등 10종을 4종으로 단순화시켰다. 등록의 경우 어업권 등 총 5종에서 3종으로 줄였다.[52] 새로운 등록세법이 해당하는 모든 활동에 대한 새로운 등록을 요구했던 것은 아니다. 1947년 1월 1일부터 3월 31까지 소련군 사령관 명령 제11호로 상업과 공수(公需)영업의 허가장을 받도록 했고, 이때 허가장을 득한 자는 등록세법 제3조 1항 7호에 의하여 등록한 것으로 인정되었다. 등록세는 인민재판소 또는 등록공서에서 부과·징수했다.[53] 등록세는 1949년 12월의 세제개혁과 1954년 6월의 기간 사이에 폐지되었다. 정확한 일자는 확인되지 않는다.

IV. 민주개혁과 사회주의 경리수입

1. 이익공제금 도입과 신 가격구조 수립

이익공제금은 사회주의 조세제도의 꽃이다. 사회주의 국가의 지배자가 가장 선호할 만한 세입 극대화의 조건들이 모두 들어 있기 때문이다.

이익공제금은 (1) 협상 대상의 부재에서 오는 최고 수준의 상대적 협상력과, (2) 일단 효율적인 은행 시스템이 구축되면 더 이상의 징세비용이 소요되지 않아 가장 낮아진 거래비용, 그리고 (3) 경영손실금·기업소기금·상금기금 적립액을 제외한 전체 이윤을 취할 수 있어 가장 낮은 할인율로 세입을 극대화할 수 있는 최적의 세목이다.

북한은 이익공제금을 "사회주의국영 기업소, 기관들에서 생산 및 판매 활동결과에 조성된 사회순소득의 한 부분인 기업소리윤을 분배하여 국가예산에 동원하는 형태"로 규정하고 있다.[54] 그렇다면 기업소 입장에서 거래세와 이익공제금이 어떻게 다를까. 그 답은 "이론적으로 다르지 않다"는 것이다. 이들의 구분하는 것은 단지 "실무적인 목적" 때문이다.[55] 북한은 "거래수입금은 생산물의 가격속에 일정한 크기로 고착되여있으면서 생산물이 실현되는 즉시로 국가예산에 납부"되는 것으로, 이익공제금은 "그 크기가 가변적이며 기업소에 조성되는 리윤의 규모와 자체충당몫에 의존"하는 것으로 구분하고 있는데 이는 소련의 1930년 세제개혁에 그 기원을 두고 있다.[56] 소련에서 이익공제금은 1923년 국영기업 및 집체기업에 대한 법인세의 형태로 첫 실시되었다가 1928년 제1차 경제계획의 시행에 조응하기 위한 세제개혁이 이루어지면서 1930년 거래세와 함께 첫선을 보였다. 고전적 사회주의 조세제도의 원형으로 평가받는 1930년 개혁을 추진하기 위해 소련공산당 중앙위원회는 1929년 겨울 재정인민위원회와 국민경제최고회의에 소비세, 법인세 등 기존 세금을 통합한 새로운 예산수입 징수안 마련을 지시했다. 당시 제시된 안은 3가지로, 아래 <그림 2>의 ①~③안이 이에 해당한다.[57]

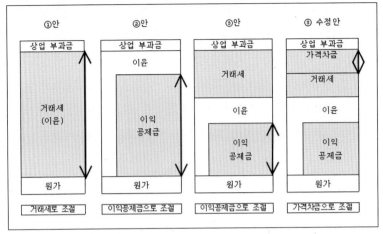

〈그림 2〉 소련의 가격구조 설계안, 1929〜1934

출처: R.W. Davies, *The Development of the Soviet Budgetary System*, pp.210~213의 내용을 표로 재구성한 것이며 국가예산 수입을 안정적으로 관리할 목적으로 주로 조정하는 부분을 화살표로 표시했다.

우선 제①안은 모든 세금을 '원가에 가산되는' 거래세로 개편하는 것이다. 이 안의 장점은 상품의 판매와 함께 세금의 동시적 수취가 가능하다는 것이다. 그러나 만약 같은 종류의 상품을 두 개의 기업소에서 만드는데 하나의 평균 원가율에 의해 거래세만을 과세하기로 한다면, 원가율이 낮은 기업이 다른 기업보다 높은 이윤을 가져가게 된다는 단점이 있었다. 이를 피하기 위해서는 기업소들의 유사한 생산품에 대해 각각 다른 세율을 부과해야 하는 번거로움이 있었다.

제②안은 기존 세금을 단일수익세(single tax on profits)인 이익공제금으로 통합하는 것이다. 기업소는 국가가 제정한 계획에 따라 생산하고 계획의 달성 여부에 따라 계획이윤과 초과이윤에 대한 지정된 과표의 공제금을 납부하면 된다. 그런데 이렇게 되면 국가예산안은 원가계획 생산계획의 달성여부에 연동하는 잠정안으로 전락한다. 예산에 대한 예측 가능성이 저하되는 것이다. 원가계획의 달성을 보장할 수 없는 환경에서는 수익세가 세입의 보충적 원천 이상이 될 수 없다는 단점이 있었다.

제③안은 기존 세금을 거래세로 통합하고, 이익공제금을 별도의 수입원천으로 신설하는 것이다. 이 안의 장점은 기업소의 투자 계획이 변경되는 경우 이에 대응하는 신속한 이윤의 회수가 가능하다는 점이다. 이 안이 소련이 채택한 최종안이며, 북한이 1947년 이래 추구한 가격구조의 원형이 되었다. 단, 제③안은 인플레이션의 압력이 높아지는 경우, 즉 국영상점의 배급품 판매가격과 일반상점의 상품 판매가격간의 가격이 벌어지는 상황에 대해 거래세의 조정을 통해 대응하라고 요구하기 때문에 대응의 적시성이 문제가 될 수 있었다. 따라서 소련은 가격차금(mark-up)을 얹어 소매가격을 조정하는 방법으로 제③안을 보완했다. 이것이 제③ 수정안이며, 북한은 1951년 전후에 가격차금 제도를 도입하면서 제③ 수정안을 채택했고 1957년 4월 개편에서 이를 폐지했다.

북한의 이익공제금은 1946년 8월 10일 「중요산업국유화법령」으로 공장·광산·철도·통신·은행 등 주요산업을 국유화하여 인민의 소유로 전환한 조치로 가능하게 되었다.[58] 생산수단의 국유화는 임시인민위의 조세정책에 일대 진전을 가져왔다. 국가가 '사회주의 경리수입'의 장성을 통해 국가 기능 수행에 필요한 재정 자원을 마련할 수 있게 되면 이후 북한에서 그랬듯이 주민세금이 국가재정수입에서 '보충적 형태'에 불과하게 되기 때문이다.[59]

1947년 2월 제정된 북한의 이익공제금 제도는 소련보다는 낮은 세율로 출발했다. 북한은 '이익금의 평균 30% 이상'을 납부하도록 하고 기업세별 비율을 재정국장이 결정하도록 한 데 반해 소련이 1930년 9월 처음 부과한 세율은 각 기업소 계획이윤의 81%였다.[60] 북한은 기업이 생산에 소요되는 제비용을 지급하고 사회보장세를 차감한 후 거래세를 내고 남

은 이윤에 대해 이익공제금을 부과했으며 높은 누진율을 적용했다.[61]

재정계획의 수립 및 재정운영을 발전시키기 위해 1948년 10월 내각 결정 제24호 및 1949년 5월 내각 지시 106호가 채택되었다. 나아가 이익금 공제를 원활하게 하기 위해서는 기업소 경리의 발전이 절실했다. 우선 경비처리와 관련, 재정성은 경비절약에 대한 문제를 1948년도 예산집행에서 가장 중요한 과업으로 제기했으며 이는 (1) 재정의 합리적 이용 및 국가재정운영의 근본원칙 확립, (2) 화폐교환의 성과를 공고히 하기 위한 대책, (3) 1948년도 예산집행을 순조롭게 하기 위한 시책이 된다고 밝혔다.[62] 1949년 1월의 내각결정 제1호 별지로 급료, 여비 등 총 14종의 지출에 대한 세부적인 규정이 수립하고 독립채산제를 실시하는 국가경제기관이라 하더라도 최고한도를 초과할 경우 재정상의 승인을 받았을 때만 그 실시 최소한도 소요액을 가산할 수 있도록 했다.[63]

2. 거래세 신설과 탈식민적 조세제도 확립

북한 거래세의 모델이 된 소련의 거래세는 유럽의 소비재에 주로 부과되던 판매세(sales tax)에 대응되는 유사 세목으로 1930년에 신설되었지다. 소련 국영은행에 의하면 거래세는 국영기업소 및 집체기업에 부과되고 "가격결정요소가 아니므로 대중과세로 간주되지 않"았다. 소련의 경우 1930년 신설된 이래 1935년까지는 (조세수입의 항목인) 거래세로, 1936년부터 1991년까지는 (사회주의 경리수입의 항목인) 거래수입금으로 표시했다.[64] 북한의 경우 애초부터 거래세를 '국영산업 리익수입(1947년 예산)', '거래세 및 리익공제수입(1950년 예산)', '국가 기업소 및 기관들로부터의 수입(1954년 예산)' 등으로 일관되게 조세수입과 분리하고 있다.

그런데 북한의 거래세는 1947년의 '빅뱅 개혁'을 통해 처음부터 소련식으로 출발하게 된 것은 아니다. 북한 거래세의 전신은 일제가 1937년 소비세로서 신설하고 북한이 1946년 10월 개정한 물품세이다. 민주개혁기 물품세법의 원형이 된 1941년의 「조선물품세령」은 물품특별세의 세율을 낮추고 과세대상을 확대하여 국세로 개편한 것이다. 사치품 소비 억제를 위해 중과세했고 일반소비품도 다수 포함되어 있었으며 주류가 포함되어 있긴 하지만 식품의 비중은 적었다.[65] 1945년 12월 5도 재정국의 결정(물품세 1차 개편)으로 잠정적으로 유지되었다가 1946년 10월 개정(물품세 2차 개편)된 북한의 물품세는 1~31호까지의 물품에 대해서는 제조자로부터, 32호의 주요 수산물은 수산조합으로부터 과세했다.[66] 1946년 물품세법은 사치품을 다수 제외하고, 사행산업에 대한 징벌적 성격으로 골패에 대해 150% 과세했으며 다수 식품을 추가했다는 점 외에는 기본적으로 일제 세제를 그대로 승계한 것으로 보인다. 1946년 11월의 임시인민위결정 제116호(물품세 3차 개편)는 주요 수산물 물품세의 징수 대상을 생산지구 수산조합으로 변경하고, 물품세 과세물품을 수입하자를 제조자로 간주했다.[67]

1947년 2월의 「세금제도개혁에 관한 결정서」는 북한에서 거래세 세종(稅種)을 처음으로 설정하고 상품과 서비스에 대해 과세했으며, "동일한 기업의 부문 간 내부거래와 농민의 자기노력에 의한 가내부업 생산품의 판매를 제외한 모든 생산물의 판매"에 부과하도록 해, 한 물품에 대해 한 번만 과세하도록 했다.[68] 판매금액·운임수입·요금 등 매출액에 대해 정률 과세했기 때문에 "상업 감가/첨가를 공제한 소매가격과 기업소 도매가격과의 차액"에 대해 과세하는 소련의 거래세와 다르게 출발했다.[69] 제1차 5개년계획이 시작되는 1957년 전까지 북한의 거래세는 소련의 거래세를 이식했다기보다는 일본의 물품세와 소련의 거래세를 중간쯤에서 절충한 형태에 가까웠다고 볼 수 있다.

1947년 8월의 법령 제25호(거래세 1차 개편)는 광공임산물세 세율을 조정되었고, 거래세를 납부한 물품에 대해서는 1947년 12월부터 납세증지가 사용하도록 했다.[70] 1948년 11월부터는 납세증지를 물품거래세 및 관세를 부과한 물품에 첨부하도록 하되 재정상이 인정하는 물품에 대하여는 사용을 면제했는데 이는 인민위원회의 행정 부담을 낮추려는 조치로 해석된다.[71] 1949년 12월의 정령(거래세 2차 개편)에서는 상품거래세와 비상품거래세로의 재분류가 이루어졌다. 상품 거래에 대해서는 판매가격으로 기준으로, 비상품 서비스의 거래에 대해서는 수입금액을 기준으로 과세했으며 광공임산물의 상품거래세를 높이는 대신 기타 품목에 대해서는 전체적으로 세율을 낮추었다.[72]

V. 결론

1945~1949년 기간은 소련군이 단독으로 지배자의 지위를 가진 짧은 기간과, 김일성과 함께 공동의 지배자 지위를 가졌던 상대적으로 긴 기간으로 구성되어 있다. 소련군 사령부 중심으로 초반의 세제개혁은 5도 행정국 아래 당시 현상유지를 위한 일제 강점기의 제도를 정리하는 정도에 그쳤다. 이후 김일성은 단독 지배자의 지위를 굳히는 과정에서, 1947년 2월의 세제개혁을 통해 소련형 제도를 본격적으로 도입했다. 이 기간에 부과된 국세 세목은 주민세금에 해당하는 농업현물세, 소득세, 등록세와 사회주의 경리수입에 해당하는 거래세, 이익공제금으로 구분해 볼 수 있다.

당시의 주민에 대한 소득 과세 제도는 협동화의 전 단계로서 구상된 것이다. 지배자는 농민에게 농업현물세를, 개인 영리자와 사무원에게 소득세를 부과했다. 농민 및 개인 영리자를 협동조합으로 인입하기 전이었기 때문에 당시의 농민과 개인 영리자 대상 소득세의 부과 및 징수업무에는 높은 거래비용이 소요되었다. 북한의 지배자는 빈농을 포함해 전 농민이 담세자가 되는 제도를 구상해, 작물에 따라 세율을 차등 부과한 후 입대 등의 노동력 손실 등을 고려해 감면해 주는 제도로 보완했다. 도시민을 대상으로 하는 소득세의 경우, 지배자는 1, 2차 개편에서 일제의 전시세제를 보완하고, 1947년 2월 북조선인민위원회 출범과 함께 실시된 3차 개편에서 본격적 누진과세를 실시했으며, 1949년 8월의 4차 개편에서 단순 누진제를 초과 누진제로 강화하고, 개인 중소상업을 장려하기 위한 감세 조치를 취했다. 등록세는 일제강점기의 식민지적 조세제도가 그대로 유지된 경우에 해당하며, 북한이 세제를 정비하는 과정에서 1949년 12월~1954년 6월 사이에 폐지되었다.

사회주의 경리수입 중 이익공제금은 국영기업소 및 국영기관의 순소득의 일부에서 취하는 것으로, 소련이 1929~1934년 기간 중 마련한 3개의 가격구조 설계안과 긴밀하게 관련되어 있었다. 소련이 최종적으로 선택한 안이면서 북한이 지향한 세 번째 안은 기존 세금을 거래세로 통합하고, 이익공제금을 별도의 수입 원천으로 신설하며, 가격차금을 얹어 소매가격을 조장하는 방법으로 인플레이션 압력에 대응하는 안을 말한다. 1945~1949년 기간 중 도입하기에는 시기상조였으며, 북한은 이 안을 다만 염두에 두고 이익공제금 제도를 도입한 것으로 보인다. 거래세의 경우, 북한은 일제 강점기의 물품세를 1945년 12월, 1946년 10월과 11월의 총 3차에 걸쳐 조정하고, 이를 1947년 2월 거래세의 형태로 전면 개편한 후 1947년 8월과 1949년 12월에 다시 조정했다. 1945~1949년 기간 중 북한의 거래세는 일본의 물품세와 소련의 거래세를 절충한 형태에 가까웠으며, 1957년 제1차 5개년 계획을 시행하면서야 물품세의 잔재를 버릴 수 있었다.

이 시기 일본인 지주 등 반대세력 다수의 퇴출로 지배자의 상대적 협상력은 높았다. 또한 지배자는 제도 수립기임을 감안, 과세기반을 넓게 설정하면서도 감면대상을 조정하는 방식으로 할인율을 높였다. 거래비용 중에서 현물세 징수와 관련된 비용이 제일 높았으며, 소득세 거래비용은 개인영리자의 협동조합 참여가 늘어남에 따라 점차 줄어들것이 예상되었고 이익공제금 징수와 관련된 거래비용은 처음부터 낮았다.

본 연구의 기간은 총 3기로 구분되는 북한 조세정치사 중 제1기에 해당하며, 북한에서의 소득세제 및 국가수입 수취구조의 형성 초기단계를 분석했다. 향후 북한체제의 전환 가능성을 염두에 둘 때, 개인영리활동의 장려가 소득세 과세의 부활로 이어질 가능성을 배제할 수 없다. 가족농을 용인하고 농민에게 30%의 작물처분권을 부여하는 것이 70%의 과세로 해석되어서도 안 되지만,[73] 소득세 과세가 재개되는 시점이 오면 북한은 '제도적 기억'에서 새로운 조세제도를 끌어오게 될 것임을 유념할 필요가 있다.[74] 그렇게 되면 1945년에서 1949년에 형성되고 1974년까지의 29년간 축적된 납세의식의 기억이 체제전환 과정에서 납세의식을 고양하는 데 이용될 것이다. 이러한 맥락에서 본 연구는 북한의 미래가 될 수 있는 과거 조세제도의 제도적 기억을 부분적으로 복원한다는 데서도 그 의의가 있을 것이다.

이 장의 주

1 대조적으로 한국 미국 일본 등 대다수의 자본주의 국가는 복세제도(multiple tax system)를 채택하고 있으며, 소득세·재산세·유통세 등으로 나누어 징수한다.

2 1945~1974년 기간의 북한의 조세제도에 대한 선행연구는 차병권의 연구가 유일

하다. 차병권은 최고인민회의 제5기 제3차 전원회의 내용분석에서 북한의 세금
제도 폐지는 "보잘 것 없는 세금을 없앤 대신 다른 종류의 세금이나 공과금, 그
리고 부역을 대대적으로 강화한 것"에 불과하다고 분석하고 있다. 차병권, "북
괴최고인민회의 5기 3차 전원회의 내용분석: 세금제도의 폐지", 『北韓』, 제29호
(1974), 159~164쪽; 이 같은 평가는 냉전 시기 비사회주의권의 경제학자에게서
종종 발견할 수 있으며, 실제 차병권의 분석 흐름은 흐루쇼프 소련 수상이 최고
소비에트회의에서 세금제도 철폐안을 발표하고 3년 후인 1962년 허먼이 발표한
연구의 분석 흐름과 동일하다. Leon M. Herman, "Taxes and the Soviet Citizen",
Abraham Brumberd ed., *Russia Under Khrushchev*(New York: Frederick A.
Praeger Inc., 1962), p.176~188; 그렇지만 이들의 연구는 같은 내용으로 상이한
결과를 설명한 것이 되었다. 김일성과 달리 흐루쇼프는 7년에 걸친 단계별 폐지
를 약속했고 2년 만에 이를 포기했기 때문이다. 따라서 허먼과 차병권이 가지는
설명력의 한계를 인식하는 가운데, 본 연구는 거래세 중시의 관점을 부분적으로
반영했다. 그 외의 북한 조세제도에 대한 연구는 1985년의 「합영회사소득세법」
의 제정을 계기로 시작된 외국인투자자 과세에 대한 연구로 본 연구의 선행연
구에 해당되지 않는다.

3 Hilary Appel, *Tax Politics in Eastern Europe: Globalization, Regional Integration,
   and the Democratic Compromise*(Ann Arbor: University of Michigan Press, 2011),
   e-book location 309 of 4440.

4 은민수, "복지국가의 조세정치: 영국과 스웨덴의 조세개혁을 중심으로", 『사회
   복지정책』, 제39권 2호(2012), 125~155쪽.

5 Margaret Levi, *Of Rule and Revenue*(Berkeley: University of California Press,
   1988), pp.1~3.

6 Kanchan Chandara, "Ethnic Invention: A New Principle for Institutional Design
   in Divided Democracies", in Margaret Levi, James Johnson, Jack Knight, and
   Susan Stokes eds., *Designing Democratic Government: Making Institutions
   Work*(New York: Russel Sage Foundation, 2008), p.94.

7 Levi, *Of Rule and Revenue*, p2.

8 Ibid., p.16.

9 Ibid., pp.17~23.

10 Michael Dietrich, *Transaction Cost Economics and Beyond: Towards a New
   Economics of the Firm*(New York: Routledge, 1997), p.15.

11 Levi, *Of Rule and Revenue*, pp.23~30.

12 Ibid., pp.32~37.

13 Karl Marx, "Reviews from the Neue Rheinische Zeitung Politisch-ökonomische Revue No. 4", *Marx and Engels: 1849~1951*(Moscow: Progress Publishers, 1978), p.331.

14 Ibid., p.331.

15 '좋은 사회주의(good socialism)'는 지라르댕(Émile de Girardin)이 주창한 개념이다. 맑스는 지라르댕의 좋은 사회주의는 사회주의에 해당하지 않는다는 비판을 담은 서평에서 "감세는 평범한 부르주아 개혁이고 조세 폐지는 부르주아 사회주의이다. 부르주아 사회주의는 상공업종의 중산층과 농민들에게 특히 호소력이 있다"면서 감세와 조세 폐지를 구분하여 설명했다. Ibid., p.326.

16 "혁명활동에 돈이 필요할 때도 있었지만 우리는 세금을 받아내기 위하여 법을 제정할수 없었다. 인민을 그 어떤 법이나 규정에 얽어매놓고 장부책을 끼고 다니며 누구네 집에서는 얼마, 누구네 집에서는 몇원 하는 식으로 돈을 받아내는것은 원래 우리의 리념에 맞지 않았다." 김일성, 『세기와 더불어』, 제2권(평양: 조선로동당출판사, 1992), 176쪽; "우리는 지주놈들이 소작료를 얼마나 받으며 일본놈이 조선사람의 땅을 어떻게 빼앗고 세금을 어떻게 받아갔는가, 심지어 전매제도라는 것이 무엇인가까지 다 해설해주었습니다". 김일성, "우리의 인민군대는 로동계급의 군대, 혁명의 군대이다. 계급적정치교양사업을 계속 강화하여야 한다"(1963.2.), 『김일성저작선집』, 제3권(평양: 인문과학사, 1969), 288쪽.

17 "소구의 재정수입은 지주와 부농에 대한 몰수 등의 방법에서 소비에트중앙정부가 수립된 이후에는 점차 토지세 등 각종 세금과 공차판매 등으로 수입원이 전환되었다고 한다". 김지훈, "1930년대 중앙소비에트구의 금융정책과 통화팽창", 『동양사학연구』, 제16권(2002), 216쪽.

18 이 같은 입장은 승계한 레닌은 "간접세를 누진소득세 및 재산세로 대체하라"고 주장했다. V.I. Lenin, "Extraordinary Seventh Congress of the R.C.P"(1918.3.), *Lenin Collected Works* Vol.XXVII(London: Progress Publishers, 1981), pp.85~158.

19 한편 직접세에 대해서는 납세자의 정부 견제권을 강화한다는 의미를 부여했다. Karl Marx, "Instructions for the Delegates of the Provisional General Council. The Different Questions", *Marx and Engels: 1864~1868*(Moscow: Progress Publishers, 1987), p.192.

20 V.I. Lenin, "Capitalism and Taxation"(1913.6.), *Lenin Collected Works* Vol. XIX(London: Progress Publishers, 1981), pp.197~200.

21 레닌은 "공장마다 지점을 내고 운영되는 대형의 단일 국영은행은 사회주의를 실현 하기 위한 국가의 주요 기구"로 "사회주의 국가장치의 최대 9할을 차지하게 될 것" 이라고 주장했다. V.I. Lenin, "Can the Bolsheviks Retain State Power?" (1917.10.), *Lenin Collected Works* Vol. XXVI(London: Progress Publishers, 1981), p.106.

22 Scott Gehlbach, *Representation through Taxation: Revenue, Politics, and Development in Postcommunist States*(New York: Cambridge University Press, 2008), e-book location 593 of 3804.

23 김일성, "해방된 조국에서의 당, 국가 및 무력 건설에 대하여"(1945.8.),『김일성저 작집』, 제1권(평양: 조선로동당출판사, 1979), 263쪽.

24 김일성, "진보적민주주의에 대하여"(1945.10.), 위의 책, 296쪽.

25 HQ USAFIK, "G-2 Weekly Summary No. 31"(1946.4.), 한림대학교 아시아문화 연구소 편,『주한미군주간정보요약』, 제1권(춘천: 한림대학교, 1990), 525~547쪽.

26 「소작료 3.1제」,『국가기록원 나라기록』. http://contents.archives.go.kr(검색일: 2013년 4월 5일)

27 E.H. Carr, *A History of Soviet Russia: Foundations of a Planned Economy, 1926~1929* Vol. I~II(London: Macmillan, 1978), p.281.

28 V.I. Lenin, "Tenth All-Russian Conference of the R.C.P."(1921.5.), *Lenin Collected Works* Vol. XXXII(London: Progress Publishers, 1981), p.342.

29 Decree of the CPC of the USSR, "On the Benefits of Farmers in Connection with the Introduction of a Single Agricultural Household Tax"(1923.7.). http://bestpravo.ru/sssr/eh-gosudarstvo/y6o.htm(검색일: 2012년 5월 2일)

30 홍웅호, "신경제정책기 소련의 농촌 조세정책",『史林』, 제21호(2004), 175쪽.

31 Robert C. Allen, *From Farm to Factory: A Reinterpretation of the Soviet Industrial Revolution*(Princeton: Princeton University Press, 2003), p.175.

32 북조선림시 인민위원회 결정 제28호, "농업 현물세에 관한 결정서"(1946.6.),『법령 공보』, 증간2호(1947), 6~7쪽.

33 UN FAO, "China: Agriculture in Transition. Report of FAO Mission on Agricultural Planning and Policy", *FAO Economic and Social Development Paper*(Rome: Food and Agriculture Organization of the United Nations, 1981), p.21.

34 Donald W. Treadgold, *Twentieth Century Russia*(Boulder: Westview Press, 1987), p.253.

35 1924~1925년 회계연도의 경우 전체 2천2백만 농민 중 6백만 명(27.2%)에게 면세 혜택을 부여했다. Michael A. Newcity, *Taxation in the Soviet Union*(New York: Praeger Publishers, 1986), p.10.

36 북조선림시 인민위원회 재정국포고 제11호, "농업 현물세 실시에 반한 제세 면제에 관한 건"(1946.8.), 『법령공보』, 증간6호(1947), 6쪽.

37 조선 중앙 통신사 편, 『조선 중앙 년감 1954~1955』(평양: 조선 중앙 통신사, 1954), 438쪽.

38 송봉욱, "국가재정과 농업발전에 있어서의 농업현물세의 의의", 『인민』, 제11호 (1949), 12쪽; 내각결정 제92호, "농업현물세 일부 개정에 관한 결정서"(1959.11.), 『내각공보』, 제9호(1949), 299~300쪽.

39 김일성, "농촌경리의 금후발전을 위한 우리당의 정책에 관하여"(1954.11.), 『김일 성저작집』, 제9권(평양: 조선로동당출판사, 1980), 123쪽.

40 내각결정 제45호, "조선 인민군 대전사 및 하사관들의 부양가족원호에 관한 결정 서"(1949.5.), 『내각공보』, 제6호(1949), 214~215쪽 ; 김영희, 『세금문제 해결 경 험』(평양: 사회과학출판사, 1988), 51쪽.

41 Allen, *From Farm to Factory*, p.107.

42 HQ USAFIK, "G-2 Weekly Summary No. 31"(1946.4.), 한림대학교 아시아문화 연구소 편, 『주한미군주간정보요약』, 제1권, 525~547쪽.

43 사회과학원 력사연구소 편, 『조선전사』, 제23권, 194쪽; "신세제 결정에 대하여 평 남재정부장 담화발표", 『정로』, 1946년 5월 17일.

44 George M. McCune, *Korea Today*(Westport: Greenwood Press, 1982), p.208.

45 사회과학원 경제연구소 편, 『경제사전』, 제2권(평양: 사회과학출판사, 1970), 208쪽.

46 북조선 인민위원회 법령 제3호, "소득세법"(1947.2.), 1~5쪽.

47 김찬, "1949년도 조선민주주의 인민공화국 국가종합예산 심의위원회 보고", 재정성 편, 『조선민주주의 인민공화국 국가종합 예산에 관한 문헌집』(평양: 재정성, 1949), 13~14, 45~56쪽;

48 최고인민회의상임위원회 정령, "소득세 개정에 관하여"(1949.8.), 『재정금융』, 제1 호(1949), 68~73쪽.

49 김일성, "조선 민주주의 공화국 창립 1주년에 관한 보고"(1949.9.), 『김일성선집』,

제1권(평양: 조선 로동당 출판사, 1954), 402쪽.

50 "쏘-미공동위원회 공동결의 제5호, 제6호에 대한 북조선노동당 해답서", 심지연, 『미-소공동위원회 연구』(서울: 청계연구소, 1989), 354쪽.

51 북조선인민위원회법령제4호, "등록세법"(1947.2.), 『법령공보』, 제22호(1947), 5~9쪽.

52 조선총독부제령 제4호, "조선등록세령"(1945.4.). http://www.law.go.kr/(검색일: 2017년 4월 17일)

53 북조선인민위원회 법령 제4호, "등록세법"(1947.2.), 5~9쪽.

54 사회과학원 사회주의 경제관리연구소 편, 『재정금융사전』(평양: 사회과학출판사, 1995), 130쪽.

55 "거래세와 이익공제금은 경제학적 관점에서 본질에서 같다". D.I. Chernomordik et al., *National Income of the USSR: Its Formation and Estimation*(Moscow: Soviet Academy of Sciences, 1939), p.37의 글을 Naum Jasny, *The Soviet Price System*(Stanford: Stanford University Press, 1951), p.79에서 재인용함.

56 사회과학원 사회주의 경제관리연구소 편, 『재정금융사전』, 130쪽.

57 R.W. Davies, *The Development of the Soviet Budgetary System*(Cambridge: Cambridge University Press, 1958), pp.210~213.

58 북조선림시 인민위원회 결정 제58호, "북조선림시 인민위원회의 산업철도 운송 통신은행 등의 국유화에 관한 법령"(1946.8.), 『법령공보』, 증간3호(1947), 14쪽.

59 김덕윤, 『재정사업경험』(평양: 사회과학출판사, 1988), 79쪽.

60 북조선 인민위원회 법령 제2호, "북조선 세금제도개혁에 관한 결정서"(1947.2.), 『법령공보』, 제21호(1947), 4쪽; Franklyn D. Holzman, *Soviet Taxation: The Fiscal and Monetary Problems of a Planned Economy*(Cambridge: Harvard University Press, 1944), p.117.

61 Ibid., p.91.

62 재정성 편, 『국가종합예산에 관한 문헌집』, 11쪽.

63 내각결정 제1호 별지 제2호, "국가경제기관 국영기업소 협동단체 및 행정기관의 경리책임자의 권리와 의무에 관한 규정"(1949.1.), 『내각공보』, 제1호(1949), 3~14쪽.

64 Jerome Davis, *The New Russia between the First and Second Five Year Plans*(Freeport: Books for Libraries Press, 1968), pp.9~10; 최준욱 외, 『체제전환국 조세정책 분석과 시사점』, 33쪽.

65 재무부, 『한국세제사』, 상권(서울: 재무부, 1979), 87쪽.

66 "물품세를 국세로 변경", 『로동신문』, 1946년 10월 8일; 북조선림시 인민위원회 결정 제96호, "물품세법"(1946.10.), 국사편찬위원회 편, 『북한관계사료집』, 제33 권(과천: 국사편찬위원회, 2000), 263~267쪽.

67 북조선임시인민위원회 결정 제116호, "물품세법개정의 건"(1946.11.), 정경모·최 달곤 편, 『북한법령집』, 제3권(서울: 대륙연구소, 1990), 125쪽.

68 조선중앙통신사 편, 『조선중앙년감 1950』(평양: 조선중앙통신사, 1950), 625쪽; 북 조선인민위원회 법령 제5호, "거래세법"(1947.2.), 『법령공보』, 제22호(1947), 9~ 17쪽.

69 리상언, "인민경제 계획화 XII: 우리 나라에서의 재정 계획화", 『경제건설』, 제12호 (1958), 44쪽.

70 북조선 인민위원회 법령 제25호, "북조선 세금제도개혁에 관한 결정서 및 거래세법 중개정에 관한 결정서"(1947.8.), 『법령공보』, 제33호(1947), 1~10쪽; HQ USAFIK, "G-2 Weekly Summary No. 124"(1948.1.), 한림대학 아시아문화연구소 편, 『주 한미군북한정보요약』, 제3권(춘천: 한림대학교 출판부, 1989), 37~51쪽.

71 재정성 규칙 제4호, "납세중지에 관한 규정"(1948.11.), 재정성기관지편집부 편, 『재정법규집』, 123~124쪽.

72 최고인민회의 상임위원회 정령, "거래세 개정에 관하여"(1949.12.), 위의 책, 200~ 217쪽.

73 "이명박 대통령은 지난 4월 통일연구원 특별 강연에서 "북한도 집단농장을 할 게 아니고 '쪼개 바칠 것은 (정부에) 바치고 네가 가져라'하면 쌀밥 먹는 것은 2~3년 안에 가능할 것'이라며 "젊은 지도자(김정은)가 그것 하나 하면 되는 것"이라고 말 했다". 인용문 안의 특강은 2012년 4월 20일 통일부 통일교육원 통일정책 최고위 과정에서 진행된 『통일철학과 통일의 과제』 강연을 말한다. 「북농업, 4중 수탈구 조, 주민들 몫은 거의 없어」, 『조선일보』, 2012년 7월 25일.

74 제도적 기억의 정치학적 정의는 다음과 같다. "제도적 기억은 제도적 기억과 개인 의 기억 사이의 상호작용을 인식하고 이를 하향식 프로세스로 프레이밍한다: 엘리 트층의 기억 구성이 개인 또는 집단의 기억을 형성한다". Richard Ned Lebow (2006), "The Memory of Politics in Postwar Europe", Richard Ned Lebow, Wulf Kansteiner and Claudio Fogu eds., *The Politics of Memory in Postwar Europe*(Durham: Duke University Press), 10쪽.

The Fall of Ideology in Fraternal Socialism: Sino-North Korean Divergence over the American Threat, 1965~1966*

도지인**

I. Introduction

Throughout the Cold War era, North Korea had a very special relationship with China. What made it so special, however, was not its particular closeness. Rather, the relationship has been defined by its complexity and ambivalence. From the time of the anti-Japanese struggle in the 1930s and 1940s, throughout the Korean War and its aftermath in the 1950s, and the Sino-Soviet split of the 1960s, Kim Il-sung and Mao Zedong headed movements that were historically inseparable yet potentially

* 본 논문은 A&HCI 등재지 코리아저널(*Korea Journal*)의 2015년 여름호(55권 제2호)에 출판되었고 2016년 9월 유네스코한국위원회가 수여하는 제3회 코리아저널상 사회과학 부문의 최우수상 수상작으로 선정되었음.
** 건국대학교 통일인문학연구단 HK연구교수(북한학박사), jeando1966@gmail.com.

fractious. While a member of the Chinese Communist Party (CCP) as an anti-Japanese guerilla activist, Kim Il-sung remained mistrustful, particularly after thousands of Koreans in Manchuria were purged by the CCP as pro-Japanese sympathizers during the Minsaengdan Incident (Armstrong 2003; Han 1999). North Korean leaders often described their ties with China as being "sealed in blood", but their collaboration during and after the Korean War was far from harmonious (Kim 2012; Shen and Li 2011). China funded a significant portion of Pyongyang's post-Korean War reconstruction efforts, but its influence in North Korean internal affairs was loathed profoundly (Armstrong 2013; Choi 2008; Scalapino and Lee 1972; Seo 2005; Suh 1988; Shen and Xia 2012).

What held this relationship together, despite the "inherent weakness of socialist alliance relationships stemming from the dilemma between internationalism and national interests" (Shen and Li 2011, 251), was ideological unity built on a common perception of enemy (Westad 1998, 180). However reluctant it might have been, China's decision to enter the Korean War had a strong ideological component (Chen 2001), and the decision was accordingly judged by American authorities as evidence of an intensifying ideological partnership in the newly forged Sino-Soviet alliance (Jervis 1980; Stueck 1995). Likewise, it was the doctrinaire focus on anti-Americanism that prompted North Korea to assume for the first time a position of alignment in the Sino-Soviet split and join Beijing in a public attack against Nikita Khrushchev in the early 1960s (Buzo 1999; Szalontai 2005). During this time, Sino-North Korean propaganda stressed that the basis of their friendship was the ideological unity of the revolutionary peoples.[1]

Starting in the mid-1960s, however, ideological unity based on unmitigated anti-Americanism between North Korea and China began to unravel. From 1965~1966, Pyongyang adopted an unprecedented public posture of hostility towards Beijing. The North Koreans began to denounce dogmatism, an indirect reference to China, with added frequency. More significantly, it began to promote a new theme in its assessment of Chinese policies, that it was beginning to seek compromises with the United States against the backdrop of escalating conflict in Vietnam. Why did North Korea publicly portray China as compromising with American imperialism *despite* substantial evidence to the contrary? What aspect of Chinese policy led Pyongyang to raise an explicit dissent precisely at a time when the crisis in Vietnam called for more fraternal solidarity? What can North Korea's disagreement with China over the American threat tell us about the nature of Sino-North Korean relations, and particularly the role of ideology in this supposedly "lips and teeth" alliance during the height of the Cold War in the 1960s?

Previously, scholars have focused on the impact of the Cultural Revolution and the disparate attitudes toward the new leadership of the Soviet Union after the fall of Khrushchev in 1964 in explaining the degeneration of Sino-North Korean relations from 1965~1966 (Chung 1978; Koh 1969; Scalapino and Lee 1972; Suh 1988; Szalontai 2005). Without negating the basic soundness of standard interpretations, two problems may be raised. First, the previous scholarship has tended to treat North Korean alignment with and estrangement from its major allies throughout the long history of the Sino-Soviet split as a mere function of a "pendular movement" between China and the Soviet Union (Hiraiwa 2010, 116). This approach provided a good description of the state of North Korea's bilateral relationship with the Soviet Union and China at a given time. However, it was not as effective in establishing the precise cause of the alignment and as well as estrangement regarding an adequate issue-specific analysis and periodic distinctions.

Second, it overplayed the significance of aberrant episodes, such as the Cultural Revolution, in their bilateral relationship. While the disruptive impact of the Cultural Revolution was undeniable, it represented an isolated phenomenon in Sino-North Korean relations (Cheng 2010, 191). By contrast, North Korea's critical appraisal of China's policy towards the United States in and over Vietnam from 1965~1966 had a more profound long-term impact on Pyongyang's perception of Beijing. Previously, North Korea generally viewed China as its closest partner in the joint and primary struggle against American imperialism. From 1965~1966, however, Chinese prestige in North Korea was sharply undercut, as it was *perceived* to have assigned a bigger weight to anti-Sovietism rather than anti-Americanism. There are two main reasons for this reassessment. First, North Koreans believed that their Chinese comrades, despite the "fighting with two fists" formulation, actually began to place a near exclusive focus on countering the Soviet Union rather than the United States. Second, Pyongyang judged Beijing's efforts to avoid a direct military confrontation with Washington in or over Vietnam as an unprecedented retreat from the anti-American struggle (Hershberg and Chen 2006; Lawson 1984; Rogers 1976; Zagoria

1967; Zhai 2000). Consequently, North Korea for the first time identified China as an impediment to the united front against American imperialism and unlikely to support the militant strategy towards South Korea, which the Korean Worker's Party (KWP) had begun to pursue vigorously starting in 1965.

A novel development in this relationship, the Sino-North Korean divergence over the American threat from 1965~1966 led the KWP leadership to question the essence of China's revolutionary commitment. In this process, the KWP leadership promoted self-reliance and independence from 1965~1966 as clearly more anti-American and theoretically principled positions than Chinese policy towards the United States. As the rhetorical foundation of North Korea's militant strategy, self-reliance and independence for the first time had a publicly articulated and predominantly anti-Chinese component from 1965~1966.

The present study will conduct a comprehensive historical analysis of the unprecedented decline of ideology in Sino-North Korea relations. By scrutinizing North Korea's critical interpretation of Chinese cautiousness towards the United States and its focus on anti-Sovietism, the study will trace how Pyongyang for the first time came to redefine Beijing as an impediment to fraternal unity and a doubtful asset for its militant strategy. In this examination, North Korean policy formulations and official statements appearing in *Nodong Sinmun* and *Kim Il-sung Work*, coupled with documents from the North Korea International Documentation Project (NKIDP) and the Cold War International History Project (CWIHP) established at the Woodrow Wilson International Center for Scholars, will be closely examined.

II. Divergence over the American Threat: The First Signs, 1965

For North Korea, the expansion of American military intervention in Vietnam, coupled with normalization of South Korea's relations with Japan and the reinvigoration of the ROK-US alliance following Park Chung-hee's decision to support Lyndon Johnson's More Flags Campaign, underscored the imperative of forming the *broadest* possible united front against American imperialism. In this connection, Pyongyang, starting in 1965, consistently advanced the formulation that one's attitude in helping the Democratic Republic of Vietnam (DRV) was the true measure of one's commitment to Marxism-Leninism. By this standard, Beijing became an increasing disappointment for Pyongyang because of the perceived ambiguity of its policies towards the Vietnam War and the extreme anti-Soviet nature of the Cultural Revolution.

In reality, Chinese policy was fundamentally revolutionary, and Beijing provided substantial aid to Hanoi. From 1965~1969, over 320,000 Chinese engineering and antiaircraft artillery forces were directly engaged in Vietnam, the peak year in 1967 at 170,000 (Chen 2001, 225~229). Chinese deterrence was a "partial success in determining both the pace and limits of escalation, since it was predicated on avoiding the threshold of likely

Chinese response" (Whiting 1975, 35~37). However, China was also deeply anxious about being dragged into war with the United States. Therefore, Beijing took cautious steps to minimize the chances of a direct confrontation with the United States even as it risked war by sending extensive support (Zhai 2000, 135~137). As the Johnson administration escalated involvement throughout 1965, avoiding a direct military confrontation increasingly took precedence over other concerns. To that effect, the CCP leadership counseled the strategy of guerilla warfare and self-reliance to its Vietnamese counterparts.[2] The basic Maoist position established throughout 1965 was that the "threat from the United States could be contained and that rapprochement with the Soviet Union was unnecessary" (Lawson 1984,139). Mao Zedong, Lin Biao, and Zhou Enlai all believed that the "struggle with revision at home and abroad should take priority over everything else, including the war in Vietnam and struggle against the United States" (Zagoria 1967, 69).[3]

China's cautiousness towards the United States during the war, coupled with its near exclusive focus on anti-revisionism, led the KWP leadership to question the true essence of Beijing's revolutionary commitment. As noted by the Soviet embassy in Pyongyang at the time, Kim Il-sung was "obviously talking about Chinese leaders" in his reference to those "who just talk about being against American imperialism but in fact do not take any specific steps to curb aggression" (Person 2009, 25). From this standpoint, North Korea in 1965 began to publicly criticize Chinese obstruction of the united front against American imperialism. Its official rationale for denouncing the incorrectness of Chinese policy revolved around the concept of *independence in the struggle against modern revisionism,* a theme that would be promoted with added intensity throughout 1965.

The notion of independence in itself, otherwise expressed in concepts such as *jaryeokgaengsaeng, jajuseong,* or *juche,* had been a strong component of North Korean ideology since 1948. Aimed at denouncing Soviet influence in domestic affairs, Kim Il-sung made an open reference to self-reliance for the first time in 1955 in a major speech given to KWP propagandists. More explicitly, self-reliance was emphasized throughout 1962~1964 as North Korea geared up for militarization in the context of an intense campaign against Khrushchev's revisionism (Szalontai 2005).

What was remarkable about the accelerated promotion of independence in 1965 was that it was used for the first time to distance itself from the ideological position of China with which North Korea until that time had shared relative unity. By emphasizing *hyeondaesujeongjuuie daehan tujaengeseoui jajuseong* (independence in the modern struggle against revisionism), Pyongyang raised a fundamental dissent to Beijing's continued attacks on the Communist Party of the Soviet Union (CPSU) even after the fall of Khrushchev and refusal to cooperate with the Soviet Union's united action plan for aiding the DRV. In this connection, Kim Il-sung stated in April 1965:

> Our party
> has always maintained an *independent stand in its approach to the international communist movement and, likewise, in its*

struggle against modern revisionism in particular. We are resolutely fighting against modern revisionism, and this fight is invariably conducted on the *basis of our own judgment and conviction and in conformity with our actual conditions.* We consider that only by holding firmly to such a stand can we correctly wage the struggle against revisionism and make substantial contributions to the defense of the purity of Marxism-Leninism and the strengthening of the unity of the international communist movement (Kim 1984, 257~258). (Italics supplied)

Accordingly, Soviet diplomats in Pyongyang assessed the promotion of independence in the international communist movement as a criticism of China:

The worsening of the situation in Vietnam in connection with the expanding American aggression have forced the Korean leadership to make certain corrections in its policy in general and in *Sino-Korean relations in particular.* ⋯ *The idea of the independence of KWP policy began to again be stressed with special force.* ⋯ North Koreans come out in favor of united actions by all anti-imperialist forces, *including the USSR,* all socialist countries, countries of Asia, Africa, and Latin America.[4] (Italics supplied)

Whereas the North Koreans stressed the imperative of a broad united front against the expanding American threat in Vietnam, the Chinese leadership began to intimate caution towards the United States. Evidence of this trend appeared in early 1965 and continued with added frequency as the American intervention widened. In his interview with American journalist Edgar Snow published in the *New Republic* on February 26, Mao Zedong implied the possibility of improved relations with the United States in the long run. The Chairman stated, "Naturally, I personally regret that forces of history have divided us and separated the American and Chinese peoples from virtually all communications during the past fifteen years. Today the gulf seems broader than ever. However, I myself do not believe it will end in war and one of history's major tragedies."[5] Asked by Snow whether there was hope for improvement in Sino-American relations, Mao Zedong was quoted as saying that there was hope although it would take along time. In this connection, Mao Zedong stressed the need for restraint in Vietnam, confirming that China would fight the United States only in China:

> China's armies would not go beyond her borders to fight. That was clear enough. Only if the United States attacked China would the Chinese fight. Wasn't that clear? The Chinese were very busy with their internal affairs. Fighting beyond one's own borders was criminal. Why should the Chinese do that? The Vietnamese could cope with their situation.[6]

Several days after the statement, the CCP Central Military Commission issued directives to the People's Liberation Army (PLA) not to attack American aircraft that intruded into Chinese airspace (Radchenko 2009, 143). As the launch of Operation Rolling Thunder in March raised the chance of direct military confrontation with the Americans, China placed priority on the need to keep the war limited to Vietnam. No Chinese military intervention resulted any time during the escalation, even though the systematic American bombing attacks openly defied Beijing's threat that "aggression against the DRV is an aggression against China" in its official statement on February 9" (Whiting 1975, 178).[7] On March 28, Foreign Minister Chen Yi issued a statement indicating China's willingness to send volunteers: "The Chinese people will exert every effort to send the heroic south Vietnamese people the necessary material aid, including arms and all other war materiel, and stand ready to dispatch their men to fight shoulder to shoulder with the south Vietnamese people whenever the latter so require."[8] As one study noted, however, this statement was "highly qualified and ambiguous" because, among other reasons, the Chinese *people* rather than the Chinese government made the offer (Rogers 1975, 298). On March 26, North Korea issued its own statement of support, in which the *government*, as opposed to the people, offered of "all forms of aid including arms."[9]

Assigning an indirect and secondary role in this struggle, the Chinese leadership began to issue statements warning the United States to not expand the war while emphasizing Vietnamese self-reliance. On April 2, Zhou Enlai sent a three-point message to the United States conveying the intent to keep the war limited to Vietnam.[10] China's military aid to the DRV, the details of which were finalized in April 1965, likewise was intended to signal its limited intentions; as one Chinese author noted, "the very fact that China restricted its contribution to such aid [anti-aircraft units, railway units, defense work engineering units, and road building units] and support roles reassured American officials that China did not contemplate full-scale military intervention" (Yang 2006, 82). This duality in Chinese policy, one of supporting the Vietnamese struggle yet limiting its involvement in order to deter the United States, bred suspicions on the part of the North Vietnamese and North Koreans. One GDR envoy to the Soviet Union, in his note of conversation with a Soviet Vietnam specialist, observed the following changes in Vietnamese and North Korean attitudes towards China at this time.

> Given the Chinese policy that *promises much in words and does little in reality*, Le Duan, Pham Van Dong, and other leading comrades are more and more convinced of the view that the Chinese are ready to fight the last Vietnamese but otherwise are content to be left alone by the Americans. *Not only the Vietnamese, but also the Korean comrades, have drawn these conclusions from the attitude of the Chinese.*[11] (Italics supplied)

Thus, in the spring of 1965 there emerged a considerable degree of divergence between Pyongyang and Beijing over the correct way to address the growing American threat. The North Koreans were now saying that the expanding American threat in Vietnam required the widest possible anti-imperialist front and suspension of ideological polemics regarding modern revisionism. The Chinese argued, however, struggling against modern revisionism constituted the very essence of anti-imperialism and called for a clear line of demarcation from the CPSU: "What we mean by unity against the enemy is a slogan which draws a clear-cut line of demarcation between enemies and friends: it is a revolutionary slogan. The unity of the international communist movement can be achieved only on the basis of adherence to Marxism-Leninism and opposition to modern revisionism."[12] Unlike the first priority North Korea placed on the significance of the Vietnam War for distinguishing a true revolutionary versus opportunistic stand, the Chinese statement did not have a specific reference to the Vietnam War. Rather, it made a broad reference to the anti-imperialist struggles of the people of Asia, Africa, and Latin America and focused on the imperative of anti-revisionism. A major editorial in *Renmin Ribao* and *Hongqi* published in June entitled "Carry the Struggle against Khrushchov Revisionism Through to the End" placed priority on the need to counter revisionism in order to fight imperialism.

> The question confronting the Chinese communists today is whether to carry the struggle against Khrushchov revisionism through to the end or whether to stop halfway. ⋯ Revisionism has always been a prop of imperialism, a force serving imperialism. To combat imperialism, and above all U.S. imperialism, it is imperative to carry the struggle against Khrushchov revisionism through to the end. Revisionism has invariably engaged in splitting against Marxism-Leninism and the revolutionary people, has invariably been a force serving revolutionary unity. To safeguard the unity of the international communist movement on the basis of Marxism-Leninism and proletarian internationalism and to safeguard the unity of the revolutionary people of the world, it is imperative to carry the struggle against Khrushchov revisionism through to the end.[13]

As the CCP leadership took its anti-Soviet radicalism to extreme heights while intimating caution in its policy toward the United States throughout 1965, North Korean leaders became increasingly critical of these positions. At a mass rally commemorating the birth of Lenin, North Korea's Minister of Education stated, "The unity of the socialist camp and the international communist movement must be achieved *not by words but actual anti-imperialist, anti-American struggle.* There must be actual practice in opposing imperialism and colonialism and supporting the revolutionary struggles of exploited and oppressed people" (italics added).[14] In a conversation with the Soviet ambassador on May3, Kim Il-sung stated, "we do not share the point of view of some people, who continue open polemics at the present time."[15] In his report to the Fourth Session of the Third Supreme People's Assembly on May 21, KWP's Central Committee Vice Chairman Kim Gwang-hyeop stated, "countries of the socialist camp cannot stand idly when American imperialists are waging a war of invasion against Vietnam."[16] During his speech marking the 20th anniversary of the founding of the KWP on October 10, Kim Il-sung reiterated the theme that the KWP conducted its own struggle against modern revisionism from an "independent and principled position", and stressed that "one's attitude towards the struggle against imperialism, particularly, American imperialism, was what distinguished the revolutionary stand from the opportunist stand."[17] According to the testimony of Pak Kil-ryong, North Korea's former first Deputy Minister of Foreign Affairs, these remarks were intended to censure the Chinese, given the sour state of Pyongyang's relations with Beijing at the time (Pak1994,75).

As 1965 drew to a close, the divergence of North Korean and China over the question of anti-imperialism widened further. In September, Lin Biao issued a major policy statement on the Vietnam War, entitled "Long Live the Victory of the People's War!" Upon its publication, American policy makers viewed the article as a Chinese *Mein Kampf,* alarmed by its aggressiveness, bellicosity, and expansionist tone (Zhai 2000, 145~146). At the same time, however, one of the prevailing themes of this essay was to establish anti-revisionism as the essential step towards countering imperialism: "To win the struggle against U.S. imperialism and carry people's wars to victory, the Marxist-Leninists and revolutionary people throughout the world must resolutely oppose Khrushchov revisionism."[18] Additionally, it established Vietnamese self-reliance, and thereby, avoidance of Sino-American confrontation, as official Chinese policy toward the Vietnam War (Mozingo and Robinson 1965, 18~20). The United States, for its part, understood the implications of China's emphasis on self-reliance and Mao Zedong's strategy of "people's war" as intended to deter the United States. A National Intelligence Estimate dated March 10, 1965 observed the following:

> The Chinese Communists continue to proclaim the military doctrine of Mao Tse-tung which stresses self-reliance, the dominance of men and politics over weaponry, and the concept of a protracted 'people's war.' This doctrine, deemed applicable to 'wars of national liberation,' is also applied to a potential conflict with the US. Communist China is apprehensive regarding the possibility of a US nuclear attack followed by a large-scale

invasion, but holds that in such a case China could accept nuclear devastation and still overwhelm the invaders in a protracted 'people's war.' The Chinese leaders hope that this prospect will deter the US.[19]

Mao Zedong likewise counseled protracted guerilla warfare to Kim Il-sung. Predictably, Kim Il-sung opposed, citing the fact that the "many coastal lines, barren mountains, relatively advanced modes of transportation and the stationing of American forces in South Korea make it difficult to conduct guerilla activities" (Yi 2000, 174).

By the year's end, Pyongyang's defiance of Beijing became more explicit. In December, *Nodong Sinmun* editorialized at length the ways in which China obstructed the united front against American imperialism. In addition to the standard line of opposing "modern revisionism and dogmatism from an independent and principled position", which had been used throughout the year as a critique of Chinese policy, Pyongyang began to accuse China of actually "compromising" with the United States:

> Struggling against American imperialism is the most important and urgent revolutionary task of the parties and communists for peace, democracy, national independence, and the victory of socialism. ⋯ Maintaining the anti-imperialism struggle as a principle in opposing imperialism headed by the United States is the foremost measure of distinction between revolutionaries and opportunists. ⋯ *Just talking about opposing imperialism but in reality currying favor with imperialism and even being afraid of uttering the word imperialism, or talking about opposing*

imperialism but internally striking a compromise with imperialism should not occur. The revolutionary position of communists should be included in the resolute position of opposing imperialism headed by American imperialists and *actual struggle against it.* ⋯ Taking into account the revolutionary interests of our country and the interests of international revolution, *our party has always opposed modern revisionism and dogmatism from an independent and principled position* and resolutely struggled to safeguard the purity of Marxism-Leninism and will continue make the same argument in the future.[20] (Italics supplied)

Throughout the year, the North Korean leadership came to make a clear distinction between Chinese words and deeds in the struggle against American imperialism. During this time, the foundation of Sino-North Korean ideological unity progressively weakened due to, among others, their disagreement on the nature and urgency of the American threat.

III. The End of the Joint and Primary Struggle Against American Imperialism, 1966

Having established that Beijing was hiding behind high-sounding phrases about the battle against imperialism but being in fact obstructive, the North Korean leadership now regarded doubtfully previous assurances that China "will always share both sorrow and joy" with the Korean people.[21] As such, Pyongyang took a firm public position of independence in an unprecedented open critique of Beijing in 1966. The KWP hierarchy issued two seminal statements in this reformulation of China: first, *Nodong Sinmun*'s editorial "Let's Safeguard Independence" in August, and second, Kim Il-sung's report to the 2nd KWP Representative's Conference in October. The North Koreans increasingly perceived the Chinese to be neglecting the joint and primary struggle against American imperialism because of the continued signals to avoid direct confrontation with the United States, coupled with the extreme anti-Sovietism of the Cultural Revolution launched in the summer of 1966. This period in Sino-North Korean relations warrants a closer examination because it was the first time Pyongyang openly contested China's ideological principles in earnest.

The onset of the Cultural Revolution did not radically alter China's policy towards the Vietnam War and the United States. China and the United States kept on airing their respective positions through the Warsaw talks and sought to avoid misperceptions. The signaling to avoid confrontation also continued in 1966. In this context, top-level officials in the Johnson administration concurrently began to promote a new policy towards China known as "containment without isolation" (Goh 2005; Iriye 1968; Lumbers 2004), which involved "bridge-building" measures, such as lifting travel and trade restrictions. While Chinese leaders generally dismissed such steps as insincere, they nonetheless did not altogether preclude future relations with the United States. A *Renmin Ribao* article on March 27, "Old Tune, New Plot" indicated openness to future exchanges and stressed that Mao Zedong had always made a distinction between U.S. imperialism and the American people.

Chairman Mao Tse-tung has said: "The Chinese people know that United States imperialism has done many bad things to China and to the whole world as well; they understand that only the United States ruling group is bad, while the people of the United States are very good." There is a profound friendship between the Chinese and American peoples. We Chinese people understand full well the American people's desire for resuming contact with us, but, we will not, and we cannot, allow the U.S. ruling group to exploit this justified desire of the American people for its own sinister ends. We are convinced that some day the Chinese and American peoples will smash the schemes of the U.S. reactionaries, sweep away all obstacles and truly establish close contact so as to bring about a tremendous growth of the friendship between our two peoples.[22]

Following this statement, Beijing continued to indicate its intent to avoid a direct confrontation with the United States. On April 10, Premier Zhou Enlai made a four-point statement on China's policy toward the United States in which he reiterated that China would not take the initiative to provoke a war.[23] By the time Foreign Minister Chen Yi summoned British chargé d'affaires, Donald Charles Hopson, on June 6 to convey the four point message to Washington, China was convinced that it "would not face the prospect of a direct military confrontation with the United States over Vietnam" (Hershberg and Chen 2006, 237). There were even indications that China began to focus more on issues specific to Sino-American bilateral relations, i.e., Taiwan, than the whole range of revolutionary movements, including the Vietnam War (Rogers 1976, 310). By September

1966, the CIA noted that despite the confusion and radicalization generated by the Cultural Revolution, Chinese foreign policy on Vietnam continued to be characterized by caution, and that the war did not receive priority consideration because of the focus on domestic politics.

> *Caution is also being shown in foreign affairs, specifically on Vietnam.* Concentration on the enemies within has resulted in a drop in press attention to Vietnam and to foreign affairs generally. China has not abandoned or even eased its stand on Vietnam, but it has *pushed the matter to the back burner* for at least the time being. Aside from some *heavily qualified hyperbole* about the Red Guards being ready to "fight a war at any time", the current upheaval has concentrated on domestic issues. We estimated recently that it was unlikely that the Chinese would intervene with their own forces in the Vietnam War. And we continue to believe this is the best judgment of Chinese policy.[24] (Italics supplied)

To the Vietnamese, Chinese policies seemed ambiguous at best. One Soviet diplomat in Hanoi noted the following suspicions and negative assessments among the Vietnamese leadership: "The policy of the PRC appears suspicious in the eyes of the Vietnamese comrades. Before the bombing of the DRV started, the PRC boisterously claimed that it would consider each attack on the DRV as an attack against itself, [now] it has become more and more restrained while the escalation of American bombardments increase. Conversely, it pressures the DRV to continue the war."[25]

The focus on domestic politics in the previous document of course referred to the launch of the Cultural Revolution, the key aim of which was *fan xiu fang xiu* (反修防修), or opposing revisionism abroad and preventing it at home (Li 2012; 2008). The launch of the Cultural Revolution was officially proclaimed in the Communiqué of the 11th Plenum of the Eighth Central Committee issued on August 12. By this time, the centrality of *fan xiu fang xiu* produced an effective distinction between *declared* enemy number one (the United States) and *actual* enemy number one (the Soviet Union). The communiqué proclaimed an organizational break with the CPSU and exclusion of the Soviet Union from the anti-imperialist front.

> The Plenary Session maintains that to oppose imperialism, *it is imperative to oppose modern revisionism.* There is no middle road whatsoever in the struggle between Marxism-Leninism and modern revisionism. *A clear line of demarcation must be drawn in dealing with modern revisionist groups, with the leadership of the C.P.S.U. as the centre,* and it is imperative resolutely to expose their true features as scabs. It is impossible to have 'united action' with them. ··· In order to isolate U.S. imperialism to the maximum and deal blows to it, the broadest possible international united front must be established against U.S. imperialism and its lackeys. *The Soviet revisionist leading group is pursuing a policy of Soviet-U.S. collaboration for world domination and has been conducting splittist, disruptive and subversive activities within the international communist movement and the national-liberation movement in the active service of U.S. imperialism. They cannot*

of course be included in this united front.[26] (Italics supplied)

On the same day of the Chinese communiqué of August 12, the KWP issued its seminal statement on independence, "Jajuseong-eul onghojaka (Let's Safeguard Independence." In this editorial, Pyongyang went public with its repudiation of Chinese positions. North Korea expressed its profound disillusionment with China's obstruction of the broadest anti-imperialist front and failure to focus *exclusively* on the American threat. Given that North Korea from 1965~1966 appraised Moscow's policy towards Vietnam positively, Pyongyang's criticism regarding intra-bloc disagreement and the fragility of the anti-imperialist front was essentially directed at China.

There exists today *a huge obstacle to the formation of an anti-imperialist joint action and united front.* There exists a serious difference of opinion within the international communist movement heading the anti-imperialist struggle, precluding an agreement. *The main question of divergence is whether one is struggling to oppose American imperialism and supporting the revolutionary struggle of the people of the world.* The attitude toward this question is the basic measure by which each party's position on Marxism-Leninism is judged. ⋯ Socialist countries are giving the people of Vietnam certain material aid. This shows that there exists an initial basis for joint action and united front in our struggle against anti-imperialism. *Whether one opposes imperialism for real or not and whether one wants the struggle of the Vietnamese people or not will be proven and clarified in the actual struggle against imperialism.* Action will be the measure of sincerity and distinction between Marxism-Leninism and opportunism.[27] (Italics supplied)

To substantiate the claim that it concentrated exclusively on anti-imperialism and the Vietnam War, North Korea at this time even sent a small number of pilots to the DRV. The KWP leadership was displeased that the Chinese objected to sending volunteers to Vietnam from socialist countries and, despite the difficulties caused by Beijing, sent about 100 of their own pilots to the DRV posing as specialists to take part in military operations (Person 2009, 23). The Vietnamese Communist Party's Central Military Party Committee, chaired by General Vo Nguyen Giap approved on September 21 an official North Korean request to be allowed to send a North Korean Air Force regiment to help defend North Vietnam against U.S air attacks. Subsequently, the two sides reached an agreement stipulating that the North Koreans would provide pilots for one North Korean Air Force regiment consisting of two companies (ten aircraft each) of MiG-17s and one company of MiG-21s while Vietnam would provide the aircraft and all necessary technical equipment, maintenance, and logistics support for the North Korean flyers.[28]

North Korea's opposition to Chinese policy toward the United States over Vietnam received the highest official endorsement in Kim Il-sung's report to the 2nd Representative's Conference of the KWP held from October 5~12. Granted, in the last four months of 1966, Moscow began to show a renewed interest in engaging Washington despite the ongoing conflict in Vietnam as relations with China plummeted to a new low following the official launch of the Cultural Revolution in 1966. Furthermore, American promotion of "containment without isolation" fueled Moscow's suspicions of Sino-American collusion (Gaiduk 1996; Radchenko 2009; Zagoria 1967). But this reformulation of Soviet policy for re-engaging the United States and strategically containing China was not yet concretized in October 1966. Therefore, Kim Il-sung's report should be seen primarily as an anti-Chinese public statement, criticizing Beijing's lack of attention to the joint and primary struggle against American imperialism. Kim Il-sung hyperbolized the threat of American imperialism and the need for a broad united front against it in Vietnam, denouncing the "broad most *genuine* united front" promoted by Mao Zedong and his associates. Several passages from the report are of particular relevance for understanding these diverging views.

(1) US imperialism is target No.1 in the struggle of the world peoples. It is the primary task of the socialist countries and the Communist and Workers parties to enlist and concentrate on the *broad anti-imperialist forces* in the struggle against U.S. imperialism. ⋯ In the present period the *attitude toward U.S. imperialism* is a major yardstick for verifying the position of the Communist and Workers parties. The communist should always hold fast to the principled position of opposing imperialism, *U.S. imperialism above all* (Kim 1971, 113). (Italics supplied)

(2) It is really regrettable for Communists throughout the world that differences among fraternal parties have gone so far

beyond ideological and theoretical bounds today that they can hardly be settled. But, however serious they may be, differences among fraternal parties are still an internal affair of the socialist camp and the international communist movement. *Differences among parties must not be developed into an organizational split*, but must on all accounts be settled by means of ideological struggle guided by a desire for unity (Kim 1971, 115). (Italics supplied)

(3) *One should not put away any fraternal country on a par with the enemy* or push it away to the side of the imperialists, even if it has some negative aspects (Kim 1971, 114). (Italics supplied)

(4) The basic strategy of the world revolution today is to direct the spearhead of attack at U.S. imperialism. We must *clearly distinguish a friend who has made an error from a foe*. The foe should be beaten, whereas the friend who has made a mistake should be criticized and guided to take the right path. We should in this way join efforts with all friends and *fight the main enemy* (Kim 1971, 134). (Italics supplied)

(5) But whatever their motives, it is necessary to enlist all these forces in the anti-imperialist struggle. If there is one who would like to *rectify his past mistakes, at least in the Vietnam question*, this is undoubtedly a good, welcome thing (Kim 1971, 136). (Italics supplied)

The remarks by Kim Il-sung differed markedly from Chinese positions as publicly articulated since 1965. In passage 1, the North Korean leader reiterated first the urgency of the *broadest* united front against American imperialism, which includes the Soviet Union and second, an *exclusive* focus on the primary and joint struggle against the United States. As seen in the foregoing sections, however, the Chinese leadership had begun to distance themselves from these positions since 1965 in the lead up to the Cultural Revolution. In passage 2, Kim Il-sung stressed organizational unity among fraternal parties. However, the CCP had been advocating an organizational break from the CPSU. In passage 3, Kim Il-sung opposed treating the Soviet Union as an enemy that parallels the threat of American imperialism. The Chinese, however, had begun to claim that opposing the Soviet Union had become as critical as opposing the United States. In passages 4 and 5, Kim Il-sung acknowledged the Soviet Union's past mistakes (during Khrushchev's era) but also recognized its current contributions to aiding the DRV. In contrast, the Cultural Revolution led Maoists to focus on disproving the efficacy and correctness of Soviet policies towards the Vietnam War and the whole revolutionary movement.

IV. Conclusion

The Sino-North Korean disagreement over the nature and urgency of the American threat from 1965~1966 did not preclude their eventual rapprochement. After the most radical phase of the Cultural Revolution had subsided at the end of 1968, a measure of normalcy began to return to their bilateral relationship. In the lead up and during Nixon's visit to China in 1972, the CCP leaders went out of their way to reassure KWP counterparts and increase material assistance (Choi 2008, 275~302). In fact, the Chinese viewed their policy as fundamentally revolutionary and did not think that a rapprochement with the United States contradicted their revolutionary commitment (Shen and Li 2011, 221). Despite the unprecedented low point in 1965~1966, a semblance of camaraderie was restored by 1969.

Notwithstanding the amelioration of their bilateral ties, however, the experience of the mid-1960s taught the North Korean leadership that it would not be able to rely on Chinese backing for any militant designs to unify the Korean peninsula. As a consequence of the Sino-Soviet split, ideology became devalued, and anti-Americanism as its basic premise could no longer serve as the cohesive element that bound the otherwise highly nationalist movements of Kim Il-sung and Mao Zedong. The hierarchy of the KWP has been aware, particularly since this period, that the CCP would not be likely to support revolutionary radicalism at the risk of confrontation with the United States.

Therefore, the foregoing history suggests caution in overplaying China's influence over North Korea or China's willingness to support North Korean assertiveness. Except for the Korean War, Beijing's policy towards Pyongyang has been conducted within the larger imperative of maintaining stability in the Sino-American relationship. The experience of 1965~1966 dispelled Pyongyang of any real hope that China would place itself back in the campaign to "resist America, aid Korea." This realization, in hindsight, is one of the main reasons a second Korean War was not attempted. Regardless, North Korea has continued to propagate a perpetual war scare and vilify "American imperialists" on which it has justified authoritarian political control and a sustained military buildup. These defining characteristics of today's North Korea were historically shaped, in part, by its divergence with China over the American threat from 1965~ 1966.

이 장의 주

1 "Excerpts from the Report of the Soviet Embassy in Pyongyang, 'Some New Aspects of Korean-Chinese Relations in the First Half of 1965,'" Foreign Policy Archive of the Russian Federation (AVPRF), f. 0102, op. 21, p. 106, d. 20, ll.14-27., June 5, 1965, accessed March 31, 2012, http://digitalarchive. wilsoncenter.org/document/110503.

2 Many of the conversations between the CCP and the VWP leadership appear in the collections of documents made available by the Woodrow Wilson International Center for Scholars, such as the Vietnam War digital archive collection, http://digitalarchive.wilsoncenter.org/collection/87/vietnam-war/3.

3 The United States understood that during this time, the Soviet Union increasingly came to "rival the US as a dominant problem for Chinese foreign policy." See "Communist China's Foreign Policy", *Foreign Relations of the United States, 1964~1968*, Volume XXX, China, Document 85, May 5, 1965, accessed March 12, 2012, http://history.state.gov/historicaldocuments/frus1964-68v30/d85.

4 "Excerpts from the Report of the Soviet Embassy in Pyongyang, 'Some New Aspects of Korean-Chinese Relations in the First Half of 1965,'" AVPRF, f. 0102, op. 21, p.106, d. 20, ll. 14~27, June 5, 1965, accessed March 31, 2012, http://digitalarchive.wilsoncenter.org/document/110503.

5 The actual date of the interview was January 9, 1965. Edgar Snow, "Interview with Mao", *New Republic*, February 26, 1965, accessed March 2, 2012, http://www.newrepublic.com/article/world/89494/interview-mao-tse-tung-communist-china#.

6 Edgar Snow, "Interview with Mao", *New Republic*, February 26, 1965, accessed March 2, 2012, http://www.newrepublic.com/article/world/89494/interview-mao-tse-tung-communist-china#.

7 "China is Well Prepared to Assist DRV against U.S. Aggression", February 9, 1965, *Peking Review* 7 (February 1965): 7~8.

8 "Aiding Vietnam is China's Sacred International Duty (Chen Yi's Reply to Xuan Thuy)", March 28, 1965, *Peking Review* 14 (April 1965): 10~11.

9 "Joseonminjujuuiinmingonghwaguk jeongbuseongmyeong" (Statement of the Government of the Democratic People's Republic of Korea), *Nodong Sinmun*, March 26, 1965.

10 "Zhou Enlai and Pakistani President Ayub Khan", The Diplomatic History Research Office of the People's Republic of China Foreign Ministry, comp., Zhou Enlaiwaijiaohuodongdashiji, 1949~1975 (Beijing: World Knowledge Press), 1993, 445; April 2, 1965, accessed March 24, 2013, http://digitalarchive.wilsoncenter.org/document/113057.

11 "Note by the East German Envoy to Moscow, Rossmeisl, on Talks with Unnamed Soviet Vietnam Specialists", History and Public Policy Program Digital Archive, PAAA-MfAA, Minister Kiesewetter, Microfiche A 17445, August 19, 1965, accessed March 2, 2012, http://digitalarchive.wilsoncenter.org/document/117719.

12 "Comrade Peng Zhen's Speech at Aliarcham Academy in Indonesia", May 25, 1965, *Peking Review* 24 (June 1965): 10~11.

13 "Carry the Struggle Against Khrushchov Revisionism Through to the End", June 14, 1965, *Peking Review* 25 (June 1965): 5~10.

14 "Widaehan lenin 95-junyeon pyeongyangsi ginyeomdaehoe-eseo han kimik-seon dongji-ui bogo" (Comrade Kim Ik-seon's Report to the Pyongyang Rally Commemorating the 95th Anniversary of the Birth of Great Lenin), April 22, 1965, *Nodong Sinmun*.

15 "Excerpts from the Report of the Soviet Embassy in Pyongyang, 'Some New Aspects of Korean-Chinese Relations in the First Half of 1965,'" AVPRF, f. 0102, op. 21, p. 106, d. 20, ll. 14~27, June 5, 1965, accessed March 31, 2012, http://digitalarchive.wilsoncenter.org/document/110503.

16 "Mijeui chimnyag-eul bandaehaneun veteunam inmin-ui jeongui-ui tujaeng-eul jeokgeuk jiwonhalde daehayeo" (On Actively Supporting the Vietnamese People's Just Struggle Opposing the Invasion of AmericanImperialism), May 21, 1965, *Nodong Sinmun*.

17 "Joseon rodongdang changgeon 20-junyeon-e jehayeo gyeongchukdaehoe-eseo han Kim Il-seong dongji-ui bogo" (Comrade Kim Il-sung's Report at the Commemorating Rally Celebrating the 20th Anniversary of the Establishment of the Korean Worker's Party), October 11, 1965, *Nodong Sinmun*.

18 "Long Live the Victory of Peoples' War!" September 3, 1965, *Peking Review* 36 (September 1965): 30.

19 "Communist China's Military Establishment", *Foreign Relations of the United States, 1964~1968*, Volume XXX, China, Document 80, March 10, 1965, accessed March 12, 2013, http://history.state.gov/historicaldocuments/frus 1964-68v30/d80.

20 "Modeun hyeongmyeong ryeongnyang-eul danhaphayeo banjetujaengeul deouk gangnyeoki jeongaehaja" (Let us Strengthen the Unity of Revolutionary Forces and Further Intensify the Struggle Against Imperialism), *Nodong Sinmun*, December 6, 1965.

21 "First Secretary of the Soviet Embassy in North Korean Reports on Sino-Korean Relations in 1966", History and Public Policy Program Digital Archive, AVPRF, f. 0102, op. 22, 109, d. 22, 38~49, December 2, 1966, accessed March 31, 2012, http://digitalarchive.wilsoncenter.org/document/ 114591.

22 "Old Tune, New Plot", March 27, 1966, *Peking Review* 14 (April 1966): 15.

23 "Premier Chou's Four-Point Statement on China's Policy Towards U.S.", April 12, 1966, *Peking Review* 20 (May 1966): 5.

24 "Memorandum by the Board of National Estimates, Central Intelligence Agency", *Foreign Relations of the United States, 1964~1968*, Volume XXX, China, Document 190, September 23, 1966, accessed March 1, 2012, http://history.state.gov/historicaldocuments/frus1964~68v30/d190.

25 "Note on a Conversation with the First Secretary of the Soviet Embassy, Comrade Sverev, on 8 July 1966 from 11:00 a.m. to 12:40 p.m. at the Soviet Embassy in Hanoi", History and Public Policy Program Digital Archive,

PAAA-MfAA, VS-Hauptstelle, Microfiche G-A 321, 13~16, July 9, 1966, accessed March 31, 2012, http://digitalarchive.wilsoncenter.org/document/ 117734.

26 "Communiqué of the Eleventh Plenary Session of the Eighth Central Committee of the Communist Party of China", August 12, 1966; *Peking Review* 34 (August 1966): 7~8.

27 "Jajuseong-eul onghohaja" (Let's Safeguard Independence), August 12, 1966, *Nodong Sinmun.*

28 "Signing of a Protocol Agreement for North Korea to Send a Number of Pilots to Fight the American Imperialists during the War of Destruction against North Vietnam", Vietnam Ministry of Defense Central Archives, Central Military Party Committee Collection, File No.433, September, 30, 1966, accessed November, 30, 2012, http://digitalarchive.wilsoncenter.org/document/113926.

[한글요약]

사회주의 동맹국간의 이데올로기의 몰락:
미국의 위협에 대한 북한과 중국의 갈등, 1965~1966

도 지 인

북중관계는 공통의 이데올로기와 잠재적 민족주의 사이의 갈등으로 인해 항상 복잡하고 양면적인 특징을 가지고 있었다. 그럼에도 북한은 1965~1966년 이전에는 공식적으로 중국을 공개적으로 비판하는 것을 자제하였다.

기존의 연구는 이 시기 북중관계의 악화가 주로 문화대혁명과 소련에 대한 양국의 입장 차이에서 기인한다고 보았다. 이들은 물론 중요한 요인이지만 동시에 미국의 위협에 대한 양국의 입장 차이에는 주의를 기울이지 못했다는 점에서 제약이 있다. 이 시기 북한은 베트남 전쟁에서 미국과의 직접대결을 피하려는 중국의 입장이 문화혁명기의 반소주의와 대비되는 가운데 형제적 결속력을 약화시킨다고 해석하였다.

따라서 처음으로 북한은 반미제국주의의 공동의 투쟁을 방해한다고 공개적으로 비난하기 시작하였으며 결과적으로 대남정책에도 도움이 되지 못하는 것으로 비판하였다. 북한은 이 시기 처음으로 중국이 미국과 타협한다는 주장을 내세우기 시작하였으며, 이는 중국의 북베트남에 대한 원조에도 불구하고 지속되어 동 시기 북한이 내세우는 주체와 자주성 개념에서 반중국정 성격이 두드러지는 데서 알 수 있다.

냉전시기 동안 중국과 북한은 매우 특별한 관계를 가지고 있었는데, 이것은 반드시 친밀했다는 의미보다는 복잡하고 양면적인 성격을 띠었다는 것이 더 정확하다. 김일성과 모택동은 1930년대~1940년대 반일투쟁과 1950년대 한국전쟁, 그리고 1960년대 중소분쟁을 겪으면서 아주 밀접한 관계가 있는 운동을 펼쳤지만 그들은 동시에 잠재적으로 갈등의 소지를 내재하고 있었다. 민생단 사건으로 인해서 만주의 조선인들이 중국공산당에게 당한 박해, 한국전쟁 당시 중국의 참전에도 불구하고 발생한 양국 간의 전쟁전략에 대한 이견 및 연안파의 몰락, 또는 전후 복구 사업에 대한 중국의 지원 가운데 제기된 내정 간섭에 대한 불만 등은 소위 "순망치한"의 북중 관계의 이면으로 존재했다.

이와 같은 "사회주의 동맹관계에 존재하는 국제주의와 국가이익간의 본질적인 딜레마(Shen and Li 2011, 251)"에도 북중 동맹관계를 근본적으로 견인한 것은 주적에 대한 공통된 인식(Westad 1998, 180)으로부터 형성된 이념적 동질성이었다. 바로 이 공통된 주적 인식이라는 이념적 요인 때문에 북한은 종전의 중립적인 입장을 폐기하고 1962~1964년 처음으로 중소분쟁에서 중국의 편에 서서 소련의 흐루시초프(Nikita Khrushchev)에 대한 공개적 비난에 나서게 되었다.

그리고 바로 이 공통된 주적 인식이 무너지면서 중국과 처음으로 공개적인 갈등을 표출하게 되었다. 1965~1966년 북한은 중소분쟁에서 입장을 바꾸어 소련과 함께 중국에 대한 비난을 하게 되는데, 이는 북한으로서는 유례없이 중국에 대한 적대감을 나타낸 것이었다. 북한은 이전부터 중국에 대한 비판적인 입장을 우회적으로 표현한 "교조주의'라는 표현을 더욱 빈번하게 사용하기 시작했다. 이것보다도 더 중요하고 1965~1966년에 새롭게 부각되는 점은 베트남 전쟁을 배경으로 중국이 미국에 대해서 "타협"하기 시작했다는 논조였다.

중국이 사실 베트남 지원을 활발하게 하고 있다는 증거에도 불구하고 북한이 이러한 주장을 하기 시작한 이유는 무엇인가? 왜 베트남에서의 전쟁이 형제 사회주의국가들 사이의 결속을 더 필요로 하고 있는데도 중국이 미 제국주의와 타협한다는 비판을 하게 되었는가? 1960년대 중반의 북한의 중국에 대한 비난이 북중관계의 본질과 역사에 대해서 시사하는 바는 무엇인가?

기존 연구는 1965~1966년 사이 북중관계의 악화를 다루면서 그 이유로 문화대혁명과 소련공산당의 새 지도부에 대한 상이한 입장을 주로 지목하였다(Chung 1978; Koh 1969; Scalapino and Lee 1972; Suh 1988; Szalontai 2005). 이를 부정하자는 것은 아니지만, 이러한 방식의 접근은 두 가지 문제점이 있다.

첫째, 기존의 연구는 중소분쟁에서의 북한의 변화하는 입장을 단순히 중국과 소련 사이의 "진자 운동(Hiraiwa 2010, 116)"으로 취급하는 경향이 있다. 이는 특정 시기 북중 또는 북소 양자관계의 양상을 설명하는 데는 유용할 수 있다. 그러나 북한이 어떤 이슈로 인해서 소련 또는 중국과 소원해지거나 밀접하게 되는지 구체적으로 그 원인을 밝히는 데는 부족함이 있었다고 할 수 있다.

둘째, 기존 연구는 문화대혁명과 같은 일탈적이거나 예외적인 사건의 영향을 다소 과장한 측면이 있다. 물론 문화대혁명이 당시의 북중관계에 가져온 부정적인 영향은 부인할 수 없는 것이지만, 이는 북중관계의 역사에서 이 시기에 국한된 예외적인 현상이었다(Cheng 2010, 191).

그러나 1965~1966년 북한이 중국의 베트남전쟁에 대한 정책에 대해 제기한 비판은 보다 더 장기적이고 근본적인 차원에서 북한의 중국에 대한 인식에 영향을 미쳤다. 1965년 이전 북한은 중국을 일반적으로 미 제국주의에 대한 공동의 그리고 일차적인 투쟁에 있어서 가장 가까운 동반자로 여겼다.

그러나 1965~1966년, 북한은 중국이 미 제국주의에 대한 투쟁보다 반소수정주의 투쟁에 더 큰 비중을 두었다고 보게 되어 사실상 미 제국주의에 대한 일차적인 투쟁으로부터 후퇴하고 미 제국주의에 대한 공동의 사회주의 형제국가의 단일전선에 심각한 훼손을 가져왔다고 보았다. 즉 북한은 중국의 "두 주먹으로 싸운다"는 반제국주의 및 반수정주의에 대한 동시적 투쟁이라는 공식적 입장에도 불구하고 미국보다는 소련을 반대하는 데 사실상 일차적으로 집중하고 있었다고 보았다. 아울러 북한의 입장에서는 베트남에서 미국과의 직접적인 군사 대결을 피하고자 하는 중국의 태도가 반미제국주의로부터 후퇴하는 것으로 비춰지게 되었다 (Hershberg and Chen 2006; Lawson 1984; Rogers 1976; Zagoria 1967; Zhai 2000).

따라서 북한은 처음으로 중국을 반미제국주의에 대한 단일한 사회주의 전선의 장애물로 여기게 되었고, 1960년대 중반부터 북한이 추진한 남한에 대한 혁명전략을 이제 중국이 군사적으로 뒷받침할 가능성이 낮아졌다는 점에서 중국에 대한 의심을 가지게 되었다.

미국의 위협에 대한 북중 간의 상이한 평가는 양자관계에서 1965~1966년 처음 나타났다. 이는 양자관계에서 처음 있는 일로써, 조선 노동당 지도부는 처음으로 중국의 혁명적 공약에 대한 의구심을 가지게 되었을 뿐만 아니라 이를 공개적으로 표출하였다. 이 과정에서 북한은 주체와 자주성을 정립하는 데 있어서 이 시기 중국의 미국에 대한 태도에 대비해 훨씬 더 반미 제국주의적이며 이론적으로 원칙적인 입장으로 강조하였다. 따라서 본 연구에서는 북한의 군사 전략의 이론적 기반으로써의 주체와 자주성은 1965~1966년 처음으로 또 공개적으로 반중국적인 요소를 가지게 되었다는 점에 주목하여 논지를 전개하고자 한다.

1965년에는 미국의 위협에 대해 북중 간의 상이한 평가가 나타나기 시작했고, 1966년에는 본격적으로 표출되었다. 1965년 베트남에서의 전쟁이 확대되는데, 이는 한일국교정상화, 한국의 베트남전 참전과 겹쳐서 북한으로서는 한국 전쟁 종결 이후 최대의 안보위기 상황을 맞은 것으로 인식되었다.

따라서 북한은 미 제국주의에 맞선 가장 넓은(broadest possible) 통합전선의 필요성을 강조하고, 특히 사회주의 형제국가의 북베트남에 대한 지원 여부와 베트남 전쟁에 대한 정책이 맑시즘-레닌이즘의 준수에 대한 평가 기준이 된다고 주장하였다. 이 기준에 따르면 북한에게 있어서 중국은 점차 실망스러웠다. 왜냐하면 중국은 베트남에 대해서 모호한 태도를 보였으며 문화대혁명을 추진하면서 반소 수정주의 투쟁이 극단적으로 치달았기 때문이다.

1965년 미국의 베트남에 대한 개입이 확대되자 중국은 북베트남에 대한 지원을 하면서도 미국과의 직접적 군사 충돌을 피하고자 했다. 한국전쟁 때와 같은 상황에 다시 직면하고 싶지 않았기 때문이다. 미국과의 군사충동을 피하는 것은 중국 공산당 지도부에게 다른 요소들 보다 점차 더 중요한 것으로 그 중요성이 부각되었다.

따라서 중국 공산당 지도부는 북베트남 지도부에게 게릴라전과 주체성을 바탕으로 한 전략을 권고하였다. 문화대혁명에 착수하면서 중국 공산당 지도부가 1965년 정립한 방침은 "미국으로부터의 위협은 억제될 수 있으며 소련과의 화해는 불필요하다"라는 것이었다. 당시 모택동, 주은래, 임표는 모두 "국내외적으로 수정주의에 대한 투쟁이 가장 중요하며, 베트남에서의 전쟁과 미국에 대한 투쟁보다도 수정주의가 더 긴급하다"고는 의견을 가지고 있었다.

북한 노동당 지도부는 중국의 미국에 대한 조심스러운 태도와 반소수
정주의에 대한 거의 배타적인 집중으로 인해 중국의 혁명공약에 대한 의
구심을 가지게 되었다. 김일성은 중국이라고 적시해서 말하지는 않았지만
"미 제국주의에 대해서 말만 하고 침략을 막기 위해서 구체적인 행동은
취하지 않는 사람들"에 대해서 말할 때 사실 중국을 염두에 두고 있었다.
아울러 북한은 중국의 반소수정주의 투쟁이 사회주의 반제 연합전선을 방
해하고 있다는 인식을 바탕으로, 중국 정책의 오류를 공개적으로 비판하
기 시작했는데, 이는 "현대 수정주의 투쟁에서의 자주성"으로 표현되었다.

자력생갱, 자주성, 주체와 같은 개념은 더 일찍부터 제기된 것이지만,
이 시기의 특이할 점은 그때까지는 비교적 이념적 동질성을 공유하였던
중국으로부터 처음으로 이론적으로 거리를 두기 위해서 사용된 것이다.
"현대 수정주의 투쟁에서의 자주성"을 강조함으로써 북한은 1964년 흐루
시초프 실각 이후에도 계속 되고 있는 중국의 극단적인 반소수정주의 투
쟁을 비판하였으며, 중국이 소련의 북베트남 지원에 대한 협조를 거부함
으로써 사회주의권의 단합된 반제국주의 투쟁을 방해하고 있다고 보았다.
즉 북한은 소련을 포함해 가능한 가장 넓은 반제국주의 단일 전선의 형성
을 주장하는 반면, 중국은 소련을 제외하는 것인 맑스-레닌주의의 순수성
을 지킬 수 있는 길이라고 주장하고 있었던 것이다.

아울러 모택동은 1965년부터 미국에 대한 관계의 가능성과 필요성을
암시하는 발언들을 내놓기 시작하면서, 중국은 직접 공격당했을 때에 한
해서 미국에 맞서 싸우겠다는 입장을 표명하였다. 즉 미국과의 직접 군사
대결 또는 관계 악화를 불사하면서도 베트남에서 싸우지는 않겠다는 입장
을 우회적으로 표명한 것이었다. 미국이 3월부터 폭격을 개시하자 중국은
"중국인민"이 모든 지원을 아끼지 않겠다는 선언문을 발표하였다. 그러나
이는 매우 모호하고 제한적인 선언이었는데, 왜냐하면 "정부"가 아니라

"인민"이 지원하겠다는 것을 발표한 것이기 때문이다.

이에 반해 북한은 "정부"가 "무기를 포함한 모든 형태의 지원"을 하겠다고 표명하였다. 아울러 중국이 공군방공부대, 철도부대, 엔지니어 및 도로 건설 요원 등 보조적 역할의 지원병을 파견한 점에 비추어 볼 때 미국과의 전면적인 군사충돌을 염두에 두고 있지 않았음이 분명했다. 아울러 대규모 지상군의 투입의 필요성을 사전에 방지하고 미국과의 직접 군사 대결을 막기 위해서 중국은 게릴라전을 지속적으로 베트남에 권유하였다. 이는 1965년 9월 임표의 이름으로 발표된 "인민전쟁 만세!"라는 논문에서 가장 명확하게 제시되었다. 같은 맥락에서 모택동은 이러한 인민전쟁, 게릴라 전쟁을 김일성에게도 권유했으나, 남쪽의 해안선과 산이 많은 지형, 교통수단의 발달 및 미군의 존재를 이유로 이러한 전략을 거부하였다.

따라서 1965년 북한이 중국에 대해서 가지게 된 입장은 중국이 말로만 반제투쟁을 하고 있으며 실제로는 "내부적으로 제국주의와 타협"한다는 것이었으며, 따라서 조선노동당은 "자주적이며 원칙적인 입장에서 현대수정주의와 교조주의를 반대"한다는 것이다.

1965년부터 나타난 "현대 수정주의에 있어서의 자주성"은 1966년 들어서 더욱 본격적이고 전면적으로 반중국적인 색채를 띠게 되었다. 1966년 8월 노동신문에 발표된 사설 "자주성을 옹호하자!"와 10월달 당대표자대회에서 한 김일성의 보고 모두 중국의 이념적 원칙과 정책의 결함에 대비한 북한의 자주적 입장의 정확성이라는 구도를 정립하였다는 점에서 그 의미를 되새겨 볼 필요가 있다.

1966년 베트남 전쟁이 더욱 격화되고 동시에 문화대혁명이 시작되면서 중국에서는 전년과 마찬가지로 미국과의 직접 대결을 피하고자하는 의사가 직간접적으로 표출되었고 반면 소련에 대한 반수정주의 투쟁은 중소 양자관계에서 폭발적인 상황을 낳고 있었다. 이는 전쟁의 직접당사자인 북베트남의 입장에서도 모호하고 불만족스러웠고, 아울러 북한과 같은 동맹국에게도 중국의 혁명전략에 대한 의구심만 증폭시키는 결과를 가져오게 되었다.

문화대혁명을 시작을 알리는 1966년 8월 12일 발표된 중국 공산당 제8기 중앙 위원회 제11차 전원 회의의 공보는 선언적 의미에서의 주적(미국)과 실제의 주적(소련)사이의 명확한 구분을 강조하고, 제국주의를 반대하기 위해서는 현대 수정주의를 반대하는 것이 필수적이라고 강조하면서, 소련은 반제국주의 투쟁의 공동전선에 포함될 수 없음을 강조했다.

그러나 같은 날 발표된 노동신문의 사설 "자주성을 옹호하자!"는 이러한 중국의 입장을 전면 반대하면서, 여전히 미국을 주적으로 삼아 반미제국주의 투쟁에 일차적으로, 배타적으로 집중하는 것이 필요함을 강조하였다. 중국의 극단적인 반소수정주의와 베트남에서의 미국과의 대결에 대한 조심스러운 입장이 현재 반제국주의 공동전선에 심각한 장애물이 되고 있음을 지적하였다.

중국의 이론적, 원칙적 오류에 비해 북한이 올바른 정책을 취하고 있음을 입증하는 차원에서 북한은 당시 북베트남에 비록 소규모로나마 공군을 파견하기도 하였다. 10월에 열린 당대표자대회에서 김일성의 보고 역시 중국의 극단적인 반소수정주의, 이에 따른 미 제국주의의 일차적인 투쟁으로부터의 후퇴를 전면적으로 비판하고, 아울러 이에 대비되는 북한 자주성의 당위성을 역설하면서 북한의 반미제국주의의 정확성을 부각시키고자 했다. 대표자대회의 보고에서 김일성은 "폭넓은 반제국주의 전선", "미 제국주의에 대한 태도가 공산당 및 노동당의 입장을 확인할 수 있는 주요 기준", 원칙상의 이견에도 불구하고 "형제 국가를 적과 같이 대해서는 안 된다"등의 표현을 사용하면서 중국의 반소수정주의와 베트남 전쟁에서의 소극적인 태도를 비판하였다.

1965~1966년 북한이 자주성과 주체를 정립하는데 처음으로 반중국적인 요소가 공개적으로 포함되었다. 이 시기 북중 간의 이견은 미국의 이견이 과연 얼마만큼 직접적이고 긴박한가에 대한 것이었는데, 결국 북한의 입장에서는 미국은 여전히 사회주의 국가의 주적으로 가장 큰 군사적 위협이었던 반면에 문화대혁명과 베트남전쟁에 동시에 직면한 중국의 입장에서 볼 때는 미국은 여전히 큰 위협이기는 했지만 소련에 대한 반소주정주의 투쟁이 더 급박한 과제였다. 물론 이 시기 미국의 위협에 대한 북중 간의 상이한 평가가 양자관계의 복원을 막은 것은 아니었다.

북중관계는 1968년 이후 빠르게 복원되기 시작했으며 특히 중국은 1970년대 초반 미국과의 관계 정상화를 추진하는 과정에서 북한의 반응을 의식하지 않을 수 없었다. 그러나 양자관계가 표면적으로 어떠한 상태에 놓여있던 간에, 1965~1966년 북중 간에 생긴 미국의 위협에 대한 이견은 이후 양자관계에 중대한 변화를 가져왔다. 즉 중소분쟁으로 인해서 이데올로기의 중요성이 떨어지게 되고 북중 관계의 가장 큰 결집요소였던 공동의 주적개념이 해체되면서 여러 갈등요소가 내재되어 있었던 북한과 중국을 묶어낼 수 있는 공통분모가 사실상 없어진 것이다. 이때부터 노동당의 지도부는 중국이 미국과의 직접 군사 대결을 불사하면서까지 북한의 통일정책을 지지할 의사가 없다는 것을 인식 하게 되었으며, 따라서 한국전쟁 때와 같은 "항미원조"의 정책을 펼칠 가능성이 점차 희박해지고 있다는 것을 받아들일 수밖에 없었다. 제2의 한국전쟁이 시도되지 않은 데는 이러한 이유가 크게 자리잡고 있었다고 볼 수 있다.

그럼에도 북한은 현재까지 "미 제국주의의 적대시 정책"을 이유로 유일사상체제와 군비증강을 정당화시키고 있다. 이러한 북한의 특수성은 1965~1966년 북중 간에 발생한 미국의 위협에 대한 이견으로부터 부분적으로 형성되었다.

필자 소개(집필순)

신석호

〈동아일보〉디지털뉴스팀장. 기자생활 8년차인 2002년 처음 평양에 가게 된 것을 계기로 늦은 북한 공부를 시작했다. 2005년 북한대학원대학교에 입학해 2008년 "북한과 쿠바의 경제위기와 개혁"이라는 논문으로 박사학위를 받았다. 저서 "토요일에는 통일을 이야기합시다"(필맥, 2003), "김정일과 카스트로가 경제위기를 만났을 때"(전략과 문화, 2008), "분단저널리즘 뛰어넘기"(리북, 2012), 논문 "사회주의 경제위기와 대응의 정치학: 1990년대 북한과 쿠바의 사례" 현대북한연구 제11권 1호 (2008. 6) "사회주의 국가의 경제적 초기조건과 개혁 시기의 상관관계: 1990년대 북한과 쿠바 사례 비교" 통일문제연구 제20권 1호(2008. 6) 등이 있다.

이승열

〈국회입법조사처〉외교안보팀 북한담당 입법조사관. 북한 인권 문제에 관심을 갖게 되면서 북한공부를 시작했고, 북한 인권문제의 핵심이 북한 체제의 모순에서 비롯되었다는 점을 살펴보고자 북한대학원대학교에 입학 박사과정을 시작하였다. 북한 후계체제를 주제로 박사학위를 취득한 후, 스웨덴 ISDP(안보개발정책연구소)와 이화여대 통일학연구원에서 연구위원으로 활동하였다. 주요 저서는 "Political Transition in North Korea in the Kim Jong-un Era: Elites' Policy Choices" *Asian Perspective* vol.4, no.3 (2017); "Changes in North Korea's Military and Security Politics and Implications of the Kim Jong Un Era", *Journal of Peace and Unification* vol 7, no.1(2017) 외 다수가 있다.

김보미

통일연구원 프로젝트연구위원. 미시간대학교(2005)와 뉴욕대학교(2007)에서 정치학을 공부하고 2013년 북한대학원대학교에서 박사학위를 수여받았다. 현재는 북한의 핵전력을 중심으로 연구를 수행하고 있다. 대표 저서로는 "North Korea's Siege Mentality: A Sociopolitical Analysis of the Kim Jong-un Regime's Foreign Policies", *Asian Perspective*, 2016, "북한의 당군관계, 그 결과: 북핵개발의 국내정치적 요인과 핵전력 지휘통제체계", 현대북한연구 2017, "북한의 핵전력 지휘통체체계와 핵안정성", 국가전략 2016 등이 있다.

김소영

〈농민신문〉전국사회부 차장. 연세대학교 인문학부를 졸업하고 2002년 입사해 남한의 농촌 곳곳을 쏘다니던 중 북한대학원대학교에 1년 먼저 다닌 고향 선배 취재원의 권유로 '뜬금없는' 북한농업 공부를 시작했다. 2008년 북한대학원대학교에 입학해 2년을 주야로 즐겁게 지냈지만 졸업을 앞둘 무렵 출산과 육아로 2013년이 돼서야 '고난의 행군 이후 북한 농민 형상 연구'라는 논문으로 늦깎이 석사학위를 받았다. 이후 2014년 박사과정에 입학해 2017년 '경제위기 이후 북한 농업부문의 계획과 시장'이라는 논문으로 박사학위를 받았다.

박천조

〈개성공업지구지원재단〉기업지원부장. 공인노무사로서 노사관계, 노동문제를 다루던 중 2007년 개성공단 현지 관리기구인 개성공업지구관리위원회에서의 생활을 시작으로 11년간 우리 기업과 북한 근로자 간의 다양한 노사문제를 현장에서 관리하고 경험하였다. 2012년 북한대학원대학교에 입학해 2014년 '개성공단 노사관계 연구'라는 논문으로 박사학위를 받았다. 논문 "개성공단 노동제도의 변화와 영향 연구"산업노동연구 제21권 제2호(2015. 6), "임금대장을 통해 본 개성공단 임금제도의 변화 연구"산업관계연구 제25권 제4호(2015.12), "개성공단 생산표어 사례 연구" 산업관계연구 제26권 제3호(2016.9) 등이 있다.

원세일

국회부의장실 비서관. 서울대학교 정치학과에서 학사와 석사를 마친 뒤 일선에서 안보 관련 업무를 담당하다 북한에 대해 심도하게 연구할 필요를 절감해서 2015년 북한대학원대학교에 입학했다. 2017년 '1970년대 북한 수령제의 정치동학'이란 논문으로 박사학위를 받았으며, 이 글은 북한대학원대학교에서 우수 논문으로 선정되었다. 그동안 조선일보 기자, 국회 보좌관, 대통령비서실 행정관 등을 거치면서 국내 정치와 통일·안보 분야에서 다양한 경험을 쌓았다.

김성주

2015년 북한대학원대학교에서 "북한 군사주의의 형성과 전개과정 연구"로 박사학위를 취득하였다. 주요 관심분야는 북한의 군사정책 및 안보전략, 당-군관계 등으로 이와 관련한 논문작성과 연구를 진행 중이다. 최근 연구로는 "1960년대 북한의 군사주의 확산과정 연구", 『현대북한연구』제18권 2호(2015), "북한 병진노선의 내용 및 논리구조 분석: 군사비 지출과 경제성장의 상관관계를 중심으로", 『국방정책연구』제32권 2호(2016) 등이 있다.

이제훈

〈한겨레〉편집국장. 1993년 기자의 길에 들어섰다. 1998년부터 남북관계와 동북아시아의 간난신고를 곁에서 지켜봤다. 금강산관광과 개성공단의 생멸, 두 차례의 남북정상회담, 6자회담 9·19 공동성명과 6차례의 북한 핵실험, 20여차례의 남북이산가족상봉 등을 취재·보도했다. 평화롭고 화해·협력하는 동북아를 꿈꾸며 오늘도 하루를 버틴다. 2007년부터 북한대학원대학교에서 석박사 학위 과정을 밟았고, 2016년 1월 '노태우 정부의 북방정책과 비대칭적 탈냉전: 남·북·미 3각 관계와 3당 합당의 영향을 중심으로'라는 논문으로 박사학위(북한학)를 받았다.

박유현

이화여자대학교 영어영문학과를 졸업(1992)하고, 한국외국어대학교 통번역대학원
(1999)을 거쳐 북한대학원대학교에서 "북한의 조세정치와 세금제도의 폐지, 1945~
1974"로 북한학 박사학위(2013)를 받았다. 2017년 열린 서울 한미확대정상회담, 뉴
욕 한미일정상회담 외에도 유엔총회, 유엔안보리, APEC, ASEAN+3 등 다수의 다자
정상외교 통역 경력이 있으며, 현재 정치외교 학술 분야의 국제회의 통역사로 활동
하고 있다.

도지인

건국대학교 통일인문학연구단 HK연구교수. 2010년 북한대학원대학교 박사과정 10
기로 입학해 2013년 "Reversing Friends and Enemies: The American Factor in the
Sino-Soviet Split and North Korean Crisis Mobilization, 1962~1968",이라는 논문으로
박사학위를 받았다. 논문으로 "1960년대 한국의 중립국 및 공산권 정책 수정에 대
한 논의", 한국과 국제정치 제 33권 4호(2017.12), "Loss Aversion and Risk Taking
in North Korean Strategy, 1967~1968", *Asian Perspective* 제40권 3호(2016.7) 등이
있다.

북한학의 새로운 시각: 열 가지 질문과 대답

2018년 03월 02일 초판 인쇄 | 2018년 03월 09일 초판 발행

지은이 　신석호 외
펴낸이 　한정희

총괄이사 　김환기
편집·디자인 　김지선 박수진 한명진 유지혜
마케팅 　김선규 하재일 유인순

펴낸곳 　역사인
출판신고 　제406-2010-000060호

주소 　경기도 파주시 회동길 445-1 경인빌딩 B동 4층
대표전화 　031-955-9300 | 팩스 　031-955-9310
홈페이지 　http://www.kyunginp.co.kr | 전자우편 　kyungin@kyunginp.co.kr

ISBN 979-11-86828-09-0 　93340
값 25,000원